Inge und Walter Jens

Frau Thomas Mann

Das Leben der Katharina Pringsheim

Rowohlt Taschenbuch Verlag

Ungekürzte Ausgabe

Veröffentlicht im Rowohlt Taschenbuch Verlag,
Reinbek bei Hamburg, Januar 2005
Copyright © 2003 by Rowohlt Verlag GmbH,
Reinbek bei Hamburg
Lektorat Uwe Naumann
Umschlaggestaltung Susanne Heeder
(Foto Keystone, «Katia und Thomas Mann
an Bord der ‹Lafayette› am 18.6.1935»)
Satz Sabon PostScript QuarkXPress
bei KCS GmbH, Buchholz/Hamburg
Druck und Bindung Clausen & Bosse, Leck
Printed in Germany
ISBN 3 499 33217 5

Für Lotte Klemperer

Inhaltsverzeichnis

Vorwort

Wer war Frau Thomas Mann? Wer war Katharina Pringsheim? Die Antwort auf die Fragen scheint einfach: Katia, wer denn sonst? Katia, die so bekannt ist wie Heinrich oder Golo, Erika oder Klaus. Eine Figur im Reich des Zauberers, seine engste Vertraute. «K.», die in Thomas Manns Tagebüchern als Mutter seiner Kinder, als seine Begleiterin und Ratgeberin, aber auch als Managerin eines ebenso erfolgreichen wie bedrohten Betriebs erscheint.

Katia, Ehefrau und Mutter – von Mann und Kindern aus gegebenem Anlass in Essays, Reden und brieflichen Huldigungen in ihrer Widersprüchlichkeit beschrieben. «Sie war eine starke und naive Persönlichkeit», meinte Golo, ihrem Mann an «logisch-juristischer Intelligenz» überlegen und gelegentlich aufbrausend: «sie hatte den Jähzorn ihres Vaters geerbt».

Katia, die Spiegelfigur, eine von außen betrachtete Gestalt: Wer war sie wirklich? Das «Zubehör» des Zauberers, der ohne seine Frau nicht arbeiten konnte? Gewiss. Aber Katia Mann war mehr: Zentrum einer *amazing family* und Partner für Menschen, die Trost brauchten. Niemand kannte die Seelenlage ihres Mannes, Treue und Verlässlichkeit eines androgyn veranlagten Künstlers, so genau wie sie; niemand wusste so viel von den Geheimnissen der Kinder; niemand beherrschte das Reglement der Diplomatie, von dessen strikter Befolgung das Wohl des *pater familias* abhing, mit gleicher Perfektion wie Katharina, geb. Pringsheim, die schon als junges Mädchen von ihrer Mutter gelernt hatte, dass sich Strenge und Liberalität, Ordnung und Leidenschaft sehr wohl vereinen ließen ... vorausgesetzt, man war intelligent. Und das traf für Katia Mann zu. (Der Zauberer wurde zornig, wenn er in Situationen geriet, in denen seine Frau ihm intellektuell überlegen war.)

Woher wir das wissen? Aus Katias Briefen, Hunderten von bisher unbekannten Schriftstücken, auf denen, als strukturierenden Elementen, unsere Biographie beruht. Verschlossen bisher in Archiven, treten in dieser Dokumentation Zeugnisse ans Licht, die Katias Leben aus ihrer eigenen Perspektive erhellen. Briefe zunächst an ihre beiden «Großen», Erika und Klaus, Briefe an ihre Princetoner Freundin, Molly Shenstone, Briefe an den Zwillingsbruder Klaus, «Kaleschlein» genannt, den Ehestifter und Vertrauten der späten Jahre, Briefe an Freunde in aller Welt, Briefe schließlich – leider nur wenige – auch an Thomas Mann. Dazu Briefe von ihrer Mutter, Hedwig Pringsheim, aus den Glanzzeiten des Salons in der Münchener Arcisstraße, aus den Jahren der Verfolgung und der im letzten Augenblick gelungenen Emigration in die Schweiz.

Die Mutter, der Bruder, die Freundin: Katia Mann hat in ihrem Leben immer Frauen in gleicher Weise wie Männer geschätzt – einfühlsame Männer natürlich, die nicht selbstherrlich «the way of men» gingen, sondern Grenzgänger wie Ehemann und Zwilling waren. Leidenschaftliche Zuneigung freilich spiegelt ihre Korrespondenz nur einmal – in den Briefen an die *Intima* (ein Ausdruck der Mutter) Molly Shenstone.

Emphatisch als Freundin, vernünftig als Tochter, einträchtig im Bund mit dem Zwilling und kritisch-hingebungsvoll gegenüber dem Ehemann, zeigt Katia Mann viele Gesichter. Die Briefe charakterisieren sie, nicht zuletzt dank der von ihr oft zitierten Trias *Familienmutter, Wirtschaftshaupt* und *Epistolographin*, als eine Frau, die ebenso spontan wie nüchtern war. In ihrer Welt galt Freundlichkeit viel, Gäste waren willkommen – ‹da ich doch so familiant bin› –, aber der Betrieb musste auch schwarze Zahlen schreiben.

Eine interessante Frau also – und ein interessantes Leben, mühevoll, den «Dingen allzusehr verhaftet», wie sie in ihren Briefen ständig klagt, aber auch privilegiert, materiell unabhängig, dazu ausgezeichnet durch den Umgang mit den Großen ihrer Zeit.

Die Briefe sind, auch das will gesagt sein, in gut lesbarer Schrift formuliert, *manu propria*, wie die Lateinerin Katharina Pringsheim sagte, im Alter gelegentlich getippt – eigenwillig bisweilen, nur in Kleinbuchstaben zum Beispiel, wenn eine Hand verstaucht war (Frau Thomas Mann, ungeduldig und stets in Eile, stürzte häufig). Es sind

Briefe in vielerlei Stilen, immer adressatenbezogen, selbstironisch und voll Mutterwitz.

Und damit genug der Vorrede. Frau Thomas Mann alias Katharina Pringsheim, alias Frau Katia Thomas Mann, wie die Mutter gelegentlich auf den Briefumschlag schrieb, hat das Wort. Der Leser, hoffen wir, mag dank der Fülle des unbekannten, hier zum ersten Mal publizierten Materials jenes Vergnügen einer Neuentdeckung empfinden, das zumindest die Autoren nicht erwartet hatten, als sie das Unternehmen begannen.

Lotte Klemperer, der Katia in späten Tagen sehr nahe war, sei dieses Buch herzlich zugeeignet. «Mit Lotten», schrieb Frau Thomas Mann im März 1966 an ihren Zwillingsbruder, «bin ich auf <u>sehr</u> freundschaftlichem Fuße.»

Tübingen, 12. Oktober 2002
Inge und Walter Jens

Kapitel 1

Im Hause Pringsheim

Ich, Katia Pringsheim, richte auf Grund der folgenden Mitteilungen das Gesuch um Zulassung zu der im Sommer 1901 stattfindenden Absolutorialprüfung des humanistischen Gymnasiums. Mit diesem Gesuch verbinde ich die gehorsamste Bitte, zur Ablegung der Prüfung, wenn möglich, dem Wilhelmsgymnasium in München zugewiesen zu werden, da mein Zwillingsbruder Klaus gleichzeitig die Prüfung an dieser Anstalt machen wird.

Ich bin geboren am 24. Juli 1883 zu Feldafing als Tochter des kgl. Universitätsprofessors Dr. Alfred Pringsheim und seiner Frau Hedwig, geb. Dohm und gehöre der protestantischen Religion an.

Meinen ersten Unterricht in sämtlichen Ge-

genständen der Volksschule erhielt ich gemeinsam mit meinem Zwillingsbruder Klaus in den Jahren 1889–1892 durch die Lehrer Bengelmann und Schülein der dritten protestantischen Schule. Vom Herbst 1892, wo mein Bruder auf das Gymnasium kam, wurde ich, vollständig parallel mit ihm, in allen Lehrgegenständen des humanistischen Gymnasiums unterrichtet. […]

Einen gefälligen Bescheid auf dieses Gesuch bitte ich mir Arcisstr. 12 zustellen zu wollen.

Gehorsamst Katia Pringsheim

Mit dem vorstehenden Gesuche erkläre ich mich einverstanden.

Prof. Dr. Alfred Pringsheim
München, 26. 3. 1901»

Das Gesuch wurde genehmigt, die noch nicht achtzehnjährige Katharina Pringsheim erhielt «durch höchste Ministerial-Entschließung No 5652 vom 22. April 1901» die Examens-Erlaubnis – gemeinsam mit zwei Mitbewerbern, deren Namen bekannt sind: Siegwart Graf zu Eulenburg und Hertefeld sowie Babette Steininger aus

Niederbayern, eine Gastwirtstochter. Katias Prüfung fand wunschgemäß im Wilhelmsgymnasium statt, das auch ihre Brüder besuchten. Ergebnis: «mit wohlbefriedigendem Erfolg […]
befähigt zum Übertritt an eine Hochschule». Die
Mitbewerber, der Herr von Adel und die Gast-
wirts-(nach anderen Quellen: Postboten-)Tochter,
hatten, wie die Schulakten zeigen, nicht bestanden.

Katharina Pringsheim hingegen war für das
Studium wohl vorbereitet. Ihre Eltern konnten es
sich leisten, der Tochter in den erforderlichen acht
Fächern Griechisch, Latein, Französisch, Deutsch,
Geschichte, Mathematik, Physik und Religion
jahrelang Privatunterricht bei angesehenen und
qualifizierten Gymnasialprofessoren erteilen zu
lassen. Ob sie sich dieses Privilegs bewusst war,
muss dahingestellt bleiben, ebenso wie die Antwort auf die Frage, ob sich die erfolgreiche Abiturientin jemals Gedanken gemacht hat über das
Scheitern ihres weiblichen Mitprüflings, der
einem Milieu entstammte, in dem studierwillige
Mädchen von jener Bildung ausgeschlossen waren, die im Hause Pringsheim die Erziehung bestimmte: gleiche Chancen für Töchter und Söhne,

wie es die großmütterliche Frauenrechtlerin, Hedwig Dohm, gefordert hatte.

Das Abiturzeugnis der gescheiten jungen Dame aus gutem und vermögendem Hause konnte sich sehen lassen. «Nach ihren schriftlichen Prüfungsarbeiten ist der Stand ihrer Kenntnisse im allgemeinen ein recht erfreulicher», befanden die Lehrer und machten lediglich eine einzige Einschränkung: «Der deutsche Aufsatz hob die richtigen Gesichtspunkte hervor, ließ aber Sicherheit sowohl in der sachlichen Begründung wie auch in der sprachlichen Behandlung vermissen.» – Der deutsche Aufsatz: Leider ist nicht bekannt, welches der drei «für die kgl. Bayerischen humanistischen Gymnasien» vorgegebenen «Themata» die Abiturientin wählte. Zur Auswahl standen: «1. Welchen Antheil hat Bayern an den großen Errungenschaften des abgelaufenen Jahrhunderts. (Die Prüfungskommission kann für dieses Thema die Ausarbeitung in Form der Rede bestimmen.) 2. Die Wirkung des Kontrasts ist an einem in der Schule gelesenen Drama nachzuweisen. (Das Drama bestimmt die Prüfungskommission.) 3. ‹Es ist die Rede dreierlei, ein Licht, ein Schwert und Arzenei.›» Wenn die Redeform nicht zwingend war, könnte man sich aufgrund der Abschlussnoten und der allgemeinen Beurteilung eine Bearbeitung des historischen Themas leicht vorstellen.

Darüber hinaus ist es bemerkenswert, wie bereits im Abiturzeugnis eine Eigenart erkennbar wird, die der Leser in späteren Dokumenten, vor allem in den Briefen jener Frau gewahrt, die zeitlebens darauf beharrte, kein Mitglied der schreibenden Zunft zu sein, und dafür lieber auf jene Fähigkeiten und Vorlieben rekurrierte, die die Prüfungskommission bereits 1901 hervorhob: den Umgang mit fremden Sprachen. «Die Übersetzung aus dem Griechischen ins Deutsche [zeugte] von richtiger Auffassung und gutem Verständnisse. Auch in der mündlichen Prüfung wußte sie die ihr vorgelegten Autorenstellen sehr gewandt zu übersetzen und zu erklären.»

Kein Wunder, dass die Noten, namentlich in diesen Fächern, vorzüglich waren:

in der Religion	gut
in der deutschen Sprache	genügend
in der lateinischen Sprache	sehr gut

in der griechischen Sprache	sehr gut
in der französischen Sprache	sehr gut
in der Mathematik und Physik	gut
in der Geschichte	gut

Frau Thomas Mann wird viel Gelegenheit haben, auf dieses Wissen zurückzugreifen, das Katharina Pringsheim von ihren Eltern abverlangt wurde.

Der Vater, Alfred Pringsheim, 1850 in Ohlau/Schlesien geboren, hatte sich nach seinem Mathematikstudium in Berlin und Heidelberg 1877 in München habilitiert und unterrichtete seit 1886 als außerordentlicher, seit 1901 als ordentlicher Professor an der dortigen Universität «verschiedene Zweige der Analysis, Functionen-Theorie, Algebra und Zahlentheorie». (So steht es in seinem Lebenslauf.) «Er war ein innerhalb der Gelehrtenhierarchie angesehener Mann», urteilte ein Kollege anlässlich des 80. Geburtstags, 1930, «viele der bedeutendsten Mathematiker Deutschlands sind seine Schüler.» Mit der Mathematik indes, so der Laudator, sei die Lebenssphäre Pringsheims nicht erschöpfend umrissen, ja mancher unter den Bekannten des Professors wisse vielleicht nicht einmal, dass er Mathematiker sei: «Er ist nämlich derselbe Mann, der, Wagnerianer der ersten Stunde, sich ganz jung mit Richard Wagner befreundete, die ersten Klavierauszüge des *Ringes* für seinen persönlichen Gebrauch eigenhändig herstellte und mit ebenso großer Freude diesen Sommer nach Bayreuth gegangen ist, wie damals vor 54 Jahren. Er ist derselbe Mann, der sein Haus mit Kunstschätzen füllte und die Fayencen seiner weltberühmten Sammlung mit der Akribie aussuchte, die er von seinen mathematischen Problemen her gewohnt war: Wenn, auch nach Monaten, der leiseste Zweifel an der Echtheit eines Stückes auftauchte, wurde es unerbittlich abgestoßen. – Sein Haus ist lange Zeit ein Mittelpunkt des Münchner Gesellschaftslebens gewesen, in dem sich alles, was irgend einen Namen hatte, traf; hierzu hat auch die Liebenswürdigkeit, Klugheit und Schönheit seiner Frau beigetragen, die eine ebenso interessante Persönlichkeit ist, wie er selbst.»

Die vielfach mit den Attributen ‹schön›, ‹klug› und – im Allgemeinen jedenfalls – ‹liebenswürdig› charakterisierte Frau Hedwig war die 1855 geborene Tochter des Schriftstellers und *Kladdera-*

datsch-Redakteurs Ernst Dohm und der Frauenrechtlerin Hedwig Dohm, geb. Schleh. Alfred
Pringsheim hatte seine spätere Frau als Mitglied
des berühmten Meininger Hoftheater-Ensem-
bles, Mitte der siebziger Jahre des 19. Jahrhunderts, kennen gelernt. Aber auch frühere Begeg-
nungen wären – im Zeichen einer dem Dohm'-
schen Hause und dem jungen Mathematiker
gemeinsamen Liebe zur Musik Richard Wagners – durchaus denkbar gewesen. Sowohl Hedwig Dohms Vater wie auch Alfred Pringsheim gehörten zu den frühesten Förderern von Bayreuth
und halfen bereits im Jahr 1872 bei der Grund-
steinlegung des Festspielhauses. Ernst Dohm war
Präsident des Berliner Wagner-Vereins und galt,
wie Alfred Pringsheim, als leidenschaftlicher Vor-
kämpfer des damals so heftig umstrittenen Musi-
kers Richard Wagner. Dieser Umstand verschaffte
auch der in Meiningen debütierenden Tochter –
wie sie 1930 in einem ihrer für die *Vossische Zeitung* geschriebenen Feuilletons erzählt – im Sommer 1876 Einladungen ins Haus Wahnfried: «Der
Familienkreis machte einen […] gemütlichen, behaglichen Eindruck. Richard Wagner sprach ein
unverfälschtes Sächsisch und erzählte manch lus-

tige Anekdote; Frau Cosima, durchaus *grande dame*, präsidierte mit Anmut und Sicherheit. […] Die Abendempfänge in Wahnfried aber waren überaus interessant und glänzend; alles, was gut und schön und teuer war, fand sich da zusammen. […] Ich entsinne mich einer Soirée, in der Franz Liszt, Vater und Schwiegervater des Hauses, wunderbar spielte.»

An solchen Abenden durfte jahrelang auch «der kleine Dr. Alfred Pringsheim» teilnehmen, denn «der Meister hatte sich mit dem jungen Anbeter, dem er auch zu sämtlichen Proben Zutritt gegeben, […] förmlich angefreundet, soweit es der Unterschied des Alters und der Lebensleistung eben zuließ». Doch diese intime Verbindung hatte sich, kurz ehe Hedwig Dohm-Pringsheim Bayreuther Boden betrat, unter dramatischen Umständen aufgelöst: Als ein Berliner Kritiker zu vorgerückter Stunde in einer recht illustren Bierkneipen-Runde behauptete, das ganze Bayreuth sei «purer Schwindel» und er mache sich anheischig, «mit einigen Strauß'schen Walzern die ganze Sippe vom Festspielhügel herunterzulocken», hatte sich der junge und gelegentlich recht jähzornige Wagner-Adept herausgefordert gefühlt, die Ehre seines berühmten Freundes mittels eines Bierseidels zu verteidigen. Die Darstellung dieses Vorfalls durch die internationale Presse, die, wenn man der Erzählung der späteren Ehefrau des allzu leidenschaftlichen Verehrers glauben darf, dem Tenor «Auf den Straßen von Bayreuth ist bereits Blut geflossen» folgte, bewog dann das stets um seinen Ruf besorgte Haus Wahnfried, «die Beziehungen zu dem […] Treuesten der Treuen ein- für allemal» schroff abzubrechen.

So kam es, dass Alfred Pringsheim seine zukünftige Frau erst wenig später auf der Bühne, als Mitglied jener Meininger Theatertruppe, kennen lernte, die in den letzten Jahrzehnten des 19. Jahrhunderts vor allem dank ihrer Klassiker-Aufführungen berühmt war und unter der persönlichen Leitung des Herzogs Georg II. Gastspielreisen durch ganz Europa unternahm. Es wird berichtet, dass der gerade habilitierte Dozent die junge Schauspielerin als Julia neben dem Romeo von Josef Kainz auf der Bühne gesehen habe. Das allerdings ist – nach der Darstellung, die Hedwig Pringsheim-Dohm 1930 unter der Überschrift *Wie ich nach Meiningen kam* in einem ihrer Feuilletons gegeben hat – nur ein freundliches Gerücht. Die Wirklichkeit sah prosaischer aus. Zwar hat Hedwig Dohm die Julia gespielt – in ihrem zweiten Meininger Winter, also in der Spielzeit 1876/77 –, aber nicht mit Kainz, sondern mit dem «damals vergötterten Emmerich Robert» – und offenbar auch nicht ganz so erfolgreich, wie es die Fama will: In der Balkonszene blieb sie stecken. «Ich hörte keinen Souffleur mehr und hatte nur den einen Wunsch, tot umzusinken.» Der Regisseur Chronegk «stand in der Kulisse und schrie mir ‹dumme Gans› zu, was meine Todessehnsucht nicht verminderte; als er aber meine Not sah, wagte er sich so weit vor, wie es nur irgend ging und soufflierte die mir fehlenden Worte so laut, daß ich sie auffaßte und – gerettet war».

Auch der Abschied von den Meiningern war offenbar nicht ganz so romantisch, wie einige Chronisten vermuten. Ein Streit mit der unentbehrlichen und «wirklich begabten [...] ersten Heldin und Liebhaberin» zwang die Debütantin nach einundeinemhalben Jahr hoffnungsvoller Theaterkarriere zu der Einsicht, dass sie nicht länger an dieser Bühne arbeiten könne: «So reichte ich mit schwerem Herzen und der Zustimmung meiner Eltern mein Entlassungsgesuch ein, dem auch huldvoll nachgegeben wurde. Doch lag es eigentlich durchaus nicht in meiner Absicht, dem Theater endgültig zu entsagen: wenn ich nicht unversehens die weltbedeutenden Bretter mit dem heiligen Ehestand vertauscht hätte. Ich verheiratete mich.»

Aber ehe sie dies tat, hatte die junge Schauspielerin neben etlichen Pannen, von denen sie in ihrem Feuilleton nicht ohne Witz und Selbstironie berichtete, durchaus «ganz hübsche Erfolge» vorzuweisen. Jedenfalls bot man ihr einen Drei-Jahres-Vertrag an mit steigendem Verdienst, «1.500, 2.500 und 3.500 Mark jährlich, bei Gastspielen doppelte Gage», obwohl sie, nach eigenem Bekenntnis, auf der Bühne immer noch als «hilfloses Kind» agierte, «das […] nicht wußte, was es mit seinen Gliedern anfangen sollte»: einzig darum bemüht, sich als Luise in der ersten Liebesszene den stürmischen Bewerber Ferdinand «mit weit ausgestreckten Armen» so «angstvoll vom Leibe» zu halten, dass der herzogliche Regisseur «vom Parkett aus mit der Aufforderung: ‹Näher ran, Fräulein Dohm, er ist doch Ihr Liebhaber›» für den Fortgang der Handlung sorgen musste.

Ein junges Mädchen aus so genanntem ‹gutem Hause› am Theater – wie ging das zu? Hedwig Pringsheim selbst bekennt freimütig, nie an eine Bühnenkarriere gedacht zu haben, obwohl sie von Kindesbeinen an «eine wahre Passion für das Aufsagen der längsten Gedichte gehabt und kein Alter und kein Geschlecht mit [ihren] Deklamationen verschont» hätte. Der Beruf einer Schauspielerin aber war für die Tochter einer gesellschaftlich angesehenen Familie selbst in einem Lebenskreis undenkbar, in dem sich – wie im Hause Dohm – bürgerliche, bohemehafte und leicht sozialistisch getönte Elemente zu einer recht unkonventionellen Mixtur vereinigt hatten. Erst der Besuch einer durch den Meininger Musikdirektor Hans von Bülow eingeführten Aktrice brachte die Entscheidung, die durch Intervention des Ernst Dohm bekannten Herzogs Georg und seiner «rechtmäßigen, wennschon linkshändigen Gemahlin», der einstigen Schauspielerin Ellen Franz, in die Tat umgesetzt wurde: «Mein Vater kannte aus höchst persönlichen Erfahrungen das lockere Theatervölkchen, und die Vorstellung, seinen Liebling in diesen Sündenpfuhl zu schicken, erfüllte ihn mit Grausen. Doch war er andererseits der Mann, der niemals ‹nein› sagen konnte, und als kurz darauf der Herzog [...] noch seinen Regisseur Ludwig Chronegk persönlich zu uns schickte, um zu verhandeln, war mein Schicksal besiegelt. Man übersandte mir die Rolle der Luise in ‹Kabale und Liebe›, mit dem ausdrücklichen Befehl, sie auswendig zu lernen, aber unter keinen Umständen mit irgend jemanden zu studieren: und so geschah's.» – Nachdem sie einen Schminkkasten erstanden und ihre Garderobe – die private sowie die damals von der Schauspielerin selbst aufzubringende Grundausstattung an Bühnenkostümen – bescheiden aufgebessert hatte, fuhr Hedwig Dohm am 1. Januar 1875, «vom Vater, den ängstlichen Wünschen der Mutter und dem stillen Neid der drei jüngeren Schwestern begleitet, ins Abenteuer nach Meiningen».

Sie war knapp neunzehn Jahre alt und ein «wohl behütetes und ganz unerfahrenes Haustöchterchen», das vom Vater, ehe er «tränenden Auges» wieder abreiste, bei der Familie eines Gymnasialdirektors in Pension gegeben wurde und sich von nun an dem Ernst des Lebens stellen musste. «Ich war in meinem Leben nur sehr selten im Theater gewesen, hatte nicht die ge-

ringste Erfahrung, nur meine Jugend, meine hübsche Erscheinung, ein schönes tiefes Organ, viel
Intelligenz und meine unverdorbene Natürlichkeit.»

Vermutlich war es gerade die Kombination
dieser Eigenschaften, mit der die Debütantin
nicht nur das Wohlwollen des Herzogs, sondern
auch die Aufmerksamkeit des jungen Mathema-
tikers Alfred Pringsheim auf sich zog, der ihrer
Theaterkarriere ein jähes Ende bereitete: «Da saß
ich denn ‹mit das Talent› und konnte es nicht
mehr verwerten. Nicht einmal meine Deklama-
tionswut durfte ich mehr austoben. Mein Gatte
war in dieser Hinsicht amusisch genug, sie einfach scheußlich zu finden, und meine Söhne, als
sie größer wurden, pufften mich in die Seiten,
wenn der Geist über mich kam und irgendeine
Reminiszenz aus den *Kranichen des Ibykus*, der
Bürgschaft oder der *Kassandra* mir entfuhr. In-die-
Seite-gepufft-Werden konnte ich aber nie vertra-
gen, und so verstummte denn mit der Zeit mein
liederreicher Mund. Aber die kurze Episode meiner Meiningerei möchte ich in dem unausschöpf-
baren Schatz meiner Erinnerungen um keinen
Preis vermissen.»

So weit die Aufzeichnungen derjenigen, die es am besten wissen musste; es besteht kein Grund, an der selbstkritisch-witzigen Aufrichtigkeit der Autorin zu zweifeln. Auf jeden Fall steht fest, dass die Verlobung von Alfred Pringsheim mit Hedwig Dohm am letzten Tag des Jahres 1877, die Hochzeit im Oktober 1878 stattfand.

In München, am Anfang der Arcisstraße, bezog das Ehepaar eine repräsentative Wohnung, die es erst aufgab, als 1889, nur wenige Schritte vom bisherigen Domizil entfernt, jenes berühmte Renaissance-Palais fertig gestellt war, das seither in Memoiren, Briefen, Zeugnissen der Literatur und wissenschaftlichen Abhandlungen häufig beschrieben worden ist. Der Prachtbau wurde am 15. August 1933 bei einer Entschädigung von 700000 RM enteignet und dann abgerissen, um Platz für einen neuen Partei-Palast zu schaffen. Aber da waren die Kinder, die – neben dem Wunsch, den ständig wachsenden Kunstsammlungen eine adäquate Aufstellung zu ermöglichen – die Errichtung eines eigenen Domizils erforderlich gemacht hatten, längst erwachsen und das einstige Kinderhaus zum Enkelhaus geworden.

Alfred und Hedwig Pringsheim wurden zwischen 1879 und 1883 fünf Kinder geboren, vier Buben: Erik, Peter, Heinz, und – als letztes, am 24. Juli 1883 – ein Zwillingspärchen: Klaus und Katharina Hedwig. In den Aufzeichnungen, die Hedwig Pringsheim seit der Geburt des Ältesten bis 1898 über die Entwicklung ihrer Kinder führte, wurde das Mädchen zunächst Käte oder Kati, später, als Zehnjährige, Katja genannt. Der Bruder Heinz führt diese Namensgebung auf die damalige französische Gouvernante der Kinder, Mme. Griselle, zurück, die lange in Russland gelebt und die dort gebräuchliche Abkürzung «Katju» in die Familie eingeführt habe. «Katia» dagegen ist die Schreibweise, in der die Heranwachsende seit Anfang der neunziger Jahre ihre Briefe, später auch fast alle offiziellen Schreiben, zum Beispiel das Gesuch um Abiturszulassung, unterschrieb.

Auch die aus Interviews zusammengestellte Autobiographie *Meine ungeschriebenen Memoiren* nennt als Autorin den Namen *Katia* Mann. Diesen Erinnerungen ist zu entnehmen, dass die Geburt des vierten (und unerwarteten fünften) Kindes Hedwig Pringsheim in ihrem Feriendomizil in Feldafing überraschte: «Niemand war da außer der Bauersfrau, und es gab ja kein Telefon. [Als das erste Kind, ein Junge, auf der Welt war] sagte sie ‹Jessas! Es kommt noch eins!› Das war dann ich.»

Nach vier Buben also ein Mädchen. Es scheint allerdings, dass die kleine Kati ihre Geschlechtszugehörigkeit im ersten Jahrzehnt ihres Lebens recht konsequent als Irrtum der Natur aufgefasst hat: «Kati sagt […], als wir auf die Welt kamen, da hat man sich geirrt und gemeint, ich bin's Mädel, aber ich bin der Bub», notierte die Mutter im November 1888 in ihren Aufzeichnungen, in denen sie bereits ein Jahr zuvor, im Rückblick auf den Heiligen Abend, resigniert vermerkt hatte, dass «das dumme, allem Mädeltum abgeneigte Mädel» sofort «ihr nettes Puppenservice gegen Peters Pistole» eingetauscht habe. Und das, obwohl Hedwig Dohms Tochter bereits in der Vorweihnachtszeit viel Kraft darauf verwendet hatte, den Kindern «die Narretei» mit den Soldaten auszutreiben – erfolglos, wie sie etwas ratlos vermerkte: «Es hilft alles nichts, von allen Kostbarkeiten lieben sie einzig die 3 Bogen Soldaten à 75 Pfennig, die sie mit Leidenschaft ausschneiden und mit denen sie einzig wirklich spielen.»

Das *Kinderbüchlein* der Hedwig Pringsheim ist leider die einzige Quelle, die es erlaubt, zuverlässige Aussagen nicht nur über die Entwicklung der Kinder, sondern auch die Welt zu machen, in der sie heranwuchsen. Es ist darüber hinaus eines der frühesten erhaltenen Zeugnisse für die originellen schriftstellerischen Fähigkeiten der Chronistin, die sie, wie vorausgreifend bemerkt sei, ihrerseits vom Elternhaus übernommen und ihrer Tochter Katia weitervererbt hat. Die Beobachtungen, die das kleine Buch festhält, sind verlässlich; das Resümee über die Entwicklung der Zwillinge nach einem halben Jahr besticht durch Präzision und Kürze: «Käte ist feist und ruhiger, Klaus sieht intelligenter und minder fleischlich aus.» Vier Monate später hat sich dieser Eindruck relativiert: «Käte ist entwickelter als Klaus, [...] Klaus ist freundlicher.» Und abermals ein halbes Jahr später können die Kleinen schon keine Sonderstellung mehr im Geschwisterkreis beanspruchen. Die kam – urteilt man nach der Häufigkeit und Ausführlichkeit der Eintragungen – allein dem Ältesten, Erik, zu, an dem gemessen, wie die Mutter schrieb, die anderen Kinder «minder bedeutend» erscheinen, «obgleich Heinz und Käte für ihr Alter merkwürdig entwickelt sind. [...] Käte spricht alles nach, was man ihr vorsagt und äußert sich auch schon selbständig. Dabei ist sie das lustigste, zappeligste kleine Geschöpf und sehr niedlich. Sie hat 8 Zäne, Klaus 6, sonst aber ist Klaus sehr zurück und findet noch wenig Ausdrücke für seine Gemütsbewegungen.»

Die Ansprüche an die mentale Beweglichkeit der Kinder, ihre Aufnahmefähigkeit und, das vor allem, die Möglichkeiten, ihren Gefühlen verbal Ausdruck zu verleihen, waren hoch. «Buchenswert» – um einen Ausdruck Thomas Manns zu verwenden – erschienen in erster Linie die geistigen Fortschritte, die ihrerseits mit viel Esprit (Klaus sieht aus, «als sei er von Busch gezeichnet»), einer bemerkenswerten Fähigkeit zu prägnant-raffender Charakterisierung («Kati ist putzsüchtig, ordentlich, sauber und kokett: ein kleines Weib») und ohne jede Prüderie notiert wurden («Fay, du siehst von hinten genau so aus wie ein Orangutan von vorn, auch so etwas behaart», lässt die immerhin vierzehnjährige Katia ihren Vater wissen).

Trotz der höchst eigenwilligen Orthographie –

die Hedwig Pringsheim übrigens bis ins späte Alter hinein konsequent und offenbar von keinem Gegenüber korrigiert beibehielt – vermittelt das *Kinderbüchlein* ein anschauliches Bild der zugleich großbürgerlichen und künstlerisch geprägten Umgebung, in der die Sprösslinge dieser vielfach besonderen Familie heranwuchsen: «Im Kinderzimmer» – Eintrag vom März 1882, die Zwillinge sind noch nicht geboren, Erik, der Älteste, ist drei Jahre alt, Peter zwei, Heinz kann vermutlich kaum laufen – «hängt eine Photographie von sämtlichen bedeutenden Musikern. Erik [...] kennt sämtliche Werke Wagners und sagt sie her one eines auszulassen.» Im Dezember 1885 – die Zwillinge sind inzwischen gut zwei Jahre alt – spielen alle Kinder gemeinsam ihr «Lieblingsspiel», «den Chorgesang aus dem ‹Barbier von Bagdad›». Bevorzugte Nummern sind *Das Gesamtgenie* und *Bakbab, der Einäugige.* Eine Woche später notierte die Mutter, dass Erik, der einige Tage zuvor seine erste Unterrichtsstunde beim Lehrer Bengelmann erhalten hatte, im Textbuch nachlas, was ihm die Eltern anlässlich einer Aufführung des Wagner'schen *Rings* erzählten: dass nämlich «Brünhild dadurch, daß Siegfried ihren

Panzer zerschneidet, ihre Gottheit verliert und eine gewönlich Frau wird». Eriks Reaktion: «Weißt, Muttchen, das haben sie dumm gemacht. [...] Sie hätten an dem Baum von der Brünhild ein Schild machen sollen: es wird gebeten, nichts aufzuschneiden.»

Es scheint für Alfred und Hedwig Pringsheim selbstverständlich gewesen zu sein, die Kinder so weit wie irgend möglich an dem teilhaben zu lassen, was ihnen selbst wichtiger Bestandteil ihres Lebens war. Forcierter Bildungs-Ehrgeiz aber ist nirgendwo zu erkennen, nicht einmal dort, wo es sich um ein immerhin nicht ganz alltägliches Unterfangen handelt: «Bei Kaulbach», so der Bericht vom 8. Juli 1888, «bei Kaulbach, der sie als Pierrots malt, benahmen sich die Kinder ganz ungeniert. Kati sagte: ‹Gelt, er macht uns in die Kostüme, weil du's so willst, denn du bestellst doch die Photographien, dann <u>muß</u> er's doch so machen wie du magst.›»

Ob der Mutter bewusst war, wie viel diese kommentarlos protokollierten Äußerungen über den Stil des Hauses und das Sozialverhalten der Kinder aussagen? – Im gleichen Jahr, da Kaulbach (der Neffe Friedrich August, nicht Wilhelm, der war bereits tot) das berühmt gewordene Bild der fünf im gleichen Pierrotkostüm posierenden Pringsheim-Sprösslinge malte, schrieb sie, dass die noch nicht fünfjährige Tochter unter ihrem Toilettentisch ein Stück Bindfaden hervorgezogen und ihr Tun mit den Worten kommentiert habe: «Ich wollt' sehen, ob die Emil da unten auskehrt; hab' schon einmal nachgesehen, aber er lag immer noch da, gelt, da macht die Emil nie rein.» Halb erstaunt, halb anerkennend setzte die Mutter hinzu: «Der alte Kniff erfarner Hausfraun.» Wo mag ihn Katia erlernt haben?

Doch interessanter als die direkten Spiegelungen eines milieuspezifischen Verhaltens sind jene Berichte, die zeigen, in welchem Maße die Kinder gleichzeitig lernen, ihre Privilegierung zu reflektieren und angemessene Konsequenzen zu ziehen: «Man muß [...] einem Bauern danken, wenn er ‹Grüß Gott› sagt», belehrt die siebenjährige Katia ihre Brüder, «denn man kann doch nicht weniger poli sein als ein Bauer, der noch nicht einmal erzogen ist, denn sein Vater muß früh aufs Feld, und wir sind doch erzogen.»

«Erzogen» wurden sie in der Tat; aber eben nicht abgerichtet oder mit Lernstoff voll gestopft.

Sie erhielten Angebote und durften wählen. Noch ehe die Kinder zur Schule gingen, begann die Mutter, ihnen französischen Unterricht zu geben, sodass der offenbar auch dynastisch durchaus bewanderte Älteste bei der Beobachtung des Leichenzuges König Ludwigs seiner Skepsis in Bezug auf den Nachfolger gegenüber der im Hause tätigen Bonne in verfremdendem Französisch Ausdruck geben konnte: «Madame nous avons de nouveau un fou.» Wen wundert es, dass die jüngeren Geschwister sich bemühten, es ihm gleichzutun, und die fünfjährige Kati, während eines Urlaubs in Kreuth, «das französische ‹garcon› treu übersetzend», alle Kellner als «Buben» titulierte?

Sprachliche Transpositionskünste blieben, über die Jahre und Jahrzehnte hinweg, die besondere Force von Katharina Pringsheim, deren Stil sich stets durch das schlaglichtartig erhellend Direkte und Genaue auszeichnet: «Die Kinder unterhalten sich darüber, warum *der* Mensch etwas anständiges, *das* Mensch ein gemeines Schimpfwort sei. Katja: ‹ich weiß schon, mit *das* Mensch wird man doch so verdingt und versacht›.» Kein Zweifel, die Definition ist für ein elfjähriges Mädchen ebenso intelligent wie originell. Sprach die Mutter anders?

Vermutlich nicht. Die Freude, mit der Hedwig Pringsheim, penibel und stolz zugleich, die Bonmots ihrer gescheiten Tochter notierte, macht deutlich, dass die Damen des Hauses Pringsheim aus gleichem Holz geschnitzt waren. Ein Eintrag vom Januar 1898 zum Beispiel zeigt, welchen Spaß die Mutter an Katias eigenwilligen Übersetzungsbemühungen hatte: «Die Kinder finden mein Kleid sehr ausgeschnitten», heißt es da. «Katja: ‹Na, Gottseidank doch noch nicht bis auf die Schamteile.› Allgemeines Entsetzen. Ich frage, was sie meint. ‹Ja, im Homer kam vor, [der Held] ginge nur so weit, daß er sich kaum die Schamteile netzte, ins Wasser. Im Diktionär fand ich ‹Schamteile›, aber der Röckl [ihr Griechischlehrer] übersetzte in der Stunde: ‹daß er sich die Brust kaum netzte› – und da dachte ich eben, ‹Schamteile› hieße ‹Brust›. Und tags darauf erzälte sie, es sei schon wieder etwas von Brustwarzen, Schenkeln und Bauchknopf vorgekommen, aber sie übersetze jetzt einfach alles mit ‹Brust›.»

Kein Wunder, dass sich neben der Mutter auch

die Brüder über Katias sprachliche Kapriolen «diebisch freuten» und sie schon als Kleinkind an ihren französischen und lateinischen Sprachübungen teilnehmen ließen. Überhaupt scheint das Verhältnis der Jungen zur einzigen Schwester ungeachtet von Katias Bestrebungen, nicht als Mädchen zu gelten, im Zeichen größter Bewunderung gestanden zu haben. «Die Buben beten Kati an», notierte die Mutter im Mai 1885. «Sie küssen ihr die Füße und stritten um die Ehre, wer sie morgens im Bett empfangen darf.» Nirgendwo ist vermerkt, dass Kati diese oder spätere Bekundungen von Huldigung und Aufmerksamkeit als unangenehm empfand. Sie kamen ihr, wie sie meinte, selbstverständlich zu.

Liest man die mütterlichen Notate, so fällt – wenn man die Zeit bedenkt, in der sie niedergeschrieben sind – nicht zuletzt die große Liberalität und Natürlichkeit auf, die das Verhältnis sowohl zwischen Eltern und Kindern als auch zwischen den Geschlechtern betrifft. Es scheint eine Selbstverständlichkeit gewesen zu sein, dass die Kinder zu den Eltern ins Bett stiegen und ihrer Neugier freimütig Ausdruck gaben: «Erik [sechsjährig] sagte, bei mir im Bett liegend,

‹Muttchen, ich kenne von deiner Nacktheit nur das Gesicht, ich möchte wol mal deine ganze Nacktheit kennen lernen.›» Und als der Vater die Tür seines Zimmers, in dem er sich mit seiner Tochter unterhielt, schließen wollte, da die Buben nebenan ihre Nachttoilette machten, protestierte die Neunjährige heftig: etwas «Bekanntschaft mit dem Leben» müsste sie schließlich behalten. Auch an den Unterhaltungen über die Frage «Wo kommen die kleinen Kinder her?» wurden die Eltern beteiligt: «An den Storch glaubt keines», Eintrag der Mutter an Peters Geburtstag 1889, «Kati meint, sie fallen aus einem Loch im Himmel», während Peter es «ganz genau» weiß: «du *legst* uns, wie die Kühe die Kälber legen!» Doch auch er hatte noch Fragen, die die Mutter gewissenhaft aufschrieb: «Wenn ich nur wüßte, wo man herauskommt.»

Dass «auch unverheiratete Leute Kinder bekommen», schien Allgemeinwissen zu sein. Der Älteste hatte den Kalender seines Vaters offenbar gründlich studiert und machte während der Unterhaltung geltend, dort stünde, «daß in München järlich einige 1000 Kinder außer der Ehe geboren werden» und man schließlich wisse, dass

Emilie auch ein Kind habe. Ein paar Jahre später verfügte die neunjährige Kati über so viel Bildungswissen, dass sie fähig war, diese Tatsache in einen dubiosen, aber immerhin originellen Erklärungszusammenhang einzuordnen: «Im Altertum hatte man die Kinder nicht gern, und jetzt weiß ich auch, warum im Altertum die Frauen eine so niederträchtige Stellung hatten: weil sie die Kinder machen.»

Auch prekäre Situationen galten nicht als tabu. Es war von den Kindern offenbar nicht unbemerkt geblieben, was in München jedermann wusste: Alfred Pringsheim war – was sein Verhältnis zu Frauen anging – «höchst flatterhaft» (so jedenfalls drückte es der zwölfjährige Erik gegenüber der Mutter aus). Auf die Frage, was er damit meine, antwortete der Sohn: «Nun ja, er läuft jeden Tag einer anderen nach, heut Hannchen, morgen Milka [...], ist das recht?» Als die Mutter meinte, jeder dürfe doch tun, «was ihm Vergnügen» bringe, flüsterte der achtjährige Klaus entsetzt und «mit Tränen im Auge»: «der Fey ist ein zweiter Frankfurter!» – «Wir haben geschrien [vor Lachen]», setzte Hedwig Pringsheim erklärend in Klammern hinzu. «Ich hatte tags zuvor von einem gräßlich zudringlichen, ekligen kleinen Kerl namens Frankfurter erzält, der die Damen im Theater sehr belästigt.»

Was als Bloßstellung des Vaters gegenüber den Kindern erscheinen könnte, erweist sich durch die folgenden Eintragungen als alltägliche Diskussion, denn es zeigt sich, dass dem Familienoberhaupt die Äußerungen der Kinder – selbst wenn sie in seiner Abwesenheit getan waren – selbstverständlich berichtet wurden und er sich nicht selten selbst an dergleichen Gesprächen beteiligte: «Wir sitzen am Theetisch», Eintrag der Mutter im Dezember 1891; «ich meine, Alfred, der noch fehlt, trinke gewiß bei Milka Thee. Kati: ‹Der Fay spielt Milkatz überhaupt sehr den Hof; er wird sie wol heiraten wollen, auf ein Jar, bis sie ein Kind hat; dann wird er wiederkommen und sich mit dem Kind protzen, als wenn es gescheidter wäre, als wir fünf, aber dann jagen wir Milka mit'n Kind fort.› – Das erzäle ich Alfred, der Kati fragt, wie er denn den Hof spiele. ‹Ja›, sagt Kati, ‹du gehst halt immer Theetrinken zu ihr, und gibst ihr den Arm und applaudirst im Theater und machst 'den Frankfurter' und schenkst ihr Konzertbillets, die sie nicht einmal annimmt. Du bist wie ein Witwer, der eine andere will.»» Milka, das war die Sängerin Milka Ternina, die langjährige Geliebte von Alfred Pringsheim; gleichzeitig war sie eine Freundin des Hauses; die Kinder überlegten, ob es nicht angebracht wäre, ihr, bei ihrem ersten Auftreten nach langer Krankheit, Blumen zu schenken, und plädierten für einen Lorbeerkranz. Allein Katia, bereits als Kind mit einem sicheren Instinkt für das möglicherweise Unangemessene ausgestattet, hatte Bedenken: Was, «wenn sie sich'n nun aber nicht erwirbt?» – Aber nicht die Frage, ob Frau Ternina das Bouquet erhielt, macht diese Episode spannend, sondern das Problem des Umgangs der rechtmäßigen Ehefrau und ihrer Kinder mit der Freundin des Vaters. Aus den erhaltenen Zeugnissen geht hervor, dass Milka Ternina regelmäßiger und selbstverständlicher Gast am berühmten sonntäglichen Teetisch der Hausherrin war, die ihr auch dann noch freundlich verbunden blieb, als der Hausherr längst sein Interesse verloren hatte. «Ich stand bis zuletzt immer in freundschaftlichem Briefwechsel mit ihr; wärend Fay, nach Männerart, nach Verblassen der erotischen Beziehungen doch von ihr abgerückt war», steht in

einem traurigen Brief, in dem Hedwig Pringsheim 1940 aus Zürich der Tochter vom Tod der
Sängerin erzählte.

Kein Zweifel, dass Katia durch die souveräne
und humane Haltung, die ihre Mutter im Umgang mit prekären Konstellationen – auch im Familienkreis – bewies, schon als Kind gelernt hat,
wie skandalträchtige Situationen ohne Gesichts-
verlust zu bewältigen waren: eine Fähigkeit, die
ihr später häufig, nicht zuletzt im Umgang mit
den Kapricen des androgynen Ehemanns und der
gelegentlich recht ungewöhnlichen Lebensweise
ihrer Kinder, hilfreich gewesen sein mag.

In der Tat, es ging liberal zu im Palais der
Pringsheims, Großzügigkeit und Klugheit dominierten nicht nur am Teetisch. Die Kinder waren
selbstverständlich einbezogen in die Welt der
Soireen und des Theaters; Reste, die von den großen Festivitäten übrig geblieben waren, wurden
im Freundeskreis der Junioren mit Vergnügen
verzehrt und nicht etwa nur den Dienstboten
überlassen – in einem Haus, wo das Bajuwari-
sche, von Katia, zumal im Mündlichen, vortrefflich beherrscht, in gleicher Weise zur Geltung
kam wie das Griechische und Lateinische, von

den hauseigenen Wortschöpfungen zu schweigen.

Wurden die Kinder durch die Begegnung mit
einer neuen sozialen Umwelt zur Korrektur des
Familienjargons genötigt, so erregte die offizielle
Bezeichnung daheim stets größte Heiterkeit:
«Stell dir vor, die Pipskrippe nennen die Steh-Ab-
ort»: so das erwähnenswerteste Vorkommnis im
Bericht der zwei mittleren Buben über ihren ers-
ten Tag in einer öffentlichen Schule.

Also alles offen auf den Tisch gelegt? Nun, zumindest in *einem* Punkt sehr zurückhaltend: Die
Diskrepanz zwischen jüdischer Herkunft und
protestantischer Religiosität blieb lange Zeit ein
Tabu. «Die Kinder», schrieb Hedwig Pringsheim
1888 in ihr Journal, «sind noch immer völlig ahnungslos über ihre Abstammung.»

Ja, die Kinder wussten lange Zeit nicht, dass
sie Juden waren – und zwar ‹reinrassige›, nicht
etwa (im Sinne nationalsozialistischer Definition)
‹Mischlinge›. Hohe Zeit also, sie aufzuklären –
aber wie? Die ersten Versuche ließen die Zöglinge
«kalt»: «ein Jud ist grad dasselbe wie ein Christ,
nur die Religion ist ein bißchen anders», hielt Erik
der Mutter entgegen. Trotzdem scheint er seiner

Schwester berichtet zu haben, dass «der Väte ein Jud ist». Und in der Tat gab es auf der einen Seite einen Vater, der in die Sparte «Religion» der Universitäts-Personalakte «israelitisch» eintragen ließ (sodass die Bezeichnung «religionslos», die Julia Mann mit Blick auf die bevorstehende Hochzeit von Sohn Thomas gegenüber Bruder Heinrich benutzte, wohl eher ein Euphemismus ist), und auf der anderen Seite die getauften Christen, die sich gelegentlich mit Herablassung über jene Mitschüler ereiferten, die einen eigenen Religionsunterricht hatten («wegen der drei Kerls eine extra Prüfung!»). Folgt man den Aufzeichnungen der Mutter, deren Versuche «aufzuklären» offenbar nur im Grundsätzlichen fruchteten, so legten die Kinder in naiver Übereinstimmung mit den antisemitischen Rubrizierungen ihrer Zeit nicht eben selten eine sehr zweideutige Moral an den Tag: «Klaus sagt, die Juden sind doch recht diebisch, wenn man in ihre Synagogue de Juifs will, dann muß man was bezalen, und wenn sie in unsere Kirche wollen, dann tun sie nichts bezalen.»

Wir und *sie*: Bekehrte und Unbekehrte – die Kluft blieb, auch für die Kinder aus jüdischem Hause, mit schöner Selbstverständlichkeit beste-

hen. «Ich sehe Heinz und Klaus» – ein Eintrag
Hedwig Pringsheims, Berchtesgaden 1892 – «mit
unserem zwölfjährigen Hausbewoner raufen,
höre mit Entsetzen, wie sie den blonden Ur-
germanen ‹Jud› und ‹Judenkaffer› schimpfen. Ich
zanke sie furchtbar aus. Heinz weinend: ‹ich habe
ihn aber vorher angefragt, ob er's für eine Belei-
digung hält.›»

Irrungen Wirrungen allüberall: Kann, fragte
Katia, der Vater ein Jude sein und die Mutter
nicht? Nein, der Vater war kein Jude: «‹denn da
müßte Mütz auch eine Jüdin sein und ich auch,
und daß ich keine Jüdin bin, das weiß ich einmal
ganz gewiß.›»

Jud und Christ: ein nie endendes Gespräch,
das zwischen den Fronten geführt wurde – eher
spielerisch und akademisch, ehe es ein halbes
Jahrhundert später, im Zeichen der nationalsozia-
listischen Rassen-Ideologie, zur brutalen Alternative ‹Leben oder Tod› wurde. Noch aber blieb in
der Diskussion der Kinder die Frage offen, ob alle
auf -heimer endenden Namen eine fremde Ab-
kunft annoncierten oder ob, um als Jude kennt-
lich zu sein, der schlichte Tatbestand «lange
krumme Nase und ein spitzes Kinn» genügte.

Nun, im Hause Pringsheim warb die Tochter Hedwig Dohms (auch sie übrigens jüdischer Herkunft, wenn auch getauft und streng protestantisch erzogen) für Toleranz und Beachtung der universalen Menschenrechte. Die siebenjährige Katia wusste genau: «‹Mütz sagt, man darf die Juden nicht detestiren.›» Doch sie selbst, auch das wusste sie genau, war, wie die Brüder (die Zwillinge sogar unter «heillosem Gebrüll» «von einem reizenden jungen Prediger») im Juli 1885 getauft worden. «Kein Gedanke an Judenthum kommt auf, diesen Leuten gegenüber; man spürt nichts als Kultur», rechtfertigte Thomas Mann im Februar 1904 gegenüber Bruder Heinrich den Umgang mit dem Haus Pringsheim und beschrieb damit zugleich das Selbstgefühl der Familie, deren 1891 bezogenes Palais in der Arcisstraße, nur ein paar Schritte vom alten Domizil entfernt, zu einem Mittelpunkt des Münchener geistigen und künstlerischen Lebens der Prinzregentenzeit wurde; mit eigenem «musterhaft eingerichteten» Kinderquartier, in das die Freunde – unter Umgehung der prächtigen Zimmer und Säle des unteren Stockwerks – über eine Hintertreppe direkten Zugang hatten.

Großzügigkeit also auch hier. Der Maler Hermann Ebers, ein Klassenkamerad von Heinz und Peter, dessen Bilder Jahrzehnte später Thomas Mann die erste Anregung zu seinen *Joseph*-Erzählungen geben sollten, hat die Räumlichkeiten und das Familienambiente in seinen Lebenserinnerungen beschrieben: «Außer dem großen Schlafzimmer der vier Buben und dem von Katja und ihrer Bonne gab es da ein geräumiges Wohnzimmer mit Schränken und Regalen voll der herrlichsten Spielsachen, und weiterhin nach rückwärts auf den Garten schauend ein Studierzimmer mit Bücherborden, Schreibpulten für jedes Kind und einem kleinen Flügel zum Üben für die beiden jüngsten Buben, die das musikalische Talent des Vaters geerbt hatten. [...] In diesem hellen und freundlichen Raum oder im Wohn- und Spielzimmer habe ich meine ganze Gymnasialzeit und auch später noch Stunden verbracht, die zu den anregendsten, lustigsten und befruchtendsten meiner Jugend gehören. Nur zur Jause ging es hinunter in den großen Speisesaal, wo stets ein langer Teetisch gedeckt war. Ihm präsidierte die ebenso anmutige wie kluge Hausfrau mit einer körperlichen und geistigen Grazie ohnegleichen. Nie habe ich die ‹Dame des Hauses› mit solch liebenswürdiger Aisance die kleine Zeremonie des Teeinschenkens und Kuchenanbietens zelebrieren sehen wie Frau Hedwig Pringsheim. [...] Daß sie für jeden der vielen Gäste, die an allen Sonntagen sich [...] einfanden, ein persönliches, teils freundliches, teils heiter-witziges Wort fand [...], ließ auch die Gäste, die weniger mit Glücksgütern gesegnet waren als sie, die große Aufmachung des Hauses nie als drückend empfinden.»

Wem fallen bei einer solchen Beschreibung nicht die Berichte über die Teestunden im Hause Thomas Mann ein? Mögen diese – zeitentsprechend – sich meistens in weniger aufwendigem Ambiente vollzogen haben: Katia Mann, daran ist nicht zu zweifeln, hat, auch was diese Zeremonie angeht, bei ihrer Mutter gelernt, der sie in so vielem so ähnlich war – wenngleich umstritten bleibt, ob sie es an Schönheit mit ihr hat aufnehmen können: «Ach, die Mutter erreichst Du ja nie», ließ Paula Pringsheim ihre heranwachsende Enkelin wissen, die sich noch als alte Frau an dieses Diktum erinnerte, inzwischen aber so viel Selbstbewusstsein gewonnen hatte, dass sie glaubhaft versichern konnte, sie habe sich «auch damit abgefunden».

Indes wurde das Leben im Hause Pringsheim nicht nur durch den geistreichen Charme der Hausfrau, sondern in mindestens dem gleichen Maße auch durch den (um noch einmal Hermann Ebers zu zitieren) «scharfen Geist» des Hausherrn geprägt, der, hinter seiner Frau an Wuchs zurückbleibend, von ihr in vertraulichen Briefen gern als «furchtbar süßer kleiner Mann» bezeichnet wurde. Alfred Pringsheim liebte es, Konversationen durch «witzige, teils auch witzelnde Bemerkungen» zu würzen, wobei er sich «stets ein wenig nervös eine Zigarette an der anderen» ansteckte. Seine Freizeit habe er meistens am Flügel verbracht und sich darüber hinaus «als Kunstsammler größten Stils» betätigt, «wozu ihn nicht nur [...] sein hervorragendes Qualitätsgefühl, sondern auch die großen Mittel befähigten, die ihm als dem Sohn eines der erfolgreichsten Berliner Unternehmer der Gründerzeit zur Verfügung standen». Das Palais, das sich seine Eltern, Rudolf und Paula Pringsheim, gegen Ende des Jahrhunderts in der Wilhelmstraße erbaut hatten, gab das Vorbild für die Arcisstraßenvilla, die es allerdings

– wenn man zeitgenössischen Berichten glauben darf – mit dem Berliner Prachtbau nicht aufnehmen konnte.

Doch vermutlich ging Alfred Pringsheims Ehrgeiz nicht dahin, es den Eltern gleichzutun. Er wusste als stilsicherer Kunstkenner, dass das, was für Berlin angemessen sein mochte, in München eher Befremden erregen würde, und hielt es deshalb weniger mit Anton von Werner denn mit Lenbach, der die Damen des Hauses mehrfach porträtierte, oder mit Hans Thoma, bei dem er jenen Fries in Auftrag gab, «der um die Wände des großen Musik- und Tanzsaales lief» und – wie Hermann Ebers ihn interpretierte – «rechte Gefilde der Glückseligkeit» vorstellte, eine «paradiesische Landschaft, in der sich glückliche Menschen in zeitlosen Gewändern oder freier Nacktheit bewegten zwischen weidenden Tieren unter blühenden oder fruchtbeladenen Bäumen». Mittels einer breiten Schiebetür konnte der ohnehin schon große Raum mit dem angrenzenden Wohnzimmer zu einem prachtvollen Saal vereinigt werden, in dem sich an den Gesellschaftsabenden unterschiedliche Kreise der Münchener Society harmonisch vereinten.

Als Hans Thoma den Fries am 3. Juni 1891 anbrachte, saß die kleine Kati, wie die Mutter berichtet, bewundernd zuschauend auf einer Stufe: «Kann Herr Thoma nicht eigentlich besser malen als Herr Lenbach?», fragte sie ihre Mutter. «Was ist schwerer, nach 'm Kopf malen oder anders malen?» Und dann die kleine Münchenerin: «Ist Herr Thoma eigentlich ein Bayer?» Nein? «Schade, das tät die Bayern so ehren!»

In selbstverständlich-vertrautem Umgang mit den bedeutendsten Künstlern der Zeit wuchs sie heran, Katharina Pringsheim, behütet in einer Welt der Professoren und Künstler, der Adligen und der reichen Bürger, im Kreis einer Familie, die ihren Kindern jede nur denkbare Anregung bot – vom Musikunterricht über die regelmäßigen Konzert- und Theaterbesuche, über Bildungs- und Erholungsreisen, Schwimm- und Sportunterricht, Reck, Rad und Tennis, bis hin zur obligaten Tanzstunde. «Frau Pringsheim hatte für ihre Kinder eine Tanzstunde arrangiert, zu der ich eingeladen war» – so, noch einmal, der Chronist Hermann Ebers. «Sie fand in einem geräumigen Billardzimmer statt, das, im Souterrain des Hauses gelegen, durch eine schmale Treppe vom Speisesaal aus zu erreichen war. Der Ballettmeister Fenzel vom Hoftheater gab den Unterricht. [...] Außer den fünf Pringsheimkindern beteiligten sich noch einige zum Teil recht hübsche Mädchen zwischen zehn und fünfzehn Jahren und einige Jungen. Wir waren also alle eigentlich noch Kinder, ein wenig verlegen voreinander im sonntäglichen Staat und auch vor den Erwachsenen, von denen immer einige vom langen Teetisch zu uns herunterkamen, um uns zuzuschauen.» Allerdings sei die Tochter des Hauses «hoffnungslos untalentiert für die Tanzkunst» gewesen, «ein wenig schwerfällig in ihren Bewegungen», ohne viel Grazie. Dennoch habe sie durch ihren «Mangel an Koketterie» reizvoll gewirkt – eine Wahrnehmung, die «durch ihr eindrucksvolles, kluges Gesicht, das ein dunkles Haar umrahmte», gesteigert worden sei.

Diese Beobachtung wird durch eine Aussage des Bruders Heinz bestätigt: Katia habe als Tänzerin nichts Hervorragendes gehabt, sei aber dennoch «als zierliche Erscheinung mit den ausdrucksvollen Augen in dem ebenmäßigen Gesicht» sowohl auf den Hausfêten als auch auf den regelmäßig besuchten Künstlerhaus-Bällen niemals um Tänzer verlegen gewesen, von denen sich einige sogar als Heiratsbewerber aufgeführt hätten. Doch habe die Schwester wenig Lust gezeigt, «ihr Elternhaus, vor allem ihre über alles geliebte Mutter» um eines fremden Mannes willen zu verlassen.

Wozu auch? Geborgen im Kreis der Eltern und Geschwister, den Brüdern in allem gleichgestellt, ja sie beim Messen von Kraft und Geschicklichkeit oft noch überbietend, als «Lauser» unter «Lausern» (wie es der Bruder ausdrückte), gab es für Katia Pringsheim nicht den geringsten Anlass, sich in ein anderes Leben hineinzuträumen. Außerdem sagte ihr eine schon früh entwickelte, reale Sachverhalte unverstellt aufnehmende Beobachtungsgabe, dass auch eine Ehe offenbar mit Problemen verbunden sein konnte. Schon die Fünfjährige hatte ihrer Mutter mit Bestimmtheit erklärt: «Ich heirate nicht, denn man kann ja glauben, ein Mann ist sehr brav, und wenn man geheiratet ist, dann merkt mer, er ist sehr bös, da ist's doch besser, mer heiratet sich erst garnicht, und ich bleib bei meinem Mutterl.»

Männer – auch das war der Fünfjährigen klar – waren nur dann unentbehrlich, wenn man Kinder haben wollte. Auf den Vorschlag der Mutter, das Mädchen möge doch sie heiraten, erwiderte die Tochter: «Das geht nicht, Mädels können sich nicht heiraten, sonst, wenn mer ein Kind kriegt, hat's ja kein Vatchen.» – Wenn überhaupt Ehe, dann weil nur sie die Möglichkeit bot, Kinder zu haben: Die Briefe der Ehefrau Katia Mann bestätigen die Vorstellungen der Fünfjährigen.

Doch die Achtzehnjährige hatte andere Sorgen und Pläne. Die Abitursarbeiten waren geschrieben, man hatte die Geschwister offenbar wissen lassen, dass kein Anlass zur Sorge bestünde. «Die Zwillinge stehen gut», teilte Hedwig Pringsheim ihrem Freund, dem Publizisten Maximilian Harden, mit, «Montag ist das Mündliche, in das Klaus nicht zu kommen hofft.» Katia hingegen musste «das Mündliche» absolvieren, obwohl sie, wie ein Vergleich der Abiturzeugnisse zeigt, dem Zwilling überlegen war, denn dessen Zensuren standen im Schnitt eine Stufe unter denen der Schwester; und wenn das Lehrerkollegium die Leistungen des Bruders auch als «durchweg wohlbefriedigend» anerkannte, so monierte es doch, dass der Fleiß des Prüflings «während seines Aufenthaltes in der Anstalt weder gleichmäßig noch tiefergehend» gewesen sei, wenngleich man konzidieren musste, dass er «den Lehrgegenständen, die ihm größeres Interesse einflößten, Teilnahme entgegenbrachte».

Dass es allerdings *in praxi* eine Gleichbehandlung der Geschlechter gab, darf im Hinblick auf die Presseberichterstattung über die Abschlussfeier der Wilhelmsgymnasium-Absolventen bezweifelt werden. So hob ein Artikel der *Allgemeinen Zeitung*, München, stolz hervor, dass, dank der Sorgfalt, mit der sich Rektor und Kollegium dem Unterricht widmeten, «sämmtliche diesjährigen Abiturienten, 51 an der Zahl, die strengen Prüfungen bestanden» hätten. Darüber hinaus sei durch «die Produktionen der Zöglinge auf musikalischem und vokalem Gebiete» Schülern und Lehrern «das vollgültige Zeugnis» ausgestellt worden, dass man an Münchens Eliteschulen «der Kunst nicht minder zugethan» sei als «den Studien, die den Weg zu den Ehrenstellen im Staats- und sozialen Leben» bahnten. Der Tatsache freilich, dass jene strengsten Anforderungen auch von einem Mädchen erfüllt worden waren, gedachte der Artikel mit keinem Wort.

Dennoch: Die Frage nach einer universätsvor-

bereitenden Ausbildung für Frauen beschäftigte
die Münchener Öffentlichkeit sehr wohl. «Die
Gymnasialabiturientin», resümierte die gleiche
Allgemeine Zeitung zur Zeit der Prüfungen, «wird
nach und nach auch in Bayern eine stehende Figur»; wie bereits in früheren Jahren seien «auch
heuer wieder zwei Fräulein zum Absolutorium in
Bayern» zugelassen worden – eine Professoren-
und eine Postbotentochter: Katharina Pringsheim
eben und Babette Steininger, deren Namen allerdings nicht genannt werden. Dennoch ist der Artikel geeignet, das beharrlich verbreitete Gerücht,
Katia Mann sei Münchens erste Abiturientin gewesen, glaubhaft zu widerlegen. Das «wesent-
lichste Hinderniß» für eine auch im Süden
Deutschlands «sehr namhaft» anwachsende Zahl
von studierwilligen Mädchen – erfährt der Leser
– habe bisher «der Mangel einer geeigneten
Unterrichtsanstalt» gebildet, sodass «alle jungen
Damen, die sich dem Studium widmen wollten,
auf den Einzelprivatunterricht angewiesen waren». Seit einem Jahre jedoch bestünde, «dank der
Unterstützung angesehener Gönner, sowie insbe-
sondere unter Mithülfe des ‹Vereins zur Gründung eines Mädchengymnasiums›», auch in

München, ähnlich wie in anderen Städten Deutschlands, ein ‹Privat-Gymnasialunterricht für Damen›, in dem, «unter Mitwirkung von Professoren aus allen Fächern», die Möglichkeit gegeben sei, «in dreijährigem Lehrgang junge Damen, die Institutsbildung besitzen, auf das Gymnasialabsolutorium vorzubereiten». Der Unterricht sei zu Beginn dieses Schuljahres mit vier Schülerinnen eröffnet worden und werde zurzeit von acht jungen Frauen besucht.

Für Katharina Pringsheim kam diese Möglichkeit zu spät. Leider erlauben die erhaltenen Dokumente keinerlei Spekulationen darüber, ob sie die Diskussion um die Voraussetzungen für eine Chancengleichheit der Geschlechter überhaupt zur Kenntnis nahm und ob sie vielleicht sogar bedauerte, dass es ihr noch nicht vergönnt gewesen war, sich gemeinsam mit anderen Mädchen auf das Abitur vorbereiten zu können. Anzunehmen ist dergleichen allerdings nicht. «Ich [...] fühlte mich sehr wohl und lustig in meiner Haut, [...] mit den Brüdern, dem Tennisklub und mit allem», fasste Frau Thomas Mann, im Rückblick auf die Zeit nach dem Abitur, ihr damaliges Leben und Treiben zusammen. Von Freundinnen ist nicht die Rede; die Brüder und die durch Familie und Gesellschaft bereitgehaltenen körperlichen und geistigen Unterhaltungsmöglichkeiten genügten der jungen Frau vollauf.

Kapitel 2

Studium und Hochzeit

Was tut, im Herbst des Jahres 1901, ein Mädchen aus einem großbürgerlichen Haus, das an Heirat und räumlicher Veränderung wenig Interesse zeigt, nachdem es das Abitur mit Bravour bestanden hat? Nun, es tut das, was die Eltern lange beschlossen haben und woraufhin sein ganzer bisheriger Bildungsweg angelegt war: Es studiert.

Der Vater hatte für «Naturwissenschaften» plädiert – die Tochter folgte seinem Wunsch und hörte nach eigenen Aussagen «bei Röntgen Experimentalphysik und bei meinem Vater Mathematik: Infinitesimal-, Integral- und Diffentialrechnung und Funktionstheorie». Welches Ziel sie bei ihren Bemühungen vor Augen hatte und ob sie sich überhaupt Gedanken machte, wozu ihr die-

ses Studium nützlich sein würde, ist nicht überliefert. Auf einen Beruf jedenfalls arbeitete sie
nicht hin während ihrer Universitätszeit. Im Le-
bensrückblick bekannte Frau Thomas Mann, dass
sie «immer noch» der Meinung sei, für diese Fä-
cher keine besondere Veranlagung gehabt zu haben: Ich «fand mich gar nicht sehr begabt» und
«hätte es auch da nicht sehr weit gebracht. Es war
eigentlich mehr so töchterliche Anhänglichkeit.»
Alfred Pringsheim, so Peter de Mendelssohn in
seiner Thomas-Mann-Biographie, habe davon ge-
träumt, dass sich seine Tochter eines Tages «den
Doktorhut aufs geschorene Haupt stülpen»
würde ... ein Wunsch, mit dem es ihm offenbar
ernst war – im Gegensatz zu seinem späteren
Schwiegersohn, der, folgt man seiner Würdigung
Gabriele Reuters, in solcher Geste wenig mehr als
eine Marotte «streitbarer Frauenzimmer der Neu-
zeit» sah, die glaubten, «auf diese Weise den Gipfel der Modernität erklommen» zu haben.

Sehnsüchtiger als der Vater jedoch, möchte
man meinen, habe die Großmutter, Hedwig
Dohm, auf einen vorzeigbaren Studienabschluss
gehofft: «Little Grandma», wie sie Thomas Mann
später nannte, das «Urmiemchen» der Enkel und

Urenkel, das bereits 1874 in der Schrift *Die wissen-schaftliche Emanzipation der Frau* gleiche Chancen zur Entfaltung und sinnvollen Anwendung er-worbener Kenntnisse auch für Mädchen eingefor-dert hatte.

Hedwig Pringsheim, der linksliberalen Tradi-tion eines Ludwig Bamberger, mit dem sie eine herzliche Freundschaft verband, mehr verpflich-tet als ihre in reichem Hause heranwachsende Tochter, hat nach dem Tod von Hedwig Dohm in einem Feuilleton der Verdienste ihrer Mutter ge-dacht: «Wer sie nur aus ihren Kampfschriften kannte und ein Mannweib zu finden erwartete, wollte seinen Augen nicht trauen, wenn ihm das holde, liebliche und zaghafte kleine Wesen entge-gentrat. Aber ein Gott hatte ihr gegeben, zu sa-gen, was sie gelitten, was sie in Zukunft ihren Geschlechtsschwestern ersparen wollte.» Sie sei für ihre Forderungen verlacht worden, weil «die Zeit […] eben noch nicht reif» gewesen sei. «Daß sie aber reif wurde, ist zu einem nicht geringen Teil [ihr] Verdienst. Wofür sie ausgelacht und an-gepöbelt worden ist, hat sich erfüllt, und zwar viel schneller als man erhoffen durfte. Frauen-Gymnasialbildung und Universitätsstudium, Erschließung wirtschaftlicher und wissenschaftlicher Berufe, sogar das aktive und passive Wahlrecht der Frau hat sie als beinahe schon Sterbende noch erlebt. Als ich sie fragte: ‹Freust du dich denn nicht, Mutter?› schüttelte sie wehmütig ihren alten, schönen, lieben Kopf: ‹Zu spät, zu spät.› Aber das hat sie noch mit vollem Bewußtsein genossen, daß, wenn auch nicht ihre Töchter, so doch ihre Enkelinnen sich der neuen Freiheit freuen durften, sechs von ihnen haben studiert, drei den Doktorhut erworben, alle stehen im Berufsleben.»

In diese stolze Reihe freilich gehört Katharina Pringsheim nur bedingt. Doch immerhin profitierte auch sie von den Freiheiten, die «Little Grandma» ihrem Geschlecht erobert hatte: Am 31. Oktober 1901 richtete sie «an das kgl. Rectorat der Ludwig-Maximilians-Universität» zu München «auf Grund des beiliegenden Absolutorialzeugnisses» ein «Gesuch um Zulassung als Hörerin», in dem sie darum bat, im Wintersemester 1901/02 an folgenden Vorlesungen teilnehmen zu dürfen:

1) Experimentalphysik bei Geheimrat Professor Dr. Röntgen.

2) Kunstgeschichte bei Privatdozent Dr. Weese.

3) Über unendliche Reihen etc. bei Professor Dr. Pringsheim.

Abschließend bat sie, der Bescheid auf dieses Gesuch wolle ihr Arcisstr. 12 zugestellt werden. Schon 48 Stunden später – glückliche Zeiten! – hatte sie die Antwort der Universitätsbehörde in Händen: «Auf die Eingabe vom 31. v. M. wird Ihnen vorbehaltlich der Zustimmung der einschlägigen H. H. Professoren bzw. Dozenten, welche Sie einzuholen haben, die Erlaubnis erteilt, die Vorlesungen über 1) … 2) … 3) … als Hörerin zu besuchen.» Gefertigt nicht etwa von einem Kanzlei-Sekretär, sondern unterschrieben von Seiner Magnifizenz, dem berühmten Lujo Brentano, persönlich.

Die Universität München hatte damals 26 «mit höchster Genehmigung zugelassene […] weibliche Studierende»; eine von ihnen war Katia Pringsheim, die ihre akademische Laufbahn mit einer Überraschung begann: Aus den Belegblättern für Gasthörer, die das Archiv der Ludwig-Maximilians-Universität verwahrt, geht hervor, dass die Novizin, statt sich bei ihrem Vater zu inskribieren, ein «Anfangskolleg Russisch» belegte

– und das immerhin bei Karl Krumbacher, dem renommierten Byzantinisten.

Das Erlernen kyrillischer Zeichen zu Beginn einer sich angeblich den Naturwissenschaften widmenden akademischen Karriere? «Russisch hätte ich immer gern studiert, aber meinereins hat ja bekanntlich keine Zeit für's Höhere oder auch nur Mittelhohe», klagte die Mutter erwachsener Kinder am 11. Juli 1948 in einem Brief an ihren ältesten Sohn. Nun, damals, fast ein halbes Jahrhundert früher, litt die Studentin nicht an Zeitmangel, und dass sie sich für das Erlernen der Sprache wirklich interessierte, bezeugte auch Tochter Monika, die sich an einschlägige Lexika auf dem Tischchen der Mutter erinnert. Warum also setzte Katharina Pringsheim ihre Studien nicht fort? Stand eine Ausbildung bei den Philologen innerhalb der Familie in minderem Ansehen? Das ist kaum anzunehmen; Bruder Heinz studierte zunächst Archäologie, ehe er sich der Musikwissenschaft zuwandte. Ist der Seufzer am Ende der *Ungeschriebenen Memoiren* («Ich habe in meinem Leben nie tun können, was ich hätte tun wollen») letztlich so zu verstehen, wie ihn die Schreiberin in einem Brief an den Zwillingsbru-

der vom 16. Juli 1961 formulierte? Dort heißt es:
«Mein Leben lang habe ich nie das getan, was ich
gern wollte […] und das wird wohl bis an mein
seliges Ende so bleiben.»

Die Fragen müssen Fragen bleiben. Fest steht
lediglich – und wird durch die vollständig erhaltenen Belegbogen bestätigt –, dass die Studentin
Katia Pringsheim in ihren ersten vier Semestern
auch ‹fachfremde› allgemein bildende Vorlesungen besuchte: Das kunstgeschichtliche Kolleg im
Winter 1901/02 wurde bereits erwähnt. Ihm folgte – neben der Experimentalphysik II (wiederum
bei Röntgen) – im Sommer 1902 eine «Einleitung
der Philosophie», immerhin bei Theodor Lipps;
im Winter 1902/03 – neben «Praktischen Übungen» bei Röntgen, einer Vorlesung über «Katho-
denstrahlen» und einer anderen über «Unorgani-
sche Chemie» – ein Kolleg bei dem Archäologen
Adolf Furtwängler zu «Modernen ästhetischen
Streitfragen». Auch im vierten Semester gestattete sich die Studierende noch einen Ausflug in
die schönen Künste und belegte – neben zwei von
Geheimrat Röntgen geleiteten physikalischen
Praktika – beim Dozenten Dr. Voll die Vorlesung
über «Alte und neue Malerei».

Erst vom fünften Semester an scheint Katia Pringsheim sich ausschließlich ihren mathematischen und physikalischen Studien gewidmet zu haben. Im Winter 1903/04 standen Praktika – 40 Wochenstunden nebst einem doppelstündigen Kolloquium allein bei Röntgen! – sowie analytische Geometrie und Mechanik bei einem Professor Voss nebst einer zweistündigen Vorlesung über Variationsrechnung auf dem Programm: ein eindrucksvoller Ausweis dafür, dass die junge Elevin ihre Studien ernsthaft und mit einem immensen Zeitaufwand betrieb. Das Belegblatt des nächsten Semesters, Sommer 1904, verstärkt diesen Eindruck: noch einmal analytische Geometrie und Mechanik, diesmal zusätzlich zu praktischen Übungen in den gleichen Fächern und einer Einleitung in die theoretische Physik sowie einem Kolleg «Grundlagen der Geometrie».

Wozu die intensive Beschäftigung mit einer Wissenschaft, von der man weiß, dass sie einem nicht liegt? «Vielleicht hätte ich zu Ende studiert und auch Examina gemacht», heißt es in den *Ungeschriebenen Memoiren*. Aufgrund der Belegblätter darf man vermuten, dass die Autorin diesen Vorsatz bis unmittelbar vor der Hochzeit nicht ganz verworfen hat. Das letzte Dokument, das Katia Pringsheim als inskribierte Studentin im 7. Semester ausweist, stellt indes diese These wieder infrage. Es stammt vom Wintersemester 1904/05 – also aus der Zeit der Verlobung und unmittelbar bevorstehenden Hochzeit – und verzeichnet nur neun Wochenstunden, die sie als Hörerin von zwei Kollegs ihres Vaters absolvierte. Wollte sie ihm – den vorzeitigen Studienabbruch klar vor Augen – jedenfalls einmal das Vergnügen machen, die Tochter in seinen Vorlesungen zu sehen?

Fest steht, dass Katia Pringsheim ihre Studienzeit nicht ausschließlich der Wissenschaft gewidmet, sondern sie auch als Zeit mannigfacher Anregungen und Unternehmungen im Kreis der Brüder genossen hat. Da gab es zum einen das «vielfältig besuchte» Elternhaus mit den großen Soireen, die allerdings, den Vorlieben des Hausherrn folgend, weniger die Literaten als Wissenschaftler, bildende Künstler und Musiker versammelten. Dennoch sorgten der Glanz illustrer Namen wie Richard Strauss, Max von Schillings, Friedrich August von Kaulbach, Lenbach oder Franz von Stuck sowie interessante auswärtige

Gäste für Beachtung und Gesprächsstoff in der
Münchener Gesellschaft.

Da gab es weiterhin die Opern-, Konzert- und
Theaterbesuche, die Benefizveranstaltungen und
Reinhardt'schen Studentenaufführungen, die sich
noch die alte Frau Thomas Mann mit Vergnügen
ins Gedächtnis zurückrief: Sie erinnere noch die
«Gratis-Vorstellung, von ‹Kabale und Liebe›, zu
der jeder immatrikulierte Student Zutritt» gehabt
und die sie mit ihren vier Brüdern besucht hatte.
«Es war eine hinreißende Aufführung – die Höflich spielte die Louise –, und der Enthusiasmus
des Publikums war beispiellos.» Wo immer sie
hinging, Katia Pringsheim, sie trat nie allein auf:
«Damals durfte ein junges Mädchen überhaupt
nicht allein auf die Straße.» Zumindest ein Bruder
war offenbar immer zur Stelle, wenn es darum
ging, die Schwester zu begleiten. Der Vater konnte es sich leisten, die Münchener Musik- und
Theater-Anstrengungen durch nicht weniger als
fünf Abonnements zu unterstützen. Der junge
Thomas Mann verfolgte von seinem Balkonplatz
aus – das Publikum mit einem Theaterglas neugierig betrachtend – den Einzug der Familie, vor
allem den Auftritt des knabenhaften Mädchens

mit dem schwarzen Pagenkopf, das ihn von Mal zu Mal mehr faszinierte.

Doch die Studentin nahm keine Notiz von dem Interesse des jungen Mannes. Bewundernde Blicke war sie gewohnt, sie machte sich nichts aus ihnen – so wenig, wie sie sich aus ernsthafteren Bemühungen machte, mit denen Kommilitonen sich gelegentlich um ihre Gunst bewarben. Die Herren waren ihr eher lästig, im Allgemeinen auch, wie sie sich erinnerte, «recht jung und unbedeutend». Zumindest zwei Verehrer aus dem akademischen Milieu aber, die ihrem Vater voraussichtlich sehr willkommen gewesen wären, sind ihr im Gedächtnis geblieben. Der eine war der angehende Pflanzenphysiologe Ernst Georg Pringsheim, zwei Jahre älter als das namensgleiche und entfernt verwandte Mädchen (die Großväter waren Vettern). Die Identität des in den Memoiren ausführlich gewürdigten Bewerbers ergibt sich aus einem Brief vom 9. Januar 1940, in dem Hedwig Pringsheim von Zürich aus ihre Tochter in Princeton wissen ließ, dass «Dein präsumptiver Schwager Prof. Hans Pringsheim (Bruder Deines Bewerbers Ernst)» einen Besuch angekündigt habe.

Der andere Verehrer – so jedenfalls will es ein Gerücht – soll Oskar Perron gewesen sein, der Schüler und spätere Nachfolger von Alfred Pringsheim, der 1902 bei Lindemann in München promoviert und 1906 dort habilitiert wurde. Aber da war Katia Mann bereits verheiratet, sodass es nicht sicher ist, ob es sich bei dem in ihren Erinnerungen genannten «Professor» wirklich um Perron handelt. Im Zürcher Thomas-Mann-Archiv fand sich lediglich ein Brief, den Oskar Perron nach Thomas Manns Tod an die Witwe schrieb. In ihm erinnerte er – seine Beileidsbekundung legitimierend – an die gemeinsam in einem Münchener Hörsaal verbrachten Semester: «Gestatten Sie mir […], daß ich […] als alter Bekannter von der Kollegbank her Ihnen meine allerherzlichste Anteilnahme […] zum Ausdruck bringe.»

Ob es während dieser Zeit also wirklich zu dem von der Forschung postulierten Gewaltakt kam, bei dem die Studentin in «einem Temperamentsausbruch Gläser in Röntgens Labor zerschlägt, weil sie Oskar Perron» – um dessentwillen sie überhaupt Mathematik und Physik studiert habe – «heiraten wollte», muss dahingestellt bleiben. Vielleicht ist diese Fama auf das in den Memoiren

erwähnte Missgeschick in Röntgens Labor zurückzuführen, bei dem Katharina Pringsheim
einen kostbaren Apparat so unglücklich fallen
ließ, dass er zerbrach.

Der Letzte in der Reihe der von Katia Mann erwähnten Verehrer mit ernsthaften Absichten war
kein Geringerer als der gefürchtete Literatur-Kri-
tiker Alfred Kerr, der das Mädchen in Bansin gesehen hatte, wo die Familie Pringsheim viele Sommer lang ihre Ferien verbrachte und wohin auch
die Zwillinge nebst Aufsichtspersonal geschickt
wurden, wenn die drei älteren Kinder mit den
Eltern Radtouren machten. Die offenbar recht
zielstrebig verfolgten Annäherungsversuche werden durch einen Brief bezeugt, in dem Hedwig
Pringsheim am 4. Dezember 1902 den Freund
Maximilian Harden fragt: «Wie finden Sie, daß
Kerr meinem Klaus sein Sudermann-Büchlein mit
freundlichen Worten überreicht hat? Er schlägt auf
den Sack Klaus, meint wol aber den Esel Katja. Wie
gefällt Ihnen Kerr als mein Schwiegerson?» – Da
ihr Hardens Meinung über Kerr bekannt gewesen
sein dürfte (dieser Herr ist ein «Affe»), bedarf auch
die Haltung der Eltern Pringsheim gegenüber diesem Bewerber keines Kommentars. Die Zurück-

weisung der Kerr'schen Bemühungen hat, wie man weiß, in der Literatur Spuren hinterlassen: Die Familie Mann/Pringsheim jedenfalls war überzeugt, dass die unfreundlichen Kritiken über Thomas Manns Drama *Fiorenza* sowie Kerrs Spottgedicht *Thomas Bodenbruch* auf die Niederlage bei Katia zurückzuführen seien.

Wie immer – die Gleichgültigkeit der Umworbenen gegenüber ihren Minnesängern macht deutlich, dass Katharina Pringsheim während ihres Studiums wenig Lust hatte, sich an einen Mann zu binden. Was musste geschehen, damit sie ihre Haltung änderte?

Diese Frage ist nicht definitiv – mit einem «So und nicht anders» – zu beantworten. Jedoch gibt es Zeugnisse, mit deren Hilfe es möglich wird, die Ereignisse des Jahres 1904 jedenfalls annäherungsweise zu beschreiben.

Ein junger Mann stellte sich ein, der dabei war, sich in die Schar der stadtbekannten Berühmtheiten einzureihen, ein Schriftsteller und Verfasser mehrerer von Samuel Fischer gedruckter Novellen sowie eines hoch gelobten Romans, der *Buddenbrooks*, dessen Auflage – nicht zuletzt dank einiger vom Autor nachdrücklich zu öffentlicher

Lobpreisung aufgeforderter Freunde – von Woche zu Woche stieg.

Thomas Mann – so der Name des hoffnungsvollen Poeten – war ein Meister ausgeklügelten Vorgehens, sowohl was die Beförderung der eigenen Werke als auch die Strategie in jener «großen Lebensangelegenheit» betraf, die er zu entwerfen begann, als Katia Pringsheim in seinen Gesichtskreis trat, und die er fortan mit großer Konsequenz und bewundernswerter Zielsicherheit verfolgte. (Ob ihm in dieser Zeit irgendwann bewusst wurde, dass er das Mädchen schon jahrelang vor Augen gehabt hatte? Auf jenem Kaulbach'schen Pierrot-Bild, das in einer der vielfach verbreiteten Kopien mit Reißzwecken befestigt bereits über dem Arbeitspult des Lübecker Schülers hing?)

Schwabing ade! Schluss mit der Libertinage, so der Entschluss des jungen Strategen, der in der Boheme – trotz einiger Anstrengungen – nie recht heimisch geworden war, Abkehr von dem «guten Jungen», wie ihn der Maler Paul Ehrenberg repräsentierte; stattdessen Entree in die noble Gesellschaft und Akzeptieren ihrer verbindlichen Regeln: Ehe, Ordnung, Verlässlichkeit, Würde. Wie in den Thomas-Mann-Biographien von Peter de Mendelssohn, Klaus Harpprecht und Hermann Kurzke penibel und zitatreich beschrieben, fand in den Jahren zwischen 1903 und 1905 eine furiose Wendung statt: der Rückgriff auf die Rolle des Prinzen, mit der bereits das Kind sein Außenseitertum ins Ausgezeichnete und Besondere hinüberzuträumen versucht hatte. Die (männlichen) Gefährten aus verwegenen Tagen mussten der Prinzessin das Feld räumen. Vorbei die Zeit der zermürbenden Wirren mit Paul Ehrenberg, die von «unbeschreiblichem, reinen […] Herzensglück», aber auch von sentimentaler Schwärmerei, schlechten Versen und kühler Abweisung bestimmt war. Stattdessen: Neuorientierung – mit zunehmender Geschwindigkeit und ohne nach rechts oder links zu schauen, «geradezu draufgängerisch», wie Katia später sagte.

Katharina Pringsheim im Fadenkreuz eines zu sich selbst gekommenen Genies, das, so die Formulierung in einem Brief an Bruder Heinrich, eine schier «unglaubliche Initiative» an den Tag legte. Dem Anschauen aus der Ferne folgte – sorgfältig eingefädelt – ein Zusammentreffen im Salon der Bernsteins, wo, anders als im Hause

Pringsheim, die Literatur gleichberechtigt neben der Musik stand. Elsa Bernstein war eine renommierte Schriftstellerin, die unter dem – ihre Ibsen-Bewunderung dokumentierenden – Pseudonym Ernst Rosmer Dramen schrieb, die bei S. Fischer verlegt und noch in den zwanziger Jahren an vielen deutschen Bühnen aufgeführt wurden. Engelbert Humperdinck adaptierte das Schauspiel *Die Königskinder* als Libretto für seine gleichnamige Oper. Elsas Ehemann, Max Bernstein, galt als eine der interessantesten Figuren der Münchener Kulturszene: gesuchter Strafverteidiger in spektakulären Prozessen (Eulenburg contra Maxmilian Harden, die Lenbach-Affäre), Lustspielautor sowie Kunst-, vorwiegend Theaterkritiker, dessen Rezensionen, besonders die über Ibsens *Nora*, ein Frauenbild reklamierten, das Hedwig Dohm erfreut hätte: «Man verletzt den innersten Kern des Werkes […] wenn man Ibsens Forderung nach gesunder Selbstständigkeit des Denkens, des Lebens, des Wesens […] für dieses Weib [Nora], für jedes Weib, für jeden Menschen» unterdrückt.

Der Bernstein'sche Salon behielt – wie nicht zuletzt Thomas Manns Tagebücher aus den Jahren 1918–1921 zeigen – seine Bedeutung für das

Münchener Kulturleben bis in die zwanziger Jahre (Max Bernstein starb 1925). Wie viele illustre Gäste! Welche Evenements und faszinierenden Gespräche! «Thee, Lustigkeiten, Musik und Tanz.» Da treffen sich die Walters, die Pfitzners, die Gulbranssons; Witwen mit berühmten Namen debattieren «über die Weltlage und den Bolschewismus», Max Weber, der «gute, geschickte und lebhafte Sprecher, als der er gilt», widerlegt Spengler'sche Thesen, und Tochter Eva feiert Hochzeit mit Klaus, Gerhart Hauptmanns drittem Sohn.

Ja, «München leuchtete» – in der Republik nicht anders als im Kaiserreich … jedenfalls in den großen Salons, in deren einem – noch nach dem Tod des Hausherrn – der junge Dichter Ernst Penzoldt 1928 vor einer glänzenden Gesellschaft sein Debüt geben durfte: «Das Ehepaar Thomas Mann, die alten Pringsheims, Professor Oncken und Frau […], Ponten, Klabund und viele andere» stiegen die Stufen des «charakteristischen Rundtreppenhauses» der in maximilianischer Manier erbauten Villa in der Briennerstraße empor, so Penzoldt in einer *Frau Elsa* überschriebenen «Causerie». Oben war «ein Tischlein gesetzt»,

an dem, sitzend «unter großen Buschen Goldre-
gen», der Novize «einem Parkett von Königen»
vorlas.

Doch zurück zum Jahre 1904. Bleiben wir bei
den Bernsteins und bedenken, dass das erste Rendezvous zwischen Katia Pringsheim und Thomas
Mann nicht in der Arcis-, sondern in der Briennerstraße stattfand. Der junge Schriftsteller begann
seine Werbung auf sicherem Feld: eingeladen von
zwei Kennern und Liebhabern der Literatur. Die
Patronage von Max und Elsa Bernstein gab ihm
jene Sicherheit, die er im Hause des Kgl. Mathe-
matikprofessors benötigte, um sich ins rechte
Licht zu setzen.

Groß indes dürfte der Schritt von den Bernsteins zu den Pringsheims nicht gewesen sein:
Man blieb im faszinierenden Ambiente der jüdischen Kulturbourgeoisie, die jene Kunst des Re-
präsentierens verstand, in der sich einzurichten
der Autor der *Buddenbrooks* rasch erlernte – recht
mühelos, wie sich bald zeigen sollte; sie war ihm
gleichsam angeboren. «Ich bin gesellschaftlich
eingeführt, bei Bernsteins, bei Pringsheims» – so
ein Brief an Bruder Heinrich vom Februar 1904.
«Pringsheims sind ein Erlebnis, das mich ausfüllt,

Tiergarten mit echter Kultur. Der Vater Universi-
tätsprofessor mit goldener Cigarettendose, die
Mutter eine Lenbach-Schönheit. [...] Eines Tages
fand ich mich in dem italienischen Renaissance-
Salon mit den Gobelins, den Lenbachs, der Thür-
umrahmung aus giallo antico und nahm die Ein-
ladung zum großen Hausball entgegen. [...] Im
Tanzsaal ein unsäglich schöner Fries von Hans
Thoma. Ich hatte Frau Justizrath Bernstein (Ernst
Rosmer) zu Tisch. Zum ersten Mal seit den 18
Auflagen war ich in großer Gesellschaft und hatte
in der anstrengendsten Weise zu repräsentiren.
[...] Ich glaube, ich habe mich nicht übel gehal-
ten. Ich habe im Grunde ein gewisses fürstliches
Talent zum Repräsentiren, wenn ich einigerma-
ßen frisch bin.»

Wenn es um «Lebensangelegenheiten» ging,
kannte Thomas Mann keine Müdigkeit. Zielstrebig ging er ans Werk. Zunächst wurden in Katias
Elternhaus Komplizen gewonnen: die literatur-
beflissene Mutter und der Zwillingsbruder
Klaus; der Vater blieb erst einmal am Rande. Worüber sollte er auch – in der von ihm geliebten sar-
kastisch-präzisen Rede – mit dem lübisch-steifen
Poeten sprechen, der von bildender Kunst wenig

und von Mathematik überhaupt nichts verstand? Gottlob, dass es jedenfalls *eine* Gemeinsamkeit gab: Vater und (angehender) Schwiegersohn «trafen sich [...] in ihrer leidenschaftlichen Verehrung für Richard Wagner». So konnte Thomas Mann hoffen, auch Alfred Pringsheim würde am Ende schon ja sagen.

Und das tat er denn auch und war sogar bereit, dem jungen Paar eine Wohnung einzurichten, versprach, die Einkünfte des Schwiegersohns durch ein monatliches Fixum zu unterstützen und eine Mitgift zu garantieren, an deren Höhe gemessen sich die im Hause Buddenbrooks gezahlten Summen für Grünlich und Permaneder vermutlich bescheiden ausnahmen. «Die Sache steht [...] zur Zeit so gut, daß sie vielleicht nicht besser stehen könnte», so ein hoffnungsvoller Zwischenbericht an Bruder Heinrich vom März 1904.

In der Tat: Der junge Herr aus Lübeck – dank der achtzehn Auflagen von *Buddenbrooks* und des Erfolgs der Novelle *Tonio Kröger* zu einer in München neugierig beobachteten Figur avanciert – hatte sich gut in seine «neue Rolle als berühmter Mann» eingelebt; er musste nicht mehr bezweifeln, in der Familie Pringsheim zu gefallen. Und

die Pringsheims gefielen auch ihm, allen voran –
wen wundert's? – Katias Zwillingsbruder Klaus:
«ein höchst erfreulicher junger Mensch, soignirt,
unterrichtet, liebenswürdig, mit norddeutschen
Formen».

Das Werk, der Ruhm, die Bewunderung ringsum, dazu die Sympathie von Mutter und Bruder – die Karten des Verliebten waren glänzend:
«Ganz praktisch gedacht, habe ich […] den Eindruck, daß ich in der Familie willkommen wäre.
Ich bin Christ, aus guter Familie, habe Verdienste,
die gerade diese Leute zu würdigen wissen.»

Bliebe die Hauptperson, Katia. Liebte sie den
Werber, das «kleine Judenmädchen» mit jenen
«teerschwarzen Augen», dem dunklen Haar und
dem lieblich blassen Gesicht, die in Thomas
Manns Werk wieder und wieder beschworen
werden: in der Gestalt von Charlotte Schiller,
Imma Spoelmann, Rachel, Marie Godeau?

Auf jeden Fall, so scheint es, fand sie den aus
der Ferne gekommenen jungen Mann interessant.
Man parlierte und entdeckte gleiche Passionen,
das Radfahren vor allem. Der eine war schon in
der Ehrenberg-Zeit über die Dörfer gefahren, die
andere liebte es, allein oder eskortiert von Brü-

dern und Freunden durch Münchens Straßen zu kurven – in den Spuren der Mutter, die diesen Sport schon früh erlernt und die damals nötige Prüfungsprozedur in einem ihrer hinreißenden Essays für die *Vossische Zeitung* beschrieben hat: «Ich war eine der ersten Damen, die in München ‹radelten›. Das war damals, Ende der achtziger Jahre, noch gar nicht so einfach. Ich mußte mich auf der Polizei melden mit einer schriftlichen Erlaubnis meines Ehemannes und Gebieters, mußte Alter und Konfession, [sowie] Namen, Stand und Konfession meiner Eltern angeben, und da alles so weit stimmte, wurde mir gestattet, an einem bestimmten Datum an der offiziellen Prüfung teilzunehmen, die auf einem weitläufigen Terrain draußen vor der Stadt, mit allerlei Kurven und hinterlistigen Schikanen dann auch zur gegebenen Zeit stattfand. Klopfenden Herzens schwang ich mich aufs Rad, bestand die Prüfung, war nun losgelassen auf meine Mitmenschen und machte sehr stolz an der Seite meines vierzehnjährigen Buben meine erste Fahrt durch die Stadt.»

Schneid und Courage gegenüber Amtspersonen an den Tag zu legen: Das zeichnete – wie die berühmte Straßenbahnszene beweist – auch

Tochter Katia aus, die damit ihrem zukünftigen Mann nicht wenig imponierte: «Ich fuhr [...] immer mit der Trambahn vor- und nachmittags ins Kolleg, und Thomas Mann fuhr auch oft mit derselben Bahn», diktierte die alte Frau ihren Interviewern, «Ecke Schelling-/Türkenstrasse mußte ich aussteigen. [...] Als ich aussteigen wollte, kam der Kontrolleur und sagte: Ihr Billet!

Ich sag: Ich steig hier grad aus.

Ihr Billet muß i ham!

Ich sag: Ich sag Ihnen doch, daß ich aussteige: Ich hab's eben weggeworfen, weil ich hier aussteige.

Ich muß das Billet –, Ihr Billet, hab ich gesagt!

Jetzt lassen Sie mich schon in Ruh! sagte ich und sprang wütend hinunter.

Da rief er mir nach: Mach daß d'weiterkimmst, du Furie!

Das hat meinen Mann so entzückt, daß er gesagt hat, schon immer wollte ich sie kennenlernen, jetzt muß es sein.»

Wäre eine gewandtere Amtsperson Zeuge dieses Vorgangs gewesen, hätte die Geschichte für das Fräulein Pringsheim vielleicht unangenehme Folgen gehabt. Das «Auf- und Abspringen auf und von den Trambahnwagen» nämlich beschäftigte die Münchener Öffentlichkeit seit Jahren. Bereits im Juni 1901 hatte die *Allgemeine Zeitung* unter der Überschrift *Eine brennende Frage* das Problem diskutiert, warum «das Publikum», «trotz der bestehenden Polizeivorschrift», an diesem «gefährlichen Gebrauche» festhielte und sich «selbst durch die vielen Unglücksfälle» nicht abschrecken ließe. In allen technischen Details wurden dem Leser die Vorschläge für eine neue Plattformkonstruktion, die das Auf- und Abspringen unmöglich mache, vorgeführt – ohne Erfolg freilich. Denn obwohl das Problem über Jahre hinweg die Spalten der Lokalpresse füllte und sich die Stadträte mehrfach und eingehend mit dem Thema beschäftigten, hatte sich während Katia Pringsheims Studienzeit offensichtlich nichts geändert.

Doch die Studentin aus der Arcisstraße muss nicht nur eine sportliche Trambahnbenutzerin, sondern auch eine glänzende und selbstbewusste Radlerin gewesen sein. Wenn sie auch zu jung war, um mit ihren Eltern und den drei ältesten Brüdern *auf dem Fahrrad durch die weite Welt* (bis nach Norwegen) zu fahren, so war sie doch durch familiäre Ausflüge in die Umgebung so gut trainiert, dass sie dem Verehrer auf ihrem «schnellen amerikanischen Cleveland-Rad» ohne Mühe davonfahren konnte. Der junge Verlierer wird später diese Szene, um sie literaturfähig zu machen, «vom ordinären Fahrrad aufs Pferd» transponieren und sich selbst zur ‹Königlichen Hoheit› Klaus Heinrich erhöhen, der um die amerikanische Prinzessin Imma Spoelmann wirbt. – Realiter freilich brachte der Prinz von der Trave weniger sportliche Qualitäten als vielmehr seine anerkannten schriftstellerischen Fähigkeiten ins Spiel, um sich bei der Angebeteten ins rechte Licht zu setzen. Er verfasste «wunderbar schöne Briefe», die der Adressatin «natürlich auch Eindruck machten», denn, wie Katia Mann noch im Alter befand, «er konnte ja schreiben».

In der Tat, das konnte er. Wenn es drauf ankam, war er mitnichten jener «Pimperling», als welchen ihn seine Schwiegermutter noch Jahre später gegenüber ihrer jungen Freundin Dagny Langen-Sautreau charakterisierte (Katias Mann ist «ein rechter Pimperling», heißt es in einem Brief vom März 1907), sondern setzte entschlossen alle Mittel ein, die ihm zur Verfügung standen. Wohl wissend, dass Erfolg nur dem Starken und Selbstbewussten beschieden ist, ließ er die Umworbene wissen, dass er, der Bittende, «nach Herkunft und persönlichem Werth» durchaus berechtigt sei, auf sie zu hoffen: «[Sie] dürfen [...] niemals vergessen, daß Sie schlechterdings nicht hinabsteigen, schlechterdings keinen Gnadenakt vollziehen werden, wenn Sie irgend eines Tages vor aller Welt die Hand ergreifen werden, die ich Ihnen so bittend entgegenstrecke.» Dann wieder stellte er sein Licht unter den Scheffel und versuchte es mit neckischen Späßen: eifersüchtig sei er auf die wissenschaftliche Betätigung der jungen Frau und habe «teuflische Freude», wenn die physikalischen Folianten ein wenig vernachlässigt würden. Kein Zweifel, die poetisch-prinzlichen Briefe beweisen, mit welcher Intelligenz der auf Kierkegaards Spuren wandelnde Verführungskünstler vorging: hier in klassischer Pose, dort romantisch und verträumt: «Zuweilen, es muß ganz still und ganz dunkel dazu sein, sehe ich Sie [...] in einer Klarheit und visionär-detaillirten Lebendigkeit vor mir, wie kein noch so vortreffliches Bild sie haben könnte: ganz erschrocken bin ich vor Freude. [...] Ich sehe [...] den Silbershawl um Ihre Schultern, Ihr schwarzes

Haar, die Perlenblässe Ihres Gesichtes darunter […] es ist nicht zu sagen, wie vollkommen und wunderbar im Einzelnen ich Sie sehe!»

Aber so perfekt, gelegentlich ziseliert, manchmal steif, dann wieder betörend echt die Briefe mitsamt den vertrauten literarischen Topen auch waren: Katia Pringsheim zögerte. Die Wochen zogen sich hin; sogar ein Nervenarzt wurde befragt. Der sprach von «Entschließungsangst» als einem in dieser Situation typischen Symptom und mahnte Behutsamkeit an: Wenn der stürmische Liebhaber nicht diplomatischer und zurückhaltender zu Werke ginge, würde, seinen Erfahrungen nach, nichts aus der Verlobung werden.

So verging die Zeit, während Thomas Mann sein ganzes poetisches Variationsvermögen bemühte, um die Zögerliche doch noch zu überzeugen: «Seien Sie meine Bejahung, […], meine Vollendung, meine Erlöserin, meine – Frau!» Mitte September 1904 setzte er sein stärkstes Argument ein: «Wissen Sie, warum wir so gut zueinander passen? Weil […] Sie, auf Ihre Art, etwas Außerordentliches, – weil Sie, wie ich das Wort verstehe, eine *Prinzessin* sind. Und ich, der ich immer […] eine Art Prinz in mir gesehen habe, ich habe, ganz gewiß, in Ihnen meine vorbestimmte Braut und Gefährtin gefunden.»

Ob Katia Mann je an eine Realisierung dieser Vision vom «hohen Paar» geglaubt hat oder ob sie zumindest ahnte, dass Gleichrangigkeit *in praxi* keinen Platz im Weltbild eines Schriftstellers haben konnte, dessen Lebensentwurf – allem Werben um Liebe und Vertrauen zum Trotz – auf das Bedürfnis nach Distanz gegründet war und im Tiefsten nur Hingabe und Bewunderung, nicht aber wahre Partnerschaft ertrug? Vermutlich weder das eine noch das andere. Eher dürfte die Faszination durch das Fremde, ganz Andere, das Thomas Mann von den übrigen Bewerbern unterschied, eine nicht geringe Rolle bei ihrer Entscheidung gespielt haben. Auch hatte Katharina Pringsheim die Lebensklugheit ihrer Mutter geerbt, samt der Fähigkeit, die eigenen Möglichkeiten realistisch einzuschätzen und Wünsche gegeneinander abzuwägen. Nicht der Traum von einer Karriere als Wissenschaftlerin, sondern – das ist durch spätere Briefe belegt – die Vorstellung, eine Familie zu haben, bestimmte ihren Lebensentwurf. Und der war für sie offenbar mit dem jungen Poeten als *pater familias* leichter reali-

sierbar als mit jedem anderen ihrer Bewerber;
nicht zuletzt vielleicht auch deshalb, weil Zwillingsbruder Klaus, mit dem die Schwester zeitlebens ein besonderes Vertrauensverhältnis verband, ihr – nach seinen eigenen Worten – «innig
zuredete, all ihre Zweifel und inneren Widerstände zu überwinden». Auch wenn es Katia
Mann in ihren Memoiren bestreitet, es gibt – neben dem Bekenntnis des Bruders – in der späten
Korrespondenz der Zwillinge mehr als *einen* Hinweis darauf, dass Klaus Pringsheim diese Verbindung nicht nur protegiert, sondern vermutlich
sogar initiiert hat. Der bereits zitierte Brief vom
16. Juli 1961 – also sechs Jahre nach dem Tod Thomas Manns geschrieben – enthält eine in dieser
Hinsicht bedenkenswerte Parenthese: «Wenn es
nach mir ginge», heißt es da als Antwort auf eine
Einladung nach Japan, «flöge ich stracks hinüber,
aber mein Leben lang habe ich nie das getan, was
ich gern wollte – wie gut, dass Du die Ehe gestiftet hast – und das wird wohl bis an mein seliges
Ende so bleiben.» Zumindest im Rückblick also
war Katharina Pringsheim überzeugt, dass der
Bruder ihr wesentlich geholfen habe, das zu erreichen, was sie wollte, sich aber – aus welchen

Gründen auch immer – nicht zu tun traute, nämlich: Thomas Mann das ersehnte Jawort zu geben.

Leicht, so viel jedenfalls ist sicher, war die
Werbungszeit für keinen der beiden. Die junge
Prinzessin, die sich schwer tat, den altgewohnten
Palast und die Garde der sie umgebenden brü-
derlichen Ritter zu verlassen, hat – nach eigenen
Aussagen – dem Mann, der ihr doch ganz offensichtlich nicht gleichgültig war, mehr als einmal
bedeutet: «wir kennen uns ja noch gar nicht genug». Aber wenn ihr Zögern Thomas Mann auch
oft genug zur Verzweiflung trieb, so wusste der
doch sehr genau, dass er seine intimsten Gedanken auch der Umworbenen gegenüber niemals
würde preisgeben können: «Ich liebe nicht, was
mir gleich ist, oder mich auch nur versteht», lau-
tet ein Notizbucheintrag aus dem Jahre 1904 oder
1905. Und dennoch: Er sehnte sich nach diesem
Mädchen und wollte sie – und nur sie – zur Frau:
«Es gilt andauernd, sich menschlich stramm zu
halten», so das Fazit des erschöpften Prinzen gegenüber dem Bruder, «oft genug läuft das ganze
‹Glück› auf ein Zähne zusammenbeißen hinaus.»

Im Oktober 1904 endlich war die Sache entschieden. Für Thomas Mann jedoch schien,

glaubt man seinen Briefen an Heinrich, die «große seelische Strapaze» vorerst weiterzugehen: «Die Verlobung – auch kein Spaß […], die absorbirenden Bemühungen, mich in die neue Familie einzuleben, einzupassen (soweit es geht). Gesellschaftliche Verpflichtungen, hundert neue Menschen, sich zeigen, sich benehmen. […] Und zwischendurch tagtäglich die fruchtlosen und enervirenden Extasen, die dieser absurden Verlobungszeit eigenthümlich sind.» Selbst wenn man die dem Adressaten geschuldete Mischung von Kompensation und Überheblichkeit abrechnet, bleibt der Tenor des Briefes aufschlussreich für die Befindlichkeit eines Mannes, der zwar sein Ziel erreicht und die begehrte Frau erobert hatte, sich mit seinem neuen Status als ‹Gebundener› aber noch keineswegs identifizieren konnte.

Von Katia hingegen gibt es keine Zeugnisse ihrer Seelenlage. Wir wissen, dass die Verlobten gemeinsam mit Hedwig Pringsheim nach Berlin reisten, um bei den dortigen Verwandten, den Pringsheims und den Rosenbergs (der Bankier Hermann Rosenberg hatte eine Schwester Hedwig Pringsheims geheiratet), sowie, selbstverständlich, Hedwig Dohm, die bei ihrer Tochter im

Dachgeschoss des repräsentativen Hauses wohnte, «quasi vorgeführt» zu werden. Die Mutter
nutzte die Vortragsverpflichtungen des Schwiegersohns, um das neue Familienmitglied als ge-
schätzten, viel gelesenen Schriftsteller, die junge
Braut als ‹die Frau an seiner Seite› zu präsentieren. Bei den Rosenbergs in der Tiergartenstraße
gab es in Gegenwart von Maximilian Harden ein
Essen, der alte Rudolf Pringsheim, Katias Groß-
vater, erfüllte «Tommy» seinen Wunsch nach
einem guten Chronometer mit einer «Glashütter
Golduhr» (im Werte von «ca 700 M», wie Julia
Mann mit einer Mischung aus Stolz und Verachtung befand), und der Beschenkte reiste
Anfang Dezember zu einer Vorlesung nach Lübeck, derweil Katia und ihre Mutter in Berlin blieben.

Ansonsten ist wenig bekannt aus dieser Zeit,
die Thomas Mann dazu nutzte, in Polling sein
Drama *Fiorenza* zu beenden, weil – wie Julia
Mann ihrem Ältesten klagte – die Pringsheims
«nicht genügend einsehen, daß Thomas arbeiten
muß». Die Münchener Familie bemühte sich inzwischen um die Einrichtung der neuen Wohnung in der Franz-Joseph-Straße, mit deren Fer-

tigstellung Ende Januar 1905 gerechnet wurde. Sie sei schön und groß, so Julia Mann, «mit – 2 Wasserclosets [...] Tommys Arbeitszimmer – sehr groß, daran Katias Zimmer, dann Speisezimmer, dann 2 Schlafzimmer, weißlackierte Meubles. [...] In allen Zimmern kreisförmige elektrische Lustres; reizend sind die kleineren im Schlafzimmer, grünes Laub mit roten Beeren, daran hängen die elektrischen Birnen.» Aber sei es nicht alles ein wenig bedrückend? «Man fühlt sich ja kaum Herr im Hause, wenn das Wenigste einem durch eignen Kauf gehört.» Sogar ein Telefon habe der Vater anbringen lassen. Vermutlich, damit er «jeden Morgen nach dem Befinden seiner Tochter fragen» könne.

Es wurde ernst: Zeit, an die Hochzeit zu denken. Anfang Januar 1905, nach einem Diner im Hause Pringsheim, zog die Brautmutter Julia Mann «in ihr fürstliches Boudoir», um die Modalitäten des Festes zu besprechen, über dessen Verlauf – wie Julia Mann ihrem Ältesten klagte – indessen längst entschieden war: keine kirchliche Trauung, nicht einmal ein angemessenes Fest! Das war zu viel! Tommy möge *auftreten*, so die empörte Mutter, und sagen: «‹Ich verlange die kirchliche

Trauung.»» – «Ich finde, wenn Pringsheims Protestanten sind, sollten sie bei einem solchen Wendepunkt in Katias Leben es auch beweisen; aber das schlimme ist: die Braut *selbst*, im Einverständnis mit dem Vater, der religionslos ist, besteht nicht auf kirchlicher Trauung.» Alle Ängste und Ressentiments einer Frau, der es längst nicht mehr vergönnt war, ihren hergebrachten Lebensstandard aufrechtzuerhalten, brachen in diesem Brief noch einmal auf: «Ach, Heinrich, ich war ja <u>nie</u> mit dieser Wahl einverstanden; wenn auch Katia in meiner Anwesenheit sehr lieb mit mir ist, aber sollte es bei hypermodernen Leuten z. B. nicht mehr modern sein, Neujahrswünsche zu schicken, auch der zukünftigen Schwiegermama nicht? Oder wenigstens die ihnen von derselben geschickten Glückwünsche [...] zu beantworten?! – Mir hat es den Anschein, als ob man <u>provoziert</u>, verzeih, daß ich so schwarz sehe, <u>wenn</u> Tommy aber wieder frei wäre (NB auch sein Herz!) so glaube ich, wäre mir ein Stein von der Seele. [...] Das viele Geld macht doch kalt und anspruchsvoll, macht harte Köpfe und verlangt Rücksichten von andern, wo sie ihm selber mangelt.»

Da bedurfte es offensichtlich erst des energi-

schen Widerspruchs vonseiten der aller fort-
schrittlichen Gedanken unverdächtigen Tochter
Julia Löhr, die seit vielen Jahren in München verheiratet und mit der bayerischen Liberalität besser vertraut war als ihre Mutter, um die Situation
zu entspannen: «Lula […] glaubt an Katias Liebe
für Thommy», heißt es am Ende des Briefes – ein
Balsamtropfen, der indes nicht ausreichte, die
grundsätzlichen Zweifel und Ängste zu lindern:
«Wie viele andere, liebe und weniger verwöhnte
Mädchen hätten ihn wahr und treu geliebt und
für ihn gesorgt.»

Ob die junge Braut etwas von diesen Zweifeln
ihrer Schwiegermutter ahnte? Es scheint, als sei
sie ihr arglos und zutraulich entgegengetreten:
«Katia ist im <u>persönlichen</u> Verkehr mit mir ganz
zutulich und niedlich, darüber freue ich mich ja
auch sehr», heißt es nur drei Tage später in einem
Brief, der deutlich machte, dass sich die gesamte
Familie Pringsheim – trotz mancher Differenzen
– sehr wohl um Entgegenkommen und Freundlichkeit bemühte: «Auch die Brüder waren neulich ausnehmend bescheiden und höflich, der
jüngste, Klaus, Zwillingsbruder der Katia, Komponist, schickte mir seine Lieder, die meiner Mei-

nung nach berechtigt sind, einen großen Weg zu machen.»

Die Liebenswürdigkeit der Brautfamilie erlaubte es Julia Mann denn auch, ihr Anfangsurteil stillschweigend zu korrigieren: «Der Junge [gemeint ist Klaus Pringsheim)] ist erst 21 Jahre alt und nebenbei bildhübsch, er und Katia sind die hübschesten, und die Mutter ist schön. Der Vater sehr zierlich [...] und rasch mit Sarkasmen bei der Hand. Frau Professor [gemeint ist Hedwig Pringsheim] meint aber, <u>innerlich</u> wäre er gutmütig.»

Und so nahm denn auch die Hochzeitsfeier, obwohl sich alles «so durchaus andersartig» vollzog und «auch an Kirche und Pastor gar nicht gedacht» wurde, allen vorausgegangenen Dramen zum Trotz einen versöhnlichen Verlauf. Julia Manns Geschenke – «vom alten Mannschen Silber 12 Gabeln, 12 Eßlöffel, 6 Dessertlöffel, 6 Teelöffel, 6 kleine Messer, 6 kleine Gabeln», etwas komplettiert durch einige Neuanfertigungen «nach eigener Aufzeichnung im Empirestil» – fanden großen Beifall, und auch das «gediegene Tablett» mit dem reizenden und einladend aussehenden Kaffeeservice von Heinrich und Carla, die beide trotz dringender Bitten von Brautpaar

und -eltern der Feier fernblieben, wurde gebüh-
rend bewundert. Es war der Mutter, wie sie mehr
dankbar als befremdet vermerkte, vergönnt gewesen, ihren «Jungen den letzten Abend und
noch den anderen Vormittag» ganz für sich zu haben, denn «Katia hatte Freundinnentee», und
abends war man auch in der Arcisstraße unter
sich. Doch hatte Julia Mann zuvor Gelegenheit
gehabt, der Schwiegertochter noch «ein hübsches
Braut-Taschentuch aus Spitzen gestickt mit
KATIA» zu überreichen.

Am Hochzeitstag selbst half die Mutter dem
Sohn, «bis er zum Standesamt [und] vorher zum
Friseur mußte», «seine mitzunehmenden und zu-
rückbleibenden Sachen [zu] packen», besorgte
ihm ein Myrtensträußchen und ließ ihn gehen.
Als er zurückkam – «als Ehegatte!» –, «warf» sich
die Familie Mann «in Hochzeitskleider»; die Mutter «in das lila von Löhrs Hochzeit, jetzt schwarz
gefärbt und sehr einfach gemacht». Sie hatte ihre
Sicherheit wiedergewonnen: «Es war mir [...] alles einerlei, fein sah ich ja doch aus.»

In der Arcisstraße hatten sich inzwischen die
Gäste versammelt: neben den Eltern und Brüdern
der Braut Katias Patin, Frau Schäuffelen nebst

Mann, «eine plötzlich zugereiste Tante der Mutter», sowie Thomas Manns Freund Grautoff und
eine Freundin Katias; von den Geschwistern
Mann waren Julia und Joseph Löhr gekommen.
Man ging zu Tisch – «15 Personen, herrlich geschmückte Tafel» im kleineren Saal; der große
war durch Mengen «schönster Blumen und viele
Hochzeitsgaben» okkupiert. Die Braut trug, wie
die Schwiegermutter nicht ohne Wohlgefallen
vermerkte, «weiße Crêpe-de-Chine-Toilette mit
Spitzen garniert und Myrtenkranz». Auf den
Schleier hatte sie allerdings verzichtet: eine ver-
schleierte Braut käme ihr wie ein Opfertier vor.
Julia Mann nahm es hin; offensichtlich war sie be-
eindruckt vom festlichen Ambiente. Vielleicht
merkte sie auch, dass sie mit ihrem Abschieds-
schmerz nicht allein stand: «Ich saß natürlich
neben dem Professor, den ich, selbst nicht sehr
heiter, immer in möglichst guter Laune erhielt; er
seinerseits hielt soviel als möglich Katias Hand in
der seinen. Rechts von mir der Zwillingsbruder
[...], dem der Abschied von Katia natürlich recht
nahe geht.» Doch dann übermannten sie – für ein
paar Augenblicke jedenfalls – noch einmal die alten Ängste: «Ein Abschied [ist] ja eigentlich bloß

illusorisch, da Katia in München bleibt und soviel sie kann und mag zu ihnen und sie wiederum zu ihr gehen können; auch <u>glaube ich</u>, daß Katia immer dieselbe bleiben und in derselben haustöchterlichen Weise <u>ganz ihnen</u> gehörend, fortleben wird – Tommy aber leicht verübeln wird, wenn er sich auch einmal nach Mutter und Geschwistern sehnt.»

Dem Ehemann den Verkehr mit Mutter und Geschwistern zu verübeln oder ihn der Mutter zu entfremden, das wäre Katia Pringsheim freilich nie in den Sinn gekommen! Umso weniger, als Thomas ihr kaum Gelegenheit zur Eifersucht gegeben haben dürfte.

Die Hochzeitsfeier indes verlief bis zum Schluss harmonisch, wenn auch – zumindest aufseiten der Mütter – natürlicherweise nicht ohne Wehmut. Familienfreund Schäuffelen sprach «herzlich und nett», der junge Ehemann ließ Eltern und Großeltern unter Zuhilfenahme der familieninternen Kosenamen «Mumme, Pumme, Miemchen, Fink und Fey» hochleben (was darauf schließen lässt, dass – von Julia Mann unerwähnt – sowohl die Eltern des Brautvaters als auch Hedwig Dohm anwesend waren), und Vater

Pringsheim entschuldigte sich bei seiner Tisch-
dame ob seines Nichtredens. Er sei nun einmal
kein Mann großer Worte, sie möge «seine aufrichtigen Gesinnungen auch so anerkennen und mit
ihm privat» auf ihr Wohl trinken. Bald danach
brachen die Jungvermählten auf: «Um 6 fuhr ihr
Zug nach Augsburg, wo sie in den ‹3 Mohren› lo-
gierten und anderntags nach Zürich unter
Schneestürmen» weiterfuhren. Alfred Pringsheim hatte ihnen im Hotel Baur au Lac Quartier
gemacht.

Zurück blieben zwei wehmütig gestimmte
Mütter, denn nicht nur Julia Mann machte sich
Sorgen um das Glück ihres Sohnes – auch Hedwig
Pringsheim, die doch, im Gegensatz zu ihrem
Mann, den Bewerbungen des jungen Poeten stets
freundlich gegenübergestanden hatte, konnte sich
nur schwer an den Gedanken gewöhnen, dass ihre
‹Tochter und Freundin› nun in erster Linie einem
anderen zugehörte. «Ich habe viel verloren und
bin furchtbar betrübt», klagte sie vier Tage nach
der Hochzeit ihrem alten Freund Maximilian Harden. «Stellen Sie sich vor, Ihre [Tochter] Maxa
ginge mit einem fremden Mann, den sie vor Ja-
resfrist noch nicht gekannt, auf und davon und

säße nun mutterseelenallein mit ihm im Baur au Lac in Zürich und schriebe Ihnen noch dazu sehnsüchtige und wehmutsvolle Briefe. Das leere Zimmer, das noch alle Spuren seiner kleinen lieblichen Bewonerin trägt, nach ihr riecht und förmlich nach ihr schreit, naja, lieber Harden, da sitze ich nun immer mit zugeschnürter Kehle drin, weil ich doch weiß, was war, kommt nie wieder. Von der Leere, und auch von der wüsten Unordnung, dem wirren Durcheinander in meinem Herzen gibt Katjas Mädchenzimmer so recht ein Bild. Ein freierer Mensch soll ich werden? Ach Gott, ich fürchte, ein immer gebundenerer. Wenn Kleinchen nicht glücklich wird, und Talent zum Glück hat sie so wenig wie ihre Mutter, so wird sich das wie Bleigewicht an meine arme Seele hängen, und wer wäre frei mit beschwerter Seele?!»

Lassen wir es dahingestellt, ob Hedwig Pringsheim ihre eigene Wehmut in die Briefe der jungen Frau hineinlas, ob Katia – um den Kummer der Mutter wissend – betonte, wie schwer auch ihr das Verlassen des Elternhauses wurde, oder ob die Unsicherheit der vor ihr liegenden Zeit sie zuweilen wehmütig stimmte. Hedwig Pringsheim jedenfalls, das beweisen ihre Briefe

und Notizbücher, konnte beruhigt sein: Sie musste die Tochter – da hatte Julia Mann recht prophe-
zeit – nicht hergeben; noch nicht, jedenfalls. Achtundzwanzig Jahre blieb Katharina Pringsheim –
auch als Frau Thomas Mann von der Mutter beraten und umsorgt – in der Nähe ihrer Familie.
Man sah sich fast täglich. Die Weisung Hedwig
Dohms, Mütter und Schwiegermütter dürften
sich keinesfalls in den Alltag der jungverheirate-
ten Kinder einmischen, beherzigte Hedwig
Pringsheim zu keiner Stunde. In vielen wichtigen
Fragen des täglichen Lebens – einerlei, ob es um
die Auswahl von geeigneten Dienstboten oder
vertrauenswürdigen Ärzten ging – galt ihr Wort.
Erst die Nationalsozialisten zerschlugen die gelegentlich geradezu symbiotisch anmutende Gemeinschaft. Die Manns kehrten bereits Mitte
Februar 1933 von einer Reise nicht nach München
zurück; die Pringsheims entkamen mit viel Glück
1939 im buchstäblich letzten Augenblick.

Achtundzwanzig Jahre vor der großen Wende
in Deutschland, im Februar des Jahres 1905,
konnte niemand diese Entwicklung voraussehen.
Die Sorgen und Ängste aller Beteiligten bezogen
sich auf das Naheliegende. Was geschah, war so

ungewöhnlich eben nicht: Ein junges Mädchen aus reichem Hause hatte sich – mit Zuspruch von Mutter und Zwillingsbruder – entschlossen, einem Schriftsteller zu folgen, der mit allen Mitteln der Kunst um sie geworben und schließlich, am Ende einer «absurden Verlobungszeit», wie er dem Bruder schrieb, sein Ziel erreicht hatte.

Kapitel 3

Eine großbürgerliche Familie

Die Hochzeitsreise war standesgemäß. Das Zürcher Hotel Baur au Lac zählte zu jenen großen und komfortablen Etablissements, die Thomas Mann ein Leben lang schätzte: Smoking-Toilette, livrierte Kellner, eine prächtige Halle, von der aus man die Gäste beobachten konnte, Konversation im Salon, Liftboys in Uniform ... das Flair der Reichen und Verwöhnten, zu denen sich das junge Paar dank väterlicher Großzügigkeit rechnen durfte, war stets dazu angetan, das Lebensgefühl des Romanciers zu erhöhen. Dass es einen gleichen Einfluss auf die Befindlichkeit seiner jungen Frau ausübte, ist zu bezweifeln. Spätere Äußerungen lassen erkennen, dass ihr Luxus und prätentiöse Herausgehobenheit eher Unbehagen als Glück bereiteten.

Außerdem: Zürich im Februar dürfte trotz des komfortablen Logis und eines Ausflugs nach Luzern keine großen Attraktionen geboten haben; die wehmutsvollen Briefe der jungen Frau, die von Haus aus gewohnt war, viel Leben um sich zu sehen, sind sicherlich keine Erfindung der Mutter. Dennoch bot die Abgeschiedenheit Möglichkeiten, sich an das neue Dasein zu gewöhnen. Eine penible philologische Forschung hat im Notizbuch des Ehemannes Adressen von Ärzten gefunden, die sich wahrscheinlich nicht nur auf die Behandlung von nervösen Magenleiden verstanden, sondern auch in diskreteren Regionen Bescheid wussten.

Von Frauen wusste Thomas Mann – trotz der nebulösen Begegnung mit einer Engländerin namens Mary Smith in Florenz – zur Zeit der Hochzeit nicht eben viel. Wusste er später mehr? Noch nach der Geburt von Tochter Erika hoffte er, das Mädchen brächte ihn vielleicht in ein «näheres Verhältnis zum ‹anderen› Geschlecht», von dem er «eigentlich, obgleich nun Ehemann, noch immer nichts» wisse. Aber hatte Katia anderes erwartet? Auf jeden Fall: Pünktlich neun Monate nach den Flitterwochen, im November 1905, wurde das erste Kind geboren. Vielleicht hatte eine Zürcher Gynäkologin die junge Frau verständig beraten, so, wie es im Fall des Partners zwei Nervenärzte oder der Hypnotiseur Dr. med. Ringier getan haben mögen.

Der Aufenthalt in Zürich dauerte gut vierzehn Tage – eine Zeit, die beide Partner offenbar als ausreichend für eine Hochzeitsreise ansahen. Thomas Mann zog es an den Schreibtisch: Urlaub ohne Arbeit gab es für ihn sein Leben lang nicht, an der See so wenig wie in den Bergen, und auch Katia hatte Sehnsucht nach München. Die doppelte Fremde: Ohne Eltern oder Brüder mit einem noch unvertrauten Mann in einer Stadt, die ihr erst Jahrzehnte später Heimat werden sollte (hier würde man leben, mehr als drei Dezennien lang, und hier würde man schließlich sterben) … all das ließ keine ungetrübte Freude aufkommen.

Und so kehrte man zurück ins Vertraute. Die Wohnung in der Franz-Joseph-Straße war gerüstet, das junge Paar zu empfangen. Während der Ehemann sich am Schreibtisch in Brief und poetischer Verkleidung bemühte, die Skrupel zu bewältigen, die ihn angesichts der Frage überfielen, ob er sein Künstlertum zugunsten der Ehe verraten habe, suchte die junge Frau, ihren neuen privaten und gesellschaftlichen Aufgaben gerecht zu werden: als Mitglied im Trägerverein des Münchener Gisela-Kinderspitals zum Beispiel. Im Damenausschuss dieser Vereinigung wird «Frau Thomas Mann» – wie es in den Akten heißt – durchaus mitgesprochen haben, wenn es um das Wohl einer Klinik ging, die Literaturkennern als jenes Dorotheen-Kinderkrankenhaus vertraut ist, das (in Thomas Manns Roman *Königliche Hoheit*) nach einem Besuch des Prinzen Klaus Heinrich und Fräulein Imma Spoelmanns mit einer großzügigen Spende des Millionär-Papas bedacht wird.

Briefe und Dokumente späterer Zeiten machen immer wieder deutlich, dass Katia Mann vom Beginn ihrer Ehe an einen sicheren Instinkt für Details und Konstellationen entwickelte, die der Arbeit ihres Mannes förderlich sein mochten, und dass sie ihn durch lebhafte und plastische Erzählungen von Geschehnissen aus ihrem Umkreis mit Episoden ‹versorgte›, die ihm für das jeweils im Entstehen begriffene Werk von Nutzen waren. Auch der für die späteren Jahre bezeugte Brauch, Katia am Abend das in den Vormittagsstunden Geschriebene vorzulesen und ihren kritischen Rat ernst zu nehmen, scheint von Anfang an bestanden zu haben.

Was den häuslichen Teil der ehelichen Pflichten betraf, so hatte Hedwig Pringsheim ein Zimmermädchen und eine Köchin engagiert und stand im Übrigen bereit, um ihrer Tochter die ersten Schritte in die Selbständigkeit zu erleichtern. Schließlich betrug die Entfernung zwischen der Arcis- und der Franz-Joseph-Straße nur wenige Gehminuten. Der Verkehr zwischen dem Haus Pringsheim und dem Haus Mann blieb eng, Besuche hinüber und herüber waren an der Tagesordnung, man bewegte sich im vertrauten Ambiente. Und doch war in einem entscheidenden Punkt alles anders: Katia würde im November ihr erstes Kind bekommen.

Die Schwangerschaft scheint normal verlaufen zu sein. Dafür spricht in erster Linie, dass das Ehepaar Mann, in Abwandlung der Pringsheim'schen Gewohnheit, in den heißen Monaten nach Bansin auf Usedom zu übersiedeln, den Sommer an der Ostsee, in Zoppot, verbrachte, wo Katia «täglich zwei bis drei Stunden ohne sonderliche Ermüdung» mit ihrem Mann spazieren ging. Die

Schwangerschaft «scheint sie weniger zu mühen, als die meisten anderen Frauen. [...] Sie ist guter Dinge», schrieb Thomas Mann an Ida Boy-Ed in Lübeck und bat gleichzeitig um Verständnis dafür, dass man nicht – wie ursprünglich geplant – Travemünde als Ferienort gewählt hatte: «Meine Frau hatte in ihrem jetzigen Zustande eine erklärliche Scheu, sich der Neugier meiner Landsleute darzustellen.» Katias eigener Verwandtschaft gegenüber trafen diese Hemmungen offensichtlich nicht zu. Jedenfalls unterbrach das junge Paar seine wegen einer Choleraepidemie in Danzig vorverlegte Rückreise in Berlin, um Katias dortige Familie, vor allem ihre Großmutter Hedwig Dohm zu besuchen.

Bei diesem Besuch machte der junge Ehemann jene berühmt gewordene «schreiend unreife Äußerung», er hoffe, das erste Kind möchte ein Knabe sein, da es «mit einem Mädchen doch keine recht ernsthafte Angelegenheit» wäre. «Vor der Drohung der großen grauen Augen, die mich durchbohrten», musste sich der «male chauvinist», wie Tochter Elisabeth viele Jahre später Menschen mit derartigen Ansichten nannte, verantworten. «Es war keine Kleinigkeit», so Thomas Mann im Rückblick auf den Besuch. «Ich habe nie einen schwereren Stand gehabt», und «ganz hat Little Grandma mir diesen verbalen Fehltritt nie verziehen. [...] [Ich] blieb von da an, trotz aller Gegenversicherungen und Bemühungen, mich rein zu waschen, ein ‹verdammter alter Anti-Feministe und Strindbergianer›.» Was Hedwig Dohm damals gottlob noch nicht wissen konnte, war die Tatsache, dass Elisabeth Mann Borgese ihr Urteil nicht nur auf den Vater, sondern in gleicher Weise – zu Recht! – auf die Mutter bezog: Auch Katia zeigte sich jedes Mal unglücklich über die Geburt eines Mädchens und beruhigte sich erst, wenn die Parität wiederhergestellt war – was tatsächlich dreimal geschah.

Damals, vor der Geburt des ersten Kindes, stand jedoch eines seit längerem fest: Das Neugeborene würde Erik oder Erika heißen. Es sollte – einerlei, ob Junge oder Mädchen – nach Katias ältestem Bruder benannt werden, der als Student hoch verschuldet im Juni 1905 (einem in wohlhabenden Kreisen weit verbreiteten Brauch folgend) vom Vater nach Übersee verbannt worden war. Ein Brief Hedwig Pringsheims an Maximilian Harden lässt ahnen, in welcher Weise das

Schicksal des Bruders das Familienleben und damit auch die Schwangerschaft der Tochter überschattete.

«Lieber Freund», so das Schreiben vom Juni 1905, «Was soll ich Ihnen sagen? [...] Das Ende ist, daß Erik am 9. Juli nach Buenos Ayres abgeht, und wer weiß, ob, wie und wann ich ihn je wiedersehen werde! Und Sie wissen, daß er mein eigentliches Kind war mit all seinen von mir nur zu gut erkannten Fehlern, Schwächen und schlimmen Taten. Sein Leichtsinn im Schuldenmachen, die Form, in der [er] es betrieb, seine ganze Existenz hat nun die Grenzen des Möglichen überschritten, und er muß fort.» Seit Mai sei klar gewesen, dass es keinen anderen Weg geben könnte. Noch einmal habe der Vater, dem die Frau das noble Zeugnis ausstellt, dass sein Verhalten «außerordentlich schön und großmütig» gewesen sei, den Sohn «völlig reguliert» und ihm damit ermöglicht, nach einer gewissen Zeit als Ehrenmann wieder in eine ihm auf drei Jahre offen gehaltene Staatsstellung zurückzukehren. Doch sei es schwer, an eine solche Wendung zum Guten zu glauben, denn: «Hier handelt es sich ja nicht um gewönlichen Leichtsinn und verschwenderischen Lebenswandel eines jungen Mannes aus sogenannt reichem Haus. Das liegt ja bei Erik viel tiefer, seine ganze Art ist nicht die eines Verbrechers, sondern eines partiell – nur partiell – Irrsinnigen, und er gehört vor den Psychiater. Bei dem ich übrigens auch war.»

Der einzige Trost, den sie hätte ertragen können, bekannte Hedwig Pringsheim später, sei Katias schweigende und andauernde Fürsorge gewesen. Deshalb liegt es nahe, in der Namenswahl in erster Linie ein Zeichen der Zuwendung für die Mutter zu sehen.

Die Geburt – eine Hausgeburt am 9. November 1905 – war, nach Thomas Mann, eine «Foltergräuel», deren Anschauung ihn «gewaltig durchrüttelt» habe. Doch besagt die Wortwahl nicht, dass der junge Vater während des langen und schweren, sich zermürbend hinziehenden Verlaufs das Zimmer der Kreißenden betrat. Der Gedanke wäre ihm vermutlich nie gekommen, und wenn, dann hätten die Usancen der Zeit der Realisierung eines solchen Wunsches entgegengestanden. Aber die Mutter war da, um die Tochter zu trösten und Arzt und Hebamme durch resolute Fürsorge zu unterstützen. Soweit wir wissen,

bedurfte die Entbindung keines operativen Eingriffs, und der Vater konnte nach Lübeck melden,
dass nach Ablauf eines «schrecklichen Tages»
nun «alles Idyll und Friede» sei und der Anblick
der Kleinen an der Brust der Mutter alle Geburtsqualen nachträglich verkläre: Es sei «ein Mysterium! Eine große Sache! Ich hatte einen Begriff
vom Leben und einen vom Tode, aber was das ist:
die Geburt, das wußte ich noch nicht.» Da paart
sich Pathos mit Ergriffenheit von einem Wunder,
das sogar die Enttäuschung darüber, dass das
Kind am Ende doch ‹nur› ein Mädchen war, in
den Hintergrund drängte.

«Bei Tommy's ist alles in Ordnung», konnte,
ein Vierteljahr später, Hedwig Pringsheim Freund
Harden melden. «Erika gedeiht an der Mutterbrust, und kleine Schwiegerdifferenzen sind beigelegt.»

«Kleine Schwiegerdifferenzen»: Das war eine
mehr als freundliche Umschreibung für die
«Affaire» um Thomas Manns Novelle *Wälsungenblut*, in der der Autor – wenige Monate nach
seiner Hochzeit – ein Milieu- und Familienporträt entworfen hatte, das in vielen Details dem
Ambiente der Arcisstraße zum Verwechseln

ähnlich war. Die handelnden Personen, ein Zwillingspaar, das sich – nach einem *Walküre*-Besuch am Abend vor der Hochzeit des Mädchens mit einem Goi – auf einem Eisbärfell im elterlichen Palast dem Inzest hingibt, weisen «in einigen Zügen und Redewendungen» unübersehbare Ähnlichkeiten mit den Pringsheim-Zwillingen Klaus und Katia auf. Der S. Fischer Verlag hatte die literarisch gelungene Erzählung seines Autors mit Vergnügen für das nächste Heft der *Neuen Rundschau* akzeptiert. Beim Korrekturlesen waren Thomas Mann dann aber doch Bedenken wegen möglicher Missverständnisse gekommen, die er durch eine Lesung der Geschichte vor Schwager und Schwiegermutter überprüfte. Beide erhoben offenbar keine Einwände. Klaus Pringsheim bekannte sogar, er habe sich «eher geschmeichelt […] als peinlich berührt» gefühlt. Erst als eine – mittels einer etwas ominösen «Flüsterkampagne» ins Bild gesetzte – «intime» Freundin Hedwig Pringsheims die Sache als skandalträchtig ansah und dringend riet, eine Publikation unter allen Umständen zu verhindern, erschien es ratsam, auch Alfred Pringsheim von dem Vorgefallenen Kenntnis zu geben. «Er tobte», wie Sohn Klaus sich erinnert, und stellte seinen eben von einer Vortragstournee zurückkehrenden Schwiegersohn ohne Zeugen in einem Rendezvous zur Rede, an dessen Ende Thomas Manns Versprechen stand, er werde die Druckerlaubnis für die Novelle telegraphisch zurückziehen. Samuel Fischer ließ das Heft neu herstellen – ohne den inkriminierten Beitrag. Ein schöner Beweis für das Vertrauen in die literarischen Fähigkeiten des Dreißigjährigen, aber dennoch eine Handlung, die in München wenig dazu beitrug, die Gefühle Alfred Pringsheims gegenüber seinem Schwiegersohn zu besänftigen. Doch der Professor liebte seine Tochter und verfügte über genügend Selbstbewusstsein, um die Sache nach Eliminierung des *corpus delicti* ad acta zu legen. Hedwig Pringsheim schrieb an Maximilian Harden, dass «über ‹Wälsungenblut› in den letzten acht Tagen nichts Neues» zu hören gewesen sei. Das Gerücht mache freilich «hübsch langsam und sicher seinen Weg in die weitesten Kreise», aber: «Wir sind endgültig fertig mit der Affaire.»

Diese Affäre also war beigelegt, doch andere Meinungsverschiedenheiten, die allerdings weniger das Haus Pringsheim als Äußerungen von Schwiegersohn Thomas betrafen, hielten die Familie noch jahrelang in Atem. «Katias Tommy-Männchen fährt fort, eine Ungeschicklichkeit nach der anderen zu begehen und sein Leben mit Beleidigungen und Widerrufen zuzubringen», klagte Hedwig Pringsheim, kaum dass der *Wälsungenblut*-Skandal sich gelegt hatte. Anlass zu diesem Seufzer waren die im schwiegerelterlichen Hause mit Anteilnahme verfolgten und schließlich in *Bilse und ich* in eine literarisch gültige Form gebrachten Auseinandersetzungen um die Frage, inwieweit ein Künstler lebende Personen porträtieren dürfe. Ob Katia darauf gedrängt hat, dass ihr Mann den Vater konsultiere? Im Fall der Kontroverse mit Theodor Lessings provokanten Invektiven jedenfalls kann man dem Notizbuch Hedwig Pringsheims entnehmen, wie gern Thomas Mann gegebenenfalls die Hilfe des Schwiegervaters in Anspruch nahm:

«15. 5. 1910: Tommy's, die den ganzen Tag über'n Abend blieben, dazu Bernstein [der Juristenfreund, dem man das Lessing-Pamphlet zur Begutachtung übersandt hatte]. Die Lessing Affaire durchgesprochen.»

«16. 5. 1910: Beim Essen Tommys, Katja mit den Kindern über den Tee im Garten. Viel Lessingerei, die darin gipfelt, daß Alfred ihm einen kurzen und deutlichen Brief schreibt.» (Alfred Pringsheim hatte den Mathematiker Lessing seinerzeit auf einen Lehrstuhl nach Hannover empfohlen.)

«17. 5. 1910: Brief von Lessing, meine Vermittlung ‹erbittend›. Nach dem Abendessen noch Tommys, den ‹Fall› zu besprechen, wobei Tommy sich entschließt, L. eine bürgerliche Ehrenerklärung zu leisten, wenn L. versprochenermaßen die Broschüre ‹restlos einstampft›.»

Und so ging es fort, über Wochen hin: «Tommy durch Lessingerei ganz krank, Katja recht beschwert.»

Bewundernswert, mit welcher Anteilnahme Katia die literarischen Fehden ihres Mannes – übrigens zeitlebens und immer «sehr beschwert» – begleitete! Dabei hatte sie in ihrem eigenen Bereich Probleme und Aufgaben genug. Genau ein Jahr nach Erikas Geburt war Sohn Klaus auf die Welt gekommen, zweieinhalb Jahre später folgte das zweite Pärchen: Golo im März 1909 und Monika im Juni des folgenden Jahres. Von Golos Ge-

burt wissen wir, dass sie «sehr schwer und qualvoll» verlief. «Es fehlte nicht viel, so hätte zur
Zange gegriffen werden müssen, da die Herztöne
des Kindes schon schwach wurden», teilte der
Vater Bruder Heinrich mit. Auch der Name stand
bei der Geburt schon fest: «Es soll Angelus, Gottfried, Thomas heißen.»

Den seltsamen Namen hatte das Kind der Beharrlichkeit seiner inzwischen dreieinhalbjähri-
gen Schwester Erika zu verdanken, die der festen
Überzeugung war, die Mutter habe ihr den kleinen Bruder als «Ersatz» für das Tölzer Dorfkind
Angelus «gekauft», dem einen Sommer lang ihre
rabiate Liebe und Fürsorge gegolten hatte: «Die
guten Eltern! Sie hatten das Herz nicht, mich zu
enttäuschen, und kurz, das Malheur passierte.»
So jedenfalls erklärte Erika Mann später den
Sachverhalt und erzählte, wie aus Angelus über
Gelus schließlich Golo wurde, zu dem sich übers
Jahr, im Juni 1910, dann Monika gesellte – ein
Mädchen zwar, aber willkommen, weil es die Pa-
rität wiederherstellte.

Diese vierte Geburt verlief offenbar – bis auf
eine kurze Fieberattacke am dritten Tag – normal.
Im Notizbuch von Hedwig Pringsheim – die klei-

nen Kalender aus den Jahren 1910–1916 (sowie
1939) sind erhalten – gibt es detaillierte Aufzeichnungen, aus denen hervorgeht, dass das Kind offensichtlich übertragen war und der Arzt die
künstliche Einleitung der Wehen in Aussicht
stellte. Grund genug, zunächst einmal die drei Älteren mitsamt dem «Fräulein» in die Arcisstraße
auszuquartieren: «Viel mit der Installation der
Kinder zu tun», notierte die Großmutter. Danach
ging offensichtlich alles sehr schnell:

«7. 6. 1910: Um 7 telephoniert, daß Geburt bei
Katja seit 3 im Gange, um ½ 8, daß ein kleines
Mädchen angekommen. Schnell angezogen und
hingeradelt, fand alles schon in schönster Ordnung, die Kökenberg und Dr. Faltin sehr zufrieden, Katja bleich, aber glücklich. ‹Monika›, 7 ½
Pfund schwer und nicht auffallend häßlich.
Tommy meinte, es sei diesmal mit Faltin ‹etwas
ganz anderes› gewesen. Da aber beide Herren
erst gegen 7 dazu kamen, als die großen Schmerzen fast vorüber waren, taten sie sich leicht. Nahmen dann den Tee gemeinsam ein und ich ging in
meine Turnstunde, wo man an das Kind gar nicht
mehr geglaubt hatte.»

Dieses Mal schien alles im Lot – ein Grund

zur Erleichterung für die Familie, deren Leben in den vergangenen Monaten noch einmal vom Schicksal des ältesten Pringsheim-Sohnes überschattet wurde. Anfang des Jahres 1909 war die Todesnachricht aus Südamerika eingetroffen. Ein Unglücksfall, hieß es, doch bald stand – jedenfalls für die Mutter – fest, dass etwas viel Schlimmeres passiert war: Weder sei Erik verunglückt, noch habe er sich, wie ein Gerücht es wollte, vergiftet, sondern er sei vergiftet worden: von jener Frau, die er kurz zuvor in Argentinien geheiratet hatte und die ihn nun um eines Liebhabers willen aus dem Weg geräumt habe. Über Gewährsleute veranlassten die Eltern die Überführung des Leichnams nach Berlin und ordneten – ohne dass die Frau, die ihren toten Mann begleitet und als trauernde Witwe noch einen Besuch in München gemacht hatte, davon erfuhr – eine Sektion an, die jedoch «nichts erbrachte, was im Widerspruch zu den Aussagen der Frau gestanden hätte». «Ich werde nie erfaren», schrieb Hedwig Pringsheim an ihren Freund Harden, «wie und warum Erik starb. Aber ich weiß so oder so, daß die Frau seine Mörderin ist.» Aber sie wusste auch, dass «der arme Erik [letzten Endes] natür-

lich an sich selbst, an seiner Lebensunfähigkeit»
zugrunde gegangen war, und ebendas bedrückte
sie am meisten.

Doch trotz der traurigen Ereignisse, die offenbar noch lange in der Familie präsent blieben –
die Erinnerungen der Enkel berichten überein-
stimmend von der unheimlichen und diffusen
Bedrohung, die von einer *in usum Delphini* erfun-
denen Geschichte von einem Reitunfall des unbekannten Onkels ausgegangen sei –, ging das
Leben weiter. Während Thomas Mann einige Wochen im Sanatorium Bircher in Zürich verbrachte,
um sich von den Strapazen seines neuen Romans
Königliche Hoheit zu erholen, half in München die
Notwendigkeit, den Bedürfnissen der Kinder gerecht zu werden, den Frauen über das Schlimms-
te hinweg. Der Sommeraufenthalt in Tölz tat ein
Übriges; die Kleinsten gediehen, und die Großen
begannen, sich ein Paradies zu erobern. Der Entschluss, dort ein Ferienhaus zu bauen, erwies sich
einmal mehr als kluge und weitsichtige Entscheidung.

Tölz – ein Landsitz für die langen Sommermonate: kein Rodaun, wie die Sommerresidenz
des bewunderten Hofmannsthal, dafür ein we-

nig an Gerhart Hauptmanns, Thomas Manns zweiten Vorbilds, Besitz auf Hiddensee erinnernd; mit seinem fünf Morgen großen Garten, Tennisplatz und Gerätehäuschen vielleicht noch etwas repräsentativer: «Zehn Zimmer und zwei Mädchenkammern, Bad, Waschküche und reichlich Nebenräume, Balkone und große Wohn-Veranda» in «absolut ruhiger, staubfreier Lage», mit Blick auf «Gebirge und Isartal; Wald und Schwimmbad in nächster Nähe». Erbaut im Herbst 1908, ein paar Monate vor Golos Geburt, hatte sich das Tölzer Haus für die Familie zu einem Ort sorgenfreien Glücks entwickelt. «Immer wenn ich ‹Kindheit› denke», heißt es in Klaus Manns früher Autobiographie *Kind dieser Zeit*, «denke ich zuerst ‹Tölz›.» Ein Lobgesang, in den die drei anderen Kinder einfallen. «Drunten in der Zeit», so Monikas Erinnerungen *Vergangenes und Gegenwärtiges*, «lebt unversehrt das rüstig-elegante Haus mit seinen holzgetäfelten, teppichbelegten Stuben; der goldbraune Moorweiher, die Himbeerstauden am Waldrand, wo wir Kinder in unseren hellblauen Bauernkleidern täglich um die Wette pflückten, in Begleitung der Mama, die mit ihrer schwarzen ‹Gretelfrisur› in

einem langen weißen Leinenkleid mit einer bul-
garischen Handstickerei wie eine fein-exotische
Bäuerin aussah.»

Warum Katia und Thomas Mann das Tölzer
Kinderparadies bereits im Juli 1914, nach nur
knapp sechs Sommern, in der Inseratenbeilage
zur *Neuen Rundschau* in einer großbuchstabigen
Anzeige: «Modernes Landhaus. Landhaus Thomas Mann in Bad Tölz» samt oben zitierter detail-
lierter Beschreibung zum Kauf anboten, bleibt
ungewiss. Vermutlich hing es mit dem Bau der
Herzogparkvilla zusammen, zu dem sie sich im
November 1912 entschlossen hatten. Zum Glück
der Kinder jedoch fand sich damals, in den unmittelbaren Vorkriegsmonaten, kein Interessent,
sodass der Familie ihr Refugium noch weitere
drei Jahre erhalten blieb, ehe es im Juli 1917 zugunsten von Kriegsanleihen verkauft wurde –
wahrlich kein strahlendes Finale für die poeti-
schen Träume der Kinder.

Dennoch bleibt die ländliche Idylle den Lesern
auf Katia Manns Spuren so plastisch wie vor hundert Jahren: Der Schwimmunterricht im Klam-
merweiher, die Ausflüge, das Schlauchspritzen
im Garten … unmittelbar und nah dank der Be-

richte der Kinder oder des Interviews eines ungarischen Journalisten, der die Familie im August
1913 besuchte: In einer Villa hoch am Waldrand,
«wo sich kaum ein Mensch sehen läßt, wohnt
Thomas Mann, der größte Romancier des heutigen Deutschlands. Ihm gehören das Haus und
der große mit einem Zaun versehene Blumengar-
ten, von dem aus man ins Tal hinuntersehen
kann, auf den Ort, und von der großen Terrasse
aus erkennt man die blauen Umrisse der Bayri-
schen Alpen. Auf das Motorengeräusch hin kommen vier lustige Kinder an die Gartentür gelau-
fen. Blond und blauäugig in grünen Kitteln mit
roter Verschnürung. ‹Wir sind die Kinder von
Thomas Mann.›» Offenbar waren sie gewohnt,
die Begrüßungszeremonien zu übernehmen,
denn die Hausfrau, «eine schmale, hübsche kleine Frau mit lebhaften Augen», trat – wie meistens – erst zu den Gästen, als es galt, nach dem Tee
zu klingeln.

«Sehen Sie, so leben wir im Sommer», sagte
Thomas Mann zu seinem ungarischen Gast, der –
reich und wortgewandt – ihm offenbar gefiel. Jedenfalls erging sich der Hausherr weit über das
Übliche hinaus in der Weise eines *major domus*:

Nach dem Garten wurde auch noch das Haus gezeigt: «sieben große Zimmer, elegant und sehr bequem eingerichtet mit Plastiken, Bildern, Perserteppichen». Im Arbeitszimmer, mit der «wundervollen Aussicht» aus drei Fenstern, ein Telefon und Bücher: ein nummeriertes Prachtexemplar des *Tod in Venedig* neben der Luxusausgabe von Friedrich II. «mit Illustrationen von Adolph Menzel» und Homers *Ilias*.

Die Frau des Hauses hatte sich längst wieder zurückgezogen; Thomas Mann erzählte seinem Gast, dass er oft mit ihr im Garten und im Wald spazieren gehe und ihr «von allen seinen Plänen» berichte; ihr zeige er «seine Arbeiten zuerst». – Zum Abschied der Gäste stellte sich die Hausherrin wieder ein, auch die Kinder waren plötzlich wieder da. «Die ganze Familie begleitet mich zur Gartentür, die vier Rangen wünschen mir gute Reise und der Schriftsteller und seine Gattin binden mir auf die Seele, ich möge ihr neues Münchener Haus nicht vergessen, sie würden mich stets mit Freude bei sich sehen.»

Ja, es ging gastfreundlich zu bei den Manns: Das rühmen alle Besucher. Besonders die Freunde waren gern gesehen – auch bei den Kindern:

«Die Freunde der Eltern mochten wir größtenteils sehr gern, denn sie brachten Geschenke und Sensationen mit», schrieb Klaus Mann in *Kind dieser Zeit* und erwähnte vor allem Bruno Frank und Hans Reisiger: «Bruno Frank kam mit prachtvollem Spielzeug» angereist und erschien morgens um 11 Uhr in «phantastisch-königlicher» Attitüde, angetan mit einem von den Kindern staunend bewunderten «luxuriösen Bademantel». Nachmittags, während die Eltern ‹Liegekur› machten (auch das ein geheiligter Tölzer Brauch), trug er Gedichte vor: «Er wählte altbewährte, glänzende Stücke wie ‹Des Sängers Fluch› und den ‹Zauberlehrling›. Wir erstarben vor staunender Seligkeit, weil er so dröhnen und so säuseln konnte.» Und was den anderen Freund, Hans Reisiger, betraf, der nach Klaus' Erinnerungen in Tölz nie anders als «mit weißen Tennishosen und einem ganz braun gebrannten Gesicht» aufgetreten sei, so imponierte er den Kindern durch das Gerücht, ein exzellenter Skiläufer zu sein: Sie «fanden es über die Maßen ehrenvoll, mit einem richtigen Sportsmann um die Wette zu laufen und schwimmen zu gehen».

Glaubt man den Erzählungen der Kinder, und

nimmt man hinzu, was Golo Mann – zum Teil aus der Perspektive seiner Mutter – berichtet, die, ähnlich wie Hedwig Pringsheim, über die Kindheit ihrer vier Ältesten regelmäßige Aufzeichnungen machte (sie sind leider – obwohl jedenfalls die zwei Jüngeren bei Abfassung ihrer Memoiren noch auf sie zurückgegriffen haben – nicht mehr auffindbar), so fällt es leicht, seinem Diktum zuzustimmen, dass das erste Ehejahrzehnt seiner Mutter vermutlich ihr glücklichstes gewesen sei. Thomas Manns Angst, dass die eheliche Bindung der künstlerischen Entfaltung im Wege sein könnte, hatte sich nicht bestätigt, die literarische Produktion keinen Schaden gelitten. Im Gegenteil, an Aufträgen und Anfragen war kein Mangel; die Auflagen stiegen, ein neuer Roman, *Königliche Hoheit*, entstand, eine Novelle *Der Tod in Venedig* – Ergebnis einer im Mai 1911 gemeinsam mit Katia und Bruder Heinrich unternommenen Reise nach Brioni und an den Lido nach Venedig – ging ihrer Vollendung entgegen und war bereits als Vorabdruck begehrt. Die junge Frau genoss den wachsenden Ruhm ihres Mannes und begleitete ihn, sooft es Kinder und Haushalt zuließen, auf seinen Reisen, unter anderem auch nach Frankfurt zu einer Aufführung seines *Fiorenza*-Dramas.

Man lebte «wie eine ordentliche Bourgeois Familie»; Katias Wunsch nach Kindern hatte sich erfüllt, sie war, gelegentlichen Aufregungen über zu viel Unbotmäßigkeit der Sprösslinge und – glaubt man der Mutter – fast ständigem Ärger mit den Dienstboten zum Trotz, vielseitig beschäftigt und machte einen «behaglichen» und «glücklichen» Eindruck: «Ich glaube, das mütterliche, das ist überhaupt ihr recht eigentliches Gebiet», hatte Hedwig Pringsheim bereits im März 1907 an eine Freundin geschrieben.

Trotzdem hatte sie ihre Bedenken: Vier Kinder in fünf Jahren «finde ich ein bischen eilig bei dem zarten kleinen Frauchen». Die Sorge war, wie sich zeigen sollte, nicht unberechtigt. Bei einer erneuten Schwangerschaft, knapp ein Jahr nach Monikas Geburt, kam es zum Abort:

«25. 3. 1911: Von Tommy angerufen, daß Katja erkrankt. Sofort mit Auto hingefahren, fand sie mit Schüttelfrost und 40° Fieber im Bett, der bald eintreffende Vertreter von Dr. Faltin konstatierte die Einleitung einer Fehlgeburt im 2. Monat, fand den Zustand nicht bedenklich. Doch richtete ich mich ein, telephonierte nachhaus und blieb die Nacht bei Katja.»

«26. 3. 1911: Ganz schlaflose, durch Schmerzen und Fieber beunruhigte Nacht.»

Der Arzt schien jedoch die Hoffnung, das Kind retten zu können, noch nicht aufgegeben zu haben; er riet, zunächst einmal den Lauf der Dinge abzuwarten. Die Mutter «mietete» und «installierte» eine Pflegerin und übernahm es, den Haushalt der Tochter zu beaufsichtigen. Schwiegersohn und Kinder wurden zum Essen in die Arcisstraße geladen, der ‹Aufbau› für Golos Geburtstag am 27. März im Zimmer der Kranken gerichtet. Vier Tage später, «nach eingetretener Blutung», hielt es offensichtlich auch Dr. Faltin für geboten, die Schwangerschaft zu beenden:

«1. 4. 1911: Zu Katia, die angegriffen, da durch geratenen Eingriff von Faltin ‹Kreuzwendedich› nun endgültig entfernt worden ist.»

Die Bezeichnung «Kreuzwendedich» als Chiffre für einen Foetus bleibt unerklärt; Hedwig Pringsheim benutzte sie noch einmal, zwei Jahre später, als sie bei einem Berlin-Besuch die Nachricht erhielt, dass «ein kleiner ‹Eingriff› zur Entfernung ‹Kreuzwendedichs II› stattgefunden

[habe], der gut verlaufen [sei], und daß Katja wohlbehalten im Diakonissenhaus» läge.

Das war im März 1913, ein gutes halbes Jahr nach der Rückkehr von jenem Sanatoriumsaufenthalt in Davos, der durch die Spuren, die er in Thomas Manns Roman *Der Zauberberg* hinterlassen hat, in die Literaturgeschichte eingegangen ist und dessen Erfolg die Ärzte offenbar nicht durch eine neue Schwangerschaft gefährden wollten.

Im April 1911 hatte Katia Mann die Folgen des Aborts nur sehr schwer überwunden. Eine Erholungsreise des Ehepaars nach Venedig musste wegen der dort ausbrechenden Cholera vorzeitig abgebrochen werden, und auch der Sommer in Tölz hatte trotz harmonischen Verlaufs offenbar nicht die nötige Rekonvaleszenz gebracht. Vom August 1911 an häufen sich im Notizbuch Hedwig Pringsheims die Hinweise auf Bronchialinfekte, ja «Lungenreizungen» der Tochter, die sich den hausärztlichen Therapiebemühungen gegenüber als resistent erwiesen: «Katja sehr elend, abends immer fiebrig».

Thomas Mann konsultierte Hofrat May – eine Koryphäe, die ihm elf Jahre zuvor die Untauglichkeit für den militärischen Dienst bescheinigt hatte. In Katias Fall konnte er «an der Lunge nichts» finden, riet aber dennoch zu einem Gebirgsaufenthalt, der noch am gleichen Tag «beim Familienthee» beschlossen wurde. Es traf sich gut: Alfred und Hedwig Pringsheim hatten ohnehin geplant, nach Sils Maria zu reisen. Am 2. September brach man auf; «man», das waren zunächst nur Hedwig Pringsheim nebst Tochter und Sohn Peter. Alfred folgte zehn Tage später. Thomas Mann mit den vier Kindern und den Hilfskräften blieb derweil in Tölz.

So angenehm und unterhaltsam die Gesellschaft im Waldhaus von Sils Maria gewesen sein mag – man traf die Liebermanns, die Bondis und viele andere Bekannte –, unter gesundheitlichen Aspekten war der Aufenthalt offenbar ohne Erfolg. Das Fieber blieb, und die Patientin musste einen Tag nach ihrer Rückkehr Geheimrat Friedrich von Müller aufsuchen, einen der angesehensten Internisten seiner Zeit und Direktor der Medizinischen Universitätsklinik. Doch auch der konnte keinen Grund für die andauernd erhöhten Temperaturen entdecken, sodass Frau Thomas Mann nach Tölz, zu ihrer Familie, weiterreiste.

Geheimrat von Müller scheint in den nächsten

Monaten der bevorzugte medizinische Berater gewesen zu sein, einen überzeugenden Befund konnte freilich auch er nicht präsentieren. So ergriff Hedwig Pringsheim – wieder einmal! – die Initiative und holte Informationen über Sanatorien in Arosa ein. Doch ehe sie eine definitive Entscheidung fällte, konsultierte sie noch einmal einen neuen Arzt, Dr. Bork, «der behauptete, unzweifelhaft Lungenspitzenkatarrh zu konstatieren und eine Serumkur vorschlug», wobei er – jedenfalls auf die Mutter – «den Eindruck einer ‹Persönlichkeit›» machte – «ein wenig à la Pfarrer Kneipp», aber auf jeden Fall seriös.

Jener Doktor Bork nun brachte für die Serumkur ein Sanatorium im nahe gelegenen Ebenhausen ins Gespräch, und nach wenigen Tagen, in denen eine nochmalige Konsultation des «vernünftigen» Hofrats May stattfand, der gegen den Therapievorschlag offenbar keine Einwände erhob, besichtigten Mutter und Tochter im Sanatorium ein geeignetes Zimmer, aßen, um zu sehen, mit wem man es zu tun habe, «an der allgemeinen Tafel mit 15 Gästen», gewannen den Eindruck einer «nicht sehr interessanten Gesellschaft», sagten aber trotzdem zu.

Wenige Tage später übersiedelte Katia nach Ebenhausen, wo sie Mutter und Kinder ohne große Schwierigkeiten besuchen konnten. Außerdem reiste sie selbst regelmäßig in die Stadt, um sich bei Dr. Bork die Injektionen geben zu lassen, die – zumindest im Anfang – gut zu wirken schienen. Doch der Rückschlag kam bald: Bei der Heimkehr von einem Besuch der Berliner Verwandten fand die Mutter die Tochter «durch Bronchialkatarrh geschwächt», in einem elenden, Besorgnis erregenden Zustand. Sofort verdächtigte sie die Serumkur als Auslöser der Misere, verabredete – ungeachtet der Beteuerungen des Dr. Bork, dass kein Anlass zur Besorgnis bestünde – ein Konsilium mit von Müller und schlug, im Anschluss daran, einen Davosaufenthalt vor, gegen den der Geheimrat wiederum keine Einwände hatte.

Einen Tag später – am 7. März 1912 – informierte sie die Betroffenen, Tochter und Schwiegersohn, von ihren Plänen: «Mit Katja und Tommy über Davos konferiert, noch resultatlos.»

Drei Tage später jedoch war die Sache entschieden. Man ordnete und packte. «Am 11.

März, 10 Uhr: Abreise nach Davos mit Katja; von Tommy und Heinz [zum Bahnhof] geleitet.»

So steht es im Notizbuch der Mutter, und es besteht kein Grund, ihren Berichten zu misstrauen. Auch wenn man die Perspektive der besorgten «Freundin» (als solche bezeichnet sich Hedwig Pringsheim in ihren Briefen häufig) berücksichtigt und bedenkt, dass die Sorge für die Tochter vielleicht die Trauer über den Verlust des Sohnes leichter machte ... die Dominanz, mit der sich Hedwig Pringsheim in die Belange der Mann'schen Familie einmischte, bleibt ebenso erstaunlich wie das Faktum, dass die Tochter – und nicht selten auch der Schwiegersohn – sich ihren Anweisungen fast immer fügten. Ja, es scheint sogar, als habe die Tochter diesen Beistand gesucht, weil sie sich ohne die ständige Beratung und oft tätige Hilfe der Mutter ihrer neuen Rolle nicht gewachsen fühlte. Das schnelle Aufeinanderfolgen der Kinder, die damit einhergehende rapide Vergrößerung des Haushalts, die nach Monikas Geburt den Umzug in eine größere Wohnung nötig gemacht hatte, die Arbeitsbedürfnisse des Mannes, der mit seinem Schreiben, schwiegerväterlicher Zuschüsse ungeachtet, eine Familie zu ernähren hatte – all das wollte in tagtäglicher Kleinarbeit bewältigt sein. Außerdem galt es, ein gesellschaftliches Flair zu schaffen, das dem schwiegerelterlichen Lebensstil zwar nicht gleichkommen, aber doch als gepflegtes und kulturell herausgehobenes Ambiente von sich reden machen wollte.

Mutter und Tochter haben sich jahrelang – vom ersten Tag der Mann'schen Ehe an bis etwa zum zweiten Kriegsjahr – beinahe täglich gesehen, und wenn ein persönliches Treffen einmal nicht möglich war, wurde telefoniert oder geschrieben. (Ein Jammer, dass nichts von dieser Korrespondenz Vertreibung und Krieg überdauert hat.)

Soweit wir wissen, hat sich die enge Bindung zwischen Mutter und Tochter nicht negativ auf die Mann'sche Ehe ausgewirkt – allen Maximen *little Grandmas* zum Trotz, die energisch gefordert hatte, dass die Frau nicht zuletzt auch deshalb die Chance auf Bildung beanspruchen müsse, um als Mutter oder Schwiegermutter nicht in Versuchung zu kommen, die eigene Unausgefülltheit durch Dreinreden in den töchterlichen oder schwiegertöchterlichen Haushalt zu kompensieren. Hedwig Pringsheim hat nicht ‹dreingeredet›, sondern, im Gegenteil, ihrer auf ein Leben als Hausfrau nicht vorbereiteten Tochter durch das Gewähren eines Schutzraumes eine Entwicklung ermöglicht, die es Katia Mann gestattete, den Augenblick, da sie ‹flügge› wurde, nach ihren eigenen Bedürfnissen und Fähigkeiten zu wählen. So, ist zu vermuten, hat es auch Thomas Mann gesehen, der seinerseits von den Möglichkeiten, die das schwiegerelterliche Haus ihm bot, nicht eben selten Gebrauch machte. Hatte er in der Stadt zu tun, während die Familie in Tölz lebte, war es selbstverständlich, dass er Gastrecht bei den Pringsheims genoss; erkrankte Katia, rief Thomas Mann in der Arcisstraße an, und die Mutter organisierte den verwaisten Haushalt; galt es, eine passende Wohnung zu suchen, begleitete Hedwig Pringsheim ihre Tochter und erleichterte ihr die Entscheidung.

So wird es auch im März 1912 gewesen sein, als es galt, Katias Lungenaffektation auszukurieren. Thomas Mann hätte wohl kaum die Findigkeit und Energie, von der Zeit ganz zu schweigen, aufgebracht, die nötig war, Wege zu suchen, um Katias Gesundheit wiederherzustellen.

Gottlob, dass an jenem 11. März, als Mutter

und Tochter sich zum ersten Mal anschickten, aus dem Flachland zu «denen dort oben» aufzubrechen, niemand ahnte, dass es für die inzwischen fast Dreißigjährige innerhalb der nächsten sechsundzwanzig Monate noch dreimal notwendig werden würde, ihre Familie zu verlassen. Insgesamt fast ein Jahr – so lässt sich aus einer Datenzusammenstellung des Arztes Christian Virchow ermitteln – hat Katia Mann zwischen dem März 1912 und dem Mai 1914 in Sanatorien zugebracht (auf Davos folgte, im November, Meran und nochmals ein halbes Jahr später Arosa), und in diese Aufstellung sind die Reise mit den Eltern nach Sils Maria und der Aufenthalt in Ebenhausen noch nicht mit eingerechnet.

Rückblickend auf ihre Hochgebirgskuren hat Katia Mann in ihren Memoiren nicht ausgeschlossen, dass «die Geschichte», hätten die Eltern das Geld für einen Sanatoriumsaufenthalt nicht aufbringen können, «von selbst wieder gut geworden» wäre. Aber es sei nun einmal «Sitte» gewesen: «Wenn man die Mittel dazu hatte, wurde man nach Davos oder Arosa geschickt.» Zu der Zeit, als sie dies schrieb, kannte sie bereits den Befund, den Christian Virchow 1970 anhand

der alten Röntgenbilder aus dem Jahr 1912 erstellt
hatte: Auf den noch gut zu beurteilenden Aufnah-
men war auch «bei intensivem Studium nichts zu
finden, was für eine manifeste Tuberkulose
sprach». – Von einer seinerzeit gestellten «Fehl-
diagnose» aber, die ja auch bedeuten würde, dass
der *Zauberberg*-Roman in wesentlichen Teilen auf
einem Irrtum der Mediziner beruhe, habe die alte
Frau nichts hören wollen. «Ich war tatsächlich
nicht ganz gesund», schrieb sie dem Arzt, «fiel
aus einer schweren Bronchitis in die andere, hatte
ständig erhöhte Temperatur und nahm ab. Friedrich Müller hat mich ausdrücklich nach Davos geschickt und ebenso Professor Romberg [ein Jahr
später] nach Arosa. Eine Weile ging es dann ganz
gut, aber nach der Geburt der beiden jüngsten,
sehr rasch aufeinander folgenden Kinder, die ich
wie die vier Älteren selbst nährte, bekam ich eine
Bronchopneumonie mit hohem Fieber und
wurde noch einmal nach Arosa geschickt.»

Zurück zum März 1912. Der Abschied der Gatten sei «gemäßigt wehmütig» gewesen, die Reise
indes, trotz schlechten Wetters, sehr gut verlaufen. Nach Hedwig Pringsheims minuziösem No-
tizbuch-Bericht begannen die Schwierigkeiten

am nächsten Morgen, als Mutter und Tochter im ihnen empfohlenen Sanatorium Turban nicht das erwartete Entgegenkommen fanden. Man bedeutete ihnen, dass der klinische Leiter auf längere Zeit verreist sei und es in seinem gesuchten Haus «für Wochen kein Unterkommen» gäbe, «außer in einem miserabel-ungesunden Zimmer, das man uns aus Gnade einräumen wollte». Also die nächste Adresse! «[Ging ins] ‹Waldsanatorium Jessen›, das hochherrlich, aber ebenfalls vor 2–3 Wochen kein Platz.» Nun begann die Lage prekär zu werden. Ein Krankenbesuch bei einer alten Bekannten aus München, die mit den in Davos herrschenden Usancen besser vertraut war als die Neuankömmlinge aus dem Flachland, eröffnete indes neue Möglichkeiten: Von Turban sei ohnehin abzuraten; ein Kontakt mit Jessen hingegen «eventuell» sinnvoll; ein persönlicher Anruf unter Umgehung der Sanatoriumshierarchie verspräche am ehesten einen Erfolg.

Der «Hofrat» – so würde sich Professor Jessen später im *Zauberberg*-Roman wiederfinden – erklärte sich in der Tat bereit, am nächsten Tag zu einer Untersuchung ins Hotel zu kommen und die Patientin, bis ein geeignetes Zimmer in seinem Hause frei würde, auch dort zu behandeln:

«13. 3. 1912: [...] Besuch des Prof. Jessen, eines ungewönlich angenehmen, sympathischen Herrn, der ‹geschlossene Tuberkulose› in der Drüse u. der Lunge selbst konstatierte, kein schwerer, aber ein langwieriger Fall, dessen Heilung wol 6 Monate beanspruchen würde. Nach dem Lunch ins Splendid-Hotel, für Katja und mich Zimmer gemietet, zurück ins Rhätia, gepackt, an Alfred mein längeres Verweilen telegraphiert, mit Katja im Schlitten übersiedelt, sie alsbald ins neue Bett gelegt.»

Am nächsten Tag teilte Jessen seinen Befund mit: «Besuch des Professors, der Katjas Zustand doch ernst nimmt u. 4 Wochen Bettruhe für warscheinlich hält. Darauf Anfrage an Alfred, ob ich nicht zunächst hier bleiben soll.»

So geschah es. Die Mutter blieb, und schon nach wenigen Tagen zeigte sich der Professor mit dem Befinden seiner Patientin zufrieden, verbot ihr aber «kategorisch» aufzustehen. Gegen Besuche erhob er jedoch keinen Einwand. Als Erster kam Alfred Pringsheim. Die Mutter notiert freundliches Familienleben, zunächst im Hotel Splendid, dann in Jessens Sanatorium, in das die

Patientin knapp vierzehn Tage nach Ankunft der Damen, am 22. März, übersiedelte – bei dichtem Schneetreiben «in geschlossenem Schlitten» natürlich. «Kurze Begrüßung der Ärzte und der Frau Oberin v. Thämling.» Dann begann für Katia Mann der Sanatoriumsalltag, von dem sie ihrem Mann in täglichen Briefen anschaulich berichtete. Christian Virchow hat es in einer peniblen Rekonstruktion unternommen, die in Davos erhaltenen Quellen und die Usancen einer Tuberkulosebehandlung in den Jahren vor dem Ersten Weltkrieg – die Erfahrungen also, die Katia Mann (und, wie zu zeigen sein wird, auch ihre Mutter) auf dem Zauberberg machen konnten – mit den entsprechenden Stellen des Romans zu vergleichen und so den Inhalt der verlorenen Briefe jedenfalls teilweise zu erschließen.

Das Notizbuch Hedwig Pringsheims war ihm nicht bekannt. Schade, der Pulmologe hätte zusätzliche Erkenntnisse gewinnen können. So verzeichnet das Diarium am 24. März das Ergebnis einer neuerlichen Untersuchung, das die erste Diagnose bestätigte: «Tuberkeln in beiden Lungenflügeln, veraltete kleine Herde, leichter Fall, in 6 Monaten voraussichtlich zu heilen» – ein Befund, der es den Eltern erlaubte, nach einem «zärtlich-gerürt-gefaßten» Abschied ins Flachland zurückzukehren.

Zwei Monate später machte sich Thomas Mann auf den Weg, um seine Frau zu besuchen und sich selbst ein Bild vom Leben in jener Abgeschiedenheit zu machen, in der ein so anderer Rhythmus als im Flachland die Tage zäsurierte und ‹die Zeit› ihre eigenen Gesetze hatte. Katia war so weit «gebessert», dass sie ihren Mann auf Spaziergängen begleiten konnte – allerdings erst, nachdem auch er sich akklimatisiert und eine leichte Fieberattacke der ersten Tage überwunden hatte, ohne dass es den Ärzten gelungen war, ihn von einer tuberkulösen Gefährdung zu überzeugen. Nach drei Wochen kehrte er zurück, unterrichtete in München die Schwiegereltern über das Befinden der Tochter («Nachrichten, die mich nicht ganz befriedigen», vermerkte Hedwig Pringsheim) und reiste nach Tölz weiter, wo inzwischen seine Mutter Julia die Oberaufsicht übernommen hatte, damit der Sohn seine Novelle – den *Tod in Venedig* – ungestört zum Abschluss bringen konnte. Freunde, die gelegentlich abends zur Vorlesung des Geschriebenen ins kleine Arbeitszimmer geladen wurden, mussten, so gut es eben ging, die Abwesenheit der kritischen Hausfrau kompensieren.

Als Hedwig Pringsheim – gemeinsam mit Sohn Klaus – im Juli noch einmal nach Davos reiste, um den Geburtstag der Zwillinge nicht ohne die obligaten Familienfeierlichkeiten verstreichen zu lassen, waren die Informationen, die sie erhielt, nicht unbedingt erfreulicher. Es darf jedoch bezweifelt werden, dass die Mutter den Ärzten vorbehaltlos vertraute. Ein Brief an Maximilian Harden jedenfalls zeigt, dass ihr bis zum Schluss ein großer Rest an Skepsis blieb:

«So sitze ich denn in einem abgelegten Kleid von Katja», heißt es da, «von unten dringen die Klänge von Wagner-Musik, die Klaus dem Klavier entlockt, zu mir; auf dem Nebenbalkon links nimmt die hübsche lungenkranke Griechin italienische Stunde und auf dem Nebenbalkon rechts hustet der Regierungsrat aus Kassel. Abends unterhalten wir uns mit dem allerliebsten Fräulein aus Hamburg mit dem Blutsturz und dem vollbusigen Fräulein aus Köln, und alle machen sie Witze über ihre schreckliche Krankheit. Das Fräulein mit dem Pneumo-Thorax läßt ihn pfeifen und erzält, der Arzt habe ihr geraten, sie könne sich ja wärend der Zeit, da sie ihn ‹trägt›, als Orchester engagieren lassen (!); und man vergißt zeitweilig ganz und gar, daß man sich im Haus und im Tal der Totgeweihten befindet.

Seit 10 Tagen bin ich hier zum Besuch von Katja, und Klaus verbringt seine Ferien, teils zu Katjas Erheiterung, teils aber auch zu der eigenen, dringend notwendigen Erholung hier im Sanatorium. Sie wollten ihm natürlich – wie jedem, der so unvorsichtig ist, sich hier in Davos untersuchen zu lassen – eine Tuberkulose in die Lunge schwätzen: aber, gottlob, die Röntgenphotographie ergab alsbald den Irrtum und man mußte ihn *contre cœur* für gesund erklären. Katja fand ich […] sehr gebessert, wettergebräunt und gut aussehend, stärker geworden und munter im Wesen. Auch sei der Befund wesentlich zurückgegangen, wenn sie auch leider keineswegs ganz ‹entgiftet› ist. Doch wird sie immerhin Ende September nachhaus gehen; ob geheilt? Ich bin skeptisch. Ich bin überhaupt skeptisch gegen Davos, wo sie jeden, der sich einmal in ihre Klauen begeben, mit eisernen Klammern festhalten. Die hübsche Griechin nebenan hat eine Schwester zum Besuch, ein blühendes strammes Frauenzimmer, hat eben maturirt, 20 Jare alt, rennt 8 Stunden am Tag, spielt Tennis, rudert und schwimmt, hat nie ‹Temperatur›, kurz: eine Bärengesundheit. Da sie für einige Wochen herkam, wurde sie gestern untersucht; natürlich: beginnende Tuberkulose. Liegen, nicht Tennis, nicht gehen, 8 Mal am Tage messen! Ja, wer davon nicht krank wird, der muß schon eine Riesenwiderstandskraft haben. Das hübsche, kraftvolle, lebenssprudelnde Mädel schaut heute trüb und finster, stiert vor sich hin, und die kranke Schwester ist außer sich.

Unter uns, mein Freund: ich halte Davos für einen Schwindel. Selbstverständlich ist es gesund und bekömmlich, täglich 6 Stunden im Freien in der köstlichsten Luft auf einem Liegestul zu verbringen, 5 Malzeiten, viel Milch, keine Sorgen und Dienstmädchen, in absoluter Ruhe. Es braucht kein weiser Medizinmann vom Himmel zu steigen, um einem das zu sagen. Ich bin überzeugt, wenn Katja in ihrem Tölzer Landhaus one Tommy, one die 4 Bamsen und one dies abscheuliche Dienstbotengezücht 5 Monate so lebte wie hier, wäre sie grade so weit. Nur, daß sie das eben nicht kann. Ende September will sie unter allen

Umständen fort, und ich kanns ihr nicht verdenken. Ich könnte die herrlichsten Berichte über meinen Aufenthalt im Sanatorium schreiben, aber ich will dem Schwiegertommy nicht ins Handwerk pfuschen, der ja auch 4 Wochen hier war, und der ja, sozusagen, nur ‹Material› lebt. Professor Jessen wird sich nächstens sein blaues Wunder erschauen!»

Welche präzis-witzige Beschreibung des Milieus! Aus Hedwig Pringsheims Schilderungen sind, beispielhaft, die Davos-Berichte der Tochter erschließbar, die der dankbare Autor – neben seinen eigenen Milieu-Eindrücken, die Katia dem Hospitanten vermittelt haben wird – in den *Zauberberg* montierte: Hans Castorps Ankunft entspricht Thomas Manns Eintreffen in Davos. Katia steht Pate für Joachim Ziemssen: «Komm nur heraus, du, geniere dich nicht!» Und weiter: Die vor Gesundheit strotzende Besucherin aus Griechenland hat viele Schwestern und Brüder im Roman – *Tous les deux* heißt die Devise: Wohl dem, der, wie James Tienappel, rechtzeitig die Flucht ergreift. Vor allem aber: Das als Orchester fungierende Fräulein, das auf so vielfältige Weise zu konzertieren versteht, kehrt, perfekt verwandelt, in Gestalt der pfeifenden Hermine Kleefeld wieder: «Ein langes junges Mädchen in grünem Sweater [...] strich dicht an Hans Castorp vorbei, indem es ihn fast mit dem Arme berührte. Und dabei pfiff sie ... Nein, das war verrückt! Sie pfiff ihn an, doch nicht mit dem Mund, den spitzte sie gar nicht, sie hielt ihn im Gegenteil fest geschlossen. Es pfiff aus ihr, indes sie ihn ansah, [...] ein außerordentlich unangenehmes Pfeifen, rauh, scharf und doch hohl.» – Der Neuling ist entsetzt und muss mit Hilfe einer Erklärung aus dem Bereich der Chirurgie wieder zu sich gebracht werden. Keine Rede von Pfeifen aus dem Bauch: «Das war» – so die Belehrung des Vetters – «Hermine Kleefeld, die pfeift mit dem Pneumothorax.»

Hedwig Pringsheim und die Zwillinge werden ihren Spaß gehabt haben beim Ausmalen des «blauen Wunders», das Professor Jessen beim Betrachten seines Ebenbilds im Roman erleben wird – und etliche Kenner der Davoser Verhältnisse ebenfalls. Aber auch den Autor dürfte die Beobachtungsgabe von Mutter und Tochter entzückt haben, die ihm die poetische Umfigurierung ihrer Impressionen in seine kleinen Kabinettstücke so leicht machte.

Zumindest eines scheint nach der Lektüre von Hedwig Pringsheims Bericht an Maximilian Harden sicher: Würden wir Katia Manns Briefe aus den verschiedenen Sanatoriumsaufenthalten kennen, wir würden den *Zauberberg* mit doppeltem Vergnügen lesen – nicht zuletzt mit dankbaren Gefühlen gegenüber einer Zuträgerin, die genau wusste, welche – möglichst makabren – Impressionen ihren Ehemann faszinierten, und die deshalb auch als Muse und Kundschafterin Lorbeeren gewänne, und nicht nur als Erzieherin und Freundin ihrer Kinder, als Organisatorin des Haushalts oder rechnende, zählende, tippende Managerin des Mann'schen Familienbetriebs. Katia Pringsheim, das genuine Kind ihrer Mutter, war weit mehr.

Aber war sie wirklich geheilt, als sie am 25. September 1912 endlich vom Zauberberg in die Tiefebene hinabstieg, gleich nach Tölz weiterfuhr und erst drei Wochen später, gemeinsam mit der Familie, nach München zurückkehrte? «Heute haben Tommy's ihren Einzug in München gehalten, Katja nach einer Abwesenheit von genau neun Monaten. Da man in der Zeit ein Kind kriegen kann, sollte man doch auch gesund werden können», berichtete Hedwig Pringsheim Freund Harden. «Jedenfalls sieht sie dick und gut aus.»

Nun, dieser Zustand war offensichtlich nicht von langer Dauer. «Katja leidlich gesund und unleidlich unvernünftig», hieß es wenig später, und im November: «Zu Katja, die erkältet im Bett.» – Inwieweit diese Anfälligkeit dem Klimawechsel, konstitutionellen Gegebenheiten oder aber einer schon nach wenigen Monaten wieder fühlbaren Überforderung zuzuschreiben war, ist nicht zu entscheiden. Fest steht nur, dass Katia Mann bis zum Ausbruch des Ersten Weltkrieges von ihren Münchener Ärzten noch zweimal «energisch» fortgeschickt wurde: am 15. November 1913 nach Meran («worüber sie und der aus Stuttgart heimkehrende Tommy sehr außer sich sind») und am 3. Januar des folgenden Jahres nach Arosa. Aus Meran war sie – offenbar auf eigenen Wunsch und nicht zur Freude von Professor Romberg, der sie dieses Mal behandelte – zu Weihnachten zurückgekehrt: Am 21. Dezember ließ Hedwig Pringsheim die Fremdenzimmer in der Arcisstraße richten. Um $3/4$ 2 kamen «Tommy mit vier Kindern, Fräulein, Hausmädchen und [dem Hund]

Motz», und nachdem sich der «Tumult» gelegt hatte und die Kinder bei der Großmutter «installiert» waren, holte man Katia vom Bahnhof. Am 23. noch einige Weihnachtseinkäufe und – wie immer an bestimmten Gedenktagen – ein Besuch auf dem Waldfriedhof, «um Erik Blumen zu bringen», sowie eine Konsultation bei Romberg, der auf Fortsetzung der in Meran begonnenen Kur in Davos drängte.

Warum aus Davos Arosa wurde, wissen wir nicht. Auf jeden Fall galt es am 3. Januar 1914, erneut Abschied zu nehmen: «Um 10 Ur Abreise von Katja nach Arosa, von uns allen traurig zur Ban geleitet, tiefer Schnee.»

Zwei Tage darauf bezog die Familie Mann ihr neues Haus im Herzogpark. Hätten wir nicht die genaue Verzeichnung der Daten durch die Mutter, so erschiene es schier unglaubhaft, dass eine Familie, in der besondere Tage so bewusst feierlich begangen wurden, die Hausfrau zwei Tage vor dem Einzug fortreisen ließ. Es ist schwer vorstellbar, dass Katia Mann einer solchen Entscheidung ohne Grund zustimmte. Hatte sich der Einzugstermin verzögert, oder befürchtete der Arzt, dessen Bedenken sich die Mutter natürlich nur zu gern anschloss, eine mögliche Überanstrengung? Was sagte Thomas Mann?

Es gibt keine Dokumente, die Antwort auf diese Fragen geben könnten. Was wir wissen, ist lediglich, dass bereits im Frühjahr 1911, bald nach dem Umzug in die Mauerkircherstraße also, der Gedanke an ein eigenes Haus im nahe gelegenen und gerade teilweise erschlossenen «Herzogpark» erwogen worden war; im November 1911 hatten Katia und die kleine Erika, gemeinsam mit Hedwig Pringsheim, Grundstücke besichtigt, und im Februar 1912 wurden bei einem Tee in der Arcisstraße konkrete Baupläne «ernstlich» besprochen. Während der nächsten Monate liefen die zwei «großen» Kinder oft und gern von der nur drei Minuten entfernten Mauerkircherstraße in den Herzogpark, um zuzuschauen, wie das neue Haus langsam wuchs. Der älteste Sohn der dort bereits ansässigen Familie Hallgarten erinnert sich, wie eines Tages «ein braunäugiges und frisches, etwas schelmisch dreinschauendes Mädchen» nebst einem Knaben, «blond, etwas versonnen und, gleich seiner Schwester, mit ganz leicht betonter und geschweifter Nase» aufgetaucht seien, sich als Kinder der neuen Nachbarn zu erkennen gegeben, in Windeseile eine Schale mit Gebäck leer gegessen und sich aus dem Staube gemacht hätten – Vorboten jener wilden Horde, die später Nachbarn und Spaziergänger mit ihren unbotmäßigen Einfällen in Atem hielt.

Am 12. Mai 1914, das Datum ist durch Hedwig Pringsheim bezeugt, konnte endlich auch die *mater familias* in das neue Domizil einziehen. Um 5 Uhr fand sich die Familie am Bahnhof zusammen, um die Mutter zu empfangen, «die braun wie ein Indianer, halb lachend, halb weinend vor Glück dem Coupé entstieg» und später, beim Empfangs-Souper, «aufgeregt, glückselig [und] verwirrt als Gast in ihrem neuen Hause saß». *Ihr* Haus, in der Tat: Der Besitz war auf ihren Namen eingetragen.

Lange Zeit indes ließ man ihr nicht, ihre neue Umgebung in Besitz zu nehmen, da man trotz des neuen Stadtpalais für die Sommermonate wieder nach Tölz übersiedelte. Für die inzwischen schulpflichtig gewordenen beiden ältesten Kinder wurde Lehrer Burkhardt von der Dorfschule engagiert: «ein sehr lieber und zarter junger Mensch mit Bubengesicht und einer Stimme, die sich noch leicht überschlug». Thomas Mann fuhr fort, am

Zauberberg zu arbeiten, und las Schwiegermutter und Ehefrau zu Ehren des Geburtstages am 24. Juli ein «sehr wirksames, gutes Kapitel» des Romans vor, «bei dem die gute Katja vor Amusement und Schwäche fast barst».

Der Ausbruch des Krieges, wenige Tage später, kam offenbar auch für die Familie Mann überraschend. Nicht, dass man unbesorgt gewesen wäre über die politische Entwicklung und eine Katastrophe ‹Krieg› völlig aus seinen Gedanken verbannt hätte, aber im Letzten glaubte man doch, dass nichts geschehen würde: «Man wird bis hart an das Äußerste gehen und dann sich doch irgendwie einigen.» Am 1. August – die Kinder schickten sich an, die Eltern mit einer aufführungsreif geprobten Vorstellung eines selbst gebastelten *Pandora*-Dramas zu unterhalten – war dann plötzlich alles ganz anders: «Die Eltern standen auf der Terrasse und falteten die Plaids zusammen, die sie zur Nachmittags-Liegekur benutzten. Mein Vater schaute zum Gebirge hinüber, hinter dem Gewölk stand. Er sagte: ‹Jetzt könnte auch bald ein blutiges Schwert am Himmel erscheinen.›»

Diese Szene wird in den Aufzeichnungen aller

vier Kinder ähnlich beschrieben. Während es Erika Mann jedoch bei den erhabenen Gefühlen belässt und erzählt, dass angesichts dieser Empfindungen jeder Gedanke an irgendwelche Hamsteraktionen von vornherein undenkbar gewesen wäre, berichten die anderen Kinder von ebenso interessanten wie ungewöhnlichen Aktivitäten ihrer Mutter: Sie «telefonierte mit Frau Holzmeier, damit man für die nächsten Tage Butter und Eier im Hause hätte»; Golo Mann erinnert sogar, dass man selbfünft mit einem Leiterwagen «ins Ort» gezogen sei, um «nicht weniger als zwanzig Pfund Mehl einzukaufen». Aus späteren Jahren gibt es (neben ihren eigenen Erinnerungen) viele Berichte, die voll Bewunderung schildern, wie oft man Katia Mann abends müde und erschöpft von Fahrten habe zurückkehren sehen, die sie per Rad – beladen mit großen Einkaufstaschen – ins Umland von München unternommen hatte.

In dem Augenblick, da es galt, die Versorgung der Familie zu sichern, entwickelte die Familienmutter ungeahnte Fähigkeiten. Die Kinder attestieren ihr eine große Begabung, mit den Einschränkungen so umzugehen, dass man sie zunächst – ehe dann gegen Kriegsende die wirkliche Hungerszeit begann und der Markt nicht mehr als «Eichhörnchen, Raben und Spatzen» zu bieten hatte – durchaus als Abwechslung empfunden habe: «Wir trugen Rupfenkleider und Holzstiefel» wie die Dorfkinder oder liefen bis in den Herbst hinein barfuß und «stritten uns wie die Möwen um ein Stück Brot».

Von Schonungsbedürftigkeit jedenfalls war keine Rede mehr – trotz der großen, oft bis zur Erschöpfung durchgehaltenen Anstrengungen. Die Kräfte der Hausfrau schienen mit den Belastungen gewachsen zu sein. Auch die Hilfe des Elternhauses wurde nun seltener in Anspruch genommen. Es sieht so aus, als habe sich Katia Pringsheim zum ersten Mal in ihrem Leben wirklich von ihrer Mutter gelöst, die nun auch ihrerseits durch die Anforderungen ihres eigenen Haushalts so beschäftigt war, dass die Sorge um die Organisation des töchterlichen Familienlebens in den Hintergrund trat. Halb bewundernd, halb befremdet verfolgte Hedwig Pringsheim die Courage und Zielstrebigkeit, die Katia Mann aufbrachte, wenn es darum ging, die Ihren mit Lebensmitteln oder auch Heizmaterialien zu ver-

sorgen. Als der Kohlenvorrat in der Poschingerstraße zu Ende ging und auch die wenigen Öf-
chen nicht mehr beheizt werden konnten, begab
sie sich in die Höhle des Lieferanten, wo «der ekle
Kerl ebenso krank wie nackt» daniederlag und
bat, sie möge sich «doch ein bischen auf sein Bett
setzen und plaudern». «Und sie tat's!»

«Es war im Krieg, daß die bis dahin so verwöhnte Mutter zu einer Art von Heldin wurde»,
schrieb Golo Mann im Rückblick auf jene Zeit,
«mit zwei schweren Aufgaben: den nervösen,
hart arbeitenden Gatten zu beschützen, ihn zu ernähren, so gut es eben ging, und doch auch die
Übrigen, die vier Kinder und die drei ‹Mädchen›
[…] nicht gar zu kurz kommen zu lassen.»

Doch im zweiten Kriegsjahr wurde die Belast-
barkeit der inzwischen Zweiunddreißigjährigen
unerwartet auf eine harte Probe gestellt. Eine
Blinddarmentzündung ergriff – im Frühling und
Sommer 1915 – wahrhaft epidemisch alle Famili-
enmitglieder – mit Ausnahme des Vaters. Zuerst
traf es Golo, dem man «zu seinem 6. Geburtstag
plötzlich das Bäuchlein aufschneiden mußte, da
sich binnen weniger Stunden eine eitrige Blinddarmentzündung gebildet hatte, die schleunigst

operiert werden mußte». «Es ist gut vorbeigegangen», berichtete Hedwig Pringsheim nach Berlin, «aber die Stunde, die ich mit Katja vorm Operationssaal verbrachte, war hart.» Es sollte indes noch schlimmer kommen: Ende Mai traf die Krankheit Klaus, und es begann «der Kampf mit dem Tode um ein geliebtes kleines Bübchen, Katja's 8 jährigen Son, der binnen wenigen Stunden aus einem blühend schönen, reizenden Kind ein verfallener bleicher Todeskandidat ward. Blinddarmentzündung, Durchbruch, Operation, eitrige Bauchfellentzündung, zweimal noch die Operation wiederholt – kein Schrecknis blieb uns erspart. Seit gestern kann man sagen, haben wir Hoffnung ihn zu behalten. Falls keine Komplikation eintritt.» Die gefürchtete Komplikation aber trat ein. Noch einmal: «Sorge, Angst, Hoffnung und Enttäuschung», und wieder Hoffnung und Verzweiflung: «um das zu schildern, müßte mir schon die Feder des Schwieger-Tommy zu Gebote stehen, der sicher auch eines Tages diese Episode verarbeiten wird».

Die Lage erschien hoffnungslos: «Nachdem grade vor einer Woche auch Katjas drittes Kind [Erika] binnen 10 Wochen am Blinddarm operiert wurde, Sonntag vormittag, mußte man gegen Abend zu einer vierten Operation des armen kleinen Märtyrers [Klaus] schreiten, der nun in der sechsten Woche unsagbar schwer krank in der chirurgischen Klinik liegt, mit 2 Kanülen und einem Notdarm in seinem lieben kleinen Bäuchlein. Diese letzte Operation war die allergrausamste, denn sie schien nutzlos, und bis Donnerstag lag der arme kleine Bub hoffnungslos aufgegeben, ein Sterbender, da. Dann kam, wie durch ein Wunder, wieder Leben in seine Organe; denn die Hilfsquellen der unverbrauchten kindlichen Kräfte sind, scheint es, unbegrenzt; seit 2 Tagen ging's aufwärts mit ihm, und heute können wir sagen: er ist gerettet.» Die Operation der «armen 9-järigen Erika», «die denn doch auch kein Frühlingsfest» war, sei neben der Sorge um das todkranke Brüderchen kaum beachtet worden. «Meine zarte arme Katja» aber – so das Fazit – «hat Übermenschliches geleistet, wie es eben nur so ein Mutterweibchen kann; [sie] lebt seit 5 Wochen in der Klinik und hat sich überraschend gut gehalten.»

Die von Klaus Mann und anderen überlieferte Version der Geschichte, Katia Mann habe dadurch, dass sie den Körper ihres von den Ärzten bereits aufgegebenen Sohnes mit Eau de Cologne abrieb und so die schon nicht mehr arbeitenden Organe zu neuem Leben erweckte, das Leben des Kindes gerettet, wird durch Hedwig Pringsheims Schilderung nicht bestätigt. Auch Golo und Monika erwähnen sie in ihren Erinnerungen nicht.

Dennoch: Die Aktion passte zu Katia Mann. Wenn das Leben von Mann und Kindern bedroht war, schlug ihre Stunde. Tod wurde nicht akzeptiert, im Kampf um den moribunden Klaus so wenig wie einunddreißig Jahre später im Billing's Hospital zu Chicago, als man Thomas Mann jenen malignen Tumor entfernte, von dem er niemals etwas erfahren hat.

In der Tat, die Damen Pringsheim waren lebensklug, couragiert und unbekümmert um scheele Blicke ringsum. Thomas Mann wird nicht begeistert gewesen sein, als seine Schwiegermutter ihrem Enkelsohn Klaus, anno 1917, ausgerechnet Bertha von Suttners pazifistischen Roman *Die Waffen nieder!* unter den Weihnachtsbaum legte: das seinerzeit Enkel Erik gewidmete Exemplar der Urgroßmutter Hedwig Dohm, deren antimilitaristisches Engagement sie – sehr im Gegensatz zu Schwiegersohn und Tochter – teilte. «Wo soll man die Stimmung auch nur für eine kurze Stunde [unterm Christbaum] hernehmen?», schrieb sie an Maximilian Harden. «Vorhin wieder, als ich las, daß wir nun heute den Hartmannsweiler Kopf unter gräßlichen Menschenopfern wiedergewonnen, nachdem er uns gestern unter ebenso gräßlichen entrissen wurde, empfand ich den ganzen Wansinn dieses zwecklosen, nie endenden Mordens schaudernd von neuem. Denn ist nicht jeder der Getöteten einer Mutter Son? Und wievieler Mütter Söne sind zwecklos bei Gallipoli geschlachtet und werden noch geschlachtet werden?»

Derlei empathische Äußerungen sucht man bei Katia Mann vergebens, und die Differenzen zwischen der Mutter und der die deutsche Kriegspolitik verteidigenden Tochter gingen tief: «Katja sagt hönisch: die russischen Generalstabsberichte lese ich nicht, denn die lügen ja doch blos. Ich sage: lügen blos die? Wer sagt dir, daß dort mehr gelogen wird als – anderswo? Dann erbittern wir uns und gehen innerlich gekränkt auseinander. Wenn mir das am grünen Holz geschieht (denn Katja ist grünes Holz, gescheidt, urteilsfähig, viel gebildeter als ich) – [...] schweige [ich] und gräme mich. [...] Sagen Sie mir, [Harden,] warum diese Wucht von Verlogenheit, von Schwindel, Böswilligkeit und gehässigem Wan allüberall? Aber Katja sagt: nur bei uns herrscht der Geist der Warhaftigkeit.»

Was Katia Mann damals dachte und wo sie politisch stand, ist schwer zu bestimmen. Es scheint, als habe sie gefühlsmäßig eher die konservativ nationalen Ansichten ihres Mannes als das pazifistische Engagement ihrer Mutter gutgeheißen. Sie, die erst im Zeichen Hitlers lernte, energisch Partei zu ergreifen, hatte andere Sorgen. Sie war wieder schwanger, angesichts der schwierigen Versorgungssituation gegen das Kriegsende hin eine trotz aller Freude nicht nur beglückende Feststellung. Doch ging diesmal alles glatt, die Geburt am 24. April 1918 in der Universitätsklinik – die einzige, die nicht zu Hause stattfand – verlief komplikationslos, und der Vater erging sich – auch das war ungewohnt – vom ersten Tag an in Hymnen auf das Neugeborene: das «Kindchen», dessen Erscheinen er in nicht immer gelingenden Hexametern besang. «Vierzehn Jahre waren verlebt, seitdem ich die Braut mir/Heimgeführt; in sieben waren die viere gekommen;/Andere sieben vergingen, und unsere Zahl schien vollendet. [...] Da denn nun, da innerlich alles also bestellt war,/Keimtest du und wardst mir geboren, teuerstes Leben,/ Liebes Kindchen! Und wie anders war mein Gemüt nun/ Vorbereitet für solchen Empfang auf mancherlei Weise!/Eines Abenteuers leibliche Bilder und Zeichen/Waren mir die anderen gewesen; du erst, mein Liebling,/Warest Frucht der männlichen Liebe treuen Gefühles,/Langer Gemeinschaft in Glück und Leid.»

Katia war verstimmt über die Indezenz solcher Verse und die von keiner Ironie verfremdete «Darstellung des Intimsten». Thomas Mann hingegen waren derartige Skrupel fremd: «Dieses Intimste ist [...] zugleich das Allgemeinste und Menschlichste.» Doch Katia setzte sich zur Wehr; vor die Wahl gestellt, sich für ihren kritischen Verstand oder für eine entspannte häusliche Atmosphäre zu entscheiden, nahm sie lieber die Missstimmung in Kauf: «Unbehagen zwischen K. und mir, wegen der notgedrungen gestrichenen beiden Verse, ohne die die Stelle sehr schwach ist und das Ganze mir wesentlich zu verlieren scheint. – Stimmung den ganzen Tag recht schlecht.» Doch der Autor ließ sich nur wenig beirren und dichtete weiter: «Als du [...] dem Lichte gehörtest, wonach du/Lange schon, lebhaft, in Stößen, die ich belauschte, gedränget;/Als ich zuerst die nichtige Last auf ängstlichen Armen/Mir gespürt und mit stillem Entzücken gesehn, wie dein Auge/Widerstrahlte das Himmelslicht; dann dich – o, wie behutsam,/Niedergelassen an deiner Mutter Brust: da füllte/Ganz mit Gefühl sich auf einmal mein Herz, mit segnender Liebe.»

Nein, heilige Begeisterung war Thomas Manns Sache nicht. Er musste an sich halten, wenn er auf dem gewohnten Niveau bleiben wollte. Doch die Lieblingskinder, die Älteste und die Jüngste, rissen ihn gelegentlich hin, über die Zeiten hinweg.

Das Kindchen, auf Händen getragen und in Liebe gehüllt: So wird Elisabeth in Thomas Manns Tagebüchern, Seite für Seite, beschrieben; jeder winzige Schritt: präzise und dankbar verfolgt. Auf Jahre bleibt Elisabeth für den Vater der Mittelpunkt des Hauses. Die Tagebücher zeigen, wie er die Entwicklung des Kindes als Wechselspiel von zartem Glück und fast unerträglichen Leiden empfindet: «Dem Kindchen wurde das

Ohr verbunden. [...] Es warf sich und schrie, daß es mir das Herz zerriß.» Die Mutter indes sah die Sache realistisch an: Sie kannte sich besser aus in den Äußerungen kindlicher Empfindungen: «K. meint nicht, daß [das Kleine] wirklich große Schmerzen haben könne, da es zuweilen wenige Minuten nachher wieder lache, und Schmerzen es erschöpfen müßten.» Doch den empathisch mitleidenden Vater konnten derartige Erklärungen nicht überzeugen. Der Anblick des «kleinen unschuldigen, verständnislosen Wesens, wie es mit seinem Kopfwickel dalag», weckte Schuldgefühle und konfrontierte ihn mit allen Schrecken und Grausamkeiten des Lebens: «Die lallenden, bittenden und jammernden Laute, die es ausstößt, haben den Akzent großen Leidens, und ich kann sie kaum ertragen. Setzt man Kinder in die Welt, so schafft man auch noch Leiden außer sich, objektive Leiden, die man nicht selber fühlt, sondern nur fühlen sieht, und an denen man sich schuldig fühlt.»

Das liebste Kind – das letzte nach dem Wunsch des Vaters. Doch offenbar sollte auch das dritte Pärchen vollständig werden. Ein Jahr nach Elisabeth wurde Michael geboren – nach einer von vielen Zweifeln belasteten Schwangerschaft, die von Anfang an unter dramatischen Zeichen gestanden hatte: «Katja war bei Faltin, ihres Zustandes wegen. Er leugnet trotz aller Merkmale. Geheimnisvoll.» Die Skepsis der Ärzte, die entgegen dem besseren Wissen der Mutter weiterhin die Schwangerschaft «leugneten», war nicht dazu angetan, Katia das in diesen letzten Kriegsmonaten physisch und psychisch ohnehin anstrengende Leben zu erleichtern. Sie wollte das Kind. «Es wäre fast bedenklicher, wenn [statt der Ärzte] sie sich irrte», schrieb Thomas Mann in sein Tagebuch. Und als, Ende September, selbst ein «schriftliches Zeugnis über die Notwendigkeit der Inhibierung» nicht vermochte, Katias «physisch-moralisches Widerstreben» gegen einen solchen Eingriff zu zerstreuen, respektierte der Ehemann ihren Wunsch: «Zwischen 5 und 6 ist kein großer Unterschied. [...] Abgesehen von K.'s Gesundheit, habe ich eigentlich nichts dagegen einzuwenden, als daß das Erlebnis ‹Lisa› (sie ist in gewissem Sinn mein *erstes* Kind), dadurch beeinträchtigt, verkleinert wird.»

Vermutlich waren die Zeitläufte schuld, dass Katia nicht – wie bei Elisabeth – zur Entbindung

in die Klinik ging. In München herrschte Revolu-
tion: «Chaos ringsum!» Niemand wusste, ob man
zur notwendigen Stunde das Haus würde überhaupt verlassen können. Also richtete man sich
auf eine Hausgeburt ein – vielleicht keine sehr
glückliche Entscheidung, wie der Geburtsverlauf
am 2. Ostertag, Montag, den 21. April 1919, zeigen sollte: Zunächst schien alles gut zu gehen.
Der Vater hatte gegen 6 Uhr morgens an den
Schritten über seinem Zimmer erkannt, «daß die
Geburt begonnen» habe, sich jedoch in Erkenntnis seiner Überflüssigkeit noch einmal hingelegt.
Als er um 7 Uhr aufstand, glaubte man, dass das
Kind binnen einer Stunde auf der Welt sein
würde. Doch dann stockte die Geburt, und die
«völlige Fruchtlosigkeit der äußerst schmerzhaf-
ten Eröffnungswehen» machte einen Zangen-
eingriff notwendig, auf den der Arzt Ammann
jedoch offenbar in keiner Weise vorbereitet war.
Jedenfalls musste erst ein Assistent beauftragt
werden, die entsprechenden Instrumente herbei-
zuschaffen – ein Unternehmen, das gottlob durch
keinerlei Revolutionswirren behindert wurde.

Die Operation selbst scheint komplikationslos
verlaufen zu sein. Sie «war dann bald gesche-

hen», wie der erleichterte Vater notierte, und Erika konnte nach Tisch einen gesunden Buben melden. «Große Erleichterung» ringsum – nicht zuletzt auch «über das männliche Geschlecht» des Kindes, das nach der sicherlich richtigen Einschätzung des Vaters für die Mutter «ohne Frage eine psychische Stärkung» bedeutete. Am nächsten Tag allerdings kamen ihr Bedenken, ob man sie hinsichtlich des Knaben vielleicht nicht doch belogen habe. Erst eine gemeinsam mit dem Ehemann vorgenommene «Besichtigung» des Neugeborenen beruhigte sie.

Aber während für die sechsunddreißigjährige Wöchnerin das Glück offenbar vollkommen war, musste sich Thomas Mann eingestehen, dass er «für den Knaben bei Weitem die Zärtlichkeit nicht aufbringe wie vom ersten Augenblick an für Lisa».

Fürs Erste aber stimmte jedenfalls die Mathematik – in Schwiegervater Alfreds wie auch in Thomas Manns Sinn. Der Poet schätzte, der *Zauberberg* beweist es, die Symbolkraft der Zahlen, blamierte sich zwar nach Kräften, als er, bei Michaels standesamtlicher Eintragung, die Daten seiner Kinder nicht zu nennen vermochte, aber die ‹höhere Ordnung› war durch die Geburt des Jüngsten überzeugend in ihre Rechte getreten. Verse aus dem *Gesang vom Kindchen* variierend zog er, anno 1930, im *Lebensabriß* das Fazit: «Zwischen den Mitten der Jahrzehnte lagen meine fünfzig Jahre, und inmitten eines Jahrzehnts, ein halbes nach seiner Mitte, heiratete ich. Mein Sinn für mathematische Klarheit stimmt dem zu, wie er der Anordnung zustimmt, daß meine Kinder als drei reim- und reigenartig gestellte Paare – Mädchen, Knabe – Knabe, Mädchen – Mädchen, Knabe erschienen und wandeln.» (Der Schwiegersohn «lebe Material», hatte Hedwig Pringsheim in der ihr eigenen prägnanten Süffisanz bereits 1912 geäußert.)

Katia Mann hätte dies Schema gern gesprengt und weitere Kinder gehabt. In ihren späteren Briefen an ihre Ältesten beklagte sie gelegentlich ihr Schicksal als «orba» (die Verwaiste, Hohle oder Leere). Doch sie fügte sich dem Rat der Ärzte und dem Wunsch ihres Mannes: Sechs Kinder (und, die Aborte mitgerechnet, acht Schwangerschaften) – das war genug.

Kapitel 4

Frau Thomas Mann

Arme Katja! Sie kommt zu keiner Ruhe. Ein Hausstand mit 6 Kindern ist bei den heutigen – beinahe hätte ich geschrieben ‹Dienstmädchenverhältnissen› – also: Hausangestelltenverhältnissen einfach eine Katastrophe.»

Nun – einer Katastrophe glichen die Zustände im Hause Mann wohl kaum, da hatte die alter Meiningerin gegenüber ihrem Freund Maximilian Harden etwas übertrieben. Immerhin war es der Familie gelungen, die Vorkriegsstandards mit nur geringen Einschränkungen in die Republik hinüberzuretten, sodass es auch zu Beginn der zwanziger Jahre noch drei Hilfskräfte gab: eine Köchin, ein Stubenmädchen und sogar wieder ein Kinderfräulein, auf das man während des Krieges verzichtet hatte. Das wachsende literari-

sche Ansehen des Hausherrn und eine daraus re-
sultierende solide ökonomische Basis machten es
möglich. Trotzdem hatte Hedwig Pringsheim
Recht: Es gab – zumindest für die Hausfrau –
nicht unerhebliche Schwierigkeiten, die zwar
auch mit den «Dienstmädchenverhältnissen», in
erster Linie jedoch mit der Gesundheit der Hausfrau und einigen – freundlich gesprochen – ‹Be-
sonderheiten› der Kinder zusammenhingen.

Die in unruhigen Zeiten schnell aufeinander
folgenden Geburten der beiden «Kleinen» hatten
Katia Manns Gesundheit angegriffen: die alten
Leiden, grippale und bronchiale Infekte, waren
wieder aufgeflackert, und im Jahre 1920 bestanden die Ärzte erneut auf ausgedehnten Erho-
lungszäsuren, sprich: Sanatoriumsaufenthalten.
Die Patientin selbst war anderer Meinung; sie
wollte unter keinen Umständen fort und versicherte ihrem Mann aus einem Allgäuer Sanatorium, dass diese Erholungszeiten – einmal, im
Frühling, sechs Wochen in Kohlgrub/Oberam-
mergau, einmal, im Herbst, gut zwei Monate im
Stillachhaus in Oberstdorf – zwar gesundheitsbe-
fördernd, im Grunde jedoch völlig überflüssig
seien. Aber sie fügte sich – trotz schlechten Ge-

wissens, vor allem hinsichtlich der Kinder, die sie nur schweren Herzens und voller Bedenken im Mai/Juni unter der Obhut der Nachbarstochter Gerta Marcks, im September/Oktober sogar allein mit den Dienstboten in München zurückließ. (Man beschloss lediglich, die Hilfskräfte in dieser Zeit nicht zu wechseln und auch die Köchin Eva, obwohl sie den Anforderungen nicht ganz entsprochen hatte, vorerst zu behalten.)

Namentlich die beiden «Großen», Erika und Klaus, machten den Eltern – und das hieß natürlich in erster Linie der Mutter – wegen ihrer schlechten schulischen Leistungen und eines unseriösen Lebenswandels erhebliche Sorgen. Sie waren in einer Welt herangewachsen, die durch zwei auf sehr verschiedene Weise beeindruckende Elternteile geprägt wurde. Der meist unsichtbare Vater bestimmte den Rhythmus des häuslichen Lebens: Er «dominierte auf passive Weise», erinnerte sich Tochter Monika, «weniger sein Tun als sein Sein bestimmte uns. Er war wie ein Dirigent, der seinen Taktstock gar nicht zu regen brauchte und das Orchester durch sein bloßes Dastehen beherrschte.» Wenn Thomas Mann aber das Arbeitszimmer verließ und die Familie wieder in seinen Gesichtskreis trat, zeigte er sich als ein vielseitig-unterhaltlicher Mensch, mimisch hoch talentiert und, wenn er gut gelaunt war, voller Witz und spontaner Einfälligkeit, die ihn gelegentlich sogar zu skurrilen und gerade deshalb für die Kinder unvergesslichen Scherzen verführte: so, wenn er im Handumdrehen – ich «fühlte [...] ein kleines Herumwirtschaften in meinen Haaren» – ein Messerbänkchen «auf hoffnungslos kunstvolle Weise» in die Locken der Mädchen «verwickelte» ... ein Artist mit Spaß an Improvisation und Theaterspiel, ein genialer Vorleser, einerlei, ob es um Märchen für die Kinder oder, im Freundeskreis, die Darbietung eigener Werke ging.

Die Mutter, ‹Mielein›, wie sie als Pendant zum Vater ‹Pielein› von den Kindern genannt wurde, war eine dynamische Gegenspielerin und stand dem Zauberer als Vorleserin kaum nach. Sie konnte eigentlich alles: Sie turnte, schwamm, spielte und wanderte mit den Kindern und lernte Griechisch mit ihnen, spielte Tennis (in Tölz gab es einen eigenen Platz im Garten, auf dem auch der *pater familias* bisweilen zum Racket griff), beaufsichtigte das Personal, kümmerte sich um Freunde und wusste immer einen Ausweg. Sie war Respektsperson, aber auch Freundin, ja Kumpel – wenigstens für «die Großen», die sich schon früh als Herausgehobene, den Erwachsenen am nächsten Stehende fühlen durften, ausgezeichnet vor den «Mittleren», Golo und Moni, die in allem etwas ‹kleiner› und ‹weniger› waren als sie selbst – und den beiden Jüngsten eh voraus: meistens bewundert, manchmal aber auch gefürchtet.

Erika und Klaus, beide frühreif durch eine Kindheit zwischen «Poschi» und Arcisstraße, dem in vielfacher Weise «besonderen» Elternhaus und dem Ambiente eines reichen, kulturvollen und sozial höchst angesehenen großelterlichen Palais, in dem die ersten Künstler der Stadt musizierten und die Großmutter eindringlich-unvergesslich Dickens vorlas: Erika und Klaus hatte es an nichts gefehlt, weder an geistiger Anregung noch – trotz Krieg und gelegentlich auch spürbaren Einschränkungen – an materiellen Subsidien. Klaus Mann hat in seiner ersten Autobiographie *Kind dieser Zeit* erzählt, wie wohl Erika und er sich gefühlt hätten – ohne das geringste Bedürfnis nach weiteren Anregungen durch Mitschüler und Lehrer.

Trotzdem: Schule musste sein. Wie Katharina Pringsheim und ihre Geschwister erhielt Erika – um mit der Ältesten zu beginnen – ein Jahr Privatunterricht, ehe sie dann, gemeinsam mit ihrem Bruder und, noch etwas später, mit den gleichaltrigen Kindern der Herzogpark-Nachbarn, auf ein privates Lern-Institut, eine zwar «strenge und dabei etwas muffige», aber eben doch «sehr feine», das heißt exklusive Anstalt geschickt wurde. Nun, mit der Strenge wird es nicht gar so weit her gewesen sein: Kollidierte der Unterricht in München mit dem Sommeraufenthalt in Tölz, so sprang der dortige Dorfschulmeister, Lehrer Burkhardt, so lange ein, bis man in die Stadt zurückkehrte. Die Kinder lernten also schon früh, dass es gelegentlich zwar unumgänglich war, Anforderungen von außen zu genügen, dass es aber durchaus Mittel und Wege gab, um sie mit List und einer gehörigen Portion mütterlicher Energie, ja Arroganz familiären Belangen unterzuordnen. Auf diese Weise, lernten sie, ließen sich persönliche Interessen ohne große Anstrengungen mit dem erforderlichen Minimum an Ordnungserfüllung vereinen.

Ganz so leicht ging das auf die Dauer freilich

nicht. Die höhere Töchterschule, die Erika Mann nach 1916, als die «Großen» dem Ebermayer'-schen Institut entwachsen waren, besuchte, war eine öffentliche Anstalt, in der die Herzogpark-Mädchen so wenig unter sich waren wie die Buben im Wilhelmsgymnasium, in das Klaus 1916 – der Pringsheim'schen Tradition folgend – hin-überwechselte.

Während Erika offenbar wenig Schwierigkei-ten hatte, den Schulanforderungen zu genügen, kam Klaus, wenn es um die Versetzung ging, «im-mer gerade durch», wie er selbst sagte; manch-mal, wenn es besonders brenzlig war, half auch die «sehr raffinierte Art» seiner Mutter, die es vor-züglich verstand, «die Professoren in den Sprech-stunden zu bearbeiten». Denn dass «die Großen» das Abitur machen würden, auch wenn die Zeug-nisse und Beurteilungen der Lehrer zunehmend Anlass gaben, das Erreichen dieses Ziels infrage zu stellen, stand nun einmal fest, und die Mutter ließ nichts unversucht, ihre Kinder von dieser Notwendigkeit zu überzeugen. Vergebliche Mü-he! Sosehr der Sohn seine Mutter bewunderte («Sie kann phantastisch gut sowohl Griechisch wie Französisch, vor allem auch Mathematik. Sie

ist sehr klug, ohne eine ‹intellektuelle› Frau zu
sein. Das gehört zu den Dingen, die nur sie fer-
tigbringt»), so entschieden verweigerte er sich ihren Nachhilfe-Belehrungen und beharrte auf seinen eigenen Vorstellungen: Klaus wollte dichten
– und berühmt werden, wie sein Vater.

Erika indes widersetzte sich zumindest an-
fänglich nicht grundsätzlich den mütterlichen
Plänen, die vorsahen, dass die Tochter nach Ab-
solvierung der höheren Töchterschule aufs Luisengymnasium überwechselte, eine Mädchen
zum Abitur führende Anstalt, die es – im Gegensatz zu den Unterrichtsmöglichkeiten, die Katharina Pringsheim um die Jahrhundertwende hatte
– jetzt auch in München gab. Freilich erwies sich,
dass die Vorbildung durch die Töchterschule offenbar nicht ausreichend gewesen war. Jedenfalls
teilte Katia Mann im Februar 1920 ihrem sich in
Feldafing erholenden Ehemann mit, dass sie mit
Erika «wieder» – es war also nicht der erste Versuch – «auf dem Gymnasium» gewesen sei, abermals freilich mit wenig Erfolg.

Der «alte und verknöcherte Direktor» habe
sich «über die Maßen widerwärtig und lustspiel-
mäßig» benommen: «Da war keine Rede von

Geistesheroen, und großväterlichen Geheimräten, und unerbittlich bestand er darauf, sie müsse
noch das ganze Schuljahr Privatunterricht haben:
was ja sowohl hinsichtlich der Kosten, als auch
der Baronen-Witwe-Lebensweise höchst ärgerlich ist.»

Es ist nicht bekannt, wie die Familie auf eine
solche, Privilegien nicht akzeptierende Gleichmacherei reagierte, der gegenüber selbst die energischen Forderungen einer Frau Mann – mitsamt
den Verweisen auf Geheimrat Alfred und Geistesheros Thomas – offenbar wenig Gewicht besaßen. Wir wissen hingegen, dass Katia wenig
später an Grippe erkrankte und trotz der Erholung im Mai/Juni weiter kränkelte, sodass man
sie im Herbst noch einmal ins Gebirge, diesmal
ins Allgäu, brachte und die Aufsicht über das
Hauswesen der energisch-umsichtigen, mittlerweile fünfzehnjährigen Erika anvertraute. Das
aber hieß, in den Augen der Mutter, dass die
Haushaltspflichten Vorrang vor dem Schulbesuch haben müssten. Nun allerdings zeigte sich,
dass auch die Pädagogen der höheren Töchteranstalt nicht gewillt waren, der Familie Mann einen
Sonderstatus einzuräumen: Sie lehnten es im

Herbst 1920 rundweg ab, sich auf einen reduzierten Unterrichtsbesuch Erika Manns einzulassen. Die Zeiten, das sahen die Damen Pringsheim mit ihren sich ständig wiederholenden – nicht selten allerdings ironisch formulierten – Klagen richtig, hatten sich in der Tat geändert, jedenfalls was die Rücksicht auf Privilegien anging.

«Arme Katja!», noch einmal: Sie sah die Konsequenzen solcher Vorgänge deutlicher als Thomas Mann, dem sie von ihrem Liegestuhl aus ihre Sorgen mitteilte. «Nun geht Eri also garnicht in die Schule. Den Prorektor finde ich ja einen kapitalen Esel, daß er sich auf nichts einlassen wollte, aber unter diesen Umständen war wohl nichts zu machen, denn daß sich der volle Schulbesuch nicht mit der häuslichen Tätigkeit vereinigen läßt, ist mir […] auch klar. Ganz lieb ist es mir ja nicht, ich fürchte immer, sie verkommt ein bischen dabei, und in ihrem Alter ist es jedenfalls eigentlich nicht ganz das Richtige. Sie dürfte eben keine so untaugliche Mutter haben.»

«Sie dürfte eben keine so untaugliche Mutter haben»: Dieser Satz bringt Katia Manns Grundgefühl während der ersten, durch die Krankheiten und ihre Konsequenzen geprägten Hälfte der zwanziger Jahre auf den Begriff und zeigt, wie sehr sie daran litt, der Regie weitgehend beraubt und zur Untätigkeit verdammt zu sein. Doch das hinderte sie nicht, auch aus der Ferne zu ordnen, was irgend möglich war, und durch detaillierte Anweisungen an die töchterliche Stellvertreterin dafür zu sorgen, dass auch ja alles so geschah, wie es in ihren Augen richtig und notwendig war.

«Du mußt Offi nach der Marmeladen-Adresse fragen, die ich nicht mehr genau weiß, und dann kann Frau Dr. Thomas Mann ja gleich einen 25 Pfund-Kübel Zwetschgen-Marmelade (Sorte III oder wollt Ihr lieber Reineclauden-Marmelade?) und einen 10 Pfund-Eimer Erdbeer-Marmelade (Sorte II) umgehend senden lassen. Sie schicken dann Rechnung mit Zahlkarte, welche <u>nach</u> Eintreffen der Waare beglichen wird.» – Doch es gab auch Anweisungen ganz anderer Art, Aufträge, bei denen die Mutter offenbar vergessen hatte, dass sie von einer Fünfzehnjährigen ausgeführt werden sollten: «Was das Samtbarett betrifft [das Erika zur Schneiderin bringen sollte], hältst Du es für denkbar, daß Offi die Umarbeitung übernimmt, weil es doch noch von Onkel Erik stammt?»

Befremdlich, fürwahr! Und nicht minder befremdlich die Anweisungen, mit denen die Mutter – mitten in der Zeit der Weimarer Republik – der Tochter die Aufsicht über neu einzustellende Dienstboten übertrug: Nach genauen Instruktionen über An- und Abmeldungsmodalitäten sowie alle Details der Lebensmittelkartenzuteilung folgte der Katalog der Pflichten, die «der Neuen» zu vermitteln seien:

«Morgens um 7 soll sie anfangen: Dich frisieren? Frühstück bringen, Badewasser bringen. Spätestens um acht Buben-Schlafzimmer und Spielzimmer, Vorplatz, obere Treppe abkehren, obere Diele, Kinder, Moni und gnädiges Fräulein Zimmer, Badzimmer. Die Böden werden abgekehrt und feucht gewischt, ferner Staubwischen, und die Matratzen der Betten täglich umkehren. Um 10, ½ 11 ist sie hiermit meiner Ansicht nach leicht fertig. Die Treppe und Anrichte muß sie gleichfalls zusammenkehren. Hierauf gönnt sie sich eine Frühstückspause. Dann spült sie das Frühstücksgeschirr und räumt es auf, bürstet die Kleider und räumt sie gleich in die Schränke, und näht bis Mittag oder macht sich sonst nützlich. Nachtisch spült sie mit der Eva zusammen ab und trocknet, dann wieder Nähen oder Bügeln, Gänge machen etc. <u>Eure Stiefel</u> soll sie regelmäßig vor dem Abendessen putzen, Ihr müßt sie aber auch rechtzeitig ausziehen und mit den wollenen Kleidern abwechseln, damit sie sie in Stand halten kann. Nach dem Abendbrot hilft sie wieder der Eva spülen. Freitag muß sie regelmäßig Kinderwäsche waschen, die sie Montag bügelt (Küchenwäsche alle vierzehn Tage). Samstag <u>gründlich</u> rein machen. Ermahne sie nur gleich zu <u>größter</u> <u>Sparsamkeit</u> mit Licht und Gas, sorgfältigem Schließen der Türen (vor allen Hintertreppe und Garten), und sorgfältiger Behandlung der Putzlumpen, die sie auch flicken muß. – [...] Lohn bekommt sie 55 M, Elise und Muhme 60, Eva 65.»

Die Hausfrau ist penibel: «Hat Elise entstaubt? <u>Alle</u> Zimmer sollen entstaubt werden, aber immer nur so lange es hell ist. Und Sophie soll alles noch ordentlich saubermachen, ehe sie weggeht, damit die Neue keinen zu schlechten Eindruck bekommt.» Und zum Abschluß noch Mahnung und Anweisung für die Geschwister: «Seid mir auch alle recht ordentlich, besonders die <u>Buben</u>, und die Badewanne sollen sie vor allem etwas sauber halten, und die Kisetten.»

Ein bemerkenswertes Dokument – weniger wegen der aufgezählten Pflichten, die das Maß des Üblichen vermutlich nicht überschritten, als vor allem wegen der Frage, wie derartige Anweisungen, die das Interesse für einen dienstbaren Geist ausschließlich auf den Aspekt seiner Nützlichkeit beschränkten, das Selbstbewusstsein der Fünfzehnjährigen geprägt haben mögen. Mussten sie nicht die ohnehin vorhandene Neigung zu Arroganz und Überheblichkeit verstärken? Zumal vonseiten des Vaters – folgt man seinen Tagebucheintragungen – mit Sicherheit keine Korrektur zu erwarten war: «Verhandlung K.'s mit ‹Stützen›. Eine Dresdener Geheimratsgattin kommt in Betracht. Der verarmte Mittelstand zeigt sich zu solchen Stellen fast kritiklos erbötig und scheint in der That praktikabler als das Volk, dessen Rechtssinn und Menschlichkeit der sozialistischen Aufklärung nicht gewachsen ist» (28. Juni 1921). «Das Volk» nämlich hatte vierzehn Tage zuvor – aus welchen Gründen auch immer – seine Herrschaft im Stich gelassen: «Neue Kündigung aller Dienstboten. Ekel und Haß auf das nichtswürdige Gesindel» (15. Juni 1921).

Wie sollten bei einer solchen, selbstverständlich auch in den Unterhaltungen am Familientisch nicht bemäntelten Einstellung der Eltern die Kinder – zumal die älteren – bei passenden Gelegenheiten nicht die gleiche Überheblichkeit an den Tag legen, wie sollten sie sich und ihre Einfälle nicht für das Maß aller Dinge halten?

Das Bewusstsein, etwas Besonderes, Herausgehobenes zu sein, war zumal bei Klaus und Erika stark ausgeprägt – eine Tendenz, die durch die Freundschaften mit den Nachbarskindern verstärkt wurde. Grete und Lotte, Ricki und auch Gerta, die, da sie älter war, eigentlich nicht ganz dazugehörte, trugen wie die Mann-Sprösslinge berühmte Nachnamen. Ihre Väter, der Dirigent Bruno Walter, der Privatgelehrte Robert Hallgarten (nebst seiner Frau Constanze, einer mutigen Pazifistin und international angesehenen Frauenrechtlerin) oder der Historiker Erich Marcks, hatten sich – etwa zur gleichen Zeit wie die Manns – repräsentative Villen im Herzogpark erbaut und verfügten über genügend Mittel, um nicht nur ihren Familien eine sorglose Existenz zu garantieren, sondern darüber hinaus ein Haus zu führen, in das eingeladen zu werden eine Auszeichnung und große Ehre war.

Die Kinder, in ähnlichen Milieus aufgewachsen, hatten sich nach anfänglichen Hänseleien, die Katia Mann jedoch durch telefonische Beschwichtigung der aufgebrachten Eltern beilegen konnte, zu einer Gruppe zusammengefunden, die sowohl als Schauspielertruppe wie auch als ungezogene «Bande» auftreten konnte – beides in zumindest für das Alter der Akteure ungewöhnlicher Qualität.

Der Zusammenschluss im Zeichen des Theaters führte den anspruchsvollen Namen «Laienbund deutscher Mimiker». Initiatoren waren Klaus, Erika und Ricki, die auch die erste Aufführung – man hatte Körners *Die Gouvernante* gewählt – bestritten. Sie fand im Hause Mann statt, doch war ein Wechsel der Aufführungsorte in die Häuser der anderen Akteure von vornherein vorgesehen. Vorstellungen von Kotzebues *Schneider Fips* und der *Minna von Barnhelm* schlossen sich an. Für die Regie des personenreicheren Lessing-Stücks hatte Gerta Marcks gewonnen werden können, ansonsten spielten die Walter-Töchter, beide Hallgarten-Söhne sowie die drei ältesten Mann-Kinder.

Die zu Kritikern und Chronisten bestimmten

prominenten Väter der Akteure haben – sich ab-
wechselnd – die Produktionen in einem nur für
diesen Zweck bestimmten leeren Rechenheft
gewissenhaft und kritisch gewürdigt und sich
später in ihren Memoiren gern an die damaligen
Darbietungen erinnert. Folgt man ihren Aufzeichnungen, so muss Golo Manns Verkörperung
der Dame in Trauer Gipfel der schauspielerischen
Leistungen gewesen sein, gefolgt von den Küns-
ten, die Schwester Monika bei der Aufführung
von Oscar Wildes *Bunbury* an den Tag legte. Der
Historiker Wolfgang Hallgarten, Mitakteur und
Rickis älterer Bruder, hat in seinen Erinnerungen
die Atmosphäre beschrieben, in der diese Auffüh-
rungen vonstatten gingen. Man darf sie – *mutatis
mutandis* – auch als repräsentativ für die anderen
Mimikbund-Ereignisse ansehen. «Von Streichmusik aus Schuberts *Rosamunde* umrahmt, mit
Rudi Moralt als Dirigenten, und vor unserem
‹Parterre von Königen› spielend, zu dem sich
noch andere berühmte Figuren unserer Stadt,
darunter der große Kunsthistoriker Heinrich
Wölfflin [und Frau Hedwig Pringsheim] gesellt
hatten», ging Shakespeares *Was ihr wollt* über die
Bühne: «Gerta Marcks war eine würdig-schöne

Olivia, Erika Mann, der Stern des Abends, eine
berückend anmutige Viola, mein Bruder Ricki
eine Charakterstudie als Malvolio, und ich selbst
ein mit Beifall bedachter Narr, dessen Narrenlie-
der für diesen Zweck eigens von Bruno Walter
komponiert waren. [...] Von besonderer Kraft
war die Szene der Rüpel – dargestellt von Klaus
und Golo [...], [der] damals noch durch ein gewisses Lispeln behindert [war], das sich hier aber
besonders gut machte.»

Ja, man kann sie sich vorstellen, jene Begeisterung, mit der sich die Privilegiertesten der Privi-
legierten hier zusammenfanden und kraft ihrer
Begabung, ihres Einfallsreichtums, ihrer Energie
und ihrer mitreißenden Überzeugungskraft das,
was sie von zu Hause mitbekommen hatten, spielerisch, ambitioniert und naiv zugleich in eigene,
unverwechselbare Ausdrucksformen ummünz-
ten. «Wir *lebten* für den Mimikbund», schrieb
Erika Mann wenige Jahre später, 1928, in einem
dieser Kindheitserinnerung gewidmeten Feuilleton und fuhr fort: «was unsern Eltern unlieb
war».

Wieso das? Fürchtete zumal die Mutter um die
Vernachlässigung der schulischen Pflichten?

Schwer vorstellbar, jedoch nicht unmöglich. Zeugnisse für eine solche Einstellung gibt es nicht, aber Katia Manns Pläne für die Zukunft der Kinder waren – wie die ihres Ehemannes – auf seriöse Berufe ausgerichtet und nicht auf Schauspielkarrieren: «Seine [gemeint ist Klaus'] Mutter und ich», so Thomas Mann 1923 an den Leiter der Odenwaldschule, Paul Geheeb, «haben nicht auf die Hoffnung verzichtet, er möge in absehbarer Zeit das Gymnasium beenden, um nach Erwerbung des immer noch obligaten akademischen Grades in einen Beruf einzutreten, der seinen dichterischen Neigungen irgendwie verwandt ist.» Er, der Vater, denke etwa an einen Verlag oder eine Dramaturgenstellung.

Eine solche zukunftsorientierte Intervention hatte sich – allen bildungsbürgerlich-liebenswerten Unternehmungen zum Trotz – mittlerweile als unumgänglich erwiesen. Der Mimikbund war nämlich nur *ein* Betätigungsfeld der Herzogpark-Kinder. Einige der Sprösslinge agierten durchaus nicht nur als Schauspieler, sondern mit ähnlichem Einfallsreichtum und – gleichfalls unter der engagierten Führung von Erika und Klaus – auch als «Bande». Erika zumal dürfte die Einfälligste der Clique gewesen sein, Bürgerschreck und Imitatorin von Format, intellektuell präzise Strategin und begabt mit einem Improvisationsvermögen, das, auf welche Weise immer, den Erfolg der sehr verschiedenartigen Streiche verbürgte. Beschränkte man sich anfangs auf skurrilen Unsinn, zum Beispiel grobe Belästigungen harmloser Spaziergänger, so bekamen die Aktionen im Verlauf der Zeit durch Unternehmungen wie Ladendiebstahl oder anonyme Telefondrohungen mehr und mehr kriminellen Charakter. Man log und betrog, was das Zeug hielt, die Mann-Kinder – auch wenn die Mutter es nicht wahrhaben wollte – immer vornweg, einfallsreich und skrupellos vor allem dann, wenn es galt, Mittel zur Befriedigung irgendwelcher unaufschiebbarer Wünsche zu beschaffen. Erika und Klaus berichten, dass sie in jenen Jahren erfolgreich versucht hätten, von den Eltern Geld für eine Wanderung durch den Thüringer Wald zu erbitten, das sie dann in Streifzügen durch das Berliner Nachtleben umsetzten.

Einer der damaligen Freunde, W. E. Süskind, als Randfigur für kleinere Rollen auch dem Mimikbund zugehörig, hat in einer Laudatio zum 80. Geburtstag der Pringsheim-Zwillinge,

1963, an eine Szene erinnert, die einfühlsam die Sorge und Verzweiflung beschreibt, die namentlich die älteren Kinder ihrer Mutter in jenen Jahren bereiteten. Süskind schilderte eine ihm unvergessliche Stunde im Jahre 1923, da ihm auf der Münchener Residenzstraße eine «verstörte, flackeräugige Katja Mann» begegnet sei und «die sonst so Hochmütig-Sichere» ihn halb angeherrscht, halb angefleht habe, ihr doch zu sagen, «in welcher Boite der damaligen Jeunesse Dorée ihre beiden Ältesten versackt sein mögen». «Da sprach» – so Süskinds Erinnerung – «einfach eine verzweifelte, bis an den Rand ihrer Kräfte erschöpfte Mutter» … ein Anblick, bei dem er plötzlich begriffen habe, «daß diese oft so spöttische, den Widerspruch niederbügelnde, unnachsichtig rügende, selbst vom begünstigten Hausfreund gefürchtete Frau in ihrem tiefverletzten Familiensinn die tragende Kraft ihres Hauses sei».

Süskind hatte Recht: Der Lebenswandel der «Großen», ihre Renitenz und Unlenkbarkeit kränkten in der Tat Katia Manns Familiensinn. Trotzdem konnte er sie nicht irremachen in dem Glauben an einen guten Kern ihrer «begabten

Teufelchen». Eines allerdings war unabdingbar: Die Kinder mussten weg, fort aus dem Umkreis der Herzogpark-Clique, fort auch aus einem Schulmilieu, in dem sie niemals erfahren hatten, dass Lernen interessant und nicht nur lästige Pflicht war. Doch wo konventionelle Erziehung versagt hatte, konnte unter Umständen – so die mütterliche Erwägung – die Reformpädagogik mit ihrem Konzept vom selbstbestimmten Lernen in einer von verständnisvollen Lehrern behutsam gelenkten Schülergemeinschaft helfen. Vielleicht wäre es «bei der Art von freierem Unterricht bei Begabten dort möglich», das Abitur zu machen. Vergebliche Hoffnung! Auch den Pädagogen der Bergschule in Hochwaldhausen gelang es nicht, die Geschwister Mann zu integrieren. Während sich die Eltern noch in dem Glauben wiegten, dass trotz anfänglicher Schwierigkeiten und nicht eben idealer sozialer Bedingungen ein Einleben möglich und gewisse Kenntnisse zu erlangen seien, waren die Walter-Mädchen längst informiert, dass Klaus und Erika in Wahrheit nicht das geringste Interesse an Integration und Lernerfolg hatten und spätestens mit Beginn der Sommerferien wieder in München sein würden.

1 Katharina Pringsheim. Eine Porträtaufnahme
des berühmten Hof-Ateliers Elvira, München

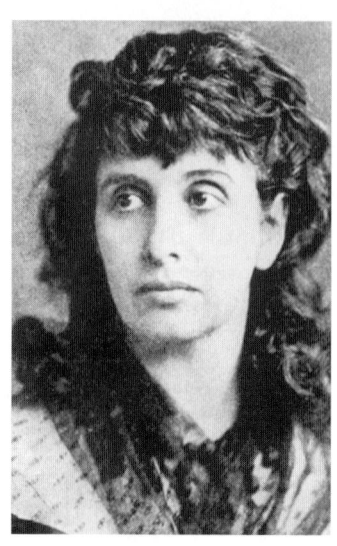

2 Ernst Dohm, der Groß-
vater mütterlicherseits

3 Hedwig Dohm, die Groß-
mutter mütterlicherseits

4 Alfred Pringsheim,
Katias Vater

5 Hedwig Pringsheim,
geb. Dohm, Katias Mutter

6 Das Pringsheim'sche Palais in der Arcisstraße 12,
München

7 Kinderkarneval. Gemälde von Friedrich August Kaulbach, 1888. Das Bild zeigt die fünf Pringsheim-Kinder,
ganz links Katia

8 Die Abiturienten Klaus und Katia Pringsheim, 1901

9 Hedwig Pringsheim mit ihrer Tochter Katia

10 Die Verlobte: Katharina Pringsheim, 1905

11 Thomas Mann, um 1906

12 Die erste Wohnung der Familie Mann in der
Franz-Joseph-Straße 2, München-Schwabing

13 Katia und Thomas Mann mit Tochter Erika, 1906

14 Das Landhaus der Familie Mann in Bad Tölz

15 Katia Mann mit Erika, Golo, Monika und Klaus

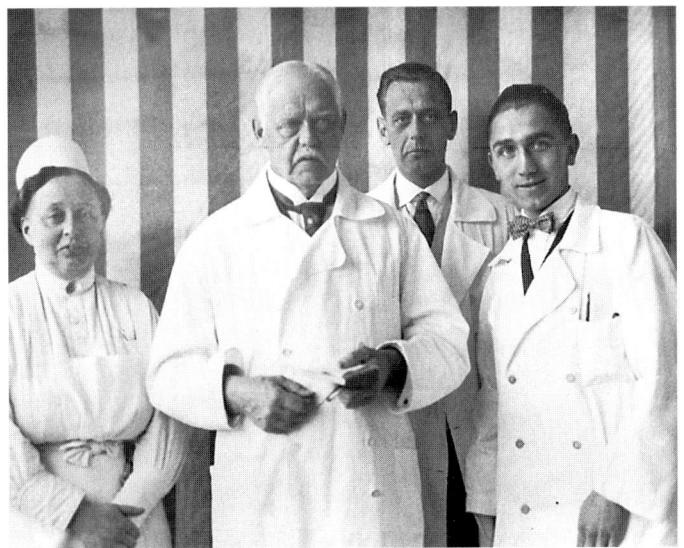

16 Der «Hofrat» und seine Helfer: Dr. Fritz Jessen, Katias behandelnder Arzt in Davos, mit Schwester Luise, seinem Sohn Harald (2. v. r.) und einem Assistenten

17 Das «Waldsanatorium», Davos. Abbildung aus einem Werbeprospekt

18 Bruno Walter mit seiner Frau Elsa und den Töchtern Gretel und Lotte

19 Ricki Hallgarten

20 Der «Laienbund Deutscher Mimiker», um 1920. Vordere Reihe (v. l.): Monika Mann, Lisbeth Geffcken, Karl Geffcken, Erika Mann, Golo Mann; hintere Reihe: Klaus Mann, W. E. Süskind, Rudolf Morath und Ricki Hallgarten

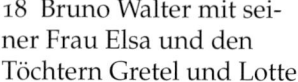

21 Bauzeichnung des Architekten Ludwig für das Mann'sche Haus in der Poschingerstraße 1, am Münchener Herzogpark

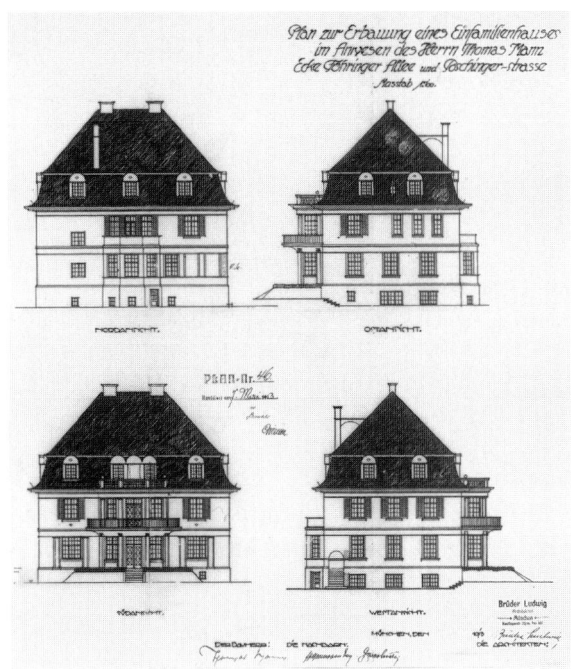

22 Die «Poschi», Wohnsitz der Familie Mann von 1914 bis 1933

23 Katia Mann mit ihren sechs Kindern Monika, Golo, Michael, Klaus, Elisabeth und Erika (v. l.), 1919

24 Sommerferien auf Hiddensee, 1924: Klaus, Erika, Katia, Michael, Monika, Elisabeth und Thomas Mann (v. l.)

25 Brief von Katia Mann an Erika,
Unterschrift: «Mielein»

26 Katia Mann am Strand mit Michael (links) und Elisabeth

27 Mit Sohn Klaus, um 1926

28 Im Garten der «Poschi», um 1926

29 Thomas Manns 50. Geburtstag, 6. Juni 1925: ganz vorn
Katia Mann, dahinter (v. l.) Arthur Eloesser, Heinrich
Manns erste Frau Mimi, Thomas Mann, Golo, Erika,
Monika, Heinrich Mann, Klaus, daneben Kindermädchen
Gertraud von Boeck

Dies nun allerdings war ein Verhalten, das Katia Mann mehr als alle Misserfolge kränkte: Sie bekäme Briefe, ließ sie Erika wissen, in denen zu lesen sei, die Kinder wären trotz der objektiv ungünstigen Verhältnisse «mittel-mittel gern» in Hochwaldhausen; es sei «in vieler Hinsicht recht nett u. s. w.». Und nun müsste sie von den Freundinnen das Gegenteil erfahren. «Ich denke, ich hätte etwas mehr Vertrauen und Aufrichtigkeit von Deiner Seite verdient. Meine Einstellung zu Dir war die ganze Zeit die denkbar liebevollste […] und ich hatte gehofft, daß es mit aller Verlogenheit und Schlauheit mir gegenüber ein Ende hätte.»

Unaufrichtigkeiten innerhalb der Familie: Da kannte Katia Mann keine Nachsicht. Sie verletzten sie tiefer als alle ‹Vergehen› oder die heftigsten offenen Anschuldigungen, gegen die sie sich mit Argumenten zur Wehr setzen konnte: «Liegen triftige Gründe gegen die Anstalt vor, so kann es natürlich nicht in unserem Sinn sein Euch dort zu lassen. Auch bin ich […] kein Unmensch, und wenn Du Dich absolut nicht einleben kannst, so sollst Du nicht gezwungen werden, dort zu bleiben.» Doch sie beharrte, trotz aller Liberalität, auf

ihren wohlerwogenen Entscheidungen und begründete sie. Die Zurechtweisungen waren selten
rechthaberisch, sondern in aller Regel sachlich
und logisch konsequent. Katia hielt mit ihrer Meinung nicht zurück, auch wenn sie wusste, dass sie
nicht gern gehört wurde: «Übrigens hatte ich inzwischen einen langen, ungewöhnlich verständigen und sympathischen Brief [des Bergschul-
leiters Steche]. [...] Von Klaus entwirft er eine
Charakteristik, die ich für absolut treffend halte,
wenn sie mich auch nicht beglückte.»

Katia Mann war ehrlich: Sie schonte ihr Gegenüber nicht, verfiel aber niemals in kleinliche
Rechthaberei oder nachtragendes Gekränktsein.
«Die Gründe, derentwegen wir Euch fortgege-
ben hatten, bestehen doch noch», ließ sie Erika
wissen, «und nur wenn Ihr Euch wirklich ändert,
wenn heimliche Kino- und Schauspieler-Besu-
che, Schwindeleien jeglicher Art, das ganze Unwesen mit Walters [...] ein Ende haben, kann ein
erfreuliches Zusammenleben möglich sein. [...]
Du brauchst Dich [wegen meiner Bemerkungen]
in keiner Weise zu beunruhigen. Wenn Du es Dir
aber zu Herzen nehmen wolltest, und wenn ich
in Zukunft wieder volles Vertrauen zu Dir ha-

ben kann, so soll mich das <u>sehr</u> freuen» (4. Juli 1924).

Versöhnliche Töne im Rahmen einer Verdeutlichung des eigenen Standpunkts, die den Kindern trotz des Debakels eine Rückkehr ins Elternhaus ermöglichten: «Du solltest, denke ich, wieder aufs Gymnasium gehen», schrieb die Mutter an ihre Älteste, fügte allerdings etwas resigniert hinzu: «Beim Aissi wird es ja jedenfalls wesentlich schwieriger sein. Aber etwas hat er doch hoffentlich auch gelernt. [...] Mein Gott, was habe ich für Mühe gehabt, alles für euch zu beschaffen, darum ist es auch schade.»

Katia hatte Recht: Mit Klaus wurde es immer schwieriger. Während Erika dem Wunsch der Mutter folgte und 1924 – wenn auch mit Ach und Krach und einem miserablen Abschlusszeugnis – das Abitur am Münchener Luisengymnasium bestand, war Frau Thomas Mann mit Klaus zunächst in Salem und, als man ihn dort mit höflichen Worten an die Odenwaldschule weiterempfahl, in Oberhambach vorstellig geworden: «Ich würde sehr glücklich sein», schrieb sie der Schulleitung, «wenn mein Sohn, der sich, bei sicher guten Anlagen, augenblicklich in einem problematischen und gefährdeten Zustand befindet, in Ihrer Gemeinschaft die richtige Umgebung finden würde, und ich glaube bestimmt, daß Sie, wenn dies der Fall ist, Freude an ihm haben könnten.» Nun, der Schulleiter Paul Geheeb, als Pädagoge eher Prophet denn Pauker, war bereit, sich mit dem schwierigen Jungen zu beschäftigen. Klaus wurde vom regulären Unterricht dispensiert und durfte seine Tage mit schulfernem Träumen, Lesen und Dichten verbringen. Aber auch diese Bemühungen führten zu nichts.

Am Ende stand – nach sich hinziehenden Querelen wegen des für eine kinderreiche Schriftstellerfamilie offenbar zu hohen Schulgeldes – ein neuer Eklat. Der kecke Jung-Poet hatte in einer Internatsgeschichte ausgerechnet seinen noblen Mentor Geheeb in gemeiner Weise an den Pranger gestellt; der Scholarch wehrte sich zu Recht, und Vater Thomas musste um Nachsicht bitten: «Mein Sohn hat geglaubt, starke Eindrücke der Wirklichkeit mit Erfundenem dichterisch vermischen zu dürfen, ohne sich über die menschlichen Gefahren eines solchen Tuns klar zu sein; und was die menschliche Wirkung […] verschlimmert, sind die spezifisch modernen Kunstmittel, derer er sich zu bedienen versucht, und deren eigentümliche Bizarrerie und Kälte der Darstellung [...] etwas besonders Abstoßendes geben mußte. Ich [...] werde mit Klaus noch sehr ernsthaft darüber reden.»

Die Gelegenheit dazu ergab sich bald. Klaus kehrte wieder einmal nach München zurück und bezog sein altes Zimmer in der Poschingerstraße. Das hieß, guter Rat war noch teurer geworden. Die schulischen Möglichkeiten, so viel sahen die Eltern deutlich, hatten sich erschöpft, aber vielleicht könnte ein Aufenthalt auf dem Schloss des befreundeten Schriftstellers und pädagogisch interessierten Alexander von Bernus helfen, den Jungen auf einen gangbaren Weg zu bringen. Zu Hause, in der alten Umgebung, das stand fest, hätte er schnurstracks sein Bummelleben wieder aufgenommen. Und das verbot sich nicht zuletzt wegen der kleineren Geschwister, vor allem der «Mittleren», die, obwohl nicht akut gefährdet, sich in gewisser Weise gleichfalls zu Sorgenkindern entwickelten.

Golo, der Ältere des Pärchens, litt unter dem Gefühl, hinter den Großen, die er liebte und bewunderte, zurückstehen zu müssen. Sein Instinkt für die starke emotionale Zuneigung der Eltern zu den beiden Erstgeborenen, die auch Gerechtigkeitssinn und unablässige Bemühungen der Mutter nicht kompensieren konnten, ließen ihn oft umdüstert und melancholisch, einmal liebedienerisch und ergeben, ein anderes Mal skurril und kauzig erscheinen: ein Kind mit vielen Masken.

Auch Golo besuchte, wie seine Geschwister, zunächst den Grundschul-Privatkurs in der Mauerkircherstraße, ehe er im Herbst 1918 – also bereits mit neun Jahren – auf das Wilhelmsgymnasium überwechselte. Dort sei er, wie er selbst sagt, «eher unter Mittelmaß» gewesen. Nach den Memoiren und Briefen der Mutter galt er jedoch trotz gelegentlicher Versetzungsgefährdungen als unproblematischer Schüler mit dezidierter Vorliebe für deutsche Gedichte und die Analyse historischer Zusammenhänge. Auch in Latein und Griechisch konnte er Gutes, bei Bedarf sogar sehr Gutes leisten: «Golo schreibt beständig die besten lateinischen Klassenarbeiten und macht sich überhaupt.»

Dass er als Vierzehnjähriger in die reformpädagogisch geführte Schule Salem zu Kurt Hahn wechselte, geschah auf seinen Wunsch. Nachdem die Großen, deren Anwesenheit den familiären Alltag geprägt hatte, aus dem Hause waren, fühlte sich der Mittlere dem elterlichen Druck nicht mehr gewachsen. Die Mutter «hatte [das] verstanden» und war mit ihm im Dezember 1922 zu einem Vorstellungsgespräch an den Bodensee gefahren, das, im Gegensatz zu dem Eindruck, den sein Bruder Klaus hinterlassen hatte, positiv verlaufen war, obwohl der Empfang von Mutter und Sohn sich nicht sehr viel versprechend angelassen hatte: «Wenn es nicht wegen dir wäre, dann würde ich ihm [gemeint ist Kurt Hahn] eine Karte schreiben: ‹Nach einem so wenig entgegenkommenden Empfang möchte ich den Plan lieber aufgeben›», ließ Katia ihren Sohn wissen, verzichtete ihm zuliebe dann aber doch auf einen Protest. Es mag ihr schwer gefallen sein. Im Laufe des Winters traf die ersehnte Zulassung ein; Ostern 1923 konnte Golo Mann in Salem anfangen. Er blieb seiner Mutter dankbar für ihre Hilfe.

Problematischer stand es mit Moni. Das Kind irritierte die Mutter von früh auf durch Apathie und Indolenz und nahm – aus der Perspektive der Eltern – von Anfang an eine vorwiegend negative Sonderstellung im Kreis der Geschwister ein: «Ich stehe diesem Kinde rat- ja fassungslos gegenüber.» Kein Wunder, dass Monikas Schulkarriere anders verlief. Sie besuchte – folgt man ihrer eigenen Schilderung – zunächst gemeinsam mit fünf Kindern «ein Privatinstitütchen» im nachbarlichen Gartenhaus, das, obwohl von den Eltern «Schülchen» genannt, nicht mit «richtigen Schulbänkchen und einem Katheder» ausgestattet war: vermutlich eine Art Vorschule, an deren Stelle, ein Jahr später, die «Volksschule» trat, offenbar ein öffentliches Institut mit etwa 1000 Kindern und «grauen Mauern», «Gängen und Treppen», «Sälen und Höfen» sowie einem Pedell, der die Glocke läutete. Monika selbst berichtet, sie sei während ihrer gesamten Volksschulzeit «eine brillante Schülerin, ja, bei weitem die beste der Klasse» gewesen. Die Probleme hätten erst nach dem Wechsel in die «Höhere Töchterschule» begonnen (die gleiche Anstalt, die Erika, wenn auch mit Unterbrechungen, besuchte). Dort habe sie «nicht gut» getan und sei «eines schönen Tages» «aus der ohnehin verhaßten Schule» geflogen.

Was die Tochter in ihren Erinnerungen beiläufig erzählt, bedeutete, als es geschah, zusätzlichen Kummer für die ohnehin überlastete Mutter –

eine Sorge, die noch dadurch schwerer wog, dass die Meinung der Familie Monikas Wunsch, wie ihr Bruder nach Salem gehen zu dürfen, offenbar entgegenstand: «Bist Du zornig, daß ich gegen Deinen ausgesprochenen Rat, Moni nach Salem gab? War ja wohl auch unartig», heißt es im Oktober 1924 in einem Brief von Katia an Erika. Aber: möge das Mönle in der Höheren Töchterschule allerlei Streiche begangen haben (Klingeln im Fahrradkeller während der Religionsstunde: mein Gott, das sei doch kein Verbrechen!), möge sie hinter ihrer Schwester intellektuell weit zurück sein – Salem sei, trotz allem, das Beste: «Ich meine immer, der genius loci ist das Entscheidende, und wenn er so ethisch und unerotisch wie in Salem ist, so sind die Gefahren der Koedukation nicht allzu groß. Aus dem Haus mußte und sollte das Kind, so muffig und unerfreulich, wie es war, und nun kamen auch noch Schulunannehmlichkeiten dazu […], so daß Rektor Schmidt mir dringend nahelegte, sie abzumelden, wobei der scharfsichtige Mann äußerte, Moni habe manchmal geradezu etwas von einem Dienstmädchen in ihrem Niveau und der Gegensatz zwischen Euch beiden Schwestern, wo doch der gesamte Lehrkörper immer so große Freude an Dir gehabt, sei zu erstaunlich.»

Die Pädagogik im Hause Mann, das wird durch Dutzende von Briefzitaten belegt, war durch eine bisweilen extreme Parteilichkeit geprägt: Erika: Liebling der Eltern; Klaus: liebenswert, begabt und gefährdet; Golo: ein Sonderling und Einzelgänger, aber oft gefällig und hilfreich; Monika: naiv und dickfellig, von meistens törichtem Benehmen, aber musikalisch begabt; Elisabeth – Medi: behütet als des Vaters Herzenskind. «Es war», heißt es in der Novelle *Unordnung und frühes Leid* von Medis Ebenbild Lorchen, «Liebe auf den ersten Blick und für immer, ein Gefühl, das ungekannt, unerwartet und unverhofft [...] von ihm Besitz ergriff und das er sofort mit Erstaunen und Freude als lebensendgültig verstand» ... *lebensendgültig* wie die kühle Reserve, die, wiederum vom ersten Tag an, der Zauberer gegenüber seinem Jüngsten, Michael, an den Tag legte.

Michael: für Thomas Mann ein bockiges, eher uninteressantes Kind, ausgezeichnet, wie Moni, nur durch ausgeprägte Musikalität («Bibis Fortschritte bemerkenswert»), später dazu durch die

Tatsache, dass des Zauberers Sohn immerhin den Lieblingsenkel, Frido, zeugte und seinem Vater auf diese Weise – man denke an die «Echo»-Schilderung des *Faustus*-Romans! – zu einer glanzvollen Prosa-Passage verhalf. Im Allgemeinen aber dominierten gegenüber Michael Kälte und Fremdheit. Gottlob hatte das Kind eine Mutter, die, wo immer es ging, die Nichtbeachtung Bibis durch den Vater, der in *Unordnung und frühes Leid* ein nicht eben schmeichelhaftes Porträt des Jungen entwickelt hatte, auszugleichen suchte. Zu Recht, wie der Autor der Geschichte nur zu gut wusste: «Im Grunde hat er [Professor Cornelius, der Held der Erzählung] ein Gefühl dafür, daß die Vorliebe seiner Frau wohl hochherziger gewählt hat als die seine und daß die schwierige Männlichkeit [des jüngsten Sohnes] Beissers vielleicht mehr wiegt als der ausgeglichenere Liebreiz seines Kindchens. Aber dem Herzen, meint er, läßt sich nicht gebieten.»

Eine bequeme Maxime. Und doch wäre es falsch, in Thomas Mann nur den seinen Sympathien unterworfenen, ungerechten, reizbaren und leicht aufbrausenden Vater zu sehen, vor dessen Wutausbrüchen die Kinder zitterten. Er konnte auch ganz anders sein: zugewandt und liebevoll, fürsorglich und lustig. Zumindest Erika, Klaus, Monika und Elisabeth beschreiben in ihren Erinnerungen an das Elternhaus auch diese Seiten ihres Vaters. Nein, gleichgültig waren Thomas Mann seine Kinder nicht; er war sogar stolz auf sie – vielleicht mehr auf die Schar als auf jedes einzelne; die Gesamtheit stärkte sein Selbstgefühl. In der individuellen Zuwendung allerdings machte er große Unterschiede. Waren die Kinder fort, so vermisste er die «Großen» wesentlich mehr als die «Mittleren» und die «Kleinen» – Lieblingskind Elisabeth natürlich ausgenommen. Doch auch die anderen waren ihm nicht so gleichgültig, wie oft behauptet wird.

Eine Szene, die Katia Mann Klaus und Erika erzählte, zeigt auch den Zauberer in einer Weise in das Familienleben eingebunden, die man nicht unbedingt bei ihm vermutet: «Recht üsig fand ich es, als ich ihn [den Vater] am Sonntag nachmittag eifrig schreibend antraf, ich dachte an gewinnbringende journalistische Arbeit, aber nein, er schrieb an die beiden Großen. Solch Pielein habt Ihr, und er sagt auch immer, daß Ihr ihm recht abgeht. Auch hat er heute abend eigenhändig die

Winzigen gefüttert, denn Fräulein Thea war aus, ich gleichfalls, Moni und Golo stritten sich um den Alleinbesitz der Kleinen und alle vier heulten gotterbärmlich, sodaß er erst Ruhe schaffen und dann also den Kleinen den Brei geben mußte, wie mir Bibi beim Nachhausekommen gleich strahlend verkündete.»

Natürlich änderte eine solche sporadisch-hilfreiche Zuwendung des Vaters nichts an seiner unterschiedlichen Sympathie für die einzelnen Kinder. Thomas Mann nahm seine Ungerechtigkeit jedoch mit der Gelassenheit dessen hin, der sich durchaus berechtigt fühlte, den eigenen Neigungen zu folgen, und sowohl Monika als auch Michael wussten sehr genau, wie – hier so, dort so – Thomas Mann über sie dachte: «Bibi hat gestern zu mir gesagt», vertraute Katia anno 1928 ihrer Tochter Erika an, «Herr Papale» – nur die Großen und die Mittleren nannten ihren Vater «Zauberer», für die beiden Kleinen war er der «Herr Papale» – Herr Papale also «würde der Medi jeden Wunsch erfüllen, mir gar keinen. Für mich ist es ein Glück, daß nicht nur der Herr Papale maßgebend ist.»

Unter solchen Aspekten ist es jahrzehntelang

eine entscheidende Aufgabe Katia Manns gewesen, Vermittlerin zu sein, ausgleichende Instanz, die verhinderte, dass es zwischen Eltern und Kindern, Kindern und Eltern, der Arcisstraße und der Poschi, zum Eklat kam. Das konnte nur eine Frau, die sich um des Gesamtwohls willen konsequent zurücknahm und deshalb in der Novelle *Unordnung und frühes Leid* nicht zufällig als Randfigur erscheint, während sich der *pater familias* und die juvenilen Sterne um ihn herum mit Glanz und Ruhm im Bühnen-Zentrum bewegen: «Die Hausfrau [...] ist mürbe und matt von den verrückten Schwierigkeiten der Wirtschaft. Sie müßte ein Bad aufsuchen, aber das Schwanken des Bodens unter den Füßen, das Drüber und Drunter aller Dinge machen das vorläufig untunlich.»

«Arme Katja?» Nein, in dem Bild der mürben und matten Hausfrau konnte sich die Porträtierte – allen Ähnlichkeiten zum Trotz – nur sehr bedingt wiedererkennen. Zwar fühlte auch sie sich von den «verrückten Schwierigkeiten», die sie mit Hausstand und Personal, vor allem aber mit ihren Kindern hatte, weit über Gebühr belastet, aber, im Gegensatz zu Frau Professor Cornelius in

der Novelle, war es Frau Thomas Mann in der
ersten Hälfte der zwanziger Jahre durchaus (und
zwar gleich mehrfach) vergönnt, eine Heilstätte
aufzusuchen. Wenn sie auch jedes Mal gegen ihren Willen und mit schlechtem Gewissen zur Kur
aufbrach, so sorgten doch die vielen Wochen der
Ruhe und Erholung dafür, dass sie wieder zu
Kräften kam und, unterstützt durch die stunden-
langen Liegekuren, ihr seelisches Gleichgewicht
wiederfand. Allein 1920 verbrachte sie ein gutes
Vierteljahr in den Bergen; 1924, in Clavadel, waren es noch einmal anderthalb Monate und 1926,
in Arosa, deren zwei.

Aus der Zeit dieser Sanatoriumsaufenthalte
haben sich – ein Glücksfall! – fünfzehn Briefe von
Katia an Thomas Mann erhalten, die zeigen, dass
es – kaum war das Ehepaar getrennt – zumindest
für Katia ein Bedürfnis war, ihren Mann umfas-
send über alles, was sie erlebte, zu informieren
und ihn teilhaben zu lassen an dem, was ihr
durch den Kopf ging. Ungefähr jeden dritten Tag
schrieb sie ihm meist längere Briefe. Die Anreden
«Lieber», «Liebes Lamm», «Liebster [!] Reh»
(auch «Rehbock») deuten auf Zuneigung und
Vertrautheit hin, eine Verbundenheit, die sich im

Verlauf der Trennungszeit eher noch steigerte:
«Liebes Rehherz», «Liebster», «Sehr, sehr Lieber»,
«Liebster [!] Lämmlein». Keine Frage: Allein die
Variationen der Anrede zeigen, dass Katia ihren
Mann vermisste und jedenfalls in Gedanken eine
Verbindung zu ihm herstellen wollte. Deshalb
das Verlangen, bei jeder sich bietenden Gelegen-
heit vergangener Gemeinsamkeiten zu gedenken:

«Kohlgrub 31. 6. 20: Wenn ich hier in den Landen herumspaziere, muß ich oft an unseren ersten
Sommer dorten denken, und auch an die vielen in
Tölz später, und wie wir einst so glücklich waren.
Aber daß ich besonders unglücklich hier bin,
mußt Du nicht denken, und ich gebe mir alle
Mühe, das Ziel der Reise zu erreichen.» – «Hier in
den Landen»: Das beschwört noch einmal den
ersten gemeinsamen Sommer des jungen Ehepaares in Oberammergau, von dem Hedwig Pringsheim berichtet hat: «Ganz idyllisch und allerliebst
haben sich meine jungen Leute da eingerichtet.
[…] Ihr Eheglück scheint […] sehr zu gedeihen,
und Katja machte einen behaglich-zufriedenen
Eindruck. […] Die kleine Erika ist braunrot wie
eine Herzkirsche.»

Wie wichtig es für Katia Mann war, sich bei

Trennungen von ihrem Mann an das Gemeinsame zu erinnern, zeigen Briefe aus München. Sie
schrieb ihm auch dann, wenn er nur für kurze
Zeit unterwegs war. Ein Tag, den sie – im Gegensatz zu ihrem Partner! – nie vergaß, war der 11.
Februar: «Unseren Hochzeitstag habe ich treu mit
den Kindern bei Rotweinpunsch gefeiert, ich Gutes!» Der ironische Nachsatz ist typisch für die
Schreiberin: Sentimentalität war ihr verhasst.
Wenn sie ihren Mann daran erinnern wollte, dass
er – wieder einmal – den Hochzeitstag vergessen
hatte, machte sie ihn ohne Nachsicht auf sein Ver-
säumnis aufmerksam; nicht durch Vorhaltungen
oder gar Larmoyanz, sondern mit Hilfe eines kleinen ironischen Seitenhiebes.

Doch waren die Erinnerungen durchaus nicht
immer durch Sottisen gebrochen. Katia Mann
folgte keinen Prinzipien, sondern schrieb, wie es
ihr ums Herz war: «Bin mit Offi in der ‹Aida› gewesen (dank Walters). Es hat mir <u>sehr</u> gefallen,
besonders natürlich unser Duett.» Sie stellte sich
auch ohne Scheu den Peinlichkeiten, die mit ehr-
licher Rückschau verbunden sein können – so, als
sie im Januar 1921 einen Brief an Thomas Mann,
der in der Schweiz Vorlesungen hielt, mit der

Nachschrift versah: «In Zürich waren wir ja auf unserer Hochzeitsreise: wenig hat es mir gefallen.» … ganz im Gegensatz zu der berühmten Tagebucheintragung ihres Mannes vom 19. Februar 1938, in der der Schreiber anlässlich des 33. Hochzeitstages notierte, er habe – ergriffen von «Schrecken» und «Schwindel» – seiner Frau gesagt, er möchte das Leben nicht wiederholen, «das Peinliche» habe zu sehr überwogen. «Fürchte K. weh getan zu haben. Solche Urteile über das Leben […] haben keinen Sinn.»

Katia Mann dagegen redete offen und gern über ihre Empfindungen. Während der vielen Liegestunden hatte sie Zeit, nachzudenken und Überlegungen anzustellen, die sie nicht immer glücklich stimmten. Aber sie ließ ihren Partner teilnehmen, ja, sie stellte ihn zur Rede und zeigte ihm freundlich und wahrheitsgemäß die Gefühle, die seine ichbezogene Art der Korrespondenz bei ihr auslösten: «<u>Ich</u> erwarte alle Briefe von zuhause mit großer Ungeduld und lese jeden mehrfach, sodaß ich den Inhalt ganz aufnehme (habe ja freilich auch Zeit dazu), und wenn ich dann schreibe, so stellt sich ganz selbstverständlich eine gewisse Anknüpfung an den empfangenen

Brief ein. Eventuell kann man ja auch, wenn man ihn nur flüchtig gelesen, den Brief vorm Schreiben noch einmal überlesen, auch dann kommt ganz unwillkürlich ein gewisses Eingehen darauf. Ist einem auch dieses zu zeitraubend, dann fehlt es eben, und ich bekomme den Eindruck, als ob meine Briefe, als Lebenszeichen natürlich notwendig und erwünscht, doch in Bezug auf ihren Inhalt, nachdem das wesentliche, daß es mir gut geht, ja einmal feststeht, einigermaßen gleichgültig wären, und als ob Deine Gedanken, nachdem Du einmal weißt, daß hier alles seinen ordnungsgemäßen Gang geht, sich nicht eben viel mit mir und meiner augenblicklichen Daseinsform beschäftigten.» Selbstverständlich sei sie «nicht so albern» zu wünschen, er möge sie beständig wissen lassen, wie sehr sie der Familie fehle, denn es müsse sie natürlich freuen und beruhigen, zu sehen, dass es – jedenfalls eine Weile lang – auch «ganz ordentlich» ohne sie gehe. Aber bei seiner Art des Schreibens wolle es ihr manchmal scheinen, «als ob es genau so gut oder vielleicht sogar noch ein bischen besser» ohne sie ginge, und eben das «erschüttere» sie: «Ich habe hier soviel Zeit zum Nachdenken, und da denke ich doch manch-

mal, daß ich mein Leben nicht ganz richtig eingestellt habe, und daß es nicht gut war, es so ausschließlich auf Dich und die Kinder zu stellen.»

Bittere – und gut nachvollziehbare – Gedanken! Verstärkt vielleicht durch eine nicht nur
positiv deutbare Bemerkung des behandelnden
Sanatoriumsarztes, als er erfuhr, dass seine Patientin Mutter von sechs Kindern war. «Die sechs
Kinder nebst zwei Fehlgeburten scheinen ihn
doch ein bischen zu wundern: man findet es wohl
mehr in den unteren Schichten», berichtete Katia
ihrem Ehemann. Leider ist Thomas Manns Ant-
wortbrief nicht erhalten, aber man darf annehmen, dass er alle schriftstellerischen Fähigkeiten
aufbot, um die Ängste seiner Frau zu zerstreuen
und ihr Selbstbewusstsein wiederherzustellen.
Jedenfalls gibt es keinen Hinweis darauf, dass
Frau Thomas Mann irgendeine Anstrengung unternommen hätte, um ihrem Leben eine andere
Richtung zu geben. Vermutlich hat sie es im Letzten nie gewollt; die wenigen Briefe jedenfalls, die
wir von ihr an ihren Mann besitzen, zeigen eher
die Bemühungen um eine Intensivierung der Gemeinsamkeiten als Versuche, sich ein eigenes Leben – was immer das heißen mag – zu schaffen.

Das bezeugen die vielen Fragen nach dem Ergehen der Kinder und die Anweisungen, mit denen
sie versuchte, noch aus der Ferne das Leben zu
Hause mitzugestalten; das zeigen aber auch die
höchst anschaulichen Erzählungen aus dem Sa-
natoriumsmilieu, das sie in vielen Details immer
wieder mit dem *Zauberberg* verband, an dem
Thomas Mann – jedenfalls während ihrer frühen
Aufenthalte in Kohlgrub, Oberammergau und
Oberstdorf – arbeitete: «Bin heimgekehrt, bin
heimgekehrt! Nie würde ich ja zweifeln, daß dies
die Heimat ist, so aufs Haar gleicht das Stillachhaus einem erstklassigen Davoser Sanatorium.
[...] So liege ich denn im weißen Bett in einem
Zimmer, das dem von Hans Castorp so ähnlich
wie möglich ist, nur etwas breiter und noch kompletter eingerichtet.» Oder, ein paar Monate früher, aus Kohlgrub: «Augenblicklich [...] kann ich
doch mit meinem Liegestuhl auf der Wiese liegen, der aber leider mit demjenigen des internationalen Sanatoriums so gar keine Ähnlichkeit
hat und sicher trotz madame Chaucha (wie
schreibt sie sich doch?) Hans Castorp in die Ebene
getrieben hätte.»

    Katia Mann schrieb, was sie sah, was sie erlebte, was ihr auffiel; sie bemühte sich um «Material», das die Arbeit ihres Mannes inspirieren könnte, und sie gab sich mit ihren Schilderungen viel Mühe: «Es herrscht [...] ein ganz freundlicher, geselliger Ton» – so, wenig später, ein Brief aus Oberammergau, wohin sie aus Kohlgrub übergesiedelt war –, «nach dem Abendbrot nehme ich meist ein halbes Stündchen teil, womit mein Konversations-Bedürfnis befriedigt ist. Es sind [...] mit Ausnahme eines ganz sympathischen jungen norddeutschen Mädchens, weiß Gott <u>lauter</u> Juden, aber keiner von der unangenehmen Sorte. Auch das russische Paar ist natürlich jüdisch, aber ganz apart, indem der junge Mann, von russisch-jüdischen Zionisten abstammend, in Palestina aufgewachsen, hebräisch als eigentliche Muttersprache spricht, außerdem russisch und französisch, dann in Genf und Paris studiert hat, und, geistig recht angeregt und trotz allem auch irgendwie russisch-schwatzhaft veranlagt, lange französische, ganz unterhaltende, vorwiegend politische Reden führt, während die Frau, eine kleine russisch-jüdische Studentin, da sie eben ihr erstes, drei Monate altes Kind an Sepsis [...] verloren haben, einen stillen, melancholischen Eindruck macht. Eine Frau Katzenstein ist auch da, eine leibarme Ingenieursgattin aus Düsseldorf, die im Jahre 17 ein halbes Jahr bei Jessen war, und aus der ich, Reminiszenzen austauschend, dieses oder jenes brauchbare Detail herausgelockt habe.»

Katia Manns Begabung, das zeigen die Briefe, liegt in der Beschreibung von Konstellationen und Personen, die sie geschickt und witzig mit den Interessen des Adressaten zu verbinden weiß: «Die junge Frau Schilling scheint einen rechten Narren an mir gefressen zu haben, und schließt sich mir sehr an. Sie ist nicht übel, aus kultiviertem Milieu (weiß doch, was es heißt, mit der Gattin vom Vater zu verkehren), nur etwas zu lachlustig und dalbrig. Heute ist sie auch mit mir spazieren gegangen und hat mir viel aus ihrem Leben erzählt, und eine Wurst hat sie mir auch geschenkt. Vielleicht könntest du mir ein Exemplar von ‹Herr und Hund› schicken, was sie einzig von dir nicht kennt, ich wollte es ihr borgen oder eventuell dedizieren von wegen der Wurst. Ein norddeutscher Major ist auch eingetroffen und sitzt mir gegenüber. Typus fader Hecht, aber sehr anständig und wohlmeinend. [...] Frau Schilling hat als Lektüre auch die ‹Betrachtungen› und das ‹Reisebuch eines Philosophen› mit, so fein ist sie, und weiß auch sehr gut zwischen Kultur und Zivilisation zu unterscheiden.»

Keine Frage, es war für Katia ein Bedürfnis, ihren Mann an ihren Erlebnissen teilhaben zu lassen, wobei sie ein sicheres Gespür für alles hatte, was ihn interessierte (und, wie sich zeigen wird, ein ebenso sicheres für das, was man ihm besser nicht erzählte); sie ging auf ihn ein und reagierte auf alles, was er ihr mitteilte: nahm es auf, dachte es weiter und hielt sich auch mit Ratschlägen nicht zurück – selbst dann nicht, wenn sie genau wusste, daß sie keineswegs befolgt werden würden. Sie war enttäuscht, wenn Thomas Mann nicht spontan reagierte, drohte, sie würde von nun an nicht mehr so häufig schreiben, da sie annehmen müsste, ihn «zu Anfang wohl ein bischen überlaufen» und sich beinahe «lästig» gemacht zu haben … und fuhr doch fort, ihm zu erzählen, wohl wissend, wie sehr er ihre Berichte brauchte und sich – trotz des gelegentlichen Desinteresses (wenn es mit der Arbeit nicht vorwärts ging, war er reizbar und unkommunikativ) – an den «üsigen» Pointen und witzigen Charakteristiken freute. (Das gelegentlich auch substantivierte Adjektiv «üsig» war, wie Klaus Mann sich erinnerte, «ursprünglich von ‹putzig› abgeleitet» und bezeichnete im Familienjargon «auf eine vage und zärtliche Weise alles, was ungeschickt, rührend, bemüht, großäugig-drollig, ungelenk-sympathisch auf uns wirkte».)

War in Katias Berichten Ernstes mitzuteilen oder wurden Mahnungen ausgesprochen, so waren sie vom Empfänger leichter zu beherzigen, wenn der Brief-Duktus «üsig» war … und auf diese Art des Schreibens verstand sich Frau Thomas Mann, wie vor allem die Briefe an ihre herangewachsenen «Großen» zeigen, in besonderer Weise – einerlei, ob Erika ermahnt wurde, sich nicht zu lange auf nur «Röllchen» bietende Berliner Engagements einzulassen, sondern lieber mit Hilfe unabgelenkten Auswendiglernens wirkliche «Rollen» – wenn auch in der Provinz – zu spielen, oder ob Klaus eine ebenso subjektive wie witzige Analyse seines Theaterstückes *Anja und Esther* bedenken musste: «Mir ist das Milieu zu krankhaft und die jungen Leute besonders, sofern sie typisch sein sollen, und was mich am meisten stört, ist, daß die Kontrastfigur, der Erik, der doch

dem lebensabgewandten, ungesunden Stift gegenüber das Leben repräsentiert, nun auch wieder der kokainessende Sohn einer ingeniösen Cir-
kusreiterin ist, die vom Leben nichts weiß als
Stepptanzen, Nachtlokale usw. Aber es hat schon
was.»

«Aber es hat schon was»: Die versöhnliche
Volte am Schluss durfte in den Ermahnungsbrie-
fen an die Kinder niemals fehlen. Zunächst – so
die offenbar bewährte Abfolge in den mütterlichen Briefen – werden Erika und Klaus, zumal
wenn sie ihre Geldforderungen (und das noch in
schlechtem Französisch!) unangemessen steigerten, die Leviten gelesen; dann folgt die Formel;
‹natürlich tue ich, was ihr sagt, aber müßt ihr mir
denn immer soviel Mühe machen?›, und schließlich das resignierte Fazit: ‹Was nützen meine Ermahnungen, ihr tut ja doch, was ihr wollt: reist
durch die Welt, obwohl harte Arbeit an <u>einem</u> Ort
vernünftiger und erfolgversprechender wäre,
verlobt euch (wie Klaus), obwohl ihr noch Kinder
seid oder heiratet (wie Erika), obwohl doch nicht
die leiseste Notwendigkeit für einen solchen
Schritt besteht›: «Ach E., liebes E.! <u>Ich</u> mach mir
bestimmt keine unnützen Sorgen, aber hast du

dir es auch endgiltig überlegt! Du weißt, ich habe es dir in München gesagt, verloben ist absolut kein Grund, auch zu heiraten, und man <u>sollte</u> es noch einmal bedenken, ehe man vor den Ewigen tritt. Das hast du ja übrigens offenbar nicht vor, da du keinen Taufschein brauchst.»

Wieder die Ermahnung, wieder die Wendung ins Freundlich-Legere! Ernsthaft hat Katia Mann der Verbindung zwischen ihrer Tochter und dem juvenilen Genie Gustaf Gründgens nicht widersprochen. Sie vertrat ihre Meinung mit vielen bedenkenswerten Argumenten; blieb ihr Gegenüber jedoch bei seinem Standpunkt, so insistierte sie weder auf ihrer Ansicht, noch brach sie die Verbindung ab. Dazu kam: Der Mann war bekannt – bereits vor Beginn der Ehejahre (über deren kurze Dauer sich Katia kaum Illusionen gemacht haben dürfte) – und außerdem schon deshalb ein willkommener Schwiegersohn, weil er in der «Arcissi» reüssiert hatte. Alfred Pringsheim fand den mondänen Künstler-Schwiegerenkel wesentlich sympathischer als den pedantischen, wenngleich überaus erfolgreichen Schwiegersohn und machte keinen Hehl aus seiner Wertschätzung: Nicht zu Unrecht, wie sich einige

Jahre später, 1934, zeigen sollte, als Gustaf Gründgens, anlässlich eines Münchener Gastspiels, in
stadtbekannter Limousine am Maximiliansplatz
vorfuhr, um die beiden alten Juden zu besuchen,
denen andere längst aus dem Weg gingen.

Die Hochzeit an Katias 43. Geburtstag, dem
24. Juli 1926, wurde durchaus standesgemäß im
Hotel Kaiserin Elisabeth in Feldafing am Starnberger See gefeiert. Hausfreund Süskind hielt die
Rede auf die Brautmutter, die sich der nun einmal
beschlossenen Sache gegenüber freundlich, jedoch nicht ohne Skepsis verhielt: «Wie ist die
Ehe? Gut oder leidlich? Grüße Gustaf dementsprechend.»

Ja, Mielein liebte das üsige Wechselspiel zwischen den Stilen. Mal ging es flapsig-nonchalant
zu, ein andermal hochpathetisch – meistens
dann, wenn das Sujet alles andere als erhaben
war: Steuernötigungen, Autokarambolagen oder
– auch das kam vor – ein handfester Familien-
krach: «An Silvester gab's ein gräßliches malen-
tendu in der Arcisstraße. Onkel Babüschlein [Ka-
tia Manns Bruder, der Physiker Peter Pringsheim]
und Ofay äußerten sich despektierlich über Schopenhauer, letzterer, der Schopenhauer Zeit seines

Lebens nicht leiden konnte, weil er von der Mathematik nichts wissen wollte, und der von Zauberer so garnichts weiß (was ja freilich auch schlimm ist), völlig ahnungslos, das Babüschlein freilich hätte im wissenschaftlichen Dünkel ja nicht so plümplich drauf los poltern brauchen. Der Zauberer wurde ganz bleich und zitterte, hielt aber an sich, und der Abend verlief so leidlich ungemütlich. Aber nachher zuhause geriet er völlig außer sich, behauptete, man habe ihn mit Absicht beleidigt und gedemütigt, wie man seit 20 Jahren nichts anderes täte, sprach sich über meine gesamte Familie denn so hart aus, wie ich, die ich doch schließlich bekannt familiant bin, es schwer mit anhören konnte, schlief dann die ganze Nacht nicht, und hatte einen förmlichen Nervenzusammenbruch [...], [zu dem] der Anlaß doch wirklich nicht im leisesten Verhältnis [stand]. Im Lauf der nächsten zwei Tage hat er sich ja einigermaßen beruhigt, aber die Wut-Abneigung gegen die Arcissi bleibt bestehen, [...] und ich muß darin doch auch einen unfreundlichen Akt gegen mich erblicken und weiß nicht, was ich machen soll.»

Doch damit nicht genug! Zu allem Kummer

und aller Hilflosigkeit kam auch noch der Schock: «Vorgestern fuhr ich mit dem Auto in die Stadt, und konnte nicht umhin, mich über mein wirklich göttergleiches Fahren zu freuen, so über den Stachus und Bahnhofsplatz, mit mehrfachem Wenden in engsten Straßen, ganz unerreicht.» Auf dem Rückweg aber seien einige der vielen Pakete, die «vor dem Führersitz verstaut» waren, vor die Kupplung gerollt. Beim Versuch, das Hindernis zu beseitigen, müsse die Fahrerin «rätselhafter Weise» die Steuerung losgelassen haben, und da sei es geschehen: «In der nämlichen Sekunde saust, zu meinem unausdenkbaren Schrecken, der Wagen übers Trottoir und prallt gegen die Häuserwand. Gott sei es gedankt, war es eine menschleere Straße, sodaß ich niemanden getroffen habe, und der Schaden war denn schließlich auch nicht so groß; der Reifen platzte mit gewaltigem Krach, der Kotflügel wurde total eingedrückt, die Vorderachse verbogen u.s.w.» – Nun, die Versicherung müsse zahlen – *das* Problem sei nicht so bedrückend; was aber den Zauberer angehe: Da müsse man sich doch recht sorgen.

Dramatik und Tragikomik in Pringsheim'scher Weise aneinander gefügt: die Meiningerin lässt grüßen! Immer wieder gibt es in Katia Manns Briefen Beschreibungen, die deutlich machen, mit welcher Perfektion die «Epistolographin», wie sie sich selbst gern nannte, Situationen in ihren charakteristischen Momenten zu erfassen und in pointierter Raffung sprachlich darzustellen vermochte – nicht selten Wut und Verzweiflung durch Witz und Understatement konterkarierend: «Der schamlose Sammi [gemeint ist Thomas Manns Verleger Samuel Fischer, den Katia, nach eigenen Aussagen, im Grunde durchaus gern hatte]. So betrogen hat er uns bei der Abrechnung, daß wir dem Hungertod entgegengehen und an die Anschaffung eines neuen Automobils schon gar nicht zu denken ist.»

Doch nicht nur die Ereignisse, auch die Freunde sahen sich mit spitzer Feder charakterisiert, einerlei, ob es sich – positiv gesehen – um «unseren Gerhart» (gemeint ist Gerhart Hauptmann) handelte, den das Peeperkorn-Porträt leider so gekränkt habe, dass sich wiederum der Zauberer darüber recht grämen müsse: «Ich finde es ja auch recht traurig, wenn der Mann sich von seinem lieben Herrn Mann so verraten fühlt» – oder ob es um den nicht immer geliebten

Hugo von Hofmannsthal ging: «Was den Hugo betrifft, so wirkt er hier [in Salzburg] wie eine Lustspielfigur, ein ununterbrochen plappernder maître de plaisir, welcher den ganzen Tag ruhelos von einem zum anderen flitzt, in erster Linie natürlich von einem der zahlreichen anwesenden Adligen, Ambassadeurs, Attachés, rumänischen Prinzessinnen etc. zum anderen. Wahrhaft traurig und unwürdig! Und dabei sieht er, dicker geworden und brillengeschmückt, durchaus aus wie ein jüdischer Rechtsanwalt.» Hofmannsthal, der sich seriös gebende Snob, allzu konservativ und künstlerisch auf den Hund gekommen, wie sein jüngstes Werk, das Drama *Der Turm*, es beweise, das – allen Hymnen der Presse zum Trotz – «ein über die Maßen schleppendes» Stück sei. Die *Münchener Neuesten Nachrichten*, die unseligen, «die mit dem Hugo, seiner konservativen Gesinnung willen, einen abscheulichen Kult treiben, seit Wochen täglich irgend etwas über ihn berichten, und nun einen wahren Hymnus brachten, über das Stück, ja, sogar über die gänzlich verfehlte Aufführung, (mit der übrigens rätselhafter Weise auch der Dichter zufrieden war), den matten Achtungserfolg in eine triumphale Aufnahme umfälschten, ach, der Zauberer mußte sich aufregen. Hugos Anwesenheit hier wurde überhaupt aufs politischste ausgemünzt, zu einer reaktionären bayerisch-österreichischen Verbrüderung mit Spitze gegen Berlin und die Republik. [...] Dabei war er neulich zwei Stunden allein bei uns zum Thee, und persönlich so nett, wie seit langem nicht.»

Wieder die Invektive mit versöhnlichem Ausklang: Katia Mann – linksliberal und der Deutschen Demokratischen Partei zugewandt – stellte, am Ende der Republik, in ihren Briefen die nationalistische Fronde nicht minder entschieden als ihr Mann an den Pranger. Aber eine Fanatikerin war sie – bei aller Schroffheit ihres Urteils – nicht. Die Tafelrunde im Hause Mann war bunt: Da saß Hans Pfitzner neben Bruno Walter, Emil Preetorius neben Josef Ponten, der Literaturwissenschaftler Berthold Litzmann neben Schwager Löhr, Bruno Frank oder Hans Reisiger. Gelegentlich war auch Hanns Johst zu Gast, der gleiche Johst, der Thomas Mann – anno 1925 – vorgeworfen hatte, er hätte sein Dichteramt an Vater Ebert verraten, an den Kompromiss und die politische Praxis! Hanns Johst, der bei der familiären Feier zum 50. Geburtstag des Hausherrn an Heinrichs Seite saß und knapp zehn Jahre später, nach Hitlers Machtergreifung, als Chefdramaturg des Staatlichen Schauspiels in Berlin dem Reichsführer SS, Heinrich Himmler, vorschlagen wird: «Könnte man nicht vielleicht Herrn Thomas Mann, München, für seinen Sohn ein wenig inhaftieren? Seine geistige Produktion würde ja durch eine Herbstfrische in Dachau nicht leiden.» Beabsichtigt war eine Geiselnahme des Vaters, der anstelle seines Sohnes Klaus, des Herausgebers des «derzeit unflätigsten Emigrantenblattes Die Sammlung», arretiert werden sollte, da man zu Recht annahm, dass «dieser Halbjude» schwerlich freiwillig nach Deutschland zurückkehren würde.

Katia Mann, gottlob, hat diesen Brief von Hanns Johst mit der Anrede «Mein lieber Heinrich Himmler» nie gesehen und war so auch nicht gezwungen, sich einer Mitteilung an ihre beiden Großen aus dem Jahr 1922 zu erinnern, in der sie erfreut von einer neuen literarischen Bekanntschaft berichtete, die man «in Gestalt des Dichters Hanns Johst» gemacht habe: Er «ist ein sehr netter, temperamentvoll und warmherzig wirkender

Mensch, mit durchaus passender Einstellung zum Vater».

Wenn ihr jemand gefiel, war Katia Mann – aller Süffisanz, die sie zuweilen an den Tag legte, ungeachtet – gutgläubig und arglos; im Grunde zählte für sie nur eines: ob ‹der Neue› ‹die passende Einstellung zum Vater› mitbrachte oder nicht. Den Ruhm des einen zu mehren war für sie das wichtigste Geschäft – zu dessen Gelingen sie, in seinem Schatten, in vielfacher Weise beitrug. Sie war Privatsekretärin («Kürzlich [soll heißen: in Kurzschrift] werfe ich mit affenartiger Geschwindigkeit zahllose Briefchen unter [Zauberers] Diktat aufs Papier und schreibe sie dann mit der Maschine ab»), und sie war Zuarbeiterin ihres Mannes: «Ich […] muß ja nun 35 Romane lesen, die die Kölnische Zeitung die Schamlosigkeit besaß, zu schicken, ungesichtet, weil die Herren keine Zeit dazu haben, aber Deutschlands erster Dichter, der hat Zeit!» Gleichzeitig aber galt es, ihren Anteil zu kaschieren, um sein Ansehen nicht zu schmälern: «Das verdammte Preisausschreiben. […] Heute erschien plötzlich Wilhelm Schäfer, um mit Pielein zu sprechen, und es war ein Glück, daß ich dazu kam, und einigermaßen ka-

schieren konnte, daß Pielein keinen einzigen Roman gelesen hatte.» Ähnlich verfuhr sie später,
als sie gelernt hatte, seinen Briefstil so zu imitie-
ren, dass der Empfänger sich im Glauben wiegen
durfte, der Meister persönlich habe ihm geant-
wortet. Schließlich das Vordringlichste, die Steu-
erangelegenheiten: das «Scheußlichste der Welt»,
und das Eintreiben der fälligen Honorare: «Ein
Geld muß er uns […] schicken, weil wir sonst […]
verdursten.» Gegenüber solchen Anstrengungen
zählte das Chauffieren kaum, wenn es auch mühselig war und zeitraubend erlernt werden musste: «Ich habe mich nun auch auf der Chauffeur-
schule gemeldet, und werde dieselbe nächste Woche beziehen, morgens um 1/2 9 Uhr, es ist ja ein
bischen hart für eine ältere Dame.»

Am besten indes gefiel Katia Mann ihre Tätigkeit als Reisebegleiterin. Waren die meistens sehr
zahlreichen Koffer erst einmal gepackt und alles
Notwendige im Handgepäck verstaut, waren die
Kinder ermahnt und das Personal zu größter
Sorgfalt und Sparsamkeit angehalten, bedeuteten
die Reisen – trotz aller Anstrengung – mehr Genugtuung als Tortur.

«Daß mein Schwiegersohn jetzt auf der Höhe

seines Rums angelangt ist, wird dir vielleicht bekannt sein» – Brief Hedwig Pringsheims, Weihnachten 1924: «Er hat Erfolg über Erfolg. Seine Stellung nicht nur in der Litteratur, sondern auch in der Welt, ist glänzend, und Katja sonnt sich in diesem Glanz. Sie begleitet ihn sehr viel auf seinen Reisen und nimmt teil an seinen Ehrungen.»

Ja, Katia genoss die Reisen mit ihrem berühmten Mann, dessen Auftritte und Reden, «vor dichtgedrängtem Publikum» mit «überaus herzlicher Begrüßung» und «stürmischem Schlußapplaus», wie sie Tochter Erika stolz berichtete, immer die glanzvollsten, am meisten beachteten waren – schlechthin unvergleichlich: «Alle waren des Lobes voll.» Ob in Wien oder Budapest, Barcelona oder Königsberg: Stets seien Vorkehrungen getroffen, die Ankömmlinge «mit Blumen und Deputationen zu empfangen»: «Ostpreußen ist so stolz und glücklich, Deutschlands größten Dichter zu beherbergen, daß wir nie wieder abreisen können.» – Doch dann folgte die Antiklimax, die sich – wie der Eingangsbericht von Ehrungen und Umgang mit Berühmtheiten – fast stereotyp in allen Briefen findet: «Ach, wären wir doch nach Kampen gegangen», oder, nach einer eindrucksvollen Schilderung der prominenten Salzburger Geselligkeiten: «Ich habe eigentlich schon genug, passe nicht so recht mehr in diese Welt (d. h. tat es wohl nie).»

Was herausgehobene Feste, den Umgang mit so genannten ersten Kreisen und gesellschaftlichen Verkehr mit Prominenz betraf, so waren derlei Verpflichtungen Katia Mann – im Gegensatz zu Thomas – häufig lästig, gelegentlich sogar in tiefster Seele zuwider. Sowie es offiziell wurde, fühlte sie sich falsch angezogen, zu alt, zu dick, zu unbeholfen, kurz: fehl am Platze, was sie allerdings nicht hinderte, auch ihre Umgebung einer unnachsichtigen Prüfung zu unterziehen: «Am Abend [...] waren wir bei [Max] Reinhardt in Leopoldskron, ich kann es für den kleinen Mann aus Preßburg ja keinen angemessenen Aufenthalt finden, aber es ist prachtvoll. Die Geselligkeit wieder mehr ungemütlich. Die Tiemich [!] muß man wohl als herb-schlicht-geziert bezeichnen.»

Nein, solchen Ereignissen gegenüber zog Katia die Ferien *en famille* bei weitem vor: den Winterurlaub mit den Kleinen in Ettal; die Sommer in Forte dei Marmi, bis die italienische Riviera ihr durch die Spießigkeit des Publikums verleidet wurde, das Anstoß an Medis Nacktheit nahm und sich auch sonst durch Arroganz und Parvenühaftigkeit auszeichnete – nachzulesen in Thomas' Novelle *Mario und der Zauberer*. Die realen Erfahrungen, die dieser Erzählung zugrunde liegen, erfuhr Tochter Erika in einem empörten Brief vom August 1926: «Ein abscheulicher Faszist nahm Anstoß daran, weil die Mädi am Strand einen Augenblick ihr Trikot ausgezogen hatte, um sich im Meer den Sand abzuspülen, der arme, ahnungslose Spatz, machte mir erst eine abscheuliche Szene, erklärte es für eine Schamlosigkeit, einen Mißbrauch der Gastfreundschaft, eine Schändung Italiens (sic), dann holte er auch noch die Polizei, ich mußte mit ihm aufs Amt gehen, wurde verhört und bin gewissermaßen entehrt. Es wird ja wohl nur eine kleine Geldstrafe dabei herauskommen, aber ich komme mir doch vor, wie die Juden, die in Rom die Hostie ausgespuckt hatten. [...] Wenn es nicht so heiß und das Reisen gar so beschwerlich wäre, wären wir abgefahren.»

Nun, man fuhr nicht ab, aber man kehrte auch nicht wieder. Thomas Mann zog es in den Norden: nach Kampen auf Sylt. «Die Nordsee bietet

[...] einen überwältigenden Eindruck und verhält sich zur Ostsee wie diese zum Starnberger See. Pielein will [...] nur noch an die Nordsee, denn gegen alles Erwarten bekommt es ihm ausgezeichnet.» Grund genug für Katia Mann, diesmal auch das recht langweilige, spießige Publikum zu akzeptieren, das vorherrschte, «ohne viel Prominenzen, mit reizlosen, rundköpfigen Kindern, unter denen die unseren recht apart herausragen. Ein Berliner Großkaufmann, mit zehn offenbar ohne jede Wollust gezeugten Kindern, von denen sechs anwesend sind, und hagere, strenggesichtige Knustgattin ist der Gegenstand meines besonderen Ekels: den ganzen Tag spielt er mit der häßlichen Kinderschaar rüstige Turnspiele, abends führt er in schwarzem Rock mit hohem steifen Kragen staatserhaltende Gespräche.» Der obligate Schlussseufzer: «schwer hat man's», eine Variation der Antiklimax, leitet indes hinüber in freundlichere Gefilde: Kilpper von der Verlagsanstalt sei immerhin auch unter den Gästen: «ein ganz netter, wenn auch nicht übermäßig kluger Mann». Und dann die langsam eintreffende eigene «Mannschaft»: Klaus Pringsheim, Pate Bertram, seines Freundes Ernst Glöckner «z. Zt. offen-

bar beraubt», Erich Ebermayer, den man nach Abreise seines Vaters «in den Kreis gezogen» hatte:
«So bilden wir eine recht stattliche, wenn auch
nicht übermäßig normale Tafelrunde», von der
nur Herr von Wangenheim «zu Onkel Kläuschens Kummer» telegraphisch vorzeitig nach
Berlin abberufen worden sei. Monika («die man ja
auch nicht zu den Normalsten zählen kann»)
habe sich mit Ursel Heuser angefreundet, und der
Zauberer schließlich scheine «über sein Kläuschen wohl sehr glücklich»: «Ach ja, in was für
einer Welt lebt man und wie kommt man eigentlich dazu?»

Katia Mann war nicht unerfahren in der Welt
der Homoerotiker; das Problem hatte sie von Jugend an begleitet, und die Zuneigung ihres Zwillings zu ihrem späteren Mann war nicht ohne Einfluss auf ihre Wahl gewesen. Auch zeigen die
Briefe der Hedwig Pringsheim, dass gleichge-
schlechtliche Liebe in der Arcisstraße kein Tabu-
thema war, und die Souveränität, mit der die jeweiligen Freunde und Freundinnen der Kinder
im Herzogparkhaus aufgenommen wurden, sowie die Selbstverständlichkeit, mit der Katia
Mann die Bindung zwischen Therese Giehse und

Erika bzw. Klaus und seinen häufig wechselnden Freunden behandeln wird, machen deutlich, dass in ihrem Umkreis nicht etwa das Geschlecht, sondern die «Präsentabilität» des jeweiligen Partners zählte.

Und jetzt, in Kampen, also des Zauberers Glück mit «Kläuschen» – Klaus Heuser, dem *einen*, in dem alle früheren Geliebten wieder auferstehen. Katia schaute zu, halb gerührt, halb amüsiert, achselzuckend und im Grunde erleichtert: «Der Vater» fühlte sich wohl – das garantierte auch ihr erholsame Ferien. Klaus Heuser war offenbar für alle «ein liebes Kind», «der Gute» mit seiner «Knubbelnase und den wulstigen Lippen», tadellos erzogen und freundlich. Sie hatte nicht das Geringste dagegen, dass Thomas Mann ihn zu einem Besuch nach München einlud, und freute sich mit ihrem Mann an dem «üsigen» Dankesschreiben des Jungen, der betonte, wie sehr er seinen Urlaub genossen habe. Sie konstatierte lediglich, «der Zauberer» habe «sich allzu jakobhaft» seinen Gefühlen hingegeben; das habe sie denn doch mit Sorge erfüllt, und es wäre an der Zeit gewesen, das Rendezvous zu beenden, zumal Kläuschens Besuch Golo im Hinblick auf den Vater in tiefe Eifersuchts-Melancholien gestürzt hätte.

Thomas Mann hingegen war weh ums Herz, wie immer, wenn er Menschen adieu sagen musste, mit denen ihn Zuneigung, ja, Liebe verband: den jungen Männern vor allem, den blonden und schönen, deren Spuren sich in seinem Werk über Jahrzehnte hin verfolgen lassen … bis hin – wir greifen voraus – zum Adieu des Fünfundsiebzig-jährigen, anno 1950 in Zürich, an die Adresse eines jungen Kellners im Hotel auf dem Dolder. Franzl hieß er und war ein «Schlankerl» «bajuwa-rischer Herkunft»: «Der Gedanke meiner ‹letzten Liebe› erfüllt mich dauernd, ruft alle Unter- und Hintergründe meines Lebens wach. Der erste Ge-genstand, Armin, wurde zum Trinker nach dem Verfall seines Zaubers durch die Pubertät, und starb in Afrika. Auf ihn meine ersten Gedichte. Er lebt im T[onio] K[röger], Willri [Timpe] im Zau-berberg, Paul [Ehrenberg] im Faustus. Eine gewis-se Verewigung haben alle diese Leidenschaften gewonnen. Klaus H[euser], der mir am meisten Gewährung entgegenbrachte, gehört in die Ein-leitung zum Amphitryon-Essay.»

Die Geliebten, derer im Werk gedacht wird:

Auch Franzl, der ‹zuallerletzt› Geliebte, fast zwanzig Jahre nach dem Abschied von Klaus Heuser aus Düsseldorf – Franzl, transponiert, im Zustand großer Erschütterung, in den Traktat über *Michelangelo*; verborgen, wie so oft, im Hymnus auf einen anderen, diesmal den großen Bildhauer, der, wie Thomas Mann, seine Kreativität aus der Doppelheit sexuellen Verlangens, dem Impuls einer universalen Sehnsucht gewann: Die Liebe «war der Urgrund seines Schöpfertums, sein inspirierender Genius, der Motor, die glühende Triebkraft seines übermännlichen, fast auch übermenschlichen Werkes».

Hier wird, von dem dialektischen Verhältnis zwischen Homo- und Heterosexualität ausgehend, eine *confessio humana* inszeniert, die sich in Thomas Manns Werk wieder und wieder, manchmal nüchtern, häufiger enthusiastisch ausdrückt, hymnisch und – realitätsfern. Wenn es ums Letzte und Eigentliche geht, bleiben die geliebten Phantasiefiguren und Gedankenobjekte außen vor. Wie leidenschaftlich nimmt sich – nach der Begegnung in Kampen – die Evokation Klaus Heusers aus: Küsse! Das scheinbar verräterische «Du»! Und wie prosaisch dagegen die Aussage des Partners. Klaus Heuser, vom Interviewer Karl Werner Böhm Jahrzehnte später befragt, wehrt ab: Man habe sich gesiezt, von Zärtlichkeiten könne nicht die Rede sein: eine scheue Berührung des Arms – mehr nicht.

Thomas Mann nahm Wünsche für Wirklichkeit, als er, acht Tage nach «Kläuschens» Abreise aus München, Erika und Klaus wissen ließ, da sei ein wenig mehr gewesen, am Strand vor Kliffende auf Sylt, als väterliche Zuneigung: «Ich bin schon alt und berühmt, und warum solltet ihr allein darauf sündigen? Ich habe es schriftlich von ihm, daß diese zwei Wochen zu den schönsten Zeiten seines Lebens gehören und er ‹sehr schwer zurückgekehrt› ist. Das will ich glauben [...], denn er ist hier mit Amüsement und Besserem überschüttet worden, und ein kleiner Höhepunkt war es, als ich im Schauspielhaus, bei der Kleistfeier, in seiner Gegenwart aus der Amphitryon-Analyse Stellen zum besten gab, auf die ‹er›, wenn man so sagen kann, nicht ohne Einfluß gewesen ist. Die geheimen und fast lautlosen Abenteuer des Lebens sind die größten.»

Ein ‹Geständnis›, dieses ‹Ich kann's auch, Kinder›? Nein, eher ein apokryphes Spiel mit doppeldeutigen Wendungen: «darauf sündigen», «mit Amüsement und Besserem», «wenn man so sagen kann». Wahrheit oder Poesie? Keins von beidem, sondern «poetische Wahrheit», «schwebende», nicht fundierte «Realität». Auch Klaus Heuser, Thomas Manns geliebtes Idol, blieb, mit Hedwig Pringsheim zu sprechen, «gelebtes Material» – konkret: Beförderer von Kräften, die der Zauberer brauchte, um als Artist, im Bereich einer ihn faszinierenden Androgynie, er selbst zu sein.

Die Kinder also waren auf eine merkwürdig komplizenhafte Weise ins Bild gesetzt; aber Katia, was erfuhr sie? Vermutlich wenig. Thomas Mann wusste, dass sie seine Zwiegesichtigkeit kannte. Sie musste nicht erst im Traktat *Über die Ehe*, geschrieben 1925, noch einmal schwarz auf weiß lesen, dass ihr Mann die Hegel'sche Maxime von dem sittlichen Entschluss zur Ehe, der der Neigung voranzugehen habe, zu der seinen gemacht hatte. Sie wusste, dass für ihn Passion, Leidenschaft im Bund mit dem Tod eines und beständige Treue als das «Ewig-Menschliche» ein anderes war. Hier die verführerische, aber sterile Libertinage, dort die Begründung einer Gemeinschaft auf Verlässlichkeit; hier dionysischer Rausch, dort ein Ethos, das sich Apoll verbunden weiß. Thomas Mann hatte sich, vom Ersten heimgesucht, für das Zweite entschieden: für Treue, Dauer und weiterwirkendes Tätigsein. «In einem idyllischen Gedicht», heißt es im *Brief an den Grafen Keyserling*, «habe ich die Motive und das Wesen von Verehelichung und Ehe persönlich ausgesprochen: es ist da psychologisch kein Zweifel gelassen. Die Kinderschar, die der Jünglings-Vater, der eben noch einzeln war, rasch sich zusammenfinden sieht, erregt sein Staunen [...] wie alle Wirklichkeit, welche dem Träumer je zufiel.»

Undenkbar, dass Thomas Mann Libertinage (statt Ehe als «gründender Liebe») hätte *leben* können; undenkbar, dass Katia, um die Ambivalenz seines Tuns wissend, Vorwürfe erhoben hätte, wenn er sich *in verbo* zu homophilen Radikalitäten hinreißen ließ und *in praxi* im Bett, an ihrer Seite, versagte. Die Tagebuch-Eintragung vom 17. Oktober 1920 bedarf keines Kommentars: «Dankbarkeit gegen K., weil es sie in ihrer Liebe nicht im Geringsten beirrt oder verstimmt, wenn sie mir schließlich keine Lust einflößt und wenn das Liegen bei ihr mich nicht in den Stand setzt, ihr Lust, d. h. die letzte Geschlechtslust zu bereiten. Die Ruhe, Liebe und Gleichgültigkeit, mit der sie es aufnimmt, ist bewundernswürdig, und so brauche auch ich mich nicht davon erschüttern zu lassen.»

So egozentrisch-verwegen sich der Nachsatz auch ausnehmen mag, das Fazit entsprach den Tatsachen: Den Seelenfrieden ihres Mannes zu erhalten und ihm bei der Ausbalancierung seiner Wünsche und Zwänge zu helfen war der Anspruch, den Katia Mann sich selbst gestellt hatte; vielleicht war es sogar das, was sie unter ehelicher Liebe verstand. Sie wusste von seinen Schwierigkeiten auf der Suche nach einem prekären Gleichgewicht, und ebendieses Wissen schützte sie vor dem Sich-gedemütigt-Fühlen, vor Groll oder gar Eifersucht.

Das Leben im Zeichen der Androgynie hat in Thomas Manns Werk den Charakter eines sinnlichen Gedankenspiels – erlebt und meisterlich imaginiert wie im Fall Klaus Heuser, der dem Dichter die Erfüllung früherer Seligkeiten bringt und in den Tagebüchern der dreißiger Jahre eine Führfigur ist, die dem Rückblickenden wie ein *Hermes redivivus* in der Stunde des Abschieds erscheint: «Das Schönste und Rührendste [...] als ich [beim Abschied in München] zum ersten Mal den ‹Sprung ins Traumhafte› tat und seine Schläfe an meine lehnte.» – Die große Sekunde: eine Traum-Vision. «Ob die Wirklichkeit mich je tauglich gefunden hätte, ist eine Frage für sich.» Je: unterstrichen – so das Resümee im letzten Lebensjahrzehnt, resigniert und wahrhaftig zugleich. «Im Halbschlaf träumte ich, daß ich von Franzl W., dem Letztgeliebten, als von dem Repräsentanten der ganzen angebeteten Gattung mit einem Kuß Abschied nähme.»

Sublimierung physischen Begehrens durch Verlässlichkeit und Kunst: Katia Pringsheim nahm ihren Mann, wie er war – ohne jeden Vorbehalt. Wollte sie mehr als dem am vertrautesten sein, für den sie Ruhm und Anerkennung in aller Welt erstrebte, weil sie wusste, wie angewiesen er auf Zustimmung war? Sie war dabei, unentbehrlich, selbstbewusst und hilfreich zugleich, das gab ihr Sicherheit. Im Zentrum stand er. Von sich sprach sie allenfalls beiläufig: den Journalisten, die sie anlässlich der Nobelpreis-Verleihung an Thomas Mann, 1929, interviewten, erzählte sie von ihren Kindern, deren Schönheit und Begabung sie herausstellte; und wenn sie den «Großen» vom Festdiner berichtete, so stand nicht sie, sondern der Gekrönte im Mittelpunkt, der jeden Mittag und Abend «rüstig und munter» parliere und beim Bankett, wieder einmal, «bei Weitem den Vogel abgeschossen» habe … «mein Gott, die anderen waren ja auch nur Männer der Naturwissenschaft und des fachlichen Wissens – er aber sprach schön.» Und wenn sie am Ende dann doch noch von sich sprach, dann nur, um ihn und die Wirkung seiner Rede ins rechte Licht zu setzen: «Eine Gräfin Rosen, eine stattliche Dame mit Rubinkreuz auf der grauen Georgette-Toilette, sagte mir heute, das Ergreifendste, was sie je gesehen, sei _mein_ Gesicht gewesen, während mein Mann _so_ herrlich über Deutschland gesprochen, so von tiefster Vaterlandsliebe durchdrungen, sie konnte den Blick nicht abwenden. Was einem doch alles begegnet.»

«Was einem doch alles begegnet»: wieder die Relativierung. Nur nicht zu feierlich, hieß Katia Manns Devise, wenn es um sie ging. In einer Publikation, die Bildnisse führender Frauen aus verschiedenen Berufen enthalten sollte, teilte sie im Sommer 1930 dem Editor mit, habe sie nichts zu suchen: «Der Charakter meiner Existenz ist rein

privat, ich habe auf keinem Gebiet etwas Hervorragendes geleistet, und so müßte ich – und müßte
wohl auch die Öffentlichkeit – die Heranziehung
meiner Person innerhalb einer Zusammenstellung, wie Sie sie planen, als unangebracht empfinden.»

Frau Thomas Mann kannte ihre Grenzen; eine
Sonderstellung für sich war in ihren Augen zu-
tiefst unangemessen. Ging es aber um *ihn*, so
wachte sie argwöhnisch darüber, dass seine Geltung nicht geschmälert wurde: Lieber brach man
den Ferienaufenthalt auf Hiddensee ab, als dass
man zusah, wie Gerhart Hauptmann dem Ansehen des Zauberers den Rang ablief!

«Privat» – das zeigen auch solche Reaktionen
– war ihre Existenz schon lange nicht mehr, sie
war bestimmt durch den Mann und die Familie.
Sie galt es zu schützen, ihr Wohlergehen zu sichern, ihre Annehmlichkeiten zu mehren. Keine
leichte Aufgabe; der Zauberer war reizbar; es gab
sogar handfeste Kräche – meistens aus nichtigem
Anlass: «Ein Sich-Verfehlen in der Stadt (übrigens
offensichtlich durch seine Schuld), wobei wir
beide eine halbe Stunde aufeinander warteten.
Ich ärgerte mich recht, er aber tobte bei seiner

Heimkehr denn doch so in Gegenwart [...] der schockerstarrten Kinder, daß ich leider wohl nie mehr mit ihm reden kann. Traurig.»

Nun, man versöhnte sich: «Mit dem Zauberer rede ich natürlich wieder, aber er hat mich <u>sehr</u> gekränkt und ich werde es wohl nie vergessen.» Natürlich vergaß Katia. Was hätte sie auch anderes tun können, wenn sie ihrer Hauptaufgabe treu bleiben wollte, optimale Arbeitsbedingungen für einen sensiblen Poeten und empfindlichen Zeitgenossen zu schaffen, von dessen Produktivität die Sicherung und das Wohlergehen der Familie abhing? Deshalb ihre Besorgnis, wenn das Schreiben stockte, die Arbeit an einem großen ‹gewinnträchtigen› Werk allzu häufig durch ‹Tagesgeschäfte› unterbrochen wurde: schlecht bezahlte, gelegentlich sogar *sine pecunia* notwendig gewordene Gelegenheitsarbeiten, unabweisbare politische Verpflichtungen oder journalistische Aufträge. Deshalb aber auch ihre minuziöse Vorsorge, wenn der Zauberer sich wieder einmal zu einer überflüssigen Reise hatte überreden lassen: Ihr Mann habe während seines Nürnberg-Besuchs Schonung nötig und brauche eine strenge Diät, ließ Katia die Nürnberger Buchhändlerin und glühende Thomas-Mann-Verehrerin Ida Herz im Mai 1932 wissen. «Er darf nur gekochtes Fleisch essen, am passendsten wäre eine Suppenhenne mit Reis, vorher Schleimsuppe (nicht mit Bouillon bereitet) und eventuell ein leichter Nachtisch (Citronenauflauf, Omelette Soufflé oder ein leichter Pudding), als Getränk Fachinger.»

Ein Glück, dass es nicht nur Dienstreisen zu Vorträgen oder zu Akademiesitzungen nach Berlin gab, selbst wenn man dort im Adlon residierte (ein Luxus, den Katia angesichts der Preise in der Nobelherberge mit Beklommenheit registrierte), sondern dass man sich, privatim und häufig, auch Erholungsreisen leisten konnte. An Geld fehlte es nicht. Die Manns, schrieb Hedwig Pringsheim schon 1924, «sind […] die beiweitem ‹Pekuniärsten› in der ganzen Familie». Kein Wunder, dass das Ehepaar heute mit Hausfreund Ernst Bertram nach Timmendorf und Lübeck reiste («Das Publikum kein bißchen elegant, und ich habe selbstverständlich zu viel Toiletten mit. Hoffentlich kann ich sie in Lübeck brauchen. Das schien mir ja wirklich eine schöne Stadt zu sein, aber auch überraschend kleinstädtisch.»), morgen auf den Spuren Philipps II. in Spanien und übermorgen in Arosa Ferien machen konnte: «Nach Davos <u>können</u> wir doch […] nicht gut; wie soll man denen da oben wohl entgegentreten?»

Und dann das Schönste: das Fischerdorf Nidden auf der Kurischen Nehrung! Vorbei die Tage, da die Manns die Nordsee der Ostsee vorzogen: «Hier […] ist es […] schöner als in Kampen. Die Ostsee […] kann es mit jeder Nordsee aufnehmen, Dünen schöner als die in List, das Haff lieblicher und frischer als das Watt, Wald und Heide, es ist etwas ganz besonderes, und wir sind im Begriff, Grund zu erwerben und ein Häuschen in Auftrag zu geben, da wir Schöneres für den Sommeraufenthalt nicht finden zu können glauben.» Der Nobelpreis hatte es möglich gemacht, und der Einzug der Familie in das neue Ferienhaus im Juli 1930 gestaltete sich triumphal: «Die Ankunft in Nidden, nachdem schon auf dem Dampfer Kaptein und litauischer Paßbeamter uns göttliche Ehren erwiesen, war ja wohl vom Komischsten, indem das Dorf vollkommen ausgestorben, der Landungsplatz aber schwarz von Menschen war, alle, Fischer und Badegäste, standen Kopf an Kopf, reckten die Hälse und zückten die photographischen Apparate, um das großartige Schauspiel unseres Einzugs zu genießen.»

Noch einmal die Erinnerung an Tölz, noch einmal ländliches Glück! Auch die «Urgreise» machten sich auf den Weg, um Kinder und Enkel in ihrem neuen Ferienambiente zu besuchen – ein rührendes Schauspiel: Es «hatte etwas recht Märchenhaftes, als sie beide so ganz klein nach der langen, langen Reise tatsächlich dem Dampfer entstiegen. Zu sieben waren wir am Steg. Der Zauberer stand auf einem Pfosten und winkte mit dem Taschentuch, ein Photograph war auch postiert und es war eine schöne arrivé.»

Eine Idylle, die bald ein Ende haben wird. «Wenn heute das verfluchte Volksbegehren durchgeht – und das ist leider doch nur allzuwahrscheinlich – dann giebt es doch überhaupt kein Halten mehr, wir bekommen eine reine Rechtsregierung.» Die außenpolitischen und wirtschaftlichen Folgen – so Katia Mann im August 1931 – seien in einem solchen Fall unabsehbar, und darüber hinaus halte sie es für ausgeschlossen, dass der Zauberer «bei einem Innenministerium Frick» im Lande bleiben könne.

Unter solchen Aspekten verlor selbst Nidden

seinen Reiz: Es sei kein «recht geeigneter Aufenthalt» mehr für die Familie, «weil man doch mit keinem vernünftigen Menschen sprechen» könne. Trotzdem: So weit wie Schwager Viko müsse man vielleicht doch nicht gehen. Der «eselhafte Mensch» habe allen Ernstes vorgeschlagen, in der Schweiz ein von ihm zu verwaltendes «Bauerngütchen» als Refugium zu erwerben. Ob er denn wirklich denke, dass sie «unsere paar Franken», von denen man eventuell in den nächsten Jahren leben müsse, neben den Einnahmen, die der Zauberer ja immer und überall erzielen könne, in ein so unrentables Objekt stecken würde? Das sei doch wirklich «zu idiotisch», selbst dann, wenn die Frage nach einem Zufluchtsort für alle Fälle – Erwerb eines «Häuschens in der Nähe von Zürich oder dergleichen» – unter obwaltenden Umständen natürlich durchaus erwägenswert erschiene: «Wir werden es ja aber doch nicht tun.»

Nein, Katia Mann machte sich keine Illusionen über die Realisierbarkeit ihrer geheimen Vorsorge-Gedanken. Die Idee, eines Tages wegen der politischen Verhältnisse aus Deutschland emigrieren zu müssen, hätte Thomas Mann kopfschüttelnd ins Märchenreich verwiesen. Hatte er nicht gerade in Stockholm in einer auch auf Seiten der Rechten stark beachteten Rede den Nobelpreis – jedenfalls ideell – seinem «Lande und Volke» zu Füßen gelegt? – Außerdem, was hätte mit den «Urgreisen» werden sollen? («Ich glaube immer, wir bleiben nicht mehr lange [in München]; wenn es nur nicht für die Urgreise so hart wäre», hatte Katia Mann bereits 1927 geschrieben.) Aus eigenem Entschluss, das stand fest, würde sie die Eltern niemals verlassen.

Nun, noch war es nicht so weit, trotz aller Schmähattacken der Nationalsozialisten, vor allem gegen Erika, die sich mutig und öffentlich für die republikanische Linke einsetzte.

Dergleichen allerdings hätte sich Frau Thomas Mann nicht gestattet; das überließ sie dem Zauberer. Doch als ihre Nachbarin im Herzogpark, die ob ihres frauenrechtlerischen Engagements in der «Poschi» gelegentlich etwas herablassend als «elendes Köpfchen» oder «Hirnchen», im freundlicheren Familienjargon als «Hündchen» abgetane Pazifistin Constanze Hallgarten, 1931, im Zeichen des bedrohlich anwachsenden neuen Nationalismus, zur Gründung einer *Deutschen*

*Sektion im Weltfriedensbund der Mütter und Erziehe-
rinnen* aufrief, setzte auch Katia Mann ihren Namen auf die Liste der Erstunterzeichnerinnen. Sie
befand sich in guter Gesellschaft: Dr. jur Anita
Augspurg, Ministerialrat Dr. Gertrud Bäumer,
MdR, Vicki Baum, Elsa Bernstein, Schulrätin Emy
Beckmann, Annette Kolb, Professor Käthe Koll-
witz, Gabriele Reuter, Universitätsprofessor Dr.
Anna Siemsen, Dr. Helene Stöcker, Prinzessin
Juliane zu Stolberg-Wernigerode, Käte Strese-
mann ... die Liste der Frauen, die in der Öffentlichkeit über Ansehen und Geltung verfügten, für
das sie mit Vor- und Nachnamen, nebst dem aus
eigener Kraft erworbenen Titel, einstanden, war
lang. Lediglich zwei der Unterzeichnerinnen fielen aus dem Rahmen: nach Dr. Lilly Hauf, Direk-
torin des Lettevereins Berlin, und nach Dr. Marie
Elisabeth Lüders zeichneten in alphabetischer
Abfolge «Frau Gerhart Hauptmann» und «Frau
Thomas Mann».

Zufall? Wohl kaum. Zumindest die Unterschrift Katia Manns zeigt, dass ihr Tun und Lassen, ja, ihr gesamtes Dasein, sich mehr und mehr
– und zwar aus Überzeugung, mit Freimut und
ohne alle Devotheit – auf ihren Status als Ehefrau

von Thomas Mann (und Mutter seiner Kinder) gründete. Für sich selbst nahm sie weder Vorbildhaftigkeit noch eigenständige Bedeutung in Anspruch, was sie jedoch nicht hinderte, selbstbewusst und, wenn es sein musste, energisch ihre Meinung zu vertreten. Auch ihrem Mann gegenüber blieb sie Partnerin; nur waren Rollenverteilung und Entscheidungsfreiheit im Einklang mit den Usancen der Zeit von vornherein festgelegt, sodass von eigentlicher Gleichberechtigung – trotz der großen Verfügungsgewalt, die Katia in weiten Bereichen zustand – nicht die Rede sein konnte.

Gleichwohl, wenn es hart auf hart ging, konnte man auf sie zählen: Wie bezeichnend, dass Ricki Hallgarten, der enge Freund ihrer großen Kinder, bevor er sich das Leben nahm, auf einen Zettel schrieb: «Bitte Frau Thomas Mann benachrichtigen.»

Bewährungsproben, welcher Art sie auch waren, hat Katia – die Jahre der Emigration werden es zeigen – immer bestanden, aber sie hat nie viel Aufhebens davon gemacht.

Kapitel 5

Exil in Europa

Münchener Fasching anno 1933. «Nichts hat sich hier verändert seit Jahren. Das gleiche Bild, heut wie 1914. Außer der Welt liegen die Feste, es fließt, als sei nichts geschehen, der Sekt»: Der Tanz auf dem Vulkan, beschrieben von Erika Mann am 27. Januar 1933 in der Prager *Deutschen Zeitung Bohemia*. Drei Tage später ist Hitler Reichskanzler; Klaus Mann notierte in seinem Tagebuch: «Es geht nicht gut, es geht nicht gut, es geht <u>keinesfalls</u> gut.» Doch in München machte man – ein paar Wochen jedenfalls – weiter wie bisher; in der Bonbonniere («Wand an Wand mit Hitler») startete Erika Mann am 1. Februar das zweite Programm ihres Kabaretts «Die Pfeffermühle»; tagelang hoffte man, am nächsten Morgen als königlich-bayerischer Untertan des Kronprinzen Rupprecht zu erwachen; und die Familie Mann begab sich am 10. Februar ins Auditorium maximum der Maximilians-Universität, um dabei zu sein, wenn der Zauberer auf Einladung der örtlichen Goethe-Gesellschaft seinen Vortrag über *Leiden und Größe Richard Wagners* hielt. Sohn Klaus, neben Katia und Medi sitzend, beschrieb seinen Eindruck am selben Abend im Tagebuch: «Besonders schön, vielschichtig: persönlich gewendet. Einige große stilistische Höhepunkte [...]. Immer genau das gesagt, was beabsichtigt war (sehr selten.) – Nicht sehr voll, aber gutes Publikum. – Nachher: Jahreszeiten-Bar mit Franks, Vosslers, Reisi, Ehrenberg, Medi, erstes Mal in der Bar, sehr üsis.» Am Tag darauf packte Katia – spät wie immer – die letzten Utensilien für die kleine Vortragsreise zusammen, die sich an die Münchener Darbietung anschließen sollte. Das große Gepäck für den Winterurlaub in Arosa hatte man bereits vorausgeschickt.

«Er fuhr auf Besuch für drei Wochen», heißt es im *Zauberberg*. Aber der junge Mann blieb am Ende sieben Jahre fort – und die Reise des Ehepaars, das sich aufgemacht hatte, weil der Zauberer in Amsterdam, Brüssel und Paris den Wagner-

Vortrag wiederholen sollte, dauerte fast dreimal so lang: «Neunzehn Jahre seit wir München verließen», so Thomas Manns Tagebucheintrag vom Oktober 1952. «Vierzehn Jahre Amerika und nun die Rückkehr in die Schweiz ‹zur Verbringung des Lebensabends›. Sind unterdessen allerdings zu alten Leuten geworden.» – In der Tat: Als Katia Mann ihre Heimatstadt verließ, war sie beinahe fünfzig Jahre alt, als sie sie wiedersah, fast siebzig.

Am 28. Februar 1933 brannte der Reichstag; Klaus Mann schrieb in sein Diarium: «Radio-Nachrichten: Verhaftung von Kisch, Ossietzky, Mühsam usw. Zeitungsverbote u.s.w. Jetzt wird's erst richtig.» – Klaus sollte Recht behalten.

Noch aber war es nicht so weit. Trotzdem: Der Beginn der Reise stand unter keinem guten Stern. Ausgerechnet im geliebten Amsterdam war der Wagner-Vortrag kein Erfolg: der Saal viel zu groß, die Akustik schlecht, dazu «ein Riesenpublikum von geistig trägen Ausländern», von denen «die überwiegende Mehrzahl» gar nichts verstanden und nur gehustet hatte. Es sei, so Katia an Erika, zwar «keine Katastrophe» gewesen – «auf äußerst warme Begrüßung folgte noch ein sehr artiger und durchaus freundlicher Schlußbeifall» –, doch schade «um den schönen Vortrag, aus dem der Zauberer, mit ungeahnter Geistesgegenwart, noch ganze Fetzen» herausgerissen habe: «ich hätte weinen können, als er auf der Fahrt nach Brüssel traurig-nachdenklich vor sich hinsagte: ‹In München hat es die Leute doch <u>so</u> interessiert, warum mußten sie es mir hier so verhusten.›»

In Brüssel hingegen war es offensichtlich «recht schön»: «Der Vortrag im angenehmen Saale und vor nettem, intelligentem Publikum, fand musterhafte Aufmerksamkeit und stärksten Beifall.» Auch bei den Diplomaten der belgischen Hauptstadt sei alles viel netter und freundlicher gewesen, allerdings «rasend anstrengend» – den ganzen Vormittag Besuche, dann ein sehr langes Frühstück und schließlich der Empfang beim PEN-Club. Sogar eine Vorlesung in der deutschen Kolonie, «die übrigens ganz üsig und dankbar war», habe der Vater zu bestehen gehabt.

Den Wagner-Vortrag hatte Thomas Mann in Brüssel auf Französisch gehalten; die Übersetzung stammte von Felix Bertaux, dem Katia Mann zuvor in der zweiten Hälfte des riesigen

Manuskripts die Stellen markiert hatte, die ihrem Mann am wichtigsten waren.

Am 18. Februar fuhr man nach Paris weiter, wo Thomas Mann den Vortrag gleich zweimal wiederholte und wo man außerdem – wie Katia nicht ohne Stolz nach München berichtete – viele Berühmtheiten gesehen habe, die alle «ungemein herzlich und ehrerbietig zum Zauberer» gewesen seien und ihn sehr zu schätzen wüssten. Das möge Erika bitte auch der Großmutter mitteilen.

Von den politischen Ereignissen ist in diesem Brief, der unmittelbar nach der Ankunft des Ehepaars in Arosa, am 24. Februar 1933, geschrieben wurde, nur am Rande die Rede. Katia war sich aufgrund der durch die französische Presse vermittelten Informationen sicher, dass nach den Wahlen «etwas passieren würde». Am Schluss und beinahe beiläufig, ohne Kommentar, folgte die Mitteilung, dass sich «Heinerle» außer Landes befände, was in seinem Fall ja wohl vernünftig sei. Im Übrigen wartete man auf Tochter Elisabeth, die ihre Ferien gemeinsam mit den Eltern im Schnee verbringen sollte.

Noch deutete nichts darauf hin, dass Katia und Thomas Mann zu diesem Zeitpunkt auch nur eine Vorahnung der Ereignisse spürten, die auf sie zukommen sollten. Das war umso erstaunlicher, als zumindest Katia angesichts des Stimmenzuwachses der Nationalsozialisten in den Länderparlamenten, der Kandidatur Hitlers um das Amt des Reichspräsidenten 1932 und, vor allem, nach dem dramatischen Wahlsieg der NSDAP im Juli des gleichen Jahres im Familienkreise immer wieder erwogen hatte, sich im deutschsprachigen Ausland nach einer Bleibe umzusehen, zu der man sich, sollten die Zustände – vor allem in München – unerträglich werden, flüchten könne: «Ich hatte schon seit Monaten zu meinem Mann gesagt: Die Nazis kommen zur Macht. [...] Wir sollten lieber außer Landes gehen. Aber er sagte immer: Das tue ich nicht. Dieser Entschluß wäre ein Signal, daß ich an den Sieg der Sache glaube. [...] Wir bleiben [...], es wird uns [...] nichts [...] passieren.»

Doch jetzt, nachdem Hitler wirklich die Macht erlangt hatte, war von alledem nicht mehr die Rede. Katias erster Brief aus Arosa erzählt von dem Glück, nach den anstrengenden Tagen «quasi im Hafen» – sprich: im altvertrauten Hotel an wohlbekanntem Ort – gelandet zu sein: «sol-

che Reisen <u>sind</u> trotz vielem Gelungenen zu stra-
paziös und im Grunde [...] nichts für mich, nein,
nein, nein, nein.»

Arosa allerdings sei «überfüllt» (auch in diesem Zusammenhang gibt es keinen Hinweis darauf, dass es sich bei einem Teil der Gäste immerhin um Menschen handeln könnte, die Deutschland «wegen der schlechten Witterung dort» für
eine Zeit verlassen hatten) und habe sich gegenüber 1926 doch recht erheblich verändert: alle
Lungensanatorien seien in Sporthotels verwandelt: «Langwierige Liegekuren macht niemand
mehr, das war auch ein Zubehör des bürgerlichen
Zeitalters und der ‹Zauberberg›, nicht ohne dazu
beigetragen zu haben, diesen Zustand herbeizu-
führen, ist heute bereits ein rein historisches
Buch.» Hochgebirgsaufenthalte – das hieß für Katia Mann auch im Februar 1933 offenbar noch immer: *Zauberberg*-Reminiszenzen, Assoziationen
von Geborgenheit und Weltferne.

Erst Anfang März, als die Schreckensnach-
richten von der Verfolgung oppositioneller Politiker und Literaten nach dem Reichstagsbrand
und vom überwältigenden Erfolg der Hitler-Par-
tei bei den Wahlen zum Reichstag im Schweizer

Refugium eintrafen, scheint auch das Ehepaar Mann mit den persönlichen Konsequenzen der politischen Entwicklung in Deutschland konfrontiert worden zu sein. Thomas Mann protokollierte am 15. März das «krankhafte Grauen», das ihn seit zehn Tagen (seit den Reichstagswahlen am 5. März) «stundenweise, bei überreizten und ermüdeten Nerven» beherrsche. Die «Mord- und Schandgeschichten», die Erika aus München mitbrachte, die Berichte über «wüste Mißhandlungen von Juden», die «Nachrichten über die totale Uniformierung der öffentlichen Meinung, die Ausrottung jeder Kritik» trieben ihn zur Verzweiflung; panische Zustände – vor allem nachts – nahmen bedrohliche Ausmaße an und lähmten jegliche Entschlusskraft: «Ratlosigkeit, Muskelzittern, fast Schüttelfrost und Furcht, die vernünftige Besinnung zu verlieren». Die Erkenntnis, «daß eine Lebensepoche abgeschlossen» sei und es gelte, das Dasein «auf eine neue Basis zu stellen» – Ergebnis einer der vielen nächtlichen Trostversuche, mit denen sich Katia um ihren Mann bemühte, wenn er, wieder einmal, Zuflucht zu ihrem Bett nahm – , wurde immer erneut infrage gestellt. Es dauerte Monate, bis Thomas Mann sich mit seinem Status als Emigrant abfand.

Katia hingegen wurde wenig nach ihren Sorgen und Ängsten gefragt. Als sich herausstellte, dass es in Arosa unmöglich war, über die vereinbarten drei Wochen hinaus unterzukommen, wechselten die Manns zunächst nach Lenzerheide, eine Woche später nach Montagnola, in die Nähe Hermann Hesses, schließlich, wegen des größeren Komforts und der vertrauten Gesellschaft, nach Lugano ins Grand Hotel Villa Castagnola. «Die lieben Greise traf ich hier in einem sehr feinen Baden-Baden-Offihaus-Hotel, in dem der Zauberer sich annähernd so wohl fühlt, wie im Kurhaus zu Travemünde. Er ist tatsächlich ganz verklärt und wirkt wie ein schwacher Rekonvaleszenter, der von schwerer Krankheit allmählich erwacht. Es ist sehr üsis.»

Dass Thomas Mann besser täte, die Entwicklung der Dinge erst einmal «draußen» abzuwarten, hatten verschlüsselte Warnungen, unter anderem von Hedwig Pringsheim, deutlich gemacht, die der Tochter dringend riet, «das Reh» dürfe, nach Meinung kompetenter Ärzte, seine Kur keinesfalls unterbrechen. Auch Erika sollte lieber noch einige Zeit zur Beruhigung des Vaters in Lugano bleiben, zumal Katia vielleicht den Wunsch hätte, zur Ordnung der häuslichen Angelegenheiten zu Besuch nach München zu kommen, und eine solche Unternehmung nur zu verantworten sei, wenn man den Patienten, der nach seiner schweren Erkrankung selbstverständlich Erholung brauche, in guter Pflege und Obhut zurücklassen könnte. Doch schon drei Tage später musste Hedwig Pringsheim ihre Ratschläge revidieren: Sie habe Gelegenheit gehabt, «mit einem Arzt zu sprechen, der in Krankheitsfällen wie dem vom Reh Spezialist mit großen praktischen Erfahrungen» sei. Dieser Mann nun meine, «ich sollte dir dringend abraten, […] ihn zu verlassen. […] Solche Fälle von schwerer Kopfgrippe wie der seine neigten häufig zu Rückfällen, dann seist du ihm doch absolut notwendig, und wenn du einmal fort wärest, sei es vielleicht für dich nicht leicht möglich, zu ihm zurückzukehren. Ihm, dem Arzt, seien gerade in letzter Zeit einige derartige Fälle unterlaufen, wo die betreffende Gattin nicht rechtzeitig zu dem leidenden Mann zurückkonnte.»

«K. über ihre Mutter […] ernstlich gewarnt

[...] nach München zu fahren, da man Ehefrauen die Pässe abnahm, um die Gatten zur Rückkehr zu zwingen»: Thomas Manns Tagebucheintrag vom 28. März 1933 zeigt, dass die Warnung verstanden und vom Chronisten mit einer gewissen Erleichterung aufgenommen war. Der Gedanke, seine Frau gerade jetzt entbehren zu müssen, hatte ihn seit Tagen in Angst und Schrecken versetzt, umso mehr, als auch von dem als Arzt kompetenten Gottfried Bermann eine verschlüsselte Warnung, Katia dürfe auf keinen Fall reisen, eingetroffen war.

Es ist in der Tat kaum vorstellbar, wie sich Thomas Manns Leben in der Emigration ohne die ständige Präsenz seiner Frau hätte neu ordnen können. Während er mit Freunden und Leidensgenossen Konsequenzen der neuen Situation diskutierte oder, beim Tagebuchschreiben, über die physischen und psychischen Folgen des schweren Schocks meditierte, den das «provisorische und ungewisse Reise-Dasein bei feindselig und tückisch bedrohlich verschlossener Heimat» in ihm ausgelöst hatte, kümmerte sich Katia ums Nächstliegende: um komfortable Hotelzimmer, um Reinschrift der Briefe, in denen Thomas

Mann seinen Rücktritt vom Vorsitz des Schutz-
verbandes deutscher Schriftsteller bekannt gab
oder die Loyalitätserklärung für Adolf Hitler zu-
rückwies, von der die Preußische Akademie der
Künste zu Berlin die weitere Mitgliedschaft abhängig machte, dazu um Verlängerung der im
April ablaufenden Pässe oder auch nur um Erledigung der täglichen Post, die der Zauberer ihr in
die Maschine diktierte.

Frau Thomas Mann hatte von Anfang an keine
Illusionen gehegt, sondern sich auf eine ungewisse Zukunft eingestellt und Pläne zur Bewältigung des Erforderlichen gemacht, für das sie ohnehin seit Jahren zuständig war: Steuerfragen,
Verlagskonditionen,   Vermögenstransaktionen,
Haus- und Grundbesitz, Apanage. Alle Probleme, die seit Beginn der Ehe ausschließlich ihre
Sache waren, machten im Zeichen der Existenzsi-
cherung in widrigen Zeiten neue Strategien unabdingbar, und die erfahrene Managerin zögerte
nicht einen Augenblick, ans Werk zu gehen.
Erika, Golo, das Hausmädchen Marie Kurz, Hedwig Pringsheim nicht zu vergessen, ja sogar die
im Hause Mann in normalen Zeiten wegen ihrer
Beschwerlichkeit oft verächtlich behandelte Ida

Herz wurden eingespannt, um Manuskripte zu
retten, Gelder abzuheben, die für den Fortgang
des *Joseph* unentbehrliche Arbeits-Bibliothek zu
verpacken und schließlich sogar Teile des Mobi-
liars unter dem Vorwand, sie restaurieren zu wollen, an eine Schweizer Deckadresse auf den Weg
zu bringen.

Nicht alles klappte. Golo konnte nur 60 000
Mark Bargeld abheben; aber es gelang ihm immerhin, diesen Betrag mit Hilfe französischer
Freunde sicher über die Grenze zu bringen, während Wertpapiere und 40 000 Mark verloren gegeben werden mussten (Rechtsanwalt Heins versuchte, sie im November 1933 auf die von den
Nationalsozialisten verlangte Reichsfluchtsteuer
anrechnen zu lassen). Aber das Wichtigste: Das
Joseph-Manuskript samt Arbeitsmaterialien erreichte, vor allem dank Erikas Unerschrockenheit
und der Gewissenhaftigkeit der mutigen Jüdin
Ida Herz, sein Ziel. «In mehreren Bücherpaketen
an Dr. Christoph Bernoulli, Basel, Holbeinstr. 69
(ohne Erwähnung des Namens Mann, natürlich)»
kamen, wie von Katia Mann exakt beschrieben,
«erstens diejenigen [Bücher an], die sich auf dem
Vorsprung der Bibliothek, unter dem Lenbach-

bild, in einer langen Reihe zwischen den Stützen [befanden] (was rechts von den Stützen steht, gehört <u>nicht</u> dazu); zweitens die Bücher, die zwischen Stützen auf dem Beitischchen neben dem Schreibtisch [standen]. Drittens ein Bilderwerk über Aegypten, das auf dem Stapel zwischen demselben Bücherschrank und der Esszimmertüre» lag.

Und es gelang noch ein Coup – freilich nur mit Hilfe von viel Glück und großer Torheit der Zollbeamten. Um ein Haar wären ausgerechnet Thomas Manns Tagebücher, die Golo, auf Weisung des Vaters – ungelesen! – aus einem Schließschrank der Poschingerstraße geholt und mit anderen Unterlagen in einem Koffer verstaut hatte, konfisziert worden. Der Chauffeur des Hauses Mann hatte das Gepäck zunächst weisungsgemäß aufgegeben, dann jedoch die Politische Polizei informiert, die nun ihrerseits eine Inspektion des Kofferinhalts an der Grenzstation Lindau anordnete. Allein der mangelnden Sachkenntnis eines Polizeikommissars, den nur die in verschiedenen Verlagsabrechnungen vermerkten hohen Geldsummen, nicht aber die in seinen Augen rein literarischen Manuskripte interessierten, war es zu verdanken, dass lediglich das Konvolut mit den Verlagspapieren (und nicht der gesamte Kofferinhalt) zur näheren Überprüfung an die Politische Polizei zurückgeschickt wurde, die daraufhin das Finanzamt München-Ost konsultierte. Man bäte, die Unterlagen zu sichten und anschließend baldmöglichst nach Lindau zu retournieren, damit der Koffer zügig an den Adressaten weitergeleitet werden könne. – Ende gut, alles gut: Am 19. Mai konnte Thomas Mann die ersehnte Sendung, 38 Kilogramm schwer, in Empfang nehmen.

Ob Katia Mann die Brisanz der Affäre je durchschaute, bleibt ungewiss. Es ist nahezu sicher, dass sie zu keinem Zeitpunkt wusste, was in den Diarien stand. Aber natürlich bemerkte sie die sich bis zu barer Verzweiflung steigernde Unruhe ihres Mannes und litt unter seiner zunehmenden Nervosität und Reizbarkeit. «Sie werden daraus im ‹Völkischen Beobachter› veröffentlichen», zitiert Golo in seinem Tagebuch die Ängste des Vaters in jenen Tagen. «Sie ruinieren alles, sie werden auch mich ruinieren. Mein Leben kann nicht mehr in Ordnung kommen.» In der Tat: Hätte der Grenzer in Lindau ein wenig von Literatur verstanden, hätte er angefangen zu blättern … und hätte das Finanzamt München-Ost sich nicht ausschließlich für Vermögensfragen interessiert, sondern den gesamten Kofferinhalt verlangt, so hätte nach menschlichem Ermessen niemals jene gesellschaftliche Integrität gewahrt bleiben können, ohne die Thomas Mann nicht schreiben konnte. Der Bewahrung seiner Produktivität aber galten alle Überlegungen, Pläne und Tätigkeiten von Katia. Strategien zu entwickeln, mit denen es möglich gewesen wäre, einem desavouierten und der Homosexualität verdächtigten Mann die Lebens- und Arbeitsmöglichkeiten zu erhalten, blieb ihr gottlob erspart. Aber auch ohne eine solche – vermutlich unlösbare – Aufgabe gab es für sie Arbeit genug.

Nachdem Frau Thomas Mann den Plan eines kurzen Besuchs in München aufgeben musste, wurde Golo zum Schutz der schulpflichtigen Schwester Elisabeth und zur Abwicklung finanzieller Transaktionen in das Herzogparkhaus beordert und Hedwig Pringsheim gebeten, einige Kisten mit lieb gewordenem Hausrat packen und an eine Deckadresse in die Schweiz schicken zu lassen. Begleitet waren all diese Anweisungen von nie abreißenden Gesprächen des Ehepaares über mögliche neue Wohnorte: Basel, Zürich, das Tessin, auch Bozen («Nähe zu Mailand») oder gar das von Alma Mahler angebotene kleine Werfel'- sche Haus in Venedig wurden erwogen und wieder verworfen, während die Meldungen aus München «die Dauer der deutschen Zustände» immer wahrscheinlicher machten und Katia darauf bestand, die beiden «Kleinen» kommen zu lassen. Auch die «Urgreise» wurden «ermahnt», Deutschland zu verlassen und die Sammlungen zu sichern.

Am 3. April brachte Golo Elisabeth zu den Eltern; Michael, Schüler eines Internats in Neubeuern am Inn, war auf einer Klassenreise in Italien und wurde aufgefordert, nicht in seine Schule zurückzukehren, sondern auf der Heimreise zu den Eltern zu stoßen. Monika studierte Musik in Florenz – war also in Sicherheit, Erika bereitete in Lenzerheide ein neues *Pfeffermühlen*-Programm vor, und Klaus arbeitete als Redakteur und Literat in Amsterdam und Paris. Hauptstütze der Mutter in dieser Zeit war Golo, der «vorläufig, bis zum Examen» in München zu bleiben gedachte, über Ostern jedoch nach Lugano gekommen war, um mit den Eltern die Lage zu beraten. Gemeinsam war man zu dem Schluss gekommen, «unter Opferung eines Drittels des deutschen Vermögens» den Münchener Wohnsitz aufzugeben und sich in Basel niederzulassen. Es sei das Beste, so Katia an Klaus, streng nach den Gesetzen der Legalität zu verfahren, «denn kommt etwas Illegales heraus [...], so können sie nicht nur das Haus beschlagnahmen, sondern auch alle Verlagseinnahmen, mein Erbteil, und das stünde denn doch nicht dafür». In Deutschland sei nicht mehr zu leben, jeder Gedanke, dass man «ungefährdet und ungestört seiner normalen Beschäftigung in diesem Land nachgehen könnte», sei absurd, denn «bei der Art, wie diese bösartigen Verrückten ihre Wunschträume einen nach dem anderen realisieren, wird es im Gegenteil immer grausiger und irrespirabler werden».

So hatte man denn den Plan gefasst, zunächst in der Schweiz zu bleiben, den Sommer allerdings an der französischen Riviera zu verbringen. Schickeles wollten bei der Beschaffung einer Wohnung im Raum Sanary/Le Lavandou behilflich sein, und Thomas Mann freute sich an der Aussicht, dort auch seine beiden Großen um sich zu sehen. Für die Reise wollte man den Buick aus München kommen lassen.

Freundliche Pläne in dunkler Zeit, die indes durch die Ereignisse schnell wieder in den Hintergrund gedrängt wurden. Noch am Ostersonntag, dem 16. April 1933, erfuhr Katia durch eine Bekannte von einer «Kundgebung Münchener Musikfreunde», die öffentlich gegen die – so wörtlich – «Verunglimpfung unseres deutschen Meisters im Ausland» durch Thomas Manns Rede *Leiden und Größe Richard Wagners* protestiert hatten. Zwei Tage später brachte Bruno Frank die Osterausgabe der *Münchner Neuesten Nachrichten* mit dem Wortlaut des «hundföttischen Dokuments». Thomas Manns Tagebuch vermerkt: «Heftiger Chock von Ekel und Grauen, durch den der Tag sein Gepräge erhielt.» Es vermerkt aber auch: «Entschiedene Befestigung des Entschlusses, nicht nach M. zurückzukehren und mit aller Energie unsere Niederlassung in Basel zu betreiben.» Nachdem eine «Kombination von Adalin und Phanodorm» zu einer halbwegs ruhigen Nacht verholfen hatte, konnte Katia bereits am nächsten Tag die «erforderliche Erwiderung» in die Maschine schreiben und an die *Frankfurter*

Zeitung, Die Neue Freie Presse, die *D.A.Z.* und die
Vossische Zeitung zum Abdruck verschicken. Zur
Genugtuung Thomas Manns brachten alle Blätter
seine Verteidigung im Wortlaut.

Auch im privaten Bereich fehlte es nicht an Re-
aktionen aus Deutschland, die zeigten, dass die
Unterzeichner – unter ihnen alte Freunde der Fa-
milie Mann/Pringsheim wie der Dirigent Hans
Knappertsbusch, der Zeichner Olaf Gulbransson,
Hans Pfitzner und Richard Strauss – mit ihrem
Protest durchaus nicht nur Zustimmung gefun-
den hatten. «Ich muß Ihnen schreiben, wie sehr
mich und meine Freunde der traurige Mangel an
Künstler-Kameradschaft wurmt, der sich in dem
Protest gegen Ihres Mannes Rede […] demas-
kiert», ließ Ernst Penzoldt Katia Mann wissen.
«Wenn der Protest doch wenigstens besser ge-
schrieben wäre! Aus der Götterperspektive gese-
hen aber, wie winzig, kümmerlich und feige, ja
eigentlich komisch muß sich das ausnehmen.
Kleine Leute, kleine Leute pflegte in ähnlichen
Fällen mein Vater zu sagen.»

Am meisten Rührung aber dürfte in der Familie Mann, wo offenbar zumindest Katia den «Reaktionen von Fays Wagnerherz» mit einiger Be-

sorgnis entgegengesehen hatte, die schwieger-
mütterliche Abschrift des Briefes hervorgerufen
haben, in dem Alfred Pringsheim gegenüber
einem ihm fachlich nahe stehenden Unterzeichner – es war höchstwahrscheinlich der Physiker
Gerlach – die Wagner-Interpretation seines ansonsten nicht nur geliebten Schwiegersohns ver-
teidigte: «17. 4. 33. Sehr geehrter Herr Kollege!
Mit einem gewissen Erstaunen, ja, ich darf vielleicht sogar sagen, mit aufrichtigem Bedauern
habe ich Ihren Namen unter dem Pamphlet gelesen. [...] Ich bin nämlich der vielleicht etwas ver-
alteten Ansicht, wer dazu hilft, einen so infamie-
renden, auf ein paar böswillig aus einem Vortrag
von 52 Druckseiten zusammenhanglos herausge-
rissenen, teilweise sogar gefälschten <u>Schlagwor-</u>
<u>ten</u> beruhenden Angriff durch seinen Namen zu
decken, müßte sich doch wohl die Mühe genommen haben, das Original [...] ein wenig anzuse-
hen. Leider glaube ich aber, mit Recht bezweifeln
zu dürfen, ob auch nur ein einziger der geehrten
Herren Unterzeichner dieser Pflicht nachgekom-
men ist. [...] Th. M. schreibt [...]: ‹Die Passion für
Wagners zaubervolles Werk begleitet mein Leben, seit ich seiner zuerst gewar wurde und es mir

zu erobern, mit Erkenntnis zu durchdringen begann. Was ich ihm als Genießender und Lernen-
der verdanke, kann ich nie vergessen, wie die
Stunden einsamen Glücks innerhalb der Theater-
manege, Stunden von Schauern und Wonnen der
Nerven und des Intellekts, von Einblicken in rü-
rende und große Bedeutsamkeiten, wie eben nur
diese Kunst sie gewärt.› – Ich denke, wer ein sol-
ches Bekenntnis vor der Öffentlichkeit abgelegt
hat, müßte auch ‹nach der nationalen Erhebung
Deutschlands› vor einem so plumpen und hinterlistigen Angriff geschützt sein, wie ihn jenes Ma-
nifest darstellt. […] Sollten Sie […] als Mann der
exakten Wissenschaft vielleicht Interesse an dem
übrigen Inhalt des fraglichen Vortrags besitzen,
so wäre ich gern bereit, das Exemplar, das wir davon besitzen, Ihnen zur Einsicht zur Verfügung
zu stellen.»

Die Details der Verleumdungskampagne erfuhr man in Lugano durch weitere Briefe von
Hedwig Pringsheim, die einmal mehr zeigten,
wie groß die Anteilnahme der Mutter an allem
war, was die Familie Mann betraf: «Mädi […]
wird ihre erste glühende Liebe aus ihrem jungen
Herzen reißen müssen, denn Fay [Alfred Prings-

heim] hält ihn, den Geliebten, [gemeint ist der von Elisabeth zu dieser Zeit sehr verehrte Dirigent Hans Knappertsbusch] für den Anstifter der ganzen Schweinerei. […] Aber höre: im vorletzten Akademiekonzert trat die Gattin des Geliebten auf Fay zu und sagte: ‹mein Mann läßt Ihnen sagen, er sei sehr böse auf Th. M., denn der habe R. W. einen Dilettanten genannt.› Fay verstand natürlich garnicht, was sie wolle, und sie erklärte, dies Wort vom Dilettanten sei in einem Vortrag in Holland gefallen – aus dem Bericht einer holländischen Zeitung habe es ihr Mann geschickt bekommen und der Mann sei sehr böse auf den Redner. Worauf Fay […] erwiderte, […] ihr Mann möge das nur beim nächsten Lunch dem Betreffenden selber sagen.» Da liege, so Hedwig Pringsheims Fazit, «denn allerdings der Verdacht nahe, einen Zusammenhang zwischen dieser Tatsache und der neuerlichen Aktion zu konstruieren».

Wenige Tage nach diesem Brief, der bestätigte, was inzwischen bereits Gesprächsstoff in Emigrantenkreisen war, trafen Klaus und Erika zu einem Kurzbesuch in Lugano ein. Beide drängten energisch auf die vollständige Liquidierung der Münchener Existenz. Doch noch konnte sich Tho-

mas Mann nicht entschließen, alle Brücken abzubrechen. Immer von neuem brachte er das Gespräch auf Möglichkeiten des doppelten Wohn-
sitzes, träumte von der Chance, die deutschen
Einkünfte legal am zweiten Wohnort ausgezahlt
zu bekommen, erwog die Beleihung des Hauses,
die Übertragung an die Kinder und suchte mit
wechselnden Partnern nach Wegen, das in
Deutschland liegende Vermögen offiziell in die
Schweiz zu transferieren. Man beschloss, sich an
einem grenznahen Ort mit dem aus Deutschland
empfohlenen Rechtsanwalt Valentin Heins zu
treffen und den Münchener Wagen nach Bregenz
kommen zu lassen, um anschließend per Auto
über Zürich und Basel, wo Katia sich nach geeigneten Wohnungen umschauen wollte, an die Riviera zu reisen. Dort hatten Klaus und Erika zwar
noch kein passendes Haus, aber doch eine vorläu-
fige Hotelunterkunft in Le Lavandou gefunden.
Die Aussicht, an der südfranzösischen Küste
nicht nur Bruder Heinrich, sondern auch viele andere Bekannte zu treffen, dazu die Vorfreude auf
Meer und Strand beglückten Thomas Mann, der
in dieser entspannten Stimmung nun auch – zum
ersten Mal seit dem Entschluss zum «Außenblei-

ben» – wahrnahm, wie überanstrengt seine Frau
mittlerweile war und wie sehr Anlass bestand,
um ihre physischen und psychischen Reserven
zu bangen.

Doch schon zwei Tage später war das Mitgefühl für K. neuen Sorgen gewichen, denn Golo
hatte aus München gemeldet, dass die Politische
Polizei alle drei Autos, den Buick, die Horch-Li-
mousine und das rote DKW-Wägelchen, beschlagnahmt habe: Thomas Mann, heimgesucht
von «Choc und schwerer Depression und Müdigkeit», suchte Zuflucht auf der Couch, während
die erschöpfte Katia, an seiner Seite sitzend, ihn
behutsam zu überzeugen versuchte, dass es darauf ankäme, sich innerlich rechtzeitig auf den
Verlust von Haus und Vermögen einzustellen,
weil auch das Herausziehen einzelner Stücke
voraussichtlich vereitelt werden würde. Man verfüge jedoch auch ohne die deutschen Werte über
genügend Kapital in der Schweiz (nach den Unterlagen immerhin nahezu 200 000 Franken), um
weiterhin ein standesgemäßes Leben führen zu
können.

Am 29. April – Golo hatte zur großen Erleichterung seiner Mutter die Ankunft in der Schweiz

gemeldet – brach das Ehepaar in Lugano auf. Das Treffen mit Rechtsanwalt Heins, der von Katia angeforderte Koffer mit notwendiger Kleidung und einigen Preziosen aus der Poschingerstraße hatte ungehindert über die Grenze bringen können, verlief ohne konkrete Perspektiven. Der *pater familias* konnte sich für keine der vorgeschlagenen Maßnahmen entscheiden und wählte – wieder einmal – «den Mittelweg» des langsamen Sichlösens von Deutschland, da er sich den psychischen Belastungen, die eine offene Trennung mit sich bringen würde, nicht gewachsen fühlte. Es ist anzunehmen, dass die Ungewissheit über das Schicksal des Koffers mit den Diarien nicht ohne Einfluss auf diese Strategie des Zuwartens war. Nach Eintragungen des Tagebuchs billigte Katia sein Vorgehen, obwohl alle ihre brieflichen Äußerungen zeigen, dass ihr eine entschiedene Trennung das weitaus Liebste gewesen wäre. Aber sie kannte ihren Mann und wusste, dass er zu diesem Zeitpunkt nicht fähig gewesen wäre, sie zu vollziehen: «Katia und ich sassen viel Hand in Hand. Sie versteht halb und halb meine Furcht wegen des Koffer-Inhalts.»

Am 7. Mai traf die Familie, nach einer Schlafwagenfahrt von Mühlhausen nach Toulon und weiter nach Marseille, in Le Lavandou ein. Während Thomas Mann sich im Bett von den Strapazen der Reise erholte, besichtigte Katia mit Elisabeth und Michael ein zu vermietendes Haus in der Nähe des Hotels. Am nächsten Tag setzten sie die Suche in Sanary und Bandol fort, wo die Familie zunächst, auch ohne ein Haus gefunden zu haben, zu bleiben gedachte. «Thomas und Katia Mann mit 2 Kindern seit gestern im Grand Hotel Bandol, Erika und Klaus in Sanary, Hotel La Tour. Heute bei uns zum Tee», vermerkte René Schickele am 11. Mai 1933 in seinem Tagebuch. «Thomas Mann sehr unglücklich. Es geht ihm wie den meisten Deutschen seiner Geistesart. Sie sehen wohl, was vorgeht, und auch, was kommen wird, aber im Grunde wollen sie es nicht wahrhaben.»

Schickele hatte Recht. Thomas Mann konnte oder wollte seine Situation nicht realisieren. Die Stimmung blieb gedrückt – trotz eines immerhin bescheidenen Komforts der neuen Umgebung (die Zimmer hatten Loggien, ein größerer, zum Schreiben geeigneter Tisch wurde sofort bereitgestellt), trotz tröstender Besuche der Kinder, namentlich Erikas, und trotz des Zuspruchs der

Schickeles, Therese Giehses und anderer Freunde: «Ich finde in diesem Kulturgebiet alles schäbig, wackelig, unkomfortabel und unter meinem Lebensniveau.»

Die Gedanken gingen nach Deutschland. Ein Brief nach München, an den Statthalter des NS-Reiches in Bayern, Franz Xaver Ritter von Epp, angeblich «von allen Seiten» – sprich von Katia, Erika und Klaus – «befürwortet», wurde in der Hoffnung geschrieben, «ein Arrangement wegen Vermögen und Mobiliar zu erzielen»; der Gedanke, zum Herbst zurückzukehren, gewann – obwohl rational verworfen – ein paar Tage lang die Kraft einer Obsession. Dann der definitive Beschluss: die Lieblingsmöbel, «Schreibtisch und Fauteuil mit Taburet durch [den Antiquitätenhändler] Bernheimer, das Grammophon durch [das Musikhaus] Koch abholen und später schicken zu lassen», um damit ein Haus bei Zürich, das inzwischen an die Stelle von Basel getreten war, auszustatten. Wie viel Zeit und Kraft hat Katia Mann investieren müssen, um die wirklichkeitsfernen Träume ihres Mannes auf mit viel Glück vielleicht realisierbare Ziele zurückzuführen? Und wie viel organisatorische Kleinarbeit

war noch nötig, bis die ihrem Mann so unentbehrlichen Dinge wirklich herbeigeschafft waren?

Am 12. Mai – nach dreimonatiger Trennung
von ihrer Tochter – trafen die alten Pringsheims
für vierzehn Tage in Bandol ein, zwei Tage später
meldete sich Bruder Heinrich an, und Cousine
Ilse Dernburg überbrachte finanzielle Ratschläge
der Berliner Verwandten: «Wir werden recht
zahlreich nachgerade.» An manchen Abenden
konnten die Flüchtlinge das Gefühl haben, sie be-
fänden sich im heimatlich-vertrauten Ambiente.
Bibi und Medi musizierten für die Großeltern;
Feuchtwangers, Schickeles, Heinrich und die
großen Kinder nebst ihren Freunden führten «die
üblichen Gespräche», man trank Tee auf den Ter-
rassen der verschiedenen Hotels oder bei den
Freunden, die, wie Feuchtwangers und Schickeles, bereits passende Häuser gefunden hatten,
man ging spazieren und ließ sich abends von
Erika aus dem Kinderbuch vorlesen, an dem sie
gerade arbeitete.

Katia und ihre Mutter indes hatten Gelegenheit, sich praktischen Problemen zuzuwenden.
Ein Domizil für den Sommer hatte sich schließlich gefunden. La maison Tranquille versprach al-

len Bedürfnissen zu entsprechen. Aber wer sollte es in Ordnung halten und gar für die ständig sich vergrößernde ‹Familie› kochen? Nun, Hedwig Pringsheim hatte auch hier vorgesorgt: Fräulein Maria, das Zimmermädchen aus der ‹Poschi›, würde den Sommer an der Riviera verbringen und Katia bei der Installation in Sanary zur Seite stehen. Das war offenbar auch dringend geboten; sogar Thomas Mann hatte bemerkt, «daß K. sich nicht auf der gewohnten Höhe ihrer Energie» befand und stark abgenommen hatte. Ansonsten aber ließ sich – sieht man von den üblichen Irritationen und gelegentlichen Jähzornanfällen des Zauberers ab – alles gut an. Thomas Manns Zimmer war als erstes wohnlich hergerichtet, der Hausherr genoss die «fast vollkommene Installierung» im sympathischen Arbeitsraum «an einem grün ausgeschlagenen Spieltisch», den er sich «vorläufig zum Schreibtisch» gewählt hatte.

Die Rückkehr zur «privaten Existenzform» tat nicht nur dem *pater familias*, sondern der ganzen Familie «unendlich wohl». Die Illusion einer neuen ‹Normalität› und nicht zuletzt die Entlastung der Hausfrau durch die pünktlich eingetroffene Maria wirkten stimmungsaufhellend; Thomas Mann begann, seine Gedanken wieder dem *Joseph* zuzuwenden, und Katia ließ sich von dem jungen Schickele nach Toulon chauffieren, um «den von der Auto-Bourse angebotenen Peugeot-Wagen, ein schmuckes Kabriolet», zu erstehen. Kaufpreis: 13 000 Francs.

Was blieb, war die Frage des Münchener Hauses. Hier hatten sich neue Konstellationen ergeben: «Liebe Kleine» – Brief von Hedwig Pringsheim vom Juni 1933 – «erschrick nicht, es ist nichts schlimmes, nur hat's Eile. Also: [es] hat sich eine amerikanische Familie Taylor [...] leidenschaftlich um das Poschinger Häuserl beworben, wurde heute, durch mich veranlaßt, [...] von Kürzchen [das Mann'sche Kinderfräulein Marie Kurz] herumgefürt und war begeistert. Es ist die Frau T. mit 4 Kindern, 2 größeren und 2 kleineren [...]. Sie möchten auf mindestens 3 Monate mieten, [...] für 400 M. monatlich. Die Sache schien mir für euch so günstig, das ich sie dir nicht vorenthalten wollte. [...] Ich [...] bitte dich, mir nach Empfang dieses [Briefes] <u>sofort</u> telegraphisch dein ‹ja› oder ‹nein› mitzuteilen. Denn Mrs. Taylor [...] möchte [...] möglichst schnell einziehen. Kürzchen war sehr angetan von der Sache.»

Das Ehepaar Mann offenbar auch: Auf diese Weise käme man auf seine Kosten, und der Preis sei womöglich noch zu steigern. – Die Taylors scheinen sehr rasch eingezogen zu sein, bereits am 6. Juli erzählte Hedwig Pringsheim der Tochter, sie habe einen Besuch in der «Poschi» gemacht: «Es war mir eine eigene Sensation, und ich fand den Besitz besonders entzückend.» Trotz allem aber zeichneten sich Probleme ab, denn Ida Herz sei eingetroffen, um – offenbar auf Weisung aus Sanary – im Haus zu logieren und die Bibliothek in Ordnung zu bringen. Beides wäre natürlich völlig unmöglich, da das Haus vermietet sei; lediglich «Bücher, soweit das Reh sie wünscht und braucht», könnten übersendet werden. Doch Katia bestand auf Erfüllung ihrer Wünsche – eine Haltung, die die Mutter nicht eben beglückte: «Nun ist vermietet, und du hast einfach nicht das Recht, fortwärend Anordnungen zu treffen. Gestern ruft mich [Marie Kurz] an, Herzchen werde kommen; dort nächtigen [und] alle guten Bücher [fort] schaffen, [...] was sie antworten solle? Ich sagte, diese Dinge hätten jetzt, da der Kontrakt abgeschlossen und alles übergeben sei, zu unterbleiben und bis Oktober aufgeschoben zu werden. Eben ruft sie mich wieder an: Du hättest in einem Expreßbrief die Anordnung wegen der Bücher wiederholt, außerdem befohlen, das gute Porzellan und anderes sorgfältig zu verpacken und fortzuschaffen. Ich konnte ihr nur wieder antworten, das sei meiner Meinung nach <u>untunlich</u> und ich werde dir dies unverzüglich auseinandersetzen. […] Wegen der Bücher habe ich mit der hochanständigen Mrs T. gesprochen, die […] sie so heilig halten wird, wie du es nur verlangen kannst.» Die neue Mieterin habe sogar das Silber zurückgegeben und «ihr eigenes so wie auch eigene Bettwäsche kommen lassen».

Den ganzen Juli über setzte Katia der Mutter und Marie Kurz mit sofort auszuführenden genauen Anweisungen zu: zuerst die Bücher, dann das Porzellan, das Silber – und schließlich die Schallplatten. Auf welche Weise die Mieterin von der Unaufschiebbarkeit der Aktionen zu überzeugen war, kümmerte sie nicht, sodass Hedwig Pringsheim abermals deutlich wurde: Wenn die Tochter auf Ausführung all ihrer Anweisungen bestünde, so möge sie Mrs. Taylor, die sich als sehr großzügig erweise, jedenfalls «einen netten, höflichen, möglichst kurzgefaßten Brief» schreiben – in Englisch, wenn's ginge – und ihr versichern, «daß unter Kürzchens sachkundiger Leitung jede Unbequemlichkeit für die Familie vermieden [...] und die bewußten Bücher durch andere Lückenbüßer ersetzt werden» würden.

Wenige Tage später wurde auch Hedwig Pringsheim bewusst, wie klug, wenn auch rücksichtslos, aber das konnte in diesem Augenblick keine Rolle spielen, die Anweisungen ihrer Tochter gewesen waren: «Als wir gestern von einem Gesetz [über die Einziehung ‹volks- und staatsfeindlichen Vermögens›] lasen [...], das nun vorbereitet werden soll, sagte ich zu Fay: holla! nun wird's brenzlig. Und ich setzte mich mit Kürzchen in Verbindung, sie möge jetzt all das ausführen, was du angeregt, denn vielleicht sei es doch richtig; und zwar baldmöglichst.»

Während in der Poschingerstraße – offenbar wirklich im letzten Moment – geräumt und gepackt wurde, schickte man sich in Sanary an, Katias fünfzigsten Geburtstag mit den aus München gewohnten Ritualen zu begehen. Erika eilte am frühen Morgen ins Dorf, um Blumen zu holen, die Kinder, die bis auf Klaus vollzählig gekommen waren, «schmückten das ganze Haus so artig, dass es nachher keinen Platz mehr gab, der nicht geduftet hätte, selbst das geheime Kabinett hatte Golo in Arbeit genommen». Auch das von Erika verfasste Singspiel durfte natürlich nicht fehlen und «wurde exekutiert, da Frau Rat nichtsahnend die Treppe [...] herunterstieg». Alle sagten brav ihre Verschen auf; nur «Goethen» (gemeint ist Thomas Mann), der seinen Part selber verfasst hatte, blieb stecken: «wir lagen über dem Flügel vor Lachen». Alle Akteure hätten kleine Geschenke in den Händen gehalten – «sehr viele Täschchen», und dann natürlich die Süßigkeiten, die «express aus Paris gekommen [waren], wo wir sie beordert». Am Abend, nach dem familiären Essen, gab es dann noch, wie üblich, eine Gesellschaft. «Zu Tisch», so Erika an den Bruder, «tranken wir allein den guten Sekt, den minderen gabs für die Gäste.»

Doch nicht immer obsiegte die Sparsamkeit. Als René Schickele, dessen prekäre finanzielle Situation Katia Mann nicht unbekannt geblieben war, Geburtstag feierte, übte sie tätige Reue und erschien – samt den beiden Jüngsten – mit herrlichen Blumen und einem Delikatessenkorb, der eigens «frisch aus Toulon herbeigeholt» worden war und mit dessen Inhalt man, wie Schickele seinem Tagebuch anvertraute, «die größte Gesellschaft bewirten» konnte, die sich dann auch abends zwanglos einstellte und mit dem Erscheinen der Familie Mann den Höhepunkt erreichte. «<u>Er</u> ganz Senator, der Millionen umschlungen sein läßt. Katia, die nicht zu Wort kommt, schiebt nervös den Unterkiefer vor. Bibi und Medi gucken mit großen Augen zu. (Morgen wird Bibi die Szene haargenau darstellen). Moni lächelt, einen Fuß noch im Dschungel. Golo dreht sich in einer Ecke langsam hin und her. […] Schließlich sagt Thomas Mann […]: ‹Vor einem Jahr hätte man Ihnen in Deutschland ein Bankett gegeben›, worauf Katia herausplatzt: ‹Na, der Ehrentisch ist ohnehin hier versammelt, und damit wollen wir uns begnügen.›»

Am Ehrentisch saß auch Heinrich Mann mit seiner Freundin Nelly, und «wie immer redeten die Brüder liebevoll aneinander vorbei. Thomas am stärksten, wenn er Heinrich ausdrücklich beistimmt.» Die größte Schwierigkeit des Abends, so Schickeles Beobachtung, war, Nelly Kröger zu integrieren, die den gesellschaftlichen Vorstellungen der Manns nicht ganz entsprach. «Jeder bemüht sich, Frau Kröger auszuzeichnen, was aber meist mißlingt. Sie bleibt stumm, nur auf ihrem Gesicht steht deutlich zu lesen, sie sei aus ebenso guter Familie wie wir. [...] Ohne diese verdammten Minderwertigkeitsgefühle [...] wäre sie reizend.» Freilich gab es wohl auch niemanden, der ihr wirklich geholfen hätte. Ihr Freund jedenfalls zeigte wenig Talent in dieser Richtung: «Wie er neben seiner Freundin sitzt, aufmerksam, ja, beflissen, verrät seine ganze Haltung, daß er sich des ‹ungeregelten Verhältnisses› bewußt ist. Katia fühlt es so stark, daß es sie gegen ihren Willen beeinflußt.»

Gut beobachtet! Katia Mann hat trotz aller Vorbehalte stets versucht, Mitgefühl für Nellys Schwierigkeiten zu demonstrieren, vor allem, nachdem Heinrich Mann das Verhältnis legalisierte. Auch Nelly gehörte – wenngleich deutlich einer anderen gesellschaftlichen Schicht zugeordnet und folglich ungeliebt – schließlich zur Familie und musste in die Strategie der unbedingten Verteidigung des Clans eingebunden werden.

Aber es gab bald größere Sorgen als Nelly Krögers Weinseligkeit. Ende August meldete

Hedwig Pringsheim, dass nach dem Auszug der Taylors «die liebe gute alte Poschi» von einem schweren Schlag betroffen worden sei: «Es wurde alles, Haus und Garten, mitsamt der Figur, beschlagnahmt [...] sodaß nun kein Stück mehr entfernt werden darf (‹bis Herr Th. Mann selber kommt› habe der im übrigen ganz artige und höfliche Beamte gesagt).» Die Situation sei schwierig: Man habe gewusst, dass 33 Kisten fortgeschafft worden wären, kenne auch die Deckadresse, an die sie gegangen seien, und den Inhalt. «Das Tollste» aber: «sie wissen auch, daß vorher 2 Kolli in die Arcisstraße befördert worden sind [...], und daß das Silber darin verstaut war». Sie, Alfred und Hedwig Pringsheim, wüssten offiziell natürlich nicht, was Kiste und Korb enthielten, aber wenn, wie angedroht, Marie Kurz zu einer eidesstattlichen Erklärung gezwungen würde, müsse sie «der Warheit gemäß gestehen, daß es sich um 24 Bestecke handele, die bei dem heutigen Silberpreise [natürlich] wertlos, und [einzig] als Hochzeitsgeschenke Deiner Großeltern für dich [...] von Wert gewesen seien und deswegen vor eventuellen Mietern in Sicherheit gebracht wurden».

Ein Meisterstück konspirativer Nachrichten-
übermittlung! Jetzt wusste man in Sanary genau,
womit man das von Erika Mann in Zürich-Küs-
nacht glücklich gefundene Haus würde ausstat-
ten können.

Am 22. September brachen Golo, das Mädchen Maria sowie Medi und Michael im Peugeot
nach Zürich auf. Thomas und Katia hielten unterdessen bei einem Abschiedsmahl im Hotel La
Tour noch einmal Rückschau. Es überwogen die
Dankbarkeit und das Vertrauen darauf, dass sich,
so Thomas Mann im Tagebuch, «der glückliche
Grundcharakter» seines Lebens auch unter Umständen durchsetzen werde, die ihm vor Monaten
noch den Atem genommen hätten ... eine Einstellung, die auch für Katia die Zukunft in einem
freundlichen Licht erscheinen ließ.

Vom Hotel St. Peter in Zürich aus besichtigte
das Ehepaar die elegante, am Hang mit Blick auf
den Zürichsee im englischen Landhausstil er-
baute geräumige Villa, die mit ihren vier Badezim-
mern auch dem Hausherrn sein eigenes Bad garantierte. Das mochte die bereits am ersten Tag
von Thomas Mann monierte «Hellhörigkeit» auf-
wiegen. Jedenfalls fühlte sich der «hartnäckige

Villenbesitzer» bei der Inspektion des sehr großen und eleganten Arbeitszimmers durchaus heiterer Stimmung und voller Hoffnung, die noch etwas provisorische Möblierung in naher Zukunft durch seinen Münchner Schreibtisch samt Lesestuhl vervollständigen zu können. Katia überlegte die Zimmerverteilung und machte die notwendigen Besorgungen. Am 28. September übersiedelte man im schwer bepackten Peugeot und feierte mit fünf Kindern den Einzug bei einem improvisierten Abendessen im kleinen Speisezimmer. Ein Begrüßungsanruf von Bundespräsident Motta verstärkte das Gefühl, unter freundlichen Auspizien neu anfangen zu können.

Die Anmeldung der Familie in der Küsnachter Gemeindekanzlei verlief ohne Schwierigkeiten, ein Vierteljahr später erteilte die Zürcher Fremdenpolizei die Toleranzbewilligung für zunächst ein Jahr – mit einer Einschränkung: Während man Thomas die Betätigung als freier Schriftsteller ohne Auflagen gestattete, wurde Katia jede Erwerbstätigkeit ausdrücklich verboten.

Nun, sie wäre ihr ohnehin nicht in den Sinn gekommen. Ihre Tage waren auch so ausgefüllt bis zum Rand: Neben den kontinuierlichen Hilfsdiensten für den Zauberer galt es, geeignete Schulen sowie – am Konservatorium – Musiklehrer für die «Kleinen» zu finden und das im Haus Fehlende mit Hilfe der treuen Zürcher Freunde Emmie Oprecht und Lily Reiff um das absolut Unabdingbare zu ergänzen. Noch wusste Katia trotz der mütterlichen Kassiber nicht, wann die Münchener Kisten den eigenen Hausrat bringen würden. Die Besucher jedoch, die sich auch in Zürich sehr bald einstellten, wollten freundlich empfangen und gelegentlich auch bewirtet sein, selbst wenn die Ausstattung mit Geschirr und Silber noch etwas provisorisch war: Neumanns freuen sich, «bei euch von sieben Tellern speisen zu dürfen», tröstete Hedwig Pringsheim ihre Tochter, die offensichtlich kurz nach dem Einzug berichtet hatte, dass man nur über sieben Teller und sieben Bestecke verfüge. Unter beschränkten Verhältnissen einen eigenen Haushalt führen zu sollen war eine neue Erfahrung für die von Kindheit an verwöhnte Frau Thomas Mann. In dieser Hinsicht tat sich die in bescheideneren Verhältnissen aufgewachsene Tochter von Ernst und Hedwig Dohm entschieden leichter, und sie zögerte nicht, ihre Jüngste zu belehren: «Daß die anderen alle so reich sind, mit Kaviar und Domestiken, das soll euch nicht bekümmern. Um so vornehmer und geistiger kommt ihr dann mit bescheidenen Menüs und ungeschultem Dienstmädchen heraus.»

Ende Oktober 1933 schwemmten die «40 Kisten mit Hausrat, Porzellan und überflüssigen Büchern» aus München wie «eine Welle von ehemaligem Leben», «viel Silber, Kleider, Mäntel, Schuhzeug, Tisch- und anderes Leinen, Theegerät und Kunstgegenstände» ins Haus, und einen Monat später kamen auch die vom Hausherrn ersehnten Möbel wohlbehalten an; der Schreibtisch, aus dessen Schubladen die «kleinen Gebrauchs- und Ziergegenstände» ausgepackt wurden, die alten Stühle, «der Hamburger Empire-Fauteuil und der [Sessel] mit dem Tabouret» gaben dem neuen Arbeitszimmer die vertraute Atmosphäre; in der Halle des Hauses standen wieder die «schönen Empire-Schränke» aus dem Familienbesitz der Manns, Kandelaber wurden gehängt und schließlich der «Musikapparat» aufgestellt. Auch die vertrauten Bilder waren wieder an den Wänden: Ludwig von Hofmanns Knaben an der Quelle, «der kleine Lenbach und das Kinderportrait Medis». Auf den Betten lagen die vertrauten seidenen Steppdecken.

Während Katia beschäftigt war, in Küsnacht ein neues Familiendomizil einzurichten, enteigneten die Nationalsozialisten ihr Elternhaus und beanspruchten den Platz zur Errichtung eines eigenen Repräsentativbaus. Am 1. November hatte Hedwig Pringsheim aus der Arcisstraße geschrieben: «Lies diesen Brief tränenden Auges. Es ist der letzte aus deinem Elternhaus, das zwar einem Elternhaus in keiner Weise mehr ähnlich sieht, sondern einem infernalischen Chaos gleicht, in dem kein Schwein mehr grunzen möchte.» Wenig später – den Pringsheims war es geglückt, eine immerhin noble Wohnung am Maximiliansplatz zu finden – meldete die Mutter, dass der Abriss begonnen habe: «Als ich heut, von Sehnsucht getrieben, an unserem alten Heim vorüberschlich, war es bereits von einem Gerüst umgeben, und die Arbeiter stiegen aus den leeren Fensterhölen aus und ein, als müßt' es so sein; und ‹Unbefugten ist der Eintritt verboten›. Da ich ja nun gänzlich ‹unbefugt› bin, machte ich kehrt, und es war mir komisch zumute.»

Um den bedrückenden Münchener Erfahrun-

gen für einige Zeit zu entgehen, machten sich die
«Urgreise» zu einem vierzehntägigen Besuch der
Tochter auf den Weg nach Zürich. Noch während
ihres Aufenthaltes in der Schiedhaldenstraße
scheinen im Hause Mann die ersten politischen
Differenzen zwischen Eltern und «großen» Kindern ausgetragen worden zu sein. Bereits Anfang
Oktober hatte die in Zürich mit der Vorbereitung
zur Wiedereröffnung ihres *Pfeffermühlen*-Kaba-
retts beschäftigte Erika ihrem Bruder Klaus in einem Lagebericht aus Küsnacht geschrieben: «Unsere Eltern haben sich schon ganz nett eingelebt,
aber unser Vater ist ein tieftrauriges Kapitel.»
Nun kam es zum ersten offenen Krach, als Thomas Mann nicht davon abzuhalten war, eine aus
Berlin geforderte Anmeldung im gleichgeschalte-
ten Verband Deutscher Schriftsteller vorzuneh-
men, um seine «Zugehörigkeit zum deutschen
Schrifttum» vor aller Welt zu bekennen. Dass die
Mutter sich – wenn auch in einem «recht gequälten Gespräch» – auf die Seite ihrer Kinder schlug,
dürfte die Stimmung nicht verbessert haben.

Wenn es nach Katia gegangen wäre, hätte Thomas Mann keinen Augenblick zögern dürfen, seinen persönlichen Bruch mit den im neuen

Deutschland Herrschenden auch öffentlich zu vertreten, aber sie wusste, ihr Mann würde die kompromisslose Trennung, «den Schnitt bis in die Gewebe der Haut, die Veränderung bis in die Eingeweide spüren», und es wäre fraglich, ob er, «so amputiert, weiterleben könnte». Was also sollte, was konnte sie tun? Viele der Briefe, die sie zwischen 1934 und dem Beginn des Jahres 1937 an ihre «Großen» und vertraute Freunde schrieb, machen deutlich, wie sehr sie dieser Konflikt zwischen Loyalität und Überzeugung belastete.

Es war nicht nur die Frage, ob Thomas Mann durch sein Verbleiben im Fischer-Verlag in den Augen von Teilen der Emigration seine politische Integrität verlieren würde – ein Problem, von dem Katia eine Zeit lang hoffte, dass es vielleicht mit dem Tode des alten Samuel Fischer leichter lösbar werden könnte –, sondern nicht minder die Beobachtung, dass auch die Produktivität und das Schreibvermögen Thomas Manns unter der Entscheidungsunfähigkeit litten, die Katia zu schaffen machte: «Der Plan einer großen geistigen Abrechnung mit dem Unwesen ist zwar noch nicht aufgegeben, und am Roman arbeiten kann er einfach nicht; das Material wurde bereits ge-

sichtet und zusammengestellt, was aber so aufregend und deprimierend zugleich wirkte, daß es
zunächst einmal, um noch einmal eine Atem-
pause und Distanz dazu zu gewinnen, zu Gunsten eines längst geplanten Cervantes-Aufsatzes
(der den Essayband an Stelle des eliminierten
Hauptmann-Aufsatzes abrunden soll) wieder zu-
rückgestellt wurde; ob es dann dazu kommt,
kann man nicht wissen, und ich weiß ja nicht einmal, ob man es wünschen soll, denn es wird […]
wahrscheinlich ein ganz weit ausgreifendes Werk
nach Art der ‹Betrachtungen›, das dann womöglich in einem ganz unzeitigen Augenblick fertig
wird und den dritten ‹Joseph›-Band auf unabsehbare Zeit unterbricht. Rechte Sorgen hat man.»

Katia wusste genau, dass diese Sorgen nicht
aufhören, ja, dass sie sich vergrößern würden, solange der Grundkonflikt nicht gelöst werden
konnte. Hoffnungsvolle Konstellationen wie die
Zusage Thomas Manns, Klaus' Zeitschrift *Die
Sammlung* zu unterstützen, mit deren Hilfe die
emigrierten deutschen Schriftsteller und ihre europäischen Kollegen zu einer schlagkräftigen
geistigen Opposition gegen Hitler werden sollten, scheiterten. Als Heinrich Mann in der ersten

Nummer die deutschen Zustände scharf anpran-
gerte, distanzierte sich der Bruder öffentlich von
den Intentionen des Blattes und fiel damit auch
seinem Sohn in den Rücken. Obwohl Klaus versuchte, die Beweggründe des Vaters zu verstehen, war es nicht zu übersehen, dass sich die
Spannungen zwischen Thomas Mann und seinen
beiden Ältesten abermals verschärft hatten und
Katia, wie schon so häufig, wieder einmal zwischen den Fronten stand. Sie zweifelte nicht
daran, dass ihr Mann sich eines Tages so entscheiden würde, wie sie, die Kinder und die Freunde
es erhofften, aber bis es so weit war, tat sie alles,
um mögliche Konsequenzen seines Zögerns bereits im Vorfeld abzufangen oder sie zumindest
zu mildern.

«Ich werde es immer beklagen, daß mein
Mann sich nicht gleich zu Anfang, aus freien Stücken, wie Sie und andere es getan haben, radikal
von dieser fluchwürdigen Bande getrennt hat»,
bekannte sie Alfred Neumann im April 1935.
«Das hätte ja nicht bedeutet, daß er fortan, unter
Hintansetzung seiner produktiven Arbeit, in un-
fruchtbarer Polemik sich verzehrte. Ich bin im Gegenteil überzeugt, daß er sich dieser Arbeit unbe-

schwerter hingeben könnte, als es jetzt der Fall ist,
wenn er sich nur entschließen könnte, diesen definitiven Trennungsstrich zu machen.» Das Bedürfnis dazu quäle ihn unablässig; nur unterblie-
ben die deutlichen Worte immer wieder aus
Angst, sich durch sie jede Wirkungsmöglichkeit
in Deutschland zu nehmen; «als ob eine solche
Möglichkeit überhaupt noch existierte! [...] als ob
eine Versöhnung mit diesem Deutschland jemals
möglich wäre!»

Trotz dieser klaren Analyse, trotz des Bedürf-
nisses, sich einmal einem Freund gegenüber aus-
zusprechen, dessen Anteilnahme und Loyalität
sie gewiss sein durfte, war der Hauptgrund für
Katias Schreiben die Überzeugung, Thomas
Manns Ruf dürfe unter keinen Umständen Schaden leiden. Diese Grundhaltung bestimmte ein
Leben lang ihr Denken und Handeln: «Ich schreibe Ihnen von diesem fortwährenden und auftrei-
benden Konflikt, weil er gerade in den letzten Tagen einmal wieder akut geworden ist, anläßlich
der geplanten Reise nach Nizza, die wir dann
doch im letzten Augenblick, aus Gesundheits-
Rücksichten, aufgegeben haben. Übrigens war
dies kaum ein Vorwand, da diese inneren Kämp-

fe der Gesundheit tatsächlich sehr abträglich sind. Es besteht natürlich die Möglichkeit, sich so weit wie möglich von der abscheulichen Gegenwart zu distanzieren und ganz dem Werk zu leben. Bei der Stellung meines Mannes in der Welt aber und vor allem, da er sich ja doch innerlich nicht distanziert, sondern leidenschaftlich Anteil nimmt, ist eine solche Haltung auf die Dauer ja doch nicht durchführbar, und wenn nicht der Krieg vorher hereinbricht (was ja jeden Augenblick sein kann), wird er ja eines Tages doch aus seiner Reserve heraustreten, aber es könnte dann zu spät sein.» – Zum Schluss meldete sich noch einmal die Diplomatin zu Wort: «Ich möchte Sie […] bitten, diese Dinge niemandem gegenüber zu berühren […] und daran festzuhalten, daß wir nur wegen eines Unwohlseins nicht nach Nizza gefahren sind.»

Im Januar 1936 kam endlich die Stunde der Wahrheit, als der Publizist Leopold Schwarzschild Thomas Manns Verleger, den Schwiegersohn und Nachfolger des inzwischen verstorbenen Samuel Fischer, Gottfried Bermann, öffentlich einen «Schutzjuden der Nationalsozialisten» nannte, der gerade dabei sei, in der Schweiz einen

Emigrantenverlag zu gründen, gedeckt durch die «stille Teilhaberschaft des Berliner Propagandaministeriums». Eine Lüge natürlich; in Zürich fürchtete man die Konkurrenz des mächtigen Verlages mit Thomas Mann an der Spitze, aber nicht, weil man ihn für eine raffiniert eingeschleuste ‹Fünfte Kolonne› von Goebbels' Gnaden hielt: Wenn das Projekt einer partiellen Fusion der Verlage Fischer/Berlin und Heinemann/London scheiterte, dann aus ökonomischen, nicht aus politischen Gründen.

Doch wie auch immer: Gottfried Bermann stand am Pranger, der Rufmord tat seine Wirkung, Thomas Mann musste, nicht nur um des Verlegers, sondern um seines eigenen Autorenrenommees willen reagieren, und er tat es prompt: Gemeinsam mit Hermann Hesse und Annette Kolb publizierte er in der *Neuen Zürcher Zeitung* eine von ihm entworfene Ehrenerklärung: «Dr. Bermann hat sich während dreier Jahre nach besten Kräften und unter schwierigsten Umständen bemüht, den Verlag an der Stelle, wo er groß geworden ist, im Geiste des Begründers weiterzuführen. […] Die Unterzeichneten, die zu dem Verlage stehen und ihm auch in Zukunft ihre Werke anvertrauen wollen, erklären hiermit, daß nach ihrem besseren Wissen die in dem Tage-Buch-Artikel ausgesprochenen und angedeuteten Vorwürfe und Unterstellungen durchaus ungerechtfertigt sind und dem Betroffenen schweres Unrecht zufügen.»

Eine moderate, gemessen an Schwarzschilds Invektiven eher zurückhaltende als kämpferische Verlautbarung ... nicht aber für Klaus und schon gar nicht für Erika, die Bermann wegen seiner Verlagspolitik mit beispiellosem Hass verfolgte und, in eins damit, dem Vater schon seit Jahren Vorwürfe machte, dass er nicht zu einem Exilverlag wie Querido in Amsterdam übergewechselt sei. «Ich habe Zwist [...] mit den Greisen gehabt», hieß es schon im September 1933 in einem Brief an Klaus, «ei warum! des Bermanns wegen! Wagt dieser Schleimfrosch, an den Z. zu schreiben und in einem <u>Ton</u> über Dich und Heinerle herzuziehen, den ich mir als Euer Blutsverwandter [...] nie und nimmer würde bieten lassen. Kein Wort ist ihm zu toll, keine Herabwürdigung zu unverschämt. [...] Z. lächelt und sagt: ja, auf den Aissi ist er nicht gut zu sprechen. [...] Daß die Bersau in allem und jedem darauf hinaus will und es

deutlich schreibt – sämmtliche Emigranten sollten auf Lebenszeit den Mund halten, damit er,
Berdreck, in Deutschland keinen Ärger habe, ist
sonnenklar. […] Ich habe […] zunächst nur geschimpft, wobei ich vom unreifen und wankelmütigen Gölchen schmählich im Stich gelassen
wurde, – und dann habe ich mich denn doch so
geärgert, daß ich einen Brief schrieb und mich
nicht mehr zeigte. (Wobei zu betonen ist, daß
auch das hohe Gericht Mama mir sehr unrecht
gab und ein wenig massiv wurde, sodass ich mich
nicht entschließen konnte, ganz gute Miene zu
diesem miserablen Spiel zu machen.) Das Ganze
ist so, wie ich es Deinem Vater schon vor Monaten voraussagte – der falsche Schritt, bei Fischer
zu bleiben, zieht nichts als Falsches nach sich und
sät Unheil, Widerspruch und Unhaltbares auf der
ganzen Linie, auf der ‹Menschliches› und Politisches nicht mehr zu unterscheiden ist.»

Wollte Erika nicht wahrhaben, dass Thomas
Mann mit dem Wechsel zu einem erklärten Exilverlag sein altes Leserpublikum preisgegeben
hätte, und konnte sie wirklich nicht ermessen,
wie groß die Verpflichtung des Zauberers gegenüber dem Verlag war, der ihn mit Konsequenz

und Klugheit über die Jahre hin gefördert hatte? Kein Nobelpreis ohne Samuel Fischers *Budden-brooks*-Vertrag! Und hatte sie niemals über die Gründe nachgedacht, warum die beiden alten Fischers, Sammy und Hedwig, rührend und verblendet zugleich, sich mit der gleichen Beharrlichkeit weigerten, Deutschland zu verlassen, wie Alfred und Hedwig Pringsheim?

Im Gegensatz zu ihrer Mutter kannte Erika kein Pardon, wenn es um die Zögerlichkeit ihres Vaters, das ängstliche Taktieren und den berühmten «Mittelweg» ging. Als die Ehrenerklärung für Bermann unter der Überschrift *Ein Protest* in der *Neuen Zürcher Zeitung* erschien, kündigte sie alle Bindungen auf: «Doktor Bermann ist, soviel ich weiß, die erste Persönlichkeit, der, seit Ausbruch des dritten Reiches, Deiner Auffassung nach Unrecht geschieht, zu deren Gunsten Du dich öffentlich äußerst. [...] Das erste Wort ‹für› aus Deinem Mund fällt für Doktor Bermann, – das erste Wort ‹gegen› – Dein erster officieller ‹Protest› seit Beginn des dritten Reiches – richtet sich gegen Schwarzschild und das ‹Tagebuch› (in der N.Z.Z!!!) [...] [Bermann] bringt es nun zum zweiten Male fertig (das erste Mal anläßlich des ‹Er-

öffnungsheftes› der ‹Sammlung›), daß Du der gesamten Emigration und ihren Bemühungen in
den Rücken fällst – ich kanns nicht anders sagen.
Du wirst mir diesen Brief wahrscheinlich sehr
übelnehmen, – ich bin darauf gefaßt und weiß,
was ich tue. […] Deine Beziehung zu Doktor Bermann und seinem Haus ist unverwüstlich, – Du
scheinst bereit, ihr alle Opfer zu bringen. Falls es
ein Opfer für Dich bedeutet, daß ich Dir mählich,
aber sicher, abhanden komme –: leg es zu dem übrigen.»

Jetzt war – wieder einmal! – Katias Stunde gekommen: jetzt ergriff *sie* die Initiative und bewies
ein weiteres Mal ihre Vermittlungskunst. Zunächst wies sie Erika in ihre Schranken: Ich «stehe
[…] auf dem Standpunkt, daß man einem Menschen, den man hoch schätzt, Dinge, die man
mißbilligt, nachsehen muß.» Sie wisse, dass sie,
Katia, eine duldsamere Natur sei als die Tochter.
Man könne diese Duldsamkeit natürlich auch
Schwäche nennen, aber wäre es für die Tochter
wirklich unmöglich, die Dinge auch einmal mit
Nachsicht und Empathie zu betrachten? «Du bist,
außer mir und Medi, der einzige Mensch, an dem
Z.s Herz ganz wirklich hängt, und Dein Brief hat

ihn sehr gekränkt und geschmerzt. Daß er viel Ärger und Unannehmlichkeiten von diesem Schritt haben werde, habe ich ihm vorausgesagt [...]. Daß aber Deine [...] Mißbilligung so weit gehen würde, quasi mit ihm zu brechen, hatte ich wirklich nicht erwartet. Und für mich, die ich doch nun einmal sein Zubehör bin, ist es auch recht hart.»

«Zubehör»: Das klingt resignativ, zeugt aber auch von Einsicht und Stolz. Die Geschichte des Wortes ‹Zubehör› ist aufschlussreich; oft erst ermöglicht das richtige Zubehör, die in einem Menschen vorhandenen Möglichkeiten zu entfalten. So betrachtet war das ‹Zubehör› Katia unerlässliche Voraussetzung für Thomas Manns Wirken – akzeptiert von einer Frau, die ‹Zubehör› als ‹Zugehörigkeit› empfand, aus der sie Sinn und Aufgabe ihres Lebens ableitete.

Katia akzeptierte ihre Rolle und war bereit, sie auch in Konflikten zu vertreten, obwohl Erikas Rigorosität sie tief verletzte. Ein Streit musste ausgetragen werden – aber mit Vernunft und Augenmaß und Berücksichtigung *beider* Standpunkte. «Sie wissen», schrieb sie 1936 an Liesl Frank, «daß ich nicht in allem denke wie Tommy, aber ich habe mich immer bemüht, seinen Standpunkt zu respektieren.» Der Brief an die renitente Tochter konnte deshalb nur der erste Schritt zur Lösung der sich gefährlich zuspitzenden Konstellation sein; der zweite hatte dem Versuch zu gelten, den Zauberer von der Notwendigkeit einer grundsätzlichen Erklärung zu überzeugen, die jeden Zweifel an seiner Gesinnung von vornherein ausschloss. Am Ende dieser Diskussionen stand ein erster Entwurf jenes berühmten Briefes an den Feuilletonredakteur der *NZZ*, Eduard Korrodi, den Thomas Mann vierzehn Tage später zu einer unmissverständlichen Absage an das nationalsozialistische Deutschland und dem Bekenntnis seiner Solidarität mit den exilierten Schriftstellerkollegen ausarbeitete. Sie wäre ohne Katias Geduld, ihr Vertrauen und ihre entschiedene, aber stets die Möglichkeiten des Partners mitbedenkende Parteinahme sowie ihre Bereitschaft, die Konsequenzen dieses Schrittes mitzutragen, niemals geschrieben worden.

Die deutschsprachige Emigration zeigte sich erleichtert: Ein wichtiger Bundesgenosse hatte sich – endlich! – zu ihr bekannt; auch Klaus und Erika waren glücklich: «Dank, Glückwunsch, Segenswunsch», hatte die Tochter dem Vater drei Tage nach dem Erscheinen des Briefes aus Prag telegraphiert. Katias Rückblick klang demgegenüber verhalten: «Das ganze war eine unerfreuliche Geschichte», schrieb sie – noch vor Erscheinen des Manifests – an Klaus, «und hat mich mindestens so viele Lebensjahre gekostet, wie das hl. Christfest. Ob die Antwort nun die ‹Emigration› befriedigen wird, weiß ich nicht; sie richtet sich weniger scharf gegen Korrodi als gegen das Vaterland, mit dem sie wohl den definitiven und totalen Bruch bedeutet. Und dieses ist recht aufregend, denn Z.'s Widerstände gegen diesen Schritt waren von Anfang an geradezu krankhaft und sind es immer noch, sodaß ich nicht ohne Besorgnis der weiteren Entwicklung entgegensehe, zumal er immer wieder das Gefühl haben wird, man habe ihn dazu gedrängt und er habe gegen seine Natur gehandelt.»

Thomas Manns Lage war in der Tat nicht beneidenswert. Für den Herbst hatte Bermann das Erscheinen des dritten *Joseph*-Bandes angekündigt. Die ersten «überaus bewunderungs- und achtungsvollen Stimmen» aus Budapest, Prag und Wien lagen bereits vor; nur aus Deutschland kam keine Reaktion. «Nach Deutschland scheint das Buch nicht zu kommen, ob [der Boykott] Bermann Fischer oder Z. gilt, wissen wir vorläufig nicht, da der verlogene Bursche [gemeint ist Bermann] keinerlei Auskunft gibt, vielleicht auch beiden. Man <u>mußte</u> ja nach dem Brief an die NZZ darauf gefaßt sein, und vorläufig scheint sich Z. nicht so sehr darüber aufzuregen.»

Die Nachricht von Bermann, dass 48 Prozent aller Vorbestellungen für den *Joseph* aus Deutschland eingegangen seien, mag zur Stabilisierung beigetragen haben. Zudem zeigt das Tagebuch, dass sich Thomas Mann über mögliche Konsequenzen seines Absagebriefes keinen Illusionen hingab. Er wusste, dass er mit Aberkennung der deutschen Staatsbürgerschaft zu rechnen hatte, und nahm das Angebot der Tschechoslowakei, ihn und seine Familie einzubürgern, dankbar an. Da er sich aber, zögerlich wie stets, nur schwer zur Bekanntgabe seines Nationalitätenwechsels entschloss, verzögerte sich die offizielle Verlautbarung, sodass die Deutschen ihre 7. Ausbürgerungsliste einen Tag vor der Mitteilung der Prager Regierung veröffentlichen konnten. Zusammen mit Thomas Mann wurden am 2. Dezember 1936 auch Katia, Golo, Monika, Elisabeth und Michael «der deutschen Reichsangehörigkeit für verlustig» erklärt. Der *Reichsanzeiger* publizierte am 2. Dezember 1936 die offizielle Begründung: «Thomas Mann, Schriftsteller, früher in München wohnhaft. Nach dem Umschwung kehrte er nicht mehr nach Deutschland zurück und begründete mit seiner Ehefrau Katharina geb. Pringsheim, die einer jüdischen Familie entstammt, seinen Wohnsitz in der Schweiz. Wiederholt beteiligte er sich an Kundgebungen internationaler, meist unter jüdischem Einfluß stehender Verbände, deren Feindseligkeit gegenüber Deutschland allgemein bekannt war. Seine Kundgebungen hat er in letzter Zeit wiederholt offen mit staatsfeindlichen Angriffen gegen das Reich verbunden. Anläßlich einer Diskussion über die Bewertung der Emigrantenliteratur stellte er sich eindeutig auf die Seite des staatsfeindlichen Emigrantentums und richtete öffentlich gegen das Reich schwerste Beleidigungen, die auch in der Auslandspresse auf starken Widerspruch stießen. Sein Bruder Heinrich Mann, sein Sohn Klaus und seine Tochter Erika sind bereits vor längerer Zeit wegen ihres unwürdigen Verhaltens im Ausland

der deutschen Staatsangehörigkeit für verlustig
erklärt worden.»

Mit diesem offiziellen Schritt waren die Ver-
handlungen von Rechtsanwalt Heins wegen des
Münchener Hauses und des Vermögens obsolet
geworden, über die Hedwig Pringsheim ihrer
Tochter in allen Details berichtete – wegen der
Zensur häufig in anspielungsreicher poetischer
Umschreibung. Valentin Heins' Verhandlungen in
Berlin werden zu «streusändlichen événements»,
das Herzogparkhaus einmal zur «armen, alten,
kranken Poschi», ein anderes Mal zum «Häusle»,
aus dessen verwahrlostem Garten das Mädchen
Sophie der Schreiberin «the last roses of the sum-
mer, left blooming alone» als Erinnerungszeichen
mitbringt. Als Hedwig Pringsheim im Oktober
1937 dann von der «in weithin schallender An-
nonce urbi et orbi» verkündeten Versteigerung
der Möbel und schließlich – im Februar des darauf folgenden Jahres – vom vollständigen Umbau
des Hauses schreiben musste, war ihr allerdings
nicht mehr nach Poesie zumute: «Wir haben […]
einen Blick auf Madame Poschi geworfen, wo
viele Schutthaufen, viel Material herumliegt, wegen starker innerlicher Veränderung.»

Das Familienhaus im Herzogpark gab es von nun an nicht mehr. Katia tat sich schwer mit der von der Mutter so dramatisch beschriebenen Münchener Barbarei. Sie hat Enteignung und Ausbürgerung offenbar zeitlebens als Kränkung ihres bürgerlichen Ehrgefühls empfunden: «Hinausgeworfen hat man uns – und das nach einem ehrenwerten Leben», befand sie noch als sehr alte Frau.

Sicher ist, dass der Einschnitt, den die Emigration in das Leben der Familie Mann bedeutete, Katia vom ersten Tag an mehr abverlangte als ihrem Mann, dessen Gleichgewicht sich in dem Augenblick wiederherstellte, da ein eigener Schreibtisch und ein komfortables Arbeitszimmer ihm die letztlich ungefährdete Kontinuität seines Daseins verbürgten. Aber dass dies gelang und Thomas Mann sich stets innerhalb weniger Monate wieder in die vertraute Umgebung zurückziehen konnte, war ausschließlich Katias Verdienst. Zumal in entscheidenden Augenblicken galten ihre Energien ausschließlich der «amazing family». Für sich selbst war sie anspruchslos: teure Garderobe und auch aufwendige Reisen oder Luxushotels waren ihre Sache so wenig wie kostbare Preziosen. Wenn sie trotzdem sehr genau Buch führte, unerbittlich um die Höhe von Honoraren stritt und sich nicht scheute, die elterliche Zuwendung, die ihr der Vater seit Beginn ihrer Ehe und unabhängig von den glänzenden Verhältnissen der Familie nach dem Nobelpreis regelmäßig überwies, auch in den Jahren nach 1933 noch zu beanspruchen, dann tat sie es nicht zuletzt deshalb, weil es immer mehr Freunde und Bekannte gab, die auf ihre materielle Hilfe angewiesen waren. «Katia muß gleich schicken, was eingeht. Wir leben buchstäblich von der Hand in den Mund.» – «Von Katia kamen gestern 758 Francs als Monatszahlung.» – «Wir sitzen hier fest, ohne Geld. Am 15. ist die Miete fällig [...]. Katia stellte 600 Frs. in Aussicht»: Beispiele aus dem Briefwechsel zwischen René Schickele und Annette Kolb, die sich beliebig vermehren ließen. Natürlich waren es nicht nur Gelder aus dem Hause Mann, die Katia überwies; aber sie war die Anlaufstelle und zahlte auch aus eigenem Vermögen.

Nicht zuletzt deshalb war überlegtes Wirtschaften unumgänglich: «Der Schwund der Vorräte fängt an, mir ernstlich Sorge zu machen», klagte die Finanzverwalterin – zumal auch im

Hinblick auf die eigenen Kinder. «Es ist [...] quälend [...], wenn die Ausgaben niemals im richtigen Verhältnis zu den Einnahmen stehen.» Besonders Klaus war immer in Finanznöten, aber auch Erika meldete gelegentlich Wünsche an, die nicht ohne weiteres zu befriedigen waren. Zwar sprangen die Großeltern, zumal wenn es die charmanten Enkel betraf, immer wieder ein, finanzierten Bücher, Reisen und auch schon einmal ein Auto, aber auch ihr Vermögen war durch die Rassenpolitik der neuen Machthaber bedroht: «Fay glaubt, wir arme und heulige Elterlein Huy und Tuy [würden] nach Erledigung alles Vorgesehenen und den Verpflichtungen gegen den Nachwuchs, für uns nicht genug zu einem auch nur kärglichen Leben behalten, und vom ‹im Oberstock wonen› könne dann nicht entfernt mehr die Rede sein.» Auch wenn Hedwig Pringsheim durch den Hinweis auf Huy und Tuy vielleicht nur signalisieren wollte, dass man in München den *Joseph* aufmerksam gelesen habe, so war ihr Fazit doch deutlich: «Fay fürchtet [...], daß er nächstes Jar *alle* Beträge wird reduciren müssen, denn *sooo* reich sind wir ja nun auch leider nicht mehr!»

Dennoch: Weder in München noch in Küsnacht musste man Hunger leiden. An beiden Orten waren – jedenfalls einstweilen noch – die materiellen Verhältnisse durchaus zufrieden stellend, und zumal in Küsnacht entwickelte sich rasch wieder ein geselliges Leben, das in Ablauf und Personenkreis dem Münchener durchaus vergleichbar war: Heute der Wagnerenkel Franz Beidler mit seiner Frau, der Schwester von Franz Werfel, morgen Leonhard Frank, übermorgen der Buchhändler und Mäzen aller Zürich-Flüchtlinge Emil Oprecht und Frau Emmie – von den Durchreisenden wie Neumanns, Bruno Walter oder den Schauspielern nicht zu reden. Doch auch ‹lästige› Gäste stellten sich ein, die, wie einst in der «Poschi», an sich durchaus willkommen, aber, unangemeldet zum Mittagessen, die Kräfte der Hausfrau denn doch überforderten: «Tenni, Lion und Therese, das ist zuviel, und, offen gesagt, auch zu jüdisch. Und nachmittags bricht noch Reisi über uns herein. [...] Außerdem kommen auch Nachmittag und Abend Professor Kerenyi aus Budapest mit Gattin, [...] das ist zuviel!»

Vor allem wenn die «Urgreise» zu Besuch kamen, bemühte sich die Familie nach Kräften, ihnen die Geselligkeit zu bieten, auf die sie in Mün-

chen inzwischen weitgehend verzichten mussten. «Die lebenslustige Offi genießt [...] einen
Glanzabend bei den Reiffs, wo Unruh, von Z. prä-
pariert, sein wirres Dramen-Opus zum Besten
gab vor einem großen Kreis von paying guests» –
eine offenbar zum Nutzen mittelloser Emigranten von Lily Reiff initiierte Form der Geselligkeit,
über die Hedwig Pringsheim, nachdem sie 1939
nach Zürich entkommen war, ihrer Tochter noch
häufig nach Princeton oder Kalifornien berichten
wird. Auch Thomas Mann nahm gern Gelegenheiten wahr, um – alter Münchener Tradition
folgend – in seinem Küsnachter Haus oder bei
Zürcher Freunden aus den gerade im Entstehen
begriffenen Werken vorzulesen: «Gestern Abend
fand die Soiree bei Oprechts statt. [...] Es war so
weit ganz nett und gemütlich, aber daß der Hausherr bei der Verlesung eines neuen Lotte-Kapitels
nach Tisch nicht nur einschlief, sondern wahrhaft
dröhnend schnarchte», war – nach Katias Meinung – «denn doch ein etwas peinlicher Zwischenfall».

In München hingegen konnte von Soireen
längst nicht mehr die Rede sein. Die «Urgreise»
lebten still vor sich hin. Manchmal freilich stellte

sich auch dort ein prominenter Gast ein – ein Verwandter oder Freund aus vergangenen Tagen, der sich nicht scheute, den alten Juden, ohne Rücksicht auf die veränderten Zeitläufte, seine Aufwartung zu machen: «Und was geschieht heute nachtisch?», erzählte Hedwig Pringsheim – nicht ohne Süffisanz – ihrer Tochter. «Der ‹Ex›, wo doch heute am Sonntag nachmittags und abends das ‹Konzert› spielt, fragt mich an, ob er dazwischen von 6–7 uns besuchen dürfe!» – Selbstverständlich durfte er: Gustaf Gründgens, der pünktlich mit seinem Mercedes am Maximiliansplatz vorfuhr, die alten Leute zur Sonntagsvorstellung einlud und schließlich noch wissen wollte, «ob die Ex-Schwiegers es richtig finden würden, wenn er ganz gelegentlich und one Aufhebens ihre Angelegenheit dem befreundschafteten Oberfasan erzäle. […] Ich sagte, ich würde dort mal anfragen.» Natürlich lehnte man in Küsnacht das Anerbieten, offensichtlich nicht eben erfreut, ab. Hedwig Pringsheim aber fühlte sich verpflichtet, den «Ex» noch einmal zu verteidigen: Das Angebot sei taktvoll und bescheiden vorgetragen worden, und die Aufführung, auf deren Besuch Fay sehr gedrängt habe, hätte das Ehepaar «trefflich amüsiert», das Niveau sei «sehr gut» gewesen und «der Ex einfach *meisterhaft*». Eine Reaktion aus der Schiedhaldenstraße auf diesen Bericht ist nicht überliefert.

Gustaf Gründgens war übrigens nicht der Einzige aus der Gilde der alten Arcisstraßenbesucher; auch wenn Hedwig Pringsheim ihr Münchener Leben zunehmend als still und zurückgezogen bezeichnete, so gab es doch eine Reihe von Gästen, die sich nicht um eine – durchaus mögliche – Rufschädigung kümmerten, Fays Nachfolger Oscar Perron und der Chemiker und Nobelpreisträger Richard Willstätter an der Spitze. Noch 1938 – den Pringsheims war die Wohnung am Maximiliansplatz gekündigt und sie hatten in der Widenmayerstraße, «wo fast in jedem Haus [...] jemand lebt, den wir kennen», eine etwas kleinere, aber immerhin noch recht repräsentable Unterkunft gefunden – berichtete Hedwig Pringsheim über den Besuch eines alten Bekannten, der, gleich dem «G. G», in Küsnacht nicht eben zu den *personae gratae* gezählt wurde: Wilhelm Furtwängler, der alte Schulkamerad ihrer Söhne. «Gestern [...] grüßt uns [...] ein Herr, den wir überhaupt nicht kennen. Fay fremdelt, ich aber rufe: Willy, das süße Kind! Und er war's, mit völlig kahlem Kopf und verrunzelter Stirn über seinem alten Kindergesicht. Entschuldigt sich bei uns, daß er uns immer noch nicht besucht habe (wieso eigentlich?), […] [er] sei immer auf Reisen, müsse grad wieder fort: und ob er nach seiner Rückkehr sich einmal bei uns ansagen dürfe? Natürlich darf er.» Anfang Januar 1938 erfuhr Katia in Zürich, dass «der süße Willi, nächster Nachbar» in der Widenmayerstraße, «neulich geschlagene 2 1/2 Stunden» bei ihrer Mutter gesessen habe.

Es scheint, als sei es Hedwig Pringsheim tatsächlich gelungen, mit derartigen Berichten die Tochter über die zumal nach den Pogromen fast täglich zunehmenden Restriktionen, denen auch die «Urgreise» mehr und mehr unterworfen wurden, im Unklaren zu lassen. Aber konnte Frau Thomas Mann wirklich annehmen, ihre Eltern führten trotz der im Familienkreis doch wieder und wieder analysierten deutschen Zustände ein jedenfalls halbwegs normales und zumutbares Leben? Oder hatte sie aufgrund ihrer vielfachen Belastungen einfach nicht mehr die Kraft, um sich die Verfolgungen und Schikanen, von denen sie täglich las und hörte, auch im Hinblick auf ihre eigenen Angehörigen vorzustellen, die von 1937 ab nicht einmal mehr ein Tagesvisum, geschweige denn eine Besuchserlaubnis für die Schweiz bekamen? Hatte Katia im Juli 1938 nicht Gret Moser, die Freundin und spätere Frau ihres Sohnes Michael, bitten müssen, nach Konstanz zu fahren, um die Enttäuschung der Alten, die gehofft hatten, vom Bodensee aus jedenfalls für einen Tag ihre Tochter wiedersehen zu können, ein wenig zu lindern?

Es gibt in den Briefen Katia Manns zahlreiche Beispiele für eine gelegentliche Unfähigkeit – vielleicht sogar Unwilligkeit –, sich in komplizierte psychische Strukturen hineinzuversetzen, besonders dann, wenn ein Entgegenkommen das für den Hausherrn unabdingbare Gleichmaß des Tagesablaufs zu stören drohte. Als Ida Herz, deren Courage im Herbst 1933 so unentbehrlich für die Rettung der Arbeitsbibiliothek gewesen war, zwei Jahre später – auf der Flucht vor einer NS-Verfolgung in Nürnberg – unangemeldet in Zürich auftauchte, gab Katia Mann ihrem Sohn Klaus von diesem Zwischenfall in einer Art Kenntnis, die auch dann erstaunlich bleibt, wenn

man in Rechnung stellt, dass die Mutter besonders ihren zwei ältesten Kindern gegenüber gern
einen Ton anschlug, in dem sich pointierte Kürze
und Arroganz zusammen mit stark ironischen
und distanzierenden Untertönen zu einer Art Fa-
milien-Jargon verbanden: «Das abscheuliche
malheur mit Herzchen meldete ich schon; […]
konnte sie doch, aus purer Hoffart, ihre Zunge
nicht beherrschen und mußte fluchtartig das Pa-
nier ergreifen, und zwar wohin anders wohl als
nach Zürich? Zum Teil hat sie die Gefährdung
nach meiner Ansicht nur herbeigeführt – wer
weiß überhaupt, wieweit sie besteht –, um durch
sie Herrn Dr. an die Brust geworfen zu werden,
wobei sie aber übel ankam, denn er will von ihr –
nachdem ja nur er sie so groß hat werden lassen –
durchaus nichts wissen, und wenn sie nicht so
dickfellig wäre, hätte sie längst ins Wasser gehen
müssen. Aber sie denkt garnicht daran, sondern
wird wohl, da alle Stellen denken, uns einen großen Dienst damit zu tun, als politischer Flüchtling
irgendwie hier unterkommen, während die Wür-
digsten vor die Hunde gehen.»

Natürlich waren derartige Äußerungen nicht
für die Öffentlichkeit bestimmt, sie sind wohl

auch weniger als gültige Charakteristiken denn als temporäre Unmutsäußerungen zu lesen. Wie sonst wäre es vorstellbar, dass Katia Mann zwei Jahre später mit der größten Selbstverständlichkeit just Ida Herz um Hilfe in Sachen ihres noch minderjährigen Sohnes Michael bat, den sie gern der tschechischen Militärpflicht entziehen wollte, um ihm in England die Heirat mit seiner Schweizer Braut zu ermöglichen? Ida Herz möge in Erfahrung bringen, «unter welchen Umständen» Michael Mann und Gret Moser in England eine rechtskräftige Ehe schließen könnten.

Nicht nur wenn es um ihren Mann, sondern auch wenn es um die Belange der Kinder ging, war Frau Thomas Mann gelegentlich von bemerkenswerter Zielstrebigkeit. Zwar hatte sie gelernt, das Tun und Lassen der Heranwachsenden tolerant-resigniert zur Kenntnis zu nehmen («Was Mönle betrifft, so ist das malheur ganz offenbar irreversibel, und es hat darum auch gar keinen Zweck, auf Abhilfe zu sinnen. [...] Ach, heiratete sie doch Kasimir Edschmid!»), aber wenn sie eines ihrer Kinder für unmittelbar bedroht hielt, so ließ sie nichts unversucht, um Abhilfe zu schaffen. Vielleicht ist das eine Erklärung für ihre Bitte an Ida Herz, denn so, wie Katia in München um Klaus und Erika bangen musste, war es während der Zürcher Jahre Michael, der ihr Sorgen bereitete: Im Elternhaus fühlte sich der Junge offenbar nicht mehr wohl und benahm sich dementsprechend. Um aber selbständig in der Fremde leben zu können, war er, nach Katias Meinung, viel zu unreif und undiszipliniert. Als Bibi nach einer heftigen Auseinandersetzung mit dem Vater in bedrohlich anmutendem Zustand aus dem Haus stürzte, suchte Katia, von panischer Angst getrieben, die halbe Nacht nach dem Knaben.

Doch Bibi blieb nicht das einzige Sorgenkind. Auch Klaus war gefährdet. Seine Zeitschrift hatte wegen der geringen Abonnentenzahl ihr Erscheinen nach zwei Jahren einstellen müssen, die Auflage seiner Romane blieb gering, Freundschaften zerbrachen, allein Aufputschmittel halfen, die Produktivität aufrechtzuerhalten. Die Mutter hatte sich schon längst Gedanken gemacht über «die Grube hinter dem Ohr» des Sohnes und seine Angewohnheit, die Augen mit Kamillentee zu spülen, und in ihren Briefen Klaus mit wachsender Inständigkeit gebeten, das «Kleinbürgerliche» – eine Chiffre, die das Verachtenswerte des Rauschgift-Konsums zum Ausdruck bringen sollte – endgültig zu lassen. Vergeblich, wie sich im Frühjahr 1937 zeigte, als Klaus wegen exzessiven Drogenmissbrauchs in die Klinik des seinen Eltern gut bekannten Arztes Dr. Klopstock eingeliefert wurde. «Ein <u>wenig</u> regt es mich natürlich auf, daß es so weit kommen mußte», ließ die Mutter den Sohn wissen. «Bei unserem Julchen» – gemeint ist Thomas Manns Schwester Julia Löhr, die drogenabhängig gewesen war – «reichten Verstand und Lebensinhalt nicht hin, und so mußte sie im Kleinbürgerlichen versinken, aber wo ein männlicher Wille und produktive Gaben vorhanden, da wird man damit schon fertig werden» – «zumal als Sohn von mir». Eine für Katia Mann typische Art zu trösten! Nicht Distanzierung und Ermahnung, sondern Ermutigung, indem sie sich selbst ins Spiel bringt und die notwendige Prozedur positiv akzentuiert: «Mir scheint, es ist ein rechter Glücksfall, daß Du an ihn [Klopstock] geraten bist, und mit ihm den Beschluß, dem verhaßten Kleinbürgerlichen in zwölfter Stunde ein Cannae zu bereiten, ausführst.»

Dabei beschränkte sich die mütterliche Fürsorge nicht auf brieflichen Zuspruch: Im Gegensatz zu vielen Leidensgenossen konnte sich
Klaus, frei von materiellen Sorgen, auf seine Kur
konzentrieren. Die Mutter vergewisserte sich der
ungarischen Honorare und setzte ihre Vertrau-
ensleute ein, Devisenbestimmungen sowie Modalitäten des Transfers in Erfahrung zu bringen
und die notwendigen Zahlungen in die Wege zu
leiten.

Wenn es galt, im Interesse der Kinder zu handeln, scheute Katia Mann keine Mühe – wobei
ihre tätige Protektion durchaus nicht allein in prekären Situationen vonnöten war. Häufig ging es
um kleine Dinge: Klaus Mann «hat ein neues
Buch geschrieben und Thommy darf vorher kein
anderes lesen. Darin ist Katia streng», schrieb,
halb bewundernd, halb befremdet, Annette Kolb
an René Schickele und fügte wenig später, nach
einem Besuch in Küsnacht, hinzu: «Dort [bei den
Manns] klingt die Geige aus einem, Klavier aus
einem anderen Zimmer. Au fond c'est la mar-
maille à 6 têtes, qui joue la rôle principal dans la
maison.» Ganz so war es mit Sicherheit nicht im
Hause Mann, aber dass das Musizieren der «Klei-

nen» seinen Platz beanspruchen durfte, war in
der Familie unbestritten, zumal nachdem Elisabeth das Abitur bestanden und, wie Bruder Michael, ein Musikstudium am Zürcher Konservatorium absolvierte.

Sie müssen übrigens recht gut musiziert haben, die beiden Jüngsten, sonst hätten sie es –
trotz ihres Namens – wohl kaum wagen können,
nach Medis Schulabschluss eine kleine Konzert-
reise an die südfranzösische Küste zu unternehmen: «Liebe Frau Ilse, die beiden Jüngsten von
Thomas Mann haben uns überfallen und kampie-
ren bei uns» – so ein Brief René Schickeles an Ilse
Gräfin Seilern, «Mädy hat ihren achtzehnten Geburtstag am Schopf gefaßt, um ihr Chauffeurs-
examen zu machen, und ist andern Tags mit
einem kleinen Fiat (Preis 400 Frs.) losgefahren. Sie
spielt Klavier, ihr um ein Jahr jüngerer Bruder die
Geige. [...] Sie geben Samstagabend 3/4 9 ein
Konzert.[...] Wenn Sie irgendwie können, so
kommen Sie – und alles, was in den Wagen geht.
Vielleicht sagen Sie's auch [allem], was sonst in
Ihrer Nähe kreucht und fleucht.»

In der Lebenslust der «Kleinen» scheint sich
der Unternehmungsgeist, mit dem die «Großen»

einst in München ihre Einfälle realisierten, in Küsnacht zu wiederholen. Es war, wie Thomas Sprecher, einen Zeitzeugen zitierend, gezeigt hat, in erster Linie das Auftreten von Katia mit ihren zwei Jüngsten, das den Küsnachtern den Zuzug der Fremden bemerkbar machte. Während sich Thomas Mann nur selten im Dorf blicken ließ, waren Mutter und Kinder schwer übersehbar, einerlei, ob sie einen bereits abgefahrenen Bus durch heftiges Winken zum Stehen brachten, im Freibad durch unbekümmertes und weithin hörbares Sichaustoben gegen die strengen Schweizer Begriffe von Sitte und Anstand verstießen oder ob Frau Thomas Mann sich unter energischer Berufung auf ihren Namen in den Geschäften eine Vorzugsbehandlung vor anderen Wartenden erzwang.

Welchem Leser fallen angesichts solcher Schilderungen nicht die Beschreibungen des Tölzer Lebens ein? Doch außer den Badefreuden gab es während der Küsnachter Jahre wenig, was an Katia Manns glücklichste Zeit hätte erinnern können. Auch wenn sie bei bestimmten Anlässen immer noch eine erstaunliche Vitalität an den Tag legte, waren die Belastungen durch den Verlust der Münchener Heimat und das monatelange Wanderleben nicht spurlos an ihr vorbeigegangen: «Ihr Haar ist grau geworden, sie spricht schnell und schusselig wie immer und sitzt nach wie vor ganz vorn auf dem Stuhlrand. ‹Ich verbreite Ungemütlichkeit, ich weiß, ich weiß›, pflegt sie zu sagen», bemerkte ein alter Freund anlässlich eines Besuches in Küsnacht 1936, und Katia Mann selbst sprach in ihren Briefen immer häufiger davon, dass sie sich alt und nutzlos fühle: «Bin ja überhaupt eine gräßlich zerfahrene Urschel, was ich z. B. heute morgen daran merken konnte, daß ich mir Nivea auf die Zahnbürste drückte, was immer ein ganz gräßliches Erlebnis ist.»

«Urschel»: das blieb, über die Jahrzehnte hinweg, Katias Lieblingsbezeichnung, wenn sie sich in ihrer «Älte» und Schusseligkeit darstellen wollte: ernst – mit einem Quäntchen Resignation –, hauptsächlich aber selbstironisch gemeint, vielleicht sogar im Wissen, dass «Urschel», von «Ursula» abgeleitet, auch die lebenslustige Partnerin bedeuten kann. Der Zauberer, der seinen Goethe sehr genau kannte, könnte seine Frau bei passender Gelegenheit auf *Hans Wursts Hochzeit* hingewiesen haben: «Ich habe keinen Appetit / als ich nähme gern Ursel (Urschel) aufn Boden mit, / und aufm Heu, und aufm Stroh / jauchzen wir in dulci jubilo.» – Urschel, das Doppelwesen, ein bisschen verdreht und wunderlich, aber, wenn's drauf ankommt, voll Elan … Katia Mann mag sich in dieser Figur wiedererkannt haben, wenn sie in ihrer «Kommandozentrale» saß, dem geheimen Mittelpunkt des Hauses, in dem die Fäden zusammenliefen. Hier waren, im Unterschied zum Studio des Hausherrn, alle willkommen. Noch die erwachsenen Kinder suchten ihren Weg ins Elternhaus über das Zimmer der Mutter, ohne Rücksicht auf die Tageszeit: Golo zum Beispiel fand nichts dabei, «nachts um halbelf, triefendnaß» plötzlich im Schlafzimmer der Mutter zu stehen, «in das er sich, um niemanden zu stören, lautlos eingeschlichen hatte». «Hätte natürlich leicht mein Tod sein können», befand Frau Thomas Mann. «Eine drollige Art heimzukehren haben meine diversen Kinder.»

Nein, «Bitte nicht stören» hat niemals an der Tür von Katias Zimmer gestanden, dem von Monika Mann so plastisch beschriebenen «Herzen des Hauses», das Boudoir und Büro zugleich war.

«Liebenswürdig chaotische Fülle und Lebensmitte» habe es ausgestrahlt mit dem Toilettentisch voller geschliffener Flacons und Silberdosen, die als Beschwerer für «womöglich schon bezahlte Kohlen- und Milchrechnungen» dienten, der von roter Häkelwolle und Büchern bedeckten Chaiselongue, einer Kommode, die «unter der bunten Last von Briefen, Manuskripten, einem riesigen Nähbeutel aus lila Wildleder, unzähligen Familienphotographien, Schlüsseln, […] Telefonlisten und Speisezetteln» ächzte, und einem grazilen Schreibtisch, der seine Last kaum zu tragen vermochte: «zwei Schreibmaschinen, Lateinbücher der Brüder, russische Lexika und Schachteln mit Extrabitter Katzenzungen».

Monikas Beschreibung galt Katias Zimmer in der Poschingerstraße. War es in Küsnacht anders? Und in Princeton? Seltsam, wir können die Studios Thomas Manns samt dem in jedem neuen Domizil wieder sorgfältig arrangierten Schreibtisch zentimetergenau rekonstruieren … aber wie sah Katias Zimmer aus? War es immer noch das Boudoir-Büro? Wir wissen es nicht. Wir kennen nur die Häuser: das treppenreiche Hanghaus in der Schiedhaldenstraße und dann, nach 1938, die dritte Station nach München und Zürich: die Prachtvilla in der Stockton Street zu Princeton, die nach Meinung des neuen Hausherrn «gegen Küsnacht zweifellos eine Erhöhung des Lebensniveaus» darstellte – umso mehr, als der erlauchteste Besucher, den Katia und Thomas Mann je bei sich zu Gast sahen, Albert Einstein, zu den unmittelbaren Nachbarn gehörte.

Kapitel 6

Amerika

Katias und Thomas Manns amerikanische Jahre begannen, genau genommen, am 15. Mai 1937, dem Tag, an dem eine Journalistin, die den Zauberer drei Wochen zuvor interviewt hatte und von ihm für eine sympathische und intelligente Verehrerin gehalten worden war, dem Meister zu erkennen gab, wer sie eigentlich sei: kein Nobody, dessen publizistische Bemühungen als «fan mail» abgelegt werden könnten, sondern eine Dame der ersten Washingtoner Gesellschaft: «It will be better if I identify myself as the wife of Eugene Meyer, owner and publisher of the Washington Post and former Governor of the Federal Reserve Board.»

Ein Paukenschlag! Und nicht nur einer: *Zwei* Angebote habe sie, Mrs. Agnes Meyer, dem Autor zu machen: einen Vortrag über das Thema «Can Democracy survive?» in illustrem Rahmen vor «statesmen and legislators» und die Möglichkeit ständiger Mitarbeit in der *Washington Post*, die mit dem ungekürzten Abdruck von Dr. Manns Rede beginnen könne: «Our paper is read every morning by every official from the president down.» – Vielleicht solle man in Kürze über die Offerte sprechen. Mr. and Mrs. Meyer würden sich freuen, Mr. and Mrs. Mann in Paris zu sehen, wo man am 25. Mai eintreffen werde.

Nun, die Begegnung kam nicht zustande. Thomas Mann war krank. An seiner Stelle antwortete Katia und übersandte, mit getrennter Post, den Einleitungs-Essay ihres Mannes zur Zeitschrift *Mass und Wert*, um den Agnes Meyer sich zu kümmern versprach: ideell, indem sie den Essay persönlich ins Englische übertragen werde, und materiell durch Übersendung eines Schecks in Höhe von 2000 Dollar.

Wie der in ägyptische Gefangenschaft geratene Joseph wurde auch Thomas Mann aus der Misere des Exilierten gerettet durch den «Segen von oben» – diesmal sehr konkret: aus dem intellektuellen Umfeld des Weißen Hauses. Die *Entente cor-*

diale auf höchster Ebene konnte beginnen: mit strahlenden Ups and makabren Downs, mit faszinierenden Entwürfen und peinlichen Episoden: «Will da noch das Weib in mein Leben treten, allen Ernstes», notierte Thomas Mann im siebenunddreißigsten Jahr seiner Ehe, anno 1942, in seinem Tagebuch.

Fürs Erste jedoch ließ sich alles freundlich an: Seit dem April 1937, also bereits während der letzten anderthalb Jahre in der Schweiz, stand der berühmte deutsche Poet unter dem Schutz einer «Fürstin», die sich mit List, Charme und Courage daranmachte, Thomas Mann in Amerika einzugemeinden. Wenn Agnes Meyer etwas durchsetzen wollte, konnten Wunder geschehen. Kaum hatte der Umworbene angedeutet, dass er – nicht zuletzt wegen der politischen Lage in Europa – bereit sein könnte, den europäischen Kontinent zu verlassen, nahm seine Mäzenatin auch schon Verhandlungen mit der Universität Princeton auf und erklärte sich bereit, eine Gastprofessur für den deutschen Dichter zu finanzieren. Im Jahr darauf wurde der – mittlerweile mit vielen akademischen Auszeichnungen bedachte – Sitzenbleiber aus Lübeck als Kollege Albert Einsteins zum

Lecturer in Humanities berufen; später, als die Vorlesungsverpflichtungen die schöpferische Arbeit des Schriftstellers bedrohten, finanzierte Agnes Meyer für ihren Schützling eine Sinekure als Honorary Consultant for German Literature an der Library of Congress in Washington, wie sie angenehmer nicht sein konnte: viel Geld, wenig Arbeit, großzügige Konditionen in Fragen der Präsenz; zu erbringende Leistung: ein Vortrag im Jahr.

So weit war es freilich noch lange nicht. Zunächst ging es, vonseiten Thomas Manns, offiziell nur um eine zeitlich begrenzte Distanz zu Europa, ein produktionsförderndes Leben in zwei Kontinenten, deren zweiten, Amerika, das Ehepaar Mann während der seit 1934 fast jährlich unternommenen Besuchsreisen und durch die Verleihung eines Ehrendoktorats in Harvard kennen gelernt hatte. In Gedanken jedoch war längst eine definitive Übersiedlung erwogen worden. Die letzte Entscheidung fiel während einer großen Lecture-Tour quer durch den Kontinent im März 1938: «Nachdem Hitler ungestraft seinen verbrecherischen Anschlag auf Österreich hat ausüben können» – Brief von Thomas Mann an Agnes

Meyer vom 21. März 1938 – «und ein ähnlicher Schritt gegen die Tschechoslovakei in nächster Zeit wahrscheinlich auf ebenso wenig Widerstand stoßen wird, ist Europa für meinesgleichen tatsächlich nicht mehr bewohnbar, und ganz abgesehen von allen psychischen Widerständen würde mir die Schweiz nicht einmal mehr physische Sicherheit bieten.» In Erinnerung an die Entführung des Publizisten Berthold Jacob durch deutsche Agenten im März 1935 wurde Katia gegenüber Martin Gumpert noch präziser: «Soviel ist ja wohl leider richtig, daß die persönliche Sicherheit meines Mannes in unserem Küsnachter Haus nicht mehr gewährleistet ist, auch wenn die Schweiz, wie ich glaube, vorerst noch nicht geschluckt wird.»

Ein Aufbruch war also angezeigt. Agnes Meyer hatte die Türen geöffnet; Thomas Mann nahm die Berufung auf die Gastprofessur an; im Februar 1938 beauftragte Katia eine Agentur mit der Wohnungssuche in Princeton. Zum dritten Mal, nach Sanary und Zürich, galt es, ein geeignetes Haus zu finden. Wieder begann die Berechnung von Quadratmetern und Preisen, dazu das Bedenken der Lage, des Eisenbahnanschlusses, der «Junction» nach New York, wo sich im Hotel Bedford, das seit langem das Stammhotel von Klaus und Erika war und binnen kurzem auch das bevorzugte Quartier der Eltern werden sollte, alte Gefährten versammelt hatten – Freunde der Kinder, der Arzt und Schriftsteller Martin Gumpert, sein Budapester Kollege Robert Klopstock (wir lernten ihn bereits kennen), Landshoff und Bermann, die Verleger, Emil Ludwig und Ferdinand Bruckner, «alte New Yorker» aus Deutschland, zu denen sich, nach Hitlers Okkupationen, neue Emigranten gesellten. Klaus Mann hat den Bedford-Kreis und seine glanzvollen Feste in seiner Autobiographie *Der Wendepunkt* beschrieben: Hofmannsthals und Max Reinhardts Söhne, Volkmar von Zühlsdorff oder Oskar Karlweis *e tutti quanti* stellten sich ein, entwarfen Pläne zur Rettung der von Hitler Bedrohten und beschlossen die Tage in der Bedford Bar.

Viele Freunde also in New York – und in Princeton ohnehin: die Einsteins, die Kahlers, die Gauss oder die Shenstones. Die Wohnungssuche hatte nach einigen Umwegen zum Erfolg geführt: Am 27. Juni 1938 konnte Katia Freund Gumpert mitteilen: «Heute waren wir in Princeton und ha-

ben glücklich gemietet, das Haus, das ich von Anfang an wollte, und das nun plötzlich doch zu haben war. So weit wäre also alles in Ordnung.»

65, Stockton Street – ein nahezu ideales Objekt:
der Repräsentationsraum, eher einer Halle glei-
chend, das Studio (mit einem Sofa: für Thomas
Mann unabdingbare Voraussetzung erfolgreicher
Arbeit), zehn Zimmer, fünf Bäder: Möbel, Kinder
und Freunde konnten kommen. – Wenn noch etwas fehlte, half Mrs. Meyer großzügig aus. Katia
hatte oft genug Grund, der Patronin zu danken;
sie kannte ihre Pflicht und Schuldigkeit gegenüber «Madame», wie sie die Hohe Frau in ihren
Briefen an die «Großen» gelegentlich nannte. Von
Herzen zugetan war sie der schwärmerischen
Mäzenin, die aus ihrem Bemühen, Thomas Mann
von seiner «Misogynie» zu heilen, keinen Hehl
machte, natürlich nicht. Aber sie wusste, es gab
keinen Grund für sie, sich herabgesetzt zu fühlen:
Sie war nicht dümmer als «die Meyer», lediglich
weniger mächtig; in der Kulturgeschichte, mit
Ausnahme der chinesischen Kunst, genauso be-
wandert, und was das Werk ihres Mannes betraf,
so wird sich die Prinzessin, in Erinnerung an die
Brautzeit, ihre Gedanken über Agnes Meyers In-

terpretation des Romans *Königliche Hoheit* gemacht haben. Imma Spoelmann und Klaus Heinrich: für Agnes Meyer eine «Liebesgeschichte ohne Liebe». Imma: «der einzige Karackter, den Thomas Mann beschrieben hat, der nicht seine eigene Existenz besitzt».

Das war deutlich – und, wie Katia am besten wusste, grundfalsch. Nein, sie war nicht gern bei den «Reichen»; die Dinners bei den Meyers in Washington und die Visiten auf dem Mount Kisco oder dem Landsitz in Virginia gefielen ihr wenig. Der ungeheure Luxus ängstigte sie, während ihr Mann ihn in vollen Zügen genoss. Die Erweckungsversuche der Fürstin freilich waren auch ihm nicht geheuer, ja, trotz aller Dankbarkeit gegenüber der *grande dame* peinigten sie ihn. «Ich denke an dem Bündniss von Jakob und Gott die Sie beschreiben als zur gegenseitiger Heilung gestiftet», schrieb Agnes Meyer in dem ihr eigenen liebenswert-originellen Deutsch, der Sprache ihrer Ahnen. «Warum sollte das in einer rein menschlichen Begegnung nicht möglich sein, wenn der einer dem anderen weit überlegen ist? Es wäre ein grosses Werk zu schreiben wozu ich einst Zeit finden muss, der Frau im allgemeinen

beizubringen, dass die Seelenbände welche sie in-
stinktif anknüpft, dem Manne nicht als Netz, sondern als Befreiung dienen müssen, wenn sie selber zur vollen Entwicklung kommen will.»

Thomas Mann: ein Gott, dem das Seelenband
mit einer Frau nicht zum Netz wird, in dem er
sich verfängt, sondern ihn, im Gegenteil, an Kräfte bindet, die ihn zu neuer Freiheit führen?
Agnes Meyer: seine Erlöserin auf der Spur von
Richard Wagners Frauengestalten? Oder: Jakob
und Thamar, in die Vereinigten Staaten verschlagen, beim spirituell-erotischen *tête à tête*? Den
Adressaten dieser Interpretationen mag es bisweilen geschaudert haben bei den Auslassungen
seiner Gönnerin, über die er sich in den Tagebüchern, seine Verlogenheit kompensierend, häufig
mokierte. Aber nach außen hin wahrte er die
Contenance. Er wusste genau, dass er ohne Mrs.
Meyer in Amerika – jedenfalls am Anfang – nicht
mehr als ein Emigrant unter Emigranten gewesen wäre.

Auch Katia, die die Vorteile der fürstlichen Zuwendung im Materiellen durchaus zu schätzen
wusste, hielt sich mit Emotionen zurück. Lediglich die Briefe an Klaus und Erika bezeugen ihre

wahren Gefühle gegenüber der hoch gewachse-
nen, kostbar gewandeten Frau, in deren Nähe sie
sich ihrer eigenen bescheidenen Toilette, der nicht
mehr idealen Figur und – eine ständige Klage seit
Münchener Tagen – ihrer «dicken Beine», die sie
beim Gehen so peinlich laut aufstampfen ließen,
schmerzlich bewusst wurde. «Ich habe nichts
zum Anziehen, werde in Washington traurigste
Figur machen und ich mag mir gar nichts kaufen,
von wegen die Älte, die Dicke und Garstigkeit.
Wie soll man sich da herausputzen?»

Nein, auf gleicher Augenhöhe sind sich Katia
Mann und Agnes Meyer niemals begegnet – dafür war ihr Status zu verschieden. «Katia may
have been difficult, but she was necessary»: Der
Text in der zweiten – unvollendeten – Autobiographie der Fürstin, *Life as Chance and Destiny*,
spricht für sich selbst. Hier, auf Agnes Meyers
Seite, «the days of unbroken intimacy» zwischen
«Tommy» und «Ag», dort, auf Katia bezogen,
«the dragon at the gate», dem zunächst einmal
die Aufgabe zufalle, das im Arbeitszimmer über
Goethe und Wagner meditierende Genie selbst
vor der kleinsten Störung zu schützen, und dazu,
nicht minder wichtig, die Auflage, sich niemals

einzumischen, wenn Thamar mit Jakob allein zu sein wünschte: «It is important to mention that Katia [...] was never present when Mann and I wished to visit together. Some of his men friends complained that conversations with Thomas Mann were impossible, because they never were allowed to see him without his wife. This was never a problem for me.»

Wären Katia diese Zeilen bekannt gewesen – sie hätte ihnen nur bedingt widersprechen können. Selbstverständlich unterbrach sie Gespräche, wenn sie merkte, dass sie «Tommy» langweilten oder von Wichtigerem abhielten, aber es wäre ihr nie in den Sinn gekommen, Unterhaltungen zu stören, die für den Zauberer in sachlicher oder persönlicher Hinsicht bedeutsam waren. Die Kommentare über die Treffen ihres Mannes mit Agnes Meyer zeigen, dass Eifersucht ihre Sache zuletzt war: «Ob ich dir wohl von dem Portrait schrieb, das sie [Agnes Meyer] für den Book of the Month Club entwarf, [...], und in dem Vati als ein absoluter Einsiedler, ohne Weib und Kind erschien. Ach über diese eifersüchtige Närrin!» Wenn es um die Belange «des Vaters» ging, wusste Frau Thomas Mann stets sehr genau, was sie zu tun hatte. Die wechselvolle, zwischen Agnes Meyer und ihrem Mann spielende Geschichte war für sie eine unverzichtbare, weil Ruhm, Gewinn und, vor allem, Sicherheit verbürgende Episode im Leben eines berühmten Poeten, dem die zweifelhafte Ehre angetragen worden war, in Agnes Meyers Gunst die Nachfolge Seiner Exzellenz, des französischen Botschafters in Washington, Paul Claudel, anzutreten.

Für Katia gab es Wichtigeres als das komplizierte Leben mit den «Reichen». Noch ehe der Princetoner Mietvertrag unterzeichnet war, begleitete sie ihren im fremden Sprachraum noch unsicher agierenden Mann auf einer Lecture-Tour, die sie auf unbekanntes Terrain, an fünfzehn über den ganzen Kontinent verteilte Vortragsorte führen sollte. Gottlob konnte Erika sie begleiten und – dank ihrer perfekten Beherrschung des Englischen – den Vater sicher durch die Fährnisse der «question-periods» führen: Erika «hat überall große Erfolge, wenn sie ihrem Vater beim Frage- und Antwortspiel, mit gedämpfter Stimme, halb Pythia, halb Portia zur Seite steht». Schon sehr bald bildeten Vater und Tochter ein eingespieltes Team, das bis in das letzte Lebensjahrzehnt des Zauberers nahezu perfekt kooperierte und nicht selten Katia die zweite Rolle zuwies.

In Princeton aber, wo man sich seit dem Einzug in die Stockton-Street-Villa am 28. September 1938 wieder zu Hause fühlen konnte, hatte Katia das Sagen. Sie fühlte sich von Anfang an wohl im dortigen akademischen Ambiente, wo man ihr und Thomas Mann mit Anteilnahme und Zuwendung entgegengekommen war. Zumal Molly Shenstone, die Frau eines Princetoner Physikers, zeigte spontan eine so warmherzige Hilfsbereitschaft, dass Mrs. Mann glücklich und erleichtert zustimmte, als Mrs. Gauss ihr von Mollys Bereitschaft berichtete, bei der Bewältigung der einströmenden Post zu helfen.

Das war auch dringend nötig, denn die Unterstützungsgesuche mittelloser Emigranten, später die Hilferufe der in Frankreich internierten und von Auslieferung bedrohten Freunde verlangten englischsprachige Eingaben und Gesuche, die Katia allein nicht hätte bewältigen können. Da galt es, Bürgen für die Affidavits (die Bürgschaften eines amerikanischen Zeugen) und Mäzene zur Sicherung der Überfahrtskosten zu finden oder das State Department zu bitten, die amerikanischen Konsulate in Marseille oder Lissabon anzuweisen, den auf beiliegenden Listen namentlich genannten Flüchtlingen Notvisa auszustellen. «Sie machen sich überhaupt keinen Begriff» – so ein Brief an Erich von Kahler –, «was für eine Flut von Telegrammen und Clipperbriefen täglich auf uns eindringt, immer mit dem kurzen und bündigen Wunsch, Tommy solle ihnen ungesäumt ein Visum in die Vereinigten Staaten verschaffen. Die gesamte Emigration scheint ihn für ihren amtierenden Gesandten, ausgestattet mit unbegrenzten Machtmitteln, zu halten. Trotz der geringen Aussichten werden natürlich ununterbrochen Schritte unternommen. [...] Visen lassen sich schließlich trotz der böswilligen Sturheit, die überall herrscht, noch auftreiben, aber aus Europa herauskommen scheint so gut wie unmöglich. England kann, wegen Mangels an Schiffsraum, überhaupt niemand mehr verlassen, und die Absperrung des Hitlerkontinents wird täglich kompletter. Nicht nur Italien, sondern auch Spanien und Portugal geben Juden kein Transitvisum mehr.»

Tag für Tag schrieb Frau Thomas Mann an Polizeidienststellen, Passämter und höhere Behörden, um – oft in Zusammenarbeit mit Hermann Kesten, dem befreundeten Schriftsteller – hier und dort jedenfalls ein kleines Schrittchen weiterzukommen: «Lieber Herr Kesten, sollten Sie zufällig Landshoffs Geburtsdatum haben, tragen Sie es doch bitte in das Affidavit ein.» Und weiter: «Ich habe das Gefühl vollkommener Hilflosigkeit. Ist denn für Hardekopf irgendetwas geschehen?» Detail für Detail zusammentragend, Mosaike zusammensetzend, keine Rückfragen scheuend, spielte Katia eine ihrer Haupttugenden aus: hartnäckig zu bleiben. «Ich bekam gestern einen Expressbrief von Dr. Rosien. Trotz ausdrücklicher Anweisung aus Washington weigere sich der Konsul in Zürich, Dr. Erwin Rosenthal das Visum zu geben und verlangte ‹persönliche Details›, was ja die reine Sabottage ist. […] Die Konsuln scheinen durchaus nach eigenem Gutdünken handeln zu können, und der in Zürich ist berüchtigt.»

Die Liste der Hilfesuchenden war lang, Name reihte sich an Namen: Ob die Sache Annette Kolb endlich geregelt wäre? Frau Kolb sei ein wenig weltfremd. Sie habe keinen Pfennig Geld, wolle jedoch herüber und bäte um einen Clipperplatz. Robert Musil? Das habe noch Zeit. Zwar möchte auch Musil in die USA, erwarte sogar «standesgemäße Erhaltung», doch sei er nicht unmittelbar bedroht; da gäbe es dringendere Fälle. «Einen größeren Betrag für den armen Wolfenstein kann ich beim besten Willen nicht zur Verfügung stellen. Auch Lisl Frank, mit der ich mich sofort telefonisch in Verbindung setzte, wußte durchaus keinen Rat. Menschenfreunde, wie Sie [lieber Kesten] sie sich erträumen, gibt es […] offenbar nicht. Ich schicke 50 Dollar, was ja aber, wenn 1000 benötigt werden, beinahe wie Hohn aussieht. Aber wenn Sie den Betrag überhaupt zusammenbringen, kann es nur durch zahlreiche Einzelbeträge geschehen.»

Ein Mitstreiter in Sachen Flüchtlingshilfe, Erich von Kahler, hat in einem Brief an Katia Mann die tägliche Mühsal solcher Arbeit beschrieben: «Wenn man nun doch – zum wievielten Mal – das alte Spiel des affidavit-Ausstellens, Notarisierens, Kommitteebeschwörens unverdrossen wieder anhebt, so fühlt man sich wie die panisch aufgestöberten Ameisen, denen ein frivoler Stock ihren Bau zerstört hat und die unverzüg-

lich von vorn anfangen zu schleppen und zu prä-
parieren – ohne alle Hoffnung, denn die Behörden haben ja einen uneinholbaren Vorsprung.
Wenn man nur wüßte, wofür wir das alles ausste-
hen müssen.»

Nur die Empathie mit den Preisgegebenen,
die am Abend des einen Tages nicht wussten, ob
sie den nächsten noch erleben würden, ließ Katia
weitermachen – obwohl die Gnadenlosigkeit der
Behörden auch sie und Molly Shenstone zu über-
wältigen drohte: «Die Exzesse, die sich die amerikanische Bürokratie gönnt, erregen mir physische
Übelkeit; es wäre wirklich decenter, wenn sie einfach erklärten, sie lassen niemanden mehr herein,
anstatt dass sich die unglücklichen Opfer in ihrem Netz unerfüllbarer Bedingungen zu Tode
zappeln.» Aber es gab keine Alternative; darum
stellte Mrs. Mann auch weiterhin ihre Schreib-
kunst in den Dienst derer, die dringend Hilfe
brauchten. In der Formulierung von Briefen, die
– je nach Adressat und gegebener Situation – im
Anschreiben höflich-ergeben und im PS zuweilen
energisch sein konnten, war sie unerreicht.

Während der Princetoner Jahre, zwischen
1938 und 1941, erlebte Katia die Schrecken der

deutschen Siege, ungeachtet der räumlichen Distanz zu Europa, hautnah mit, denn neben den fremden Flüchtlingen, denen sie zu helfen suchte, gab es auch Angehörige der eigenen Familie, deren Leben von den Okkupatoren bedroht war: Ihr Bruder, der Physiker Peter Pringsheim, lebte in Antwerpen, als die Deutschen Belgien überfielen, Sohn Golo hatte sich angesichts der verzweifelten Lage in Frankreich der dortigen Résistance zur Verfügung gestellt und war, nach Friedensschluss interniert, von Auslieferung an die Deutschen bedroht; das jungverheiratete Ehepaar, Monika und der ungarische Kunsthistoriker Jenö Lányi, lebte, gefährdet durch die deutschen Luftangriffe, in London und bat verzweifelt um Hilfe für eine Übersiedlung in die USA; Thomas' Bruder Heinrich schließlich gehörte zu jenen Personen, die, wenn sie den Deutschen in die Hände fielen, unweigerlich in ein KZ gebracht worden wären.

Außerdem – Katias größte Sorge – ließ die Ausreisegenehmigung für die alten Pringsheims auf sich warten – trotz der von den Nationalsozialisten verlangten Versteigerung der Majolika-Sammlung bei Sotheby im Sommer 1939. Berlin weigerte sich, das im Gegenzug versprochene

Visum zu erteilen. Erst am 31. Oktober 1939, einen Tag ehe die Schweizer Behörden die Grenzen endgültig schlossen, traf die Nachricht von der buchstäblich in letzter Minute erfolgten Ausreise nach Zürich in Princeton ein. Wenig später erhielt Katia den ersten unverschlüsselten Brief: «Du hattest ans Babüschlein [Katias Bruder Peter Pringsheim] geschrieben, ob es für die Eltern nicht vielleicht das beste wäre, wenn sie in München blieben, wo es ihnen doch ganz gut zu gehen scheine. [...] Ach, kleines Dummerl! Habe ich denn je von unsern Unannehmlichkeiten geschrieben, habe ich je mit meinen Klagen dein onehin so beschwertes Herz noch mehr beschwert? Ich tat's nicht, denn _mir_ hätte es nicht genützt und _dir_ nur geschadet.» Habe Katia nicht ahnen können, dass die Kündigung der Widenmayerstraßen-Wohnung bereits erfolgt gewesen und Fay allenfalls in einem Judenhaus Unterschlupf gewährt worden wäre? «Seit zwei Jahren haben wir _kein_ Theater, _kein_ Konzert, _kein_ Kino, _keine_ Ausstellung mehr besuchen dürfen, an gewissen Gedenktagen nach 12 Uhr mittags nicht mehr auf die Straße gehen. Daß [Fay] sich Alfred Israel unterschreiben mußte, wurmte ihn auch, ebenso daß er seine Lebensmittelkarten bei der jüdischen Gemeinde abholen mußte und nur in bestimmten entlegenen Geschäften kaufen durfte. [...] Genügt's? Ich denke, ja. <u>Mich</u> hat man schließlich von der angedrohten ‹Sarah› befreit, und ich bin sogar stolze Besitzerin eines arischen Passes. Wat ick mir davon koofe?! – Die letzte Schmach tat man dem Fay bei der Revision [vor der Grenze] an, wo man ihn völlig auszog, beklopfte, untersuchte. Ich habe ihn nie so empört gesehen, wie nach dieser Erfarung.»

Man darf annehmen, dass Katia Mann nach dem Bericht ihrer Mutter die Hilferufe aus Europa mit anderen Augen las als zuvor. (Warum Hedwig Pringsheim, die nach damals geltendem Gesetz «Volljüdin» war, einen Arierpass bekam, bleibt rätselhaft; Golo Mann vermutete, dass «die jüdische Herkunft [...] nur darum etwas unbestimmt [blieb], weil die Dohms im frühen 19. Jahrhundert zum Christentum übergetreten waren».) Endlich gelöst werden konnte hingegen das Rätsel, wem die alten Pringsheims schließlich ihre Ausreise verdankten. (Winifred Wagner jedenfalls, die lange Jahre ihre Hand über die alten Wagner-Verehrer gehalten hatte, konnte beim letzten Schritt nicht mehr helfen.) «Jetzt weiß ich wirklich nicht, ob ich Dir deine Frage, <u>wie</u> wir schließlich, und zwar im <u>allerletzten</u> Moment, doch noch herausgekommen sind, schon beantwortet habe» – Brief von Hedwig Pringsheim an ihre Tochter aus Zürich im Dezember 1939 –, «merkwürdig genug! Da war ein SS Mann, Obersturmführer, sogar, wie man hörte, mit dem Allerhöchsten liiert. Dieser SS Mann hatte den Auftrag: unser der Partei verkauftes Haus möglichst rasch zu evakuieren. So kam er auch mit Fay in Verbindung, der ihm klagte, wir <u>wollten</u> emigrieren, <u>könnten</u> aber trotz aller Versuche unsere Pässe nicht erlangen. Nun war dieser Mann, trotz Ober-Nazi, ein liebenswürdiger, <u>sehr</u> gutartiger, verständnisvoller, und dazu noch ein hübscher jüngerer Herr, der sofort bereitwillig sagte: ‹Das will ich schon machen!› Er flog sofort nach Berlin, ging aufs Ministerium, und 2 Tage darauf hatten wir unsere Pässe! So daß wir nun in fliegender Eile unsere Sachen in Ordnung brachten und am 31. October in Zürich eintreffen konnten. Einen Tag später war der letzte Einreise-Termin abgelaufen und die Schweiz uns verschlossen! Gott segne den Obersturmfürer! (Sie sind nämlich kei-

neswegs <u>alle</u> Schweine, wie es ein inniger Glaube
wänt).»

Was Hedwig Pringsheim der Tochter nicht
schrieb, Katia aber vermutlich über Golo dann
doch erfuhr, waren die genauen Umstände des
Aufbruchs in München und der einsamen Ankunft in Zürich, die Hedwig Pringsheim in einer
Tagebucheintragung festgehalten hat: «Um $\frac{1}{2}$ 7
auf, […] bei dichtem Nebel hinüber auf die Ban,
wo Heinz uns schon im Durchgangs-Wagen 1. Cl.
3 gute Plätze belegte. Die treuen 3 Mädchen mit
Blumen […]. Auch Ehepaar Perron kam. […] Bis
Bregenz normal glatte Fart. Dort begannen die
Schrecknisse. Eine abscheuliche, sadistisch bru-
tale Revision, erst Heinz abgeholt, dann Alfred in
empörender Weise ausgezogen, untersucht, mis-
handelt, sodaß er fast den späteren Zug ver-
säumte; trister Abschied von Heinz, der nach
München zurückmußte. In St. Margareten leichte
Schweizer Revision, aber kein Golo. Zu schlechtem Kaffee von einer netten Amerikanerin und
Tommy-Schwärmerin eingeladen, dann glatte
Fart bis Zürich, wo niemand an der Ban, dafür Alfred von der Coupétreppe stürzte, <u>unter</u> den Wagen geriet und von 2 Arbeitern heraufgeholt wer-

den mußte: mein Entsetzen! Eine hülfreiche Schweizer Dame verschaffte mir Träger und Taxi, wärend ich den Patienten mühselig schleppte. In der Mythenstraße [bei der reichen Freundin und Mäzenatin der Flüchtlinge, Lily Reiff] wurden wir nicht erwartet, kein Brief war angekommen, auch bei besetztem Haus kein Platz für uns: auch das noch! Lily ließ uns 2 Zimmer mit Bad [im Hotel] mieten. [...] Ein schlimmer Tag, schwarz im Kalender zu verzeichnen.»

In Princeton gottlob gab es Tage, die heiterer waren. Neben der Sorge um die Verfolgten und Hilfesuchenden verlangten Familie und Alltag ihr Recht: Elisabeth und der italienische Historiker und Literaturwissenschaftler Giuseppe Antonio Borgese – nur sieben Jahre jünger als Thomas Mann – versprachen einander die Ehe; Hermann Broch und der Komponist Roger Sessions waren Trauzeugen. Der Schwiegersohn bestand auf einer kirchlichen Trauung, während es der Braut, wie einst ihrer Mutter, gleichgültig war, wo die Ringe getauscht wurden. Anschließend versammelten sich die Gäste in der Stockton Street, unter ihnen die Freunde, die schon Weihnachten mit der Familie gefeiert hatten: Erich von Kahler,

Broch, die treuen Shenstones; der englische Poet
W. H. Auden trug ein Gedicht in alexandrinischer
Manier, *Epithalamion*, vor. (Mit Auden, dem be-
kennenden Homosexuellen, den Erika 1935 aus
Passgründen geheiratet hatte, verband die Familie Mann eine herzliche Freundschaft.) Es war offenbar ein angenehmes Fest, von dem Katia ihrer
Mutter in einem langen Brief, der freilich «nicht
nur Freude atmete», berichtete: Der große Alters-
unterschied zwischen den Eheleuten stimmte sie
bedenklich.

Geselligkeit gab es aber auch außerhalb von
Familienfesten: Die New Yorker Freunde, Poeten
und Musiker, dazu die Princetoner Kollegen, kamen gern; gelegentlich konzertierten Adolf Busch
und Rudolf Serkin in der großen Halle, und der
Zauberer las aus *Lotte in Weimar*. Ein «flop» ereig-
nete sich nur einmal – ausgerechnet in großem
Kreis. Nahezu 40 Gäste waren gekommen, als der
Rezitator Ludwig Hardt seine Kunstfertigkeit
überschätzte: Ich habe ihn, so Thomas Mann an
Agnes Meyer, «in meinem Hause vor einer großen Gesellschaft sich produzieren lassen, aber er
gefiel nur Einstein; alle anderen fanden seine Art
overdramatized und befremdend.»

Doch eine solche Großveranstaltung blieb die Ausnahme im Hause Mann. Mehr noch als in Zürich und davor in München bevorzugte man das Zusammensein in vertrautem Kreis. Dabei mag Katia ihr Talent als Zuträgerin literarisch verwertbarer Stoffe und Episoden auch in Princeton wieder unter Beweis gestellt haben – ein Dienst, den Thomas Mann im fremden Sprachraum besonders schätzte. Die Geschichte der *Betrogenen* zum Beispiel, an die sie sich bei einem Frühstück zwölf Jahre später, am 6. April 1952 in Kalifornien, zum Entzücken ihres Mannes erinnerte, geht auf einen Briefdisput zwischen Mutter und Tochter im Februar 1940 zurück. Damals teilte Hedwig Pringsheim ihrem «Katjulein» mit, dass «die Frau mit dem wieder erwachten Weibtum» «keineswegs» (im Brief dick unterstrichen), wie Katia annähme, «Frau von Schauß» gewesen sei. «Damit trittst du der guten soliden Frau denn doch zu nahe. Es war eine sehr stattliche Dame, auch mit einem -au in der Mitte, auf deren Namen ich soeben, trotz angestrengten Nachdenken nicht komme. Österreicherin aus guter Familie, die mich einige Zeit häufig frequentierte und mir sogar ihre intimen Verhältnisse anvertraute, vor der aber Gevatter

Tod denn bald seine Reverenz machte. Friede ihrer Asche.»

Die 1952/53 literarisch verwendete «Frauengeschichte» ist also bereits Jahre zuvor – mitten im Krieg – zwischen Zürich und Princeton diskutiert worden. Erinnerungen aus alten Tagen wurden wach, die indes die Sorgen der Gegenwart nicht verdrängen konnten. Es galt, Michael davor zu bewahren, als tschechoslowakischer Soldat «in den Graus» hineingezogen zu werden – nur unter dem Beistand der Eltern gelang es ihm, nach New York zu entkommen und dort seine Schweizer Schulfreundin Gret Moser zu heiraten. Bedrückender noch waren die Gedanken an Monika, die sich zusammen mit ihrem Mann unter den Passagieren des von einem deutschen U-Boot versenkten Flüchtlingsschiffs «City of Benares» befunden hatte. «Moni ist gerettet, Lányi ertrunken.» So habe es Erika den Eltern gekabelt, schrieb die Mutter an Klaus, «und auch, dass sie nach Greenwich (Schottland) fahre, um [die jüngere Schwester] im Hospital abzuholen, die ja vollständig zerstört und gebrochen sein muß. Ich kann mir garnicht denken, dass sie überlebt, bei ihrer psychischen Labilität. Die Eri wird ihr bestimmt zur Seite stehen, wie dies irgend möglich ist. Aber es wird wohl über ihre Kräfte gehen.»

Doch Moni erreichte New York. Einen Platz im Flugzeug hatte man ihr verweigert. Erika, als Journalistin, flog allein, Monika musste – ebenfalls allein – den Atlantik noch einmal per Schiff überqueren. Am 28. Oktober 1940 holte Katia sie vom Pier in New York ab. Große amerikanische Zeitungen brachten Bilder von Mutter und Tochter im Augenblick des Wiedersehens. Ein halbes Jahr später übersiedelte «die arme kleine Witwe» mit der Familie nach Kalifornien: eine neue Belastung, wie Katia ihrer Freundin Molly Shenstone gestand: «One really has not enough strength and energy to begin anything new. – For poor old Mony it was also rather a chock to give up her regular little existence protected by the family (though I quite agree with you that the life in the family is not good for her); it made her feel anew that she really belongs nowhere, [...] there is in fact no right thing for her, that is the tragedy.»

Katia, so viel ist sicher, wäre gern länger in Princeton geblieben; die akademische Welt sagte ihr zu – in Erinnerung an alte Studientage und die Debatten im Haus des Geheimrats. Aber der

Lehrauftrag für Thomas Mann wurde, weil es an Sponsoren fehlte, nicht verlängert; außerdem war der Poet der universitären Geschäfte, die ihn mehr und mehr beanspruchten, herzlich leid. Princeton erschien ihm auf die Dauer zu eintönig; der Liebhaber von Kino-Moritaten und Pitaval-Geschichten wollte lieber unter dem «Movie-Ge-sindel» von Hollywood leben als unter Kollegen, deren Unterhaltungen ihn auf die Dauer wenig befriedigten. Santa Monica, die Umgebung von Los Angeles, der Pazifik, der heiterere Westen zogen ihn an. Dazu das Klima! Die vielen Freunde, die man während eines sechswöchigen Aufenthaltes in Brentwood wiedergesehen hatte! Wie wäre es, sich – zunächst einmal probeweise – dort zu etablieren: ein Umzug auf Raten, wie, vor Jahren, von Zürich nach Princeton? Wieder einmal fiel es dem Zauberer schwer, sich zu entscheiden. «Princeton langweilt mich. [...] Alles Neue schreckt mich auch wieder.» Am Ende siegte die Neugier, und Frau Thomas Mann tat einmal mehr, was ihr Mann wollte, und ging, schweren Herzens, mit ihm nach Kalifornien.

Abschied von Princeton, Abschied vor allem von Molly Shenstone, der unerwartet gefunde-

nen Freundin und Einzigen, der Katia ihre geheimen Gedanken, Sorgen und Hoffnungen mitteilte: «Dearest Molly, I [...] am missing you more
than I can express. For if I recollect all the friend-
ships of my – alas – already so long life I have to
realize that I never had a friend I <u>really</u> liked. And
now this good fortune once occurring to me the
circumstances must be so unfavorable!» Natürlich habe sie nicht erwarten können, immer mit
Molly am selben Ort leben zu können, aber sie für
sich sei entschlossen, den Kontakt niemals abrei-
ßen zu lassen.

Der Ton der Briefe an die Freundin war auch
noch drei Jahre später – Molly Shenstone war ihrem kriegsverpflichteten Mann nach Kanada gefolgt, Katia wohnte längst in Pacific Palisades –
unverändert: «Dearest Molly, I am a lonely old
lady, only too glad to have found in her older
days a friend as you are! I never had many friends
and the few I had have been lost by the circumstances. I did not expect to finde more than
acquaintances when we were transplanted to
Princeton and I must praise the day when it oc-
cured to Mrs. Gauss to ask you to help me with
the English correspondence.»

Princeton: Das war für Katia Mann viele Jahre lang das verlorene Paradies, bei späteren Besuchen angeschaut wie das Traumreich an einem goldenen Herbsttag. Alte Bekannte schlenderten über die Nassau Street, lächelnde Old Ladies gingen vorüber, deren Namen Katia immer vergaß; aber sie winkten ihr zu: Alle waren liebenswürdig, und die Besitzer des Hauses 65, Stockton Street erzählten, wie glücklich sie seien in ihrem Haus, das sie preiswert hatten erwerben können, obwohl Thomas Mann hier einmal gewohnt habe: 25000 Dollar: «Why did <u>we</u> not buy it? We should have Princeton never left!» *Ach, wären wir doch geblieben!* Könnte man nicht noch immer – irgendwann – zurück? Katias Träume hatten noch lange über das Kriegsende hinaus Bestand.

Natürlich gab es auch Spannungen zwischen den Freundinnen; es war bedrückend, dass der Alltag es nicht zuließ, sich in tagtäglichen Briefen mit der Partnerin auszutauschen. Die langen Pausen zwischen Brief und Brief führten zu Missverständnissen: Die Konfession vom 27. Oktober 1942 verdeutlicht Katias Angst, die geliebte Freundin zu verlieren: «Dearest Molly: I really feel quite upset for getting out of contact with you in such a degree, and for the time being I seem more or less responsable for it. [...] But [...] I can assure you that my inner attitude towards you has not changed in the least, that I have the same deep and warm affection for you I had in Princeton. I definitely feel this is not the case with you. I donnot mean, of course, that you have any bitter feelings against me, but that something is changed in your life, that there is no longer room for the kind of friendship you used to feel. Perhaps it is only the war which has occupied your whole soul, perhaps there are other disturbances you donot want to write me about.»

Katia drängte die Freundin, ihr alles mitzuteilen, was sie erlebte: im Hier und Heute des Alltags und in ihren Gedanken. Sie war traurig, dass sie selbst nicht in der Lage war, ihre Empfindungen in der fremden Sprache angemessen auszudrücken: «I could write such nice letters in German.» In besonderen Augenblicken, wenn die deutsche Wendung allein sagen konnte, wie ihr zumute war, wagte sie es deshalb, einen Brief in ihrer Muttersprache zu beschließen: «Mit herzlicher Umarmung».

Kein Zweifel, dass in Katias Briefen an Molly

Shenstone nicht nur Zuneigung, sondern auch Leidenschaft im Spiel war. (Thomas Mann sah's mit einer gewissen Verwunderung: «Brief von Mrs. Shenstone» – Tagebucheintrag, 2. März 1942 –, «die mir unendlich lieber, als die beschwerliche Geist-Pute in Washington [ist], wenngleich auch hysterisch.») Wenn Katia an ihre Freundin dachte, erinnerte sie sich der in der Princetoner Mercer Street allzeit geöffneten Tür, vor allem aber des herzlichen Empfangs von Heinrich und Golo nach ihrer Ankunft mit der *Nea Hellas* im Oktober 1940. Molly, ihr Mann Allen und ein «Hilfsmann» an der «Junction» hießen die ersehnten Gäste in Amerika willkommen. («Never again we shall have such a charming arrival.»)

Natürlich bestand der Briefwechsel zwischen den Freundinnen nicht immer in einem Austausch von Gefühlen; oft waren es recht handfeste Dinge, die man einander mitteilte: Katias – stets homerische – Berichte über faule und betrunkene Dienstboten, die zu allem Überfluss noch so verschwenderisch mit den kostbaren Eiern umgingen, wechselten mit Klagen über den schlechten Friseur («the man […] ruined my hair for months»), den teuren Hausbau und Erzählungen

vom Ergehen der Kinder und Enkel. Selbstverständlich berichtete Katia ihrer Freundin als Erster vom Empfang bei den Roosevelts im Weißen
Haus, allerdings nicht ohne einen Seitenhieb auf
die unvermeidlichen «anderen» Washingtoner
Bekannten: «We had two highly social days with
the wealthy friends, not too bad, but rather tiring.
The lecture was very sucessful, but poor Mrs.
M[eyer] suffered terribly because it was political-
ly so outspoken and the greatest living might be
compromised in some way. She got a beautiful
new fur coat to Christmas; it is so rare and expen-
sive a material, that I even did not know it by
name, something like fisher, and I looked pretty
poor and beggarlike in my old Persian Lamb in
comparison.» Der Bericht vom «Eigentlichen»
nahm sich diesen Sottisen gegenüber eher karg
aus: «After the lecture we moved into this place
and had, at 8.30 exactly, a prolonged breakfeast
with the hostess [Eleanor Roosevelt]. She is really
awfully nice, remarkable simple and kind, and in
the same time extremely intelligent and active.
Tomorrow morning we are supposed to have
breakfast with the president.»

Diese Sätze wurden wenige Wochen vor der

endgültigen Übersiedlung der Manns nach Kalifornien geschrieben, wo sie in Brentwood am Amalfi Drive ein Haus gemietet hatten, von dem aus der Bau des neuen Familiendomizils am San Remo Drive gut zu überwachen war. Während Thomas Mann, beglückt durch das Klima und das Ambiente unter Palmen, die Arbeit am *Joseph* wieder aufnahm, erfüllten sich für Katia alle bereits in Princeton gehegten Befürchtungen: «Unser Wegzug nach dem fernen Westen erweist sich immer mehr als unverzeihliche Hybris.» Die Schwierigkeiten beim Hausbau peinigten sie; Rechnungen überstiegen die Kalkulationen um ein Vielfaches, Termine wurden nie eingehalten, Versprechungen nicht eingelöst. Wie konnten zwei so würdige alte Leute nur so leichtsinnig sein? «Of course poor Tommy is not to be blamed at all, fully confident as he is in the economic wisdom of his wife. […] But even if no financial catastrophe will happen, I cannot feel happy about our decision, I really left Princeton with heavy heart. […] It was a mistake, I cannot help thinking it always again.»

Katias Klagen und Selbstbezichtigungen sind kaum zählbar und wurden auch durch den Ein-

zug in das schließlich doch glücklich vollendete
Haus mit dem schönen, großen Livingroom, dem
prächtigen Garten und dem Arbeitszimmer, von
dessen Fenster aus Thomas Mann in der Ferne
den Pazifik sehen konnte, kaum verringert. Die
vielen Fehlentscheidungen! Hätte Katia die treu-
en farbigen Dienstboten, die den Manns aus
Princeton nachgefolgt waren, nicht um jeden
Preis halten sollen? Das neue Ehepaar, zwei Deutsche, Herr und Frau Hahn, «are pretentious, untrained and morose and it is also unpleasant, to
hear their German voices».

Hätte, hätte, hätte … Hätte Frau Thomas
Mann nicht im Voraus berechnen müssen, wie
weit der nächste «market», das «post-office», die
Tankstelle entfernt waren: alles nur mit dem Auto
erreichbar? Was tun, wenn durch Amerikas
Kriegseintritt das Benzin noch rarer wurde? Und
dann die vielen Emigranten ringsum, die von
morgens bis abends über die Lage telefonierten
und, Pessimismus verbreitend, jedermann unglücklich machten!

Aber aufgeben? Niemals! Bis zum Kriegsende
kämpfte Frau Thomas Mann in Pacific Palisades
um die Wohlfahrt der ihr Anvertrauten. Mochte

die Dienstbotennot gravierender werden – Katia fand, wie einst während der Notzeit in München, immer noch einen Weg. Mutig, entschlossen und unter Opferung von zwei der im Kriege knapp zugemessenen Benzinrationen suchte sie ihre Hilfen in den Farbigenvierteln von Los Angeles; Molly Shenstone hatte es nicht schwer, sich angesichts der genauen Schilderung ein Bild von den Abenteuern der Freundin zu machen: «Twice I made a trip to the darkest negro-section of Los Angeles, sacrificing two weeks gasoline ration, and picked her up personnaly, but here she is now when she is not off, (what, of course, happens the greater part of the week), naturally she has to be treated with the utmost regard, my personal radio […] is on her bed table, the husband is welcome at any time, I give her my last eggs when she goes home – but anyway we are lucky to have her, and it is certainly a relief for me.»

Die Notwendigkeit, auch Banalitäten mit Energie anzugehen, erleichterte Katia – wie bei jedem Neuanfang – das Einleben in Kalifornien. So groß das Heimweh nach Princeton und Molly auch war, die Gegenwart verlangte ihr Recht; dem Zauberer gefiel es am Pazifik («was ja hinwiederum für mich beruhigend und erfreulich ist»), er fühlte sich wohl im Haus mit dem schönsten Arbeitszimmer, das er je besessen hatte, aber auch dank neuer und alter Freunde, Bekannte zum Teil noch aus den Tagen von Sanary, die es schon vor ihm an diese Küste verschlagen hatte, und viele, die ihnen folgten: «Sicherlich zwei Dutzend Schriftsteller oder mehr». Bruno Walter und Bruno Frank gehörten dazu, Bruder Heinrich, leider mit Frau, die Werfels, Fritzi Massary, auch Feuchtwangers, Horkheimers, Adornos, Hanns Eisler, Arnold Schönberg oder Ernst Křenek. Langsam stellte sich, nicht anders als in München, Zürich oder Princeton, auch in Pacific Palisades wieder Geselligkeit ein, abwechslungsreicher und faszinierender als jemals zuvor: «Nicht Paris noch das München um 1900», so Thomas Mann, habe «einen Abend von intimerer Kunststimmung, Verve und Heiterkeit gehabt.»

Katia galt als vortreffliche Gastgeberin bei literarischen Abenden, wenn der Zauberer vorlas. Sie blieb gern zu Haus, weil sie dort die Regie führen und Pannen, wie sie ihr bei Einladungen in andere Häuser gelegentlich begegneten, verhindern konnte: «Neulich waren wir wieder ein-

mal bei Werfels. Stravinsky's wurden uns vorge-
setzt, da Vati begreiflicher Weise auf Musiker-
Verkehr scharf ist. Er ist ein häßlicher, aber recht
charmanter Mann, freilich öffentlich weißrus-
sisch, und hat eine besonders anziehende, ganz
landesunüblich persönlich geprägte Gattin. Beide
sprachen sie mit höchster Anerkennung von deinem Gide-Buch, das sie, wie die Frau klagte, allerdings noch immer nicht zu Ende gelesen, weil sie
es beständig ausleihen müßten. Sollen die Leute
es doch kaufen! – Daß man uns außer diesem angenehmen Paar auch noch das abscheuliche
Stück, die Jeritza, mit ihrem louchen Gatten vor-
setzte, war ja leider wieder einmal kennzeich-
nend für die immer mehr abrutschenden Wirte.»

Ja, süffisant war sie schon, Frau Thomas
Mann; der Stil der Arcisstraße bei Teegesprächen
und Soireen hatte sie für ihr Leben geprägt. Doch
wenn sie jemanden mochte, konnte sie auch herzlich und spontan sein. Zumal die Enkelkinder,
Michaels Söhne und Elisabeths Töchter, waren
bei den Großeltern in guter Hut. Großpapa Pielein flößte seinem Liebling Frido, wenn er schrie
(und das tat er häufig), «Camillenthee» ein, und
Großmama Mielein nahm die Unarten des Klei-

nen zum Anlass, über ihre pädagogischen Fähigkeiten zu meditieren: Frido sei «a charming and lovable little boy, but sometimes he is so terribly naughty, and I really do not know how to handle him: a child of his age, who does not understand you seems terribly difficult to be brought to reason, and my pedagogic talent fails me. I cannot remember how I did with my own children, but as a matter of fact the results were not so very brillant.»

‹Meine Erziehungserfolge, nicht besonders glänzend›: Katia Mann verfügte schon seit jungen Jahren über jene Eigenschaft, die ein angesehener Kollege des Hausherrn, Theodor Fontane, die menschlichste nannte – die Selbstironie. «Ach, der glücklichste Moment war es ja bei Gott nicht, dies Schloss zu beziehen, und die inneren Stimmen, die mich in diesem Frühjahr so stark warnten, waren wohl besser orientiert als dem Adolf seine. Aber nun muss das Verhängnis seinen Lauf nehmen.»

Als Katia dies schrieb, war – auch in Amerika – Krieg; in Pacific Palisades wurde über die beste Strategie gegen Hitler-Deutschland debattiert. Mrs. Mann hatte den Feldzug im Osten erleichtert begrüßt und, hier eines Sinnes mit Molly Shenstone, den englischen Luftangriffen auf deutsche Städte enthusiastisch akklamiert. Der britischen Freundin gegenüber ließ sie sich zu wahren Hassorgien gegen «the Huns» (*Huns*, nicht *Fritzs*: Katia benutzte die Terminologie des *Ersten* Weltkriegs) hinreißen: «The last English raids were really elating, specially for somebody who hates the Huns as I do! You are quite right, the hatred is an absolute necessity in these times. I always think that people who cannot hate are also unable to love, and the pride often expressed here about the total absence of hatred makes me quite crazy.»

Wer sich in Fragen der Bombardements deutscher Städte auf die Seite der Abwägenden stellte, wurde zur Ordnung gerufen. Hatte Annette Kolb also Recht mit ihrer Behauptung, Katia habe sich schon früh bemüht, ihre Kinder zum Hass zu erziehen? Wohl kaum. Wenn es jedoch um die Verdammung derjenigen ging, die sie des Landes verwiesen und heimatlos gemacht hatten, kannte Frau Thomas Mann kein Pardon – ganz im Gegensatz zu ihrer Mutter, die sich trotz ihrer so viel demütigenderen Erfahrungen in Fragen von

Krieg und Rache immer als genuine Pazifistin erwies. Bewegend und charakteristisch ist der Brief, den Hedwig Pringsheim nach einer familiären Siegesfeier in Zürich, 1940, an Katia schrieb: «Ach, ach! o weh, o weh! Welche Zeit müssen wir Urgreise noch erleben! Und nun bin <u>ich</u> so zwiespältig, so auf den Kopf geschlagen, daß ich in den Jubel nicht einstimmen kann, der vorher bei den netten Mosers die Wirtsleute und Golo brausend erfüllte. [Vermutlich aus Anlass der Landung in Mittelnorwegen, wo die Alliierten kurzzeitig Brückenköpfe bilden konnten.] Golo behauptete direkt, heute Abend würden in Zürich alle, alle Leute Champagner trinken. [...] Du, mein Liebling, würdest zwar unbedingt mittrinken, ich kenne ja deine leidenschaftliche Einstellung. Aber <u>ich</u> bin, wie gesagt, zwiespältig. <u>Nach allem</u>, trotz alledem, bin ich doch eine Deutsche, wenn ich, das kannst du wol denken, dem deutschen Unternehmen, zumal dem Fürer, <u>unmöglich</u> den Sieg, oder auch nur zeitweises Gelingen ihres Unternehmens wünschen kann: so blutet doch mein Herz, wenn ich an all die deutschen Mütter und Frauen und an die frischen, jungen Männer denke, die nutzlos in einen blutigen Tod gejagt werden. Golo sagt: ‹geschieht ihnen ganz Recht!› Aber <u>ich</u> könnte keinen Champagner trinken, sondern nur Tränen vergießen: so eine sentimentale deutsche Ziege bin ich!»

Der Dialog über die Kontinente hinweg erinnert an die Auseinandersetzungen in der Arcisstraße während des Winters 1916. Wie damals war es auch 1940 für Hedwig Pringsheim unmöglich, das Geschehen anders als aus der Perspektive der Opfer zu betrachten. Katia hingegen, die während des ersten Krieges nachdrücklich die deutschen Ansprüche verteidigt hatte, stellte sich jetzt bedingungslos auf die Seite der Alliierten – mit allen Konsequenzen: «I cannot at least feel sorry for the German people. If punishment has ever been merited so this one. Mr. Churchill said today that the German cities will undergo an ordeal as the world has never known before. That they are smashed now by the very means they thought to be reserved only for them in order to subjugate all peoples on earth, is really a Nemesis, one has the feeling that the divine order about we had so many reasons to dispair in all these years is being restored.»

Später, als die Niederlage der Deutschen unab-

weisbar geworden war, hat Katia Mann behutsa-
mer gesprochen – vielleicht auch im Gedenken an
ihre Mutter, die ihren Mann nicht lange überlebte.
Ihr letzter strahlender Tag war der 2. September
1940, Alfred Pringsheims 90. Geburtstag, gewesen, zu dessen Feier die Zürcher Freunde eingeladen hatten. Am Ende des Festes versammelten
sich die in Smoking und Abendkleid erschienenen
Gäste noch einmal um den Flügel, und Musiker
des Tonhalleorchesters spielten das Quintett von
Wagners *Siegfried-Idyll*, «das in Fays Bearbeitung
geradezu tadellos zur Aufführung kam».

Im Juni des folgenden Jahres starb der Geheimrat so friedlich wie vierzehn Jahre später
sein Schwiegersohn Thomas Mann. Zweimal saßen in Zürich die Ehefrauen am Sterbebett, ohne
den Augenblick des Todes zu bemerken. – Während Katia ihren Mann jedoch um mehr als ein
Vierteljahrhundert überlebte, starb Hedwig
Pringsheim schon ein Jahr nach Alfreds Tod, am
27. Juli 1942. In den letzten Monaten begann sie,
die Zeiten zu verwechseln; das Heute rückte ferner als das Gestern; einen ihrer letzten Briefe an
die Tochter unterschrieb sie mit «Mutter Hedel» –
Hedel, ihr Name aus der Jungmädchenzeit.

«I lost my mother», schrieb Katia Anfang August 1942 an Molly Shenstone. «It was a tragedy that she survived my father [...] without anybody she loved near her.» Der einsame Tod der Mutter ging der Tochter nah. Sie hätte gern tröstende Worte der Freundin gehört, die noch ein Jahr zuvor die alten Eltern in Zürich besucht, ihnen kleine Geschenke gebracht und freundliche Briefe geschrieben hatte. Dass dieser Zuspruch ausblieb, machte sie unsicher und traurig: «You are so much younger than I am and life has quite different problems and aspects in everything which moves or troubles you. I feel a kind of detachement.»

Diese Formulierungen erinnern an Briefe, mit denen Katia Mann im September und Oktober 1920 aus Oberstdorf die mangelnde Empathie ihres Mannes einklagte. Aber ähnlich wie damals gestattete sie sich auch 1942 kein fruchtloses Lamento. Sie hatte gesagt, was sie dachte und empfand, und konnte sich desto freier den Anforderungen widmen, die Mann, Kinder und Enkel an sie stellten: «We are without any help in the house for weeks, and the hotel is packed with Klaus, Golo, Erika, Fridolin and Monika, for the meals.

Erika does the cooking, Golo is a wonderful dish-washer and gardener, but for the poor housewife who also has the exclusive care of the baby [Frido] there still remains plenty of work and I really hardly get through.»

Eine Pflicht an die andere gereiht. Und dann die Sorge um die Soldatensöhne. Klaus, der sich freiwillig zur US-Army gemeldet hatte, wurde zuerst eingezogen: «Mein Gott, welch Schrecken, und kein freudiger. Aber was soll man tun, als das Beste hoffen. In Uniform kann ich mir dich durch-aus nicht vorstellen, schick mir nur gleich ein Bildchen.» Katias Briefe an Klaus zeigen die Am-bivalenz ihrer Gefühle. Sie fürchtete den Auf-bruch des Sohnes «in den überseeischen Graus» – «für die Mutter ist es ja nun einmal ein hartes Los!» – und war zugleich dankbar, weil Klaus beim Militär keiner Gefährdung durch Rausch-giftkonsum ausgesetzt war. «Heldensohn» redete sie ihn in der für sie typischen Mischung von Bei-fall und Distanz an – jedenfalls, solange es nicht ernst wurde. Thomas Mann hingegen hatte den Schritt seines Ältesten offenbar von vornherein vorbehaltlos begrüßt und war stolz auf Klaus' schnelle Karriere: «Daß es der Traum von Zaube-

rers Leben ist, dich als Leutnant zu sehen, ist ja
recht üsis», schrieb die Mutter im April 1943 – allerdings nicht ohne auf die Hintergründe des vä-
terlichen Beifalls hinzuweisen: «Stark spielt dabei
der Umstand mit, daß Ag [Agnes Meyer, die nie
viel von Klaus gehalten hatte] sich so sehr darüber ärgern würde.»

Doch nicht nur Klaus, auch Golo und Erika
hatten sich zur Armee gemeldet, und im Verlauf
des Krieges war sogar Michael in Gefahr, eingezogen zu werden. «I have never expected to have
three children in uniform, but this is, of course,
only normal and as it should be.»

Im Dezember 1943 traf in Pacific Palisades die
Meldung ein, dass Klaus definitiv nach Europa
beordert worden sei. Damit wusste Katia zwei ihrer Kinder im Kriegsgebiet. «Ob du jemals Hei-
maturlaub bekommen wirst?», schrieb sie dem
Sohn im März des folgenden Jahres. «Ich sehe es
ja ein, daß noch nicht daran zu denken sein kann,
und ich arme Niobe, jetzt schon tous les deux,
bald wohl tous les trois und tous les quatres, muß
mich in Geduld fassen.»

In dieser Zeit benutzte Katia gern das Bild der
ihrer Kinder beraubten griechischen Sagenge-

stalt, um ihre Gefühle zu objektivieren: «Daß ich nun [...] bald drei Kinder overseas haben soll, ist für die arme alte Niobe wirklich ein bischen viel.» Nie habe sie erwartet, eines Tages eine amerikanische ‹Soldatenmutter› zu sein. «I certainly donot object to it, and it is not because I am now as so many millions of other women, personally affected, it certainly also is not because I have the slightest doubts about Germany's final defeat [...] but first the costs will be terribly high – nobody can tell what the monsters will do before being annihilated – and second the problems <u>after</u> victory seem so complicated, so nearly insolulable, that it is difficult to look with some cheerfulness towards the future.»

Die wachsende Sorge um die Soldatenkinder: Das war das eine; das andere blieb das ständige Bangen um Produktivität und Arbeitsbedingungen des *pater familias*: Thomas Mann, der sich, nach einigem Zögern, im März 1943 entschlossen dem alten *Faust*-Stoff zugewendet hatte, musste in Katias Augen die Arbeit zu oft unterbrechen, um Pflichtaufgaben zu erledigen, die, zumal wenn es sich um Kompilationen von Althergebrachtem oder ‹leichtfertige› politische Stellungnahmen handelte, nur selten ihre Billigung fanden: «Ich war gar nicht recht glücklich über die Arbeit [*The Problem of Humanity In Our Time*], die ich erst ins Stenogramm aufnahm und dann zweimal abschrieb; kam mir schon wie die Gräfin Tolstoi vor, und dabei hatte [der Essay] natürlich die Länge von zwei normalen Vorträgen und muß noch entsprechend gekürzt werden [...], es kam mir zum Teil so etwas abgestanden und unnütz vor.»

Nun, die Generalprobe in Anwesenheit von Bruno und Liesl Frank verlief ordentlich, aber Mrs. Mann war dennoch nicht vom Wert der Sache überzeugt. Alte Texte, zusammengestellt für die jüdische Frauenorganisation Hadassah in Los Angeles, wo sie denn genügen mochten: «Am 13. September wird der Vortrag für die Judasse teilweise gehalten, mit einer jüdischen Einlage, auf der die Organisation eisern bestand, worüber sich der Vater ganz unverhältnismäßig ärgerte, so daß man schier um seine Gesundheit besorgt sein mußte. Manchmal ist der Mann gar nicht abgeklärt.»

Katia hasste das Zusammenleimen essayistischer Versatzstücke und sehnte sich nach dem

Fortschreiben des Erzählerischen – auch wenn sie
der Ansicht war, dass es ja nicht gerade, wie beim
Joseph, wieder ‹Vierbänder› werden müssten, die
da entstünden.

So intensiv der Austausch über die Arbeits-
probleme des Zauberers waren und so wenig
Katia mit ihrer Meinung hinter dem Berg hielt –
über private Vorkommnisse informierte sie ihren
Mann nur, wenn sie überzeugt sein konnte, dass
es seine Kreise nicht störe. Während *sie* ganz
ungewöhnlich viel, ja, nahezu alles über die Probleme ihrer Kinder wusste, erfuhr *er* herzlich
wenig. Selbst von der jahrelangen und offenbar –
jedenfalls vonseiten der jungen Frau – sehr leidenschaftlichen Liebesaffäre zwischen Erika und
Bruno Walter, über die auch die Geschwister
längst Bescheid wussten, erzählte Katia nichts –
nichts von den Amouren der Ältesten mit dem
«ungeeigneten Objekt», an das Erika «ihr Herz
gehängt hat». Sie selbst hieß diese Liaison in keiner Weise gut: «Ich <u>kann</u> mir nun einmal von dieser Verbindung, die mir ein ebenso großer Fehler
zu sein scheint, wie wenn eine Tochter ihren eigenen Vater heiratet – auf die Dauer kein Heil versprechen. […] Ich möchte garnicht mehr Schwie-

gersöhne meiner Generation haben, schon der eine ist mir völlig genug.»

Was könne man in dieser Lage mehr tun, als auf die heilende Wirkung der Zeit hoffen? Doch das war leicht gesagt; wie so oft bei Katia folgte der souveränen Reflexion ein dramatischer Ausbruch: «Mein Gott, wie kann man nur auf den verlogenen Greis versessen sein!», schrieb sie an Klaus. «Das Figürliche ist ja, wie ich von Dir weiß, doch auch gar nicht besonders, und es sollte doch mehr platonisch sein.»

Im Grunde ihres Herzens war die Mutter überzeugt, dass aus der Sache – selbst nach dem Tod von Walters Frau – nichts werden würde. Sie kannte den alten Freund zu genau und wusste: «er traut sich bestimmt nicht, […] ist ja doch ein ängstlicher Mann». Aber was immer geschehen möge, eines sei auf jeden Fall zu beachten: «Z. […] ahnt von der ganzen Sache nichts, und soll es bei Leibe nicht wissen.»

Seltsam zu denken: Da saßen sich zwei alte Leute gegenüber und schwiegen, wenn es um Intimes im engsten Bereich ging. Undenkbar, dass die Sorgen und Zweifel, die Katia ihrem Sohn Klaus gegenüber ungeniert äußerte, im Gespräch mit ihrem Mann über ihre Lippen gekommen wären. Der Zauberer musste geschont werden.

Aber er brauchte auch Anregungen und lebendigen Austausch – und eben daran fehlte es, zumal im Krieg, immer mehr. «Die Voraussetzungen für den Genuß der etwas monotonen und artifiziellen Schönheiten dieser Gegend», hatte Katia schon im Sommer 1942 an Erich von Kahler geschrieben, «war eben doch, daß wir mindestens einmal im Jahr nach dem Osten gingen, daß unsere Freunde uns hier besuchten, und wenn man unabsehbar und ununterbrochen hier sitzen soll, kommt man sich doch vor wie Ovid am schwarzen Meer.»

Das unselige – erst sehr spät, nach der endgültigen Rückkehr in die Schweiz verklärte – Haus in Pacific Palisades, der «goldene Käfig», lag paradiesisch, war aber sehr separiert: keine nahen Nachbarn, wie in Princeton, nur Natur ohne Menschen. Und, vor allem, viel zu groß für zwei einsame alte Leute. Selbst der Zauberer resignierte gelegentlich: Wozu der weite «living room» und die vielen Kinderzimmer? Für wen eigentlich? Die Geselligkeit werde zurückgehen, Kinder kämen auch kaum noch. Katia drückte ihren Unmut über die bloße Zweisamkeit gelegentlich drastischer aus, indem sie in Briefen an die Kinder ein «Pfui!» in Klammern hinter das Wort «Zweisamkeit» setzte.

Strahlend waren auch die abendlichen Zusammenkünfte, zu denen immer die gleichen Leute kamen, schon lange nicht mehr. Nicht selten ging es trist, gelegentlich sogar makaber zu: «Wir hatten ja eine etwas melancholische Feier [anlässlich Thomas Manns 68. Geburtstag], mit Fränkels und Heinerles, aber Nelly zeigte sich von ihrer dezentesten Seite und spendete außerdem aufmerksamer Weise einen prächtigen Kalbsbraten und zwei Pfund Speck (Offenbar treibt sie es mit dem Metzger), und es verlief ganz würdig.»

Nelly Kröger – auch als Frau Heinrich Mann noch immer «das Stück»: eine leibhaftig wiedererstandene Frau Stöhr, taktlos und ordinär, war auch in Pacific Palisades ein unerschöpfliches Thema und – jedenfalls für die familienbewusste Nichte Erika – Gegenstand verwegener Konspirationen: Wenn Heinrich, der Stadtmensch, wieder nach Osten gehen wolle, wo er mehr Gelegenheit hätte, mit journalistischer Gelegenheitsarbeit jedenfalls ein paar Dollars zu verdienen, dann solle die «vertrunkene Hür» zunächst einmal in New York Quartier machen und das greise Heinerle könne die Strohwitwerzeit nützen, um sich in der Villa seines Bruders einmal gründlich zu erholen. – Tatsächlich kam Heinrich im angenehmen Sanatorium seiner Schwägerin schnell wieder zu Kräften, die erhoffte Trennung von Nelly jedoch blieb Illusion: «Die Hölle», wie man im Haus Thomas Mann Heinrichs Familienleben nannte, ging wieder los.

In Katias Augen war deshalb der Suizid von Heinrichs Gefährtin im Dezember 1944 eine Erleichterung nicht nur für die Familie, sondern à la longue auch für den «armen alten Ohm». Zunächst fühle er sich natürlich völlig vereinsamt, «und wie er mir am Telephon auf meine Frage, wie es denn bei ihnen ginge, mit leiser ruhiger Stimme antwortete: ‹Nicht gut leider, Nelly ist soeben gestorben›, war es doch ein rechter Chock». Ein arges Problem sei jetzt die Frage, was aus dem Witwer werden solle. «Allein in seiner Wohnung können wir ihn auf keinen Fall lassen. […] Wir wollen ihn auf eine Weile zu uns nehmen […] müssen [freilich] für alles und jedes aufkommen.»

30 Katia und Thomas Mann, Ende der zwanziger Jahre

31 Vor dem Ferienhaus in Nidden, 1930: Katia, ihre Eltern
und Thomas Mann; links Elisabeth und Golo

32 Im Schweizer Exil: das Haus Schiedhaldenstraße 33, Küsnacht bei Zürich

33 Thomas, Elisabeth, Katia, Monika und Michael Mann vor dem Küsnachter Haus, 1935

34 Überfahrt nach Amerika, April 1937: Katia,
Erika und Thomas Mann

35 Princeton/New Jersey, Stockton Street 65 – Wohnsitz
der Familie Mann von September 1938 bis März 1941

36 Katia Manns
Freundin:
Molly Shenstone

37 Thomas
Manns Gönnerin:
Agnes E. Meyer

38 Hollywood, Frühjahr 1938: Katia und Thomas Mann im Gespräch mit dem Paramount-Chef Adolph Zukor, links Bruno und Liesl Frank, rechts Erika Mann, ganz hinten Samuel C. Colin

39 Thomas und Katia Mann, um 1939

Rechts:
42 Familientreffen, Weihnachten 1944: Thomas Mann, Giuseppe Antonio Borgese, Katia mit Enkelsohn Frido, Elisabeth mit ihrer Tochter Domenica, Michael, Angelica, dahinter verdeckt Gret, ganz rechts Toni (v. l.)

40 San Remo Drive 1550, Pacific Palisades, Kalifornien

41 Das erste Enkelkind, geboren im Juli 1940: Frido auf
dem Arm seiner Mutter Gret, links Michael und Monika
Mann, rechts die Großeltern. An Michaels Hand die
Hündin Micky

43 Katia mit
ihren Brüdern
Peter (links) und
Klaus in
Pacific Palisdes,
1946

44 Mit den Enkeln
Toni und Frido. Das
Foto ist Fritzi Massa-
ry zu Weihnachten
1948 gewidmet

45 Katia Mann, September 1948

46 und 47 Zurück in Europa: Frau Thomas Mann
bei der Arbeit

48 und 49 Katia und Thomas Mann

50 Die passionierte Autofahrerin

51 Die letzte Adresse: Kilchberg am Zürichsee,
Alte Landstraße 39

52 Hochzeit des Enkelsohns Frido mit Christine Heisenberg, 1966: Katia Mann und der Brautvater Werner Heisenberg, in der Mitte Heisenbergs Schwägerin Edith Kuby

53 Katia und Golo im (später zugeschütteten) Schwimmbad des Kilchberger Hauses

6. Mai 1965

Allerbestes Lisuli,

Halb erwartet, halb überraschend kam
die schöne Nachricht zu uns. Es ist eine
schöne Nachricht, denn dass Ihr beide zusam-
mengehört, das fühlte man längst, sprach doch
unser kluges Mäthild schon immer von
"Lustigs" wenn sie mit besonderer Liebe
das Mahl für Euch rüstete. Aus vollem
Herzen denn erteilt das meise, erfahrene
Mielein ihren Segen zur Besiegelung
des Bundes, alle sind wir hoch befrie-
digt, Golo inbegriffen. Leider empfängt
Euch Europa ja klimatisch a ito
rost und auch ansonster. Wo Du her-
kommt freilich kann man es besser
auch nicht finden, ach Du lieber Gott!
Aber das ist kein Gegenstand für
einen Glückwunschbrief.

Ein recht erpenlicher Gegenstand
ist leider auch nicht der Zustand
der armen Eri. Da bevorstehende Um-

54   Erste Seite eines Briefs an Liesl Frank, 1965

55 und 56 Mit Urenkel Stefan, dem Sohn von Frido und
Christine Mann, 1971

57 Mit Lotte Klemperer, Juni 1975

58 Katharina Mann, geborene Pringsheim

Wieder war Frau Thomas Mann gefordert, wieder musste sie, so schwierig es war, ihre familiäre Pflicht und Schuldigkeit erfüllen. «Mitgespielt wird einem, aber ich weiss ja, dass wir es bis jetzt, unberufen, noch immer unverdient gut gehabt haben und Gott danken müssen, wenn es so weiter geht.»

Unverzügliches Handeln war gefragt, kein langes Reden. Katia wusste, was in Notzeiten zu tun war. (Jahre später, als Giuseppe Antonio Borgese starb, fuhr sie nach Erhalt der Nachricht mit dem ersten Zug von Zürich nach Florenz zu ihrer Tochter, während Thomas Mann am Schreibtisch blieb, einen Kondolenzbrief schrieb und im Tagebuch darüber klagte, dass er, mitten in der Arbeit, mutterseelenallein störenden Telefonanrufen ausgesetzt sein werde.)

Mrs. Mann packte an, stieg ins Auto, kümmerte sich – «wo ich doch sein ein und alles bin» – um den fünfundsiebzigjährigen Schwager und begab sich – wieder einmal – auf Wohnungssuche, ein Geschäft, das ihr Heinrich durch «drollige Emotionen» nicht gerade erleichterte: «Als ich ihm telefonierte, ich hätte ein Schlafzimmer und einen schönen großen Livingroom nebst al-

len utilities gefunden, fragte er streng: ‹und wo
speist man?›» Doch selbst wenn die greisenhafte
Pedanterie des «Ohms» Katia oft bis an den Rand
der Verzweiflung trieb, sie mochte Heinrich und
konnte mit dem Erfolg ihrer Fürsorge zufrieden
sein. «Das gute Heinerle [...] neigt seit dem jähen
Hintritt der Unseligen entschieden zu behag-
lichem Embonpoint und zum Genuss eines fried-
lichen Lebensabends.»

Katia und Heinrich – eine freundlich-private
Beinah-Idylle inmitten eines rapide zu Ende ge-
henden Kriegs: «Inzwischen scheint die Götterdämmerung über uns hereinzubrechen. Wie die
Schurken diesen über und über verlorenen Krieg
immer weiterführen und wie das von Gott verlas-
sene Volk dieser selbstgewählten Führung offenbar bis zu diesem äußersten Augenblick Folge
leistet, geht denn doch über jede Vorstellung.»

Über die offiziellen Feiern aus Anlass der
deutschen Kapitulation hat Katia so wenig berichtet wie über ihre Gefühle an diesem Tag.
«Abends französischer Champagner zur Feier
des VE-day», heißt es in Thomas Manns Tagebuch. Ansonsten klingen die Meditationen eher
resigniert und verhalten: «Ist dies nun [...] ein

Tag feierlichster Art? Es ist nicht gerade Hochstimmung, was ich empfinde.» Auch Katia machte sich über die Zukunft wenig Illusionen. Zwar war Deutschland besiegt, aber was würde danach kommen? Wie sollte ein «absolut hirnverbranntes Volk» je wieder zur Raison kommen? Und Amerika? «Ein zerstörender Kontinent: so wie Europa ein zerstörter» war. Der klägliche Zustand des ‹Kinderhauses› im Herzogpark, von dem Klaus berichtete, erschien Katia als trauriges Symbol ihrer Heimatlosigkeit: Wo war sie denn noch zu Hause?

Frau Thomas Mann fühlte sich bei Kriegsende müde und melancholisch. Kalifornien bedeutete ihr immer weniger, die alte Heimat auch. Nur Amerikas Osten zwischen New York und Princeton blieb wichtig: «I am a little homesick for good old Princeton, not for unfortunate Europe, which exists no longer. […] I am too old and have seen too much to be able of any further hopeful élan.»

Die deutschen Patrioten in Amerika waren ihr seit langem verhasst. Konsequent übernahm Katia jene Position, die Erika in einem Briefduell im *Aufbau* mit dem «elenden, wahlweise schändlichen» Carl Zuckmayer vertreten hatte. (Wieder

einmal eine aus der Leidenschaft des Augen-
blicks entstandene Aussage, die die Schreiberin
später relativierte.) Keine Versöhnung mit
Deutschland. Keine Gemeinschaft mit dem Emi-
grations-Nationalismus und dem Treiben vieler,
besonders linker «Vogerln», hieß 1944 die Devise.
«Je näher das Ende des Krieges rückt» – Brief an
Klaus, Mai 1944 –, «desto aufgeregter werden die
natürlich alle, und haben gar kein Gefühl dafür,
daß sie, gerade wenn sie, wie sie stolz bekennen,
sich vor allem und ausschließlich als Deutsche
fühlen, sich absolut still zu verhalten haben, denn
nicht in dieser Eigenschaft wurden sie hier aufgenommen, und das ward ja wohl noch nie erlebt,
daß Angehörige der Nation, mit der man im mör-
derischsten aller Kriege liegt, sich, während dieser Kampf tobt, öffentlich in dieser Weise mausig
machen dürfen.»

Blieben nur die alten Freunde, die aufrechten
Liberalen zwischen den Fronten, aber gerade von
ihnen starben viele um die Zeit des Kriegsendes
oder verließen Kalifornien. Vor allem Bruno
Franks plötzlicher Tod im Juni 1945 war ein
Schock gewesen: «Er wird uns sehr, sehr fehlen
und keine neue Freundschaft könnte ihn uns Al-

ten ersetzen.» Bald darauf starb Franz Werfel; Leonhard Frank, der während der Arbeit am *Doktor Faustus* ein verständnisvoller Freund gewesen war, zog, «zu Film-Mammon gekommen», in den Osten: «Wir guten Alten leben recht still und gleichmäßig als ziemlich entlaubte Bäume.» Trotz aller Resignation aber zeigen die geliebten rhetorischen Finessen in Katias Briefen, wie brillant ihre Intelligenz noch immer war: «Bin nicht lebens- sondern Leben müde: vom, nicht des. Aber im Grunde wohl beides.»

Schön jedenfalls war das – so lang ersehnte – Friedensjahr 1945 nicht. Selbst an Katias Geburtstag hatte keiner gedacht: «Die guten Fränkchens» waren nicht mehr, und Thomas Mann hatte, da ihn keines seiner Kinder erinnern konnte, das Fest einfach verschusselt: «Dass Zauberer [den Tag] völlig vergaß […] und mir überhaupt nicht gratulierte, war denn doch ein bißchen hässlich.»

Auch ringsherum herrschte Tristesse: In den Geschäften gab es viele Dinge des täglichen Lebens nicht mehr, die während des Krieges noch verfügbar gewesen waren. Für die ohnehin den täglichen Anforderungen «allzu sehr verhaftete» Hausfrau eine neue Beschwernis: «Keine Butter, keine Eier, kein Öl. Keine Handwerker, keine Reparaturen, keine Bedienung in den Geschäften» – dafür die heimgekehrten GIs nachts auf den Straßen liegend: «Es ist eine skandalöse Affenschande und schreit nach der Planwirtschaft, gegen die sie hier so verzweifelt ankämpfen.»

Unter solchen Aspekten war es verständlich, dass Katia, vor allem in der ersten Zeit nach dem Kriege, «da das verhaßte ‹Free Enterprise› leider wieder das Haupt erhob und alles zum Stocken brachte», nahezu revolutionäre Thesen äußerte – nicht anders als ihr Mann zu Agnes Meyers Entsetzen zwei Jahre zuvor in Reden und Essays über Freiheit und Demokratie.

Nach Roosevelts Tod waren die Vereinigten Staaten nicht mehr das Amerika, dessen Bürger zu sein Katia und Thomas Mann einmal mit Stolz erfüllt hatte. «Ach, inzwischen ist ja das große Unglück über uns hereingebrochen», schrieb Katia im April 1945 an Klaus, «daß wir unseren absolut unersetzlichen F.D.R. verloren haben. Ist ja doch wirklich ein Jammer, daß er das [Kriegs-] Ende nicht erleben durfte. […] Die Folgen sind unabsehbar.»

Die Manns fühlten sich nicht mehr wohl in

dem vom rüden Antikommunismus eines Joseph McCarthy geprägten Land, das «gänzlich unpolitischen Gelehrten, die ausländische Kongresse besuchen wollten, die grünen Büchlein einfach verweigerte, weil sie ein privilege sind, auf das man keinerlei Anspruch hat», und sie waren in einem Augenblick doppelt empfindlich, da trübsinnige Gedanken über die vor allem in Amerika herrschende «schauerliche Verblendung der Menschheit» und persönliche Sorgen einander steigerten.

Wie strahlend war – aus Anlass des 70. Geburtstages, im Juni 1945 – des Zauberers «Jubelreise» nach Washington und New York gewesen: Alle Strapazen spielend bewältigt, das Check-up makellos! Aber dann, im Herbst darauf, die rapide Gewichtsabnahme, der Mangel an Appetit, die Lustlosigkeit: Mager und depressiv wäre der Vater, schrieb Katia an Klaus; aber vielleicht seien doch nur «diverse Umstände, die Läufte, über die er sich […] ständig aufregt, der Roman, der ihn ganz besonders okkupiert […] an der Veränderung schuld.» – Plötzlich jedoch gab es alarmierende Befunde: Der hartnäckige Reizhusten, an sich nicht ungewöhnlich bei einem süchtigen

Raucher, wollte nicht weichen, grippale Symptome schienen auf irgendeine «Entzündung» zu deuten, Dr. Rosenthal diagnostizierte anhand des Röntgenbildes eine auffallende «Stelle», kurzum, eine bedrohliche Krankheit zeichnete sich ab. Katias Beunruhigung schlug um in schwerste Sorge. Doch wie immer in Augenblicken drohender Gefahr handelte sie überlegt und vernünftig.

Auf der Suche nach vertrauenswürdigen Ratgebern fiel ihr zuerst Martin Gumpert ein, der alte Freund und Vertraute aus Ostküstentagen, Arzt und Gefährte ihrer Kinder – namentlich mit Erika in Liebe und Streit, Leidenschaft und Strindberg'schem Hass verbunden. Am 5. April 1946 schilderte sie ihm ausführlich die Krankengeschichte und erbat seine Hilfe: «Lieber Martin, […] Da wir hier kaum einen wirklichen Freund und bestimmt keinen medizinisch sachverständigen haben, und ich unmöglich allein die Verantwortung für die folgenden Schritte tragen kann, wende ich mich vertrauensvoll an Sie. […] Am 3. März erkrankte Tommy an Grippe, mit leichtem Fieber, zunächst nur 100, es ging aber dann auf etwas über 103, reagierte in keiner Weise auf Penicillin, schien dann, nach einer Woche abzuklingen, kam nach zwei Tagen wieder, verschwand wieder auf einen Tag, und besteht so seit einem vollen Monat, wobei ich den starken Verdacht habe, dass die Temperatur schon lange vorher erhöht war, da ich mich erinnere, dass ich seit gewiss einem halben Jahr gelegentlich, wenn ich Tommy gute Nacht sagte, mich wunderte, dass er so heiss sei, was er aber immer als Echauffement von angespannter Lektüre erklärte; und da er eigentlich nie fiebert, beunruhigte ich mich nicht weiter. Kürzlich wurde eine zweite Lungenaufnahme gemacht und [...] Dr. Rosenthal erklärte sofort, eindeutig eine Infiltration am rechten Unterlappen zu sehen und bestand auf sofortiger Zuziehung eines Spezialisten, [...] der genau derselben Meinung war. Heute war ein Consilium, und es besteht nach Ansicht der Ärzte nur die Möglichkeit, dass es sich um einen tuberkulösen Prozess handelt, was natürlich bei Weitem das Günstigste wäre, oder um einen Tumor. [...] Im Fall [daß] sich die Tumor-Hypothese bestätigt – und offenbar hält der Spezialist das für sehr wahrscheinlich – soll ein operativer Eingriff die einzige Chance sein, und in Tommys Alter wäre sie wohl nicht gross, obgleich sein Kräftezustand recht gut und das Herz einwandfrei sein soll. Sie werden meine Ratlosigkeit und Aufregung verstehen. Mir scheint, wenn überhaupt an Operation gedacht wird, sollten wir nach New York fahren, wo doch sicher die besten Spezialisten sind. Wie [ist] es mit Nissen? [...] Ich möchte unbedingt Ihre Meinung hören, nachdem Sie vielleicht mit dortigen Kollegen gesprochen haben. – Bitte, lieber Martin, rufen Sie mich Samstag ca. 7.30 Ihrer Zeit (4.30 bei uns) an, das ist die Zeit, wenn Tommy schläft. [...] [Sein] Zustand ist durchaus so, dass er die Reise nach New York machen könnte.»

Das Fazit der von Gumpert konsultierten Ärzte war offenbar eindeutig: sofortige Verlegung des Patienten in ein Krankenhaus, dessen Chirurgen bei Bestätigung der «worst-case»-Diagnose auch die Operation ausführen könnten. Wenn etwas Bösartiges vorläge, sei Operation die einzige Rettungsmöglichkeit. Andernfalls drohe der Exitus in einem bis maximal zwei Jahren. Bevorzugte Krankenhäuser: New York oder Chicago, wo es die besten Chirurgen gäbe – in New York Rudolf Nissen, ein Sauerbruch-Schüler, von

Berlin zunächst nach Istanbul, dann nach Boston emigriert, zurzeit Professor am Long Island College of Medicine. Gleichrangig, aber als Pulmologe dem berühmteren Nissen unter Umständen vorzuziehen, W. E. Adams in Chicago, zwischen 1935 und 1937 während eines Sabbatical-Jahrs an der Charité ebenfalls von Sauerbruch in der Thorax-Chirurgie ausgebildet.

Man darf annehmen, dass Gumpert für Chicago plädierte, vielleicht weil er wusste, dass Medi dort lebte, die den Vater, ohne Argwohn zu erregen, besuchen und der Mutter in den kritischen Tagen zur Seite stehen könne: Dass Thomas Mann unter keinen Umständen die Wahrheit über seinen Zustand erfahren dürfe, stand für Katia von vornherein fest. Sie insistierte auf striktem Schweigen der Familie und des behandelnden Klinikpersonals, weil sie mit absoluter Sicherheit wusste, dass der Zauberer sich aufgeben würde, sobald das Wort ‹Krebs› fiele. Keine Andeutung also in Anwesenheit des Patienten, keine Verlautbarung gegenüber der Presse. Noch einmal war Mrs. Mann, in Agnes Meyers Sinn, «the dragon at the gate». Dank ihrer wachsamen Entschlossenheit hat Thomas Mann überlebt – ein volles Jahr-

zehnt, weit über die ihm von der Statistik zuge-
messene Zeit hinaus.

Nachdem die Entscheidung gefallen war,
wurde Katia ruhiger: «Es mag wohl sein», schrieb
sie an Klaus, «daß ich unter dem Eindruck des
Spruches eines abscheulich herzlos-sachlichen
hiesigen Spezialisten, der mir eigentlich nur die
Wahl zwischen einer beinahe hoffnungslosen
Operation oder einem langen qualvollen, sich
ständig verschlimmernden Siechtum ließ, _zu_ verzweifelt geschrieben habe, denn natürlich _war_ ich
verzweifelt. Es scheint mir aber jetzt [...], daß es
so schrecklich nicht steht. – Erstens kann Z.'s Zustand durchaus eine andere Ursache haben als
eine bösartige, und zweitens soll sogar für diesen
ungünstigsten Fall eine Operation, von einer ersten Kapazität ausgeführt, in dem frühen Stadium
durchaus aussichtsreich sein. [...] Wir haben uns
[deshalb] nach sorgfältigster Überlegung entschlossen, morgen früh nach Chicago zu fahren.»
«Die gute Medi» habe alles im Voraus geordnet,
und man könne sich darauf verlassen, dass der
Zauberer mit jeder denkbaren Rücksicht und
Aufmerksamkeit behandelt würde. Klaus solle lediglich seine jeweiligen Adressen angeben, damit

man ihn informieren könne, bis man beruhigt sein dürfe. «Gebe Gott, dass dies bald der Fall ist, wenn alles gut geht. Z. ist durchaus ruhig, in einer mich etwas ängstigenden ergebenen Art, freundlich und geduldig.»

Wie immer in Stunden der Gefahr hielt Frau Thomas Mann, alle Eventualitäten sorgfältig bedenkend, die Zügel fest in der Hand; die älteste Tochter war wieder die Zweite geworden – unentbehrlich zwar, aber viel zu stimmungsabhängig und pessimistisch: «Lieber», so Erika an Bruder Aissi, «Selbst wenn Mielein finden sollte, dass der Schock, uns beide zu sehen für Z. zu groß wäre, und Du dich zunächst nicht zeigtest, wäre es gut, du wärest zugegen – fürs Gute wie fürs Böse. Ich wollte, wir führen zusammen; es würde alles ein wenig leidlicher machen. But then – wo sie mich aufnehmen, kann ich nicht warten. Golo'n habe ich gesagt, was ich denke und zur Reise geraten. Er erwartet ein Kabel von Medi, von dessen Inhalt er seinen Entschluß abhängig machen wollte. Ich fürchte, er ist zu optimistisch – oder er stellt sich so.»

Noch einmal drehte sich in der Familie alles um den gefährdeten Vater – einen schwer kran-

ken Mann, über dessen Zustand Katia aus dem
Zug nach Chicago an Alfred Neumann berichtete. Nicht anders als 1935 musste sie sich mit
einem Freund aussprechen, der für den Zauberer
und sie immer der Treueste unter den Getreuen
war: «Er weinte, wenn er mich in Gefahr wußte»,
schrieb Thomas Mann nach Neumanns Tod. Wie
wahr! Dem alten Gefährten werden in der Tat die
Tränen gekommen sein, als er Katias Brief las:
«Lieber Alfred, ich schreibe Ihnen einige Zeilen,
weil ich doch weiss, wieviel Sie an uns denken.
Tommy liegt ausgestreckt auf der Bank und
schläft friedlich und es geht ihm bis jetzt so gut,
wie man irgend hoffen konnte. Die Abreise war
kaum erträglich. Wie er blass und elend, mit
einem Ausdruck hoffnungsloser Resignation in
die Ambulanz getragen wurde, dazu die laut
weinende Magd und der todestraurige [Hund]
Niko – es war nur mit Aufbietung der äußersten
Energie möglich, einige Fassung zu bewahren.
Aber im Zug wurde es gleich besser. Zunächst
ärgerte er sich darüber, dass wir eine so man-
gelhafte Reservation haben, was immerhin eine
gesunde Reaction war, dann richteten wir uns
in unserem Coupé häuslich ein, und der ge-

strige Tag war eigentlich der beste seit vielen Wochen.»

Nach Chicago also, in Billing's Hospital, und nicht nach New York. War die Entscheidung richtig? Dr. Klopstock hatte in letzter Minute vor Adams, einem «mittelmäßigen Operateur», gewarnt. Noch sei Zeit zur Umkehr; man möge um Gottes willen noch einen Tag warten. Ein ausführlicher Brief läge bei Medi.

Doch Katia blieb bei der einmal gefassten Entscheidung – und behielt Recht. Dr. Adams erwies sich als glänzender Chirurg, die Operation verlief komplikationslos; gelegentlich konnte im Spital sogar Deutsch gesprochen werden. Der Internist Dr. Bloch stammte aus Nürnberg und war im gleichen Haus wie Ida Herz groß geworden: Thomas Manniana auf der Intensivstation, Ablenkendes für den Patienten, der von der Gefahr, in der er geschwebt hatte, auch weiterhin nichts erfuhr. Alles spricht gegen die Annahme, er habe die Wahrheit gewusst, aber erfolgreich verdrängt. Nie hätte er sein heiter-gelassenes Buch über *Die Entstehung des Doktor Faustus* geschrieben, wenn ihm die Diagnose «hilusnahes Plattenepithelcarzinom» mitgeteilt worden wäre. Im festen Glauben, dass nur «das Buch» ihn krank gemacht habe, konnte Thomas Mann nach Überwindung der Krise mit frischem Elan ans Werk gehen.

«General conditions of patient absolutely unaware of seriousness very good»: Katias Kabel behielt auch nach der «most elegant operation» ihre Gültigkeit. Der Zauberer kehrte heim. Das Sofa lud zur Skizzierung des nächsten Kapitels ein; Thomas Mann genoss, durch die großen Fenster schauend, die Farben und Lichter zwischen den Zitronenbäumen: «Garten und Ausblick paradiesisch», und blieb, trotz Dr. Rosenthals entschiedener Warnung, in einem Punkt unverbesserlich: Er rauchte weiter: «Einige Cigaretten am Tag.»

Katia, eine entschiedene Nichtraucherin, ließ ihren Mann gewähren. Während er binnen kurzem wieder konzentriert in seinem Studio arbeiten konnte, hatte sie, wie immer, «a lot of futile little duties» zu erledigen (*futile*: ein Schlüsselwort in ihrer Korrespondenz). «Greatest man's great woman» drohte, wegen allzu vielfältiger Anforderungen, sich selbst wieder einmal abhanden zu kommen. Deshalb war sie glücklich über jeden Enkelbesuch und bedauerte – allen Belastungen zum Trotz –, wenn die Kinder wieder gingen: «Die Enkelknaben [...] sind fort. [...] Es war viel für mich, ich leugne es nicht, aber es war doch etwas für's Herz.» Ansonsten: «Das Häuptlein vollgestopft» mit wechselnden Problemen: die Krankheit des Zauberers! Die Versorgung des Schwagers! Medis nach Meinung der Mutter seine Frau stets überfordernder Ehemann! Und schließlich die nicht endende Affäre zwischen Erika und Bruno Walter: «<u>Viel</u> Sorgen hat man.»

Viel Sorgen und eine große Traurigkeit. Am 22. Mai 1949 – wir greifen voraus – erreichte Katia Mann in Stockholm die seit Jahren gefürchtete Nachricht vom Selbstmord ihres Ältesten. Wie sehr hatte sie an diesem Sohn gehangen, wie sehr seine scheinbare Befreiung von der Droge während der Militärzeit begrüßt («der Krieg hat Klaus so gut getan wie einst dem seligen Hindenburg»); wie sehr hatte sie das Ende seiner Zeitschrift *Decision* beklagt: «Ich muß viel mit Gott hadern, daß er nicht etwas mehr Wohlwollen an den Tag gelegt hat, wozu doch wirklich aller Anlaß gewesen wäre.» Wie empört hatte sie sich gegen die Zeitungsberichte nach Klaus' Suizidversuch 1948 gewandt: «Daß ein solcher Versuch sogleich mit allen Einzelheiten in die Presse kommt, ist natürlich eine Barbarei, denn wen in der Welt geht es etwas an? Und dem Betroffenen erschwert diese Art Publicity natürlich sehr die Rückkehr ins Leben.» Eine Rückkehr, die es für Klaus Heinrich Thomas Mann dauerhaft nicht mehr gab.

Katia hat über den endgültigen Abschied geschwiegen. Dramatische Klagen waren nicht ihre Sache. «Mein Mitleid innerlich mit dem Mutterherzen und mit E[rika]. Er hätte es ihnen nicht antun dürfen»: Solche Thomas-Mann-Sätze hätte sie niemals geschrieben; Sentimentalität kannte sie nicht, wohl aber Verzweiflung, Mitleid und Pflichtgefühl. Sie fuhr nicht zur Beerdigung des Sohns nach Cannes, sondern blieb bei ihrem Mann und setzte mit ihm eine Vortragsreise durch Skandinavien fort. Nach der Heimkehr an den San Remo Drive nahm sie selbstverständlich ihre täglichen Pflichten wieder auf, zu denen in erster Linie die Betreuung von Schwager Heinrich gehörte, den sie nach wie vor fast täglich besuchte und dem sie mit Rat und Tat zur Seite stand: Sollte er, bei seinem hohen Alter und dem miserablen Gesundheitszustand, das Angebot der DDR, ihrer neu gegründeten Akademie der Künste als Präsident vorzustehen, annehmen?

Eine Villa, ein Auto mit Chauffeur, exzellente Bedienung, Ruhm und Anerkennung würden ihn erwarten. Aber konnte er die Aufgabe noch leisten? Heinrich schwankte. Einer aus dem Hause Mann als Nachfolger Max Liebermanns: Das bedeutete viel. Trotzdem mochte Katia nicht zureden. Der Schwager müsse selbst wissen, was er täte. Nun, er blieb in Kalifornien, und Katia sorgte dafür, dass das von der DDR überwiesene Reisegeld zurückgezahlt wurde.

Heinrich Mann starb am 12. März 1950; das Ende, lang erwartet, war dennoch überraschend: «Sein Tod kam für uns alle ganz unerwartet; es [ging] ihm ja ganz leidlich, und er konnte wirklich die Übersiedelung nach Berlin erwägen (wenn mir die Vorstellung auch im Grunde immer etwas beunruhigend war.) [...]. Gerade zwei Tage vor seinem Tod war ich noch mit Tommy bei ihm, und er freute sich sichtlich sehr darüber, man plauderte ganz angeregt, [...] er bestand darauf, er müsse seinen Geburtstag, am 27., mit Golo, der sich unbedingt von seinem College frei machen sollte, bei uns begehen.» Am Abend des 10. sei er besonders munter gewesen und, weil er noch eine Tschaikowsky-Symphonie hören wollte, erst um ½ 12 zu Bett gegangen. «Am nächsten Morgen aber fand ihn seine Pflegerin in tiefer Bewußtlosigkeit in seinem Bett und trotz aller ärztlicher Bemühungen ist er aus dem Koma nicht mehr aufgewacht und um ½ 12 Uhr abends hinübergegangen. Ein sanfteres Ende hätte man ihm nicht wünschen können, und vielleicht ist es doch ein Glück, dass er das Berliner Abenteuer nicht mehr auf sich genommen hat. – Aber dass nun drei Mitglieder der Familie innerhalb eines Jahres dahingegangen sind [Viktor Mann war im April 1949 gestorben], ist doch [...] traurig. Und für Tommy ist es sehr arg, dass er nun der einzig Überlebende von allen Geschwistern ist.»

Es könnte sein, dass der Tod des Bruders und die Beisetzung auf dem Friedhof von Santa Monica Thomas Manns nach Kriegsende wiederholt geäußerten Wunsch, die letzte Ruhe in europäischer Erde zu finden, verstärkt haben. Amerika war ihm fern gerückt: Was sollte er in einem Land, dessen vom FBI gelenkte Behörden ihn unter entwürdigenden Umständen daran gehindert hatten, den fest vereinbarten Vortrag *The Years of my Life* in der Library of Congress zu halten?

Europa also? Vielleicht – aber zunächst nur
‹auf Probe›. Schon 1947 – wir kehren zur frühen
Nachkriegszeit zurück – konnte man die erste
Überfahrt wagen: «Tommys Ärzte haben gegen
die Reise durchaus nichts einzuwenden, das ist
doch hoch erfreulich. Wir haben kürzlich seine
letzten Röntgenbilder nach Chicago geschickt,
und der Lungeninternist, der gute Professor
Bloch, schrieb ganz begeistert und sagte, wir
könnten den Zwischenfall nunmehr vergessen.»

Von Southampton über London reiste das Ehe-
paar in die geliebte Schweiz, um in Zürich Katias
Geburtstag zusammen mit den aus München ein-
treffenden «seligen Paaren» Heinz und Mara
Pringsheim sowie Vikko und Nelly Mann zu fei-
ern. Das Zusammentreffen verlief in freundlicher
Atmosphäre («Heinz Pringsheim isst drei Schnit-
zel. Pflaumenschnaps und Kaffee», und beim
Abschied gab es «Umarmungen, Tränen und
Küsse», schrieb Thomas Mann in sein Tagebuch.)

Die Reise war ein gelungenes Wagnis und, alles in allem, eine interessante Unternehmung: Zu-
kunftsperspektiven und – berühmte Leute! Auf
der Rückfahrt mit der überfüllten Westerdam im
Herbst 1947 lernten die Manns den Maler Max

Beckmann kennen, der zusammen mit zwei fremden Herren in einer Dreierkabine untergebracht
war, während seine Frau ihr Zimmer mit zwei
Damen teilte – undenkbar für Katia und Thomas
Mann, die selbst auf überfüllten Schiffen blieben,
was sie seit Jahrzehnten waren: privilegierte
Erster-Klasse-Passagiere. «Beckmann […] ist von
einer gewissen grossièreté, die man auch bei Bach
findet. Aber ein bedeutender Maler muss er ja
wohl sein, verstehe bekanntlich durchaus nichts
davon. Die geborene von Kaulbach ist recht fein
und nett, und er scheint sie, bei aller grossièreté,
sehr zu verehren, mit einer zarten Rücksicht, derer sich nicht ein jeder rühmen kann.»

Frau Thomas Mann war, als Briefschreiberin,
zumal dann auf der Höhe, wenn sie Personen
vorstellen wollte: den alten Hesse zum Beispiel,
der trotz aller Malaisen keineswegs wie ein Todeskandidat, sondern wie ein «zäher, vergeistigter alter Bauer» wirke. Und dann Gerhart Hauptmanns Witwe, Margarete, der die Manns 1952 in
Bad Gastein begegneten: «Nicht nur lebt die Frau,
sondern wir waren in diesem Sommer mit ihr zusammen und befreundeter denn je. Sie ist nun
ganz glücklich, daß dem Verewigten im ‹Zauber-

berg› so ein schönes Monument gesetzt, und ist überhaupt viel netter geworden, durch Unglück in ihre façon geraten, die ich zum Beispiel Alma [Werfel] entschieden vorziehe.»

Alles in allem waren die vier ‹Probereisen› nach Europa 1947, 1949, 1950 und 1951 Unternehmungen mit offenem Ausgang. Thomas Mann hoffte auf eine Regeneration seiner nachlassenden Kräfte im alten Sprachraum. Aber wichtiger war noch, dass Erika in den USA zunehmend Schwierigkeiten hatte, eine sinnvolle Beschäftigung zu finden, und auf neue Chancen in Europa hoffte. Trotzdem zögerte Katia. War es nicht zu spät für einen Neubeginn?

Beim ersten Besuch, 1947, hatte sich gezeigt, dass die alten Wunden noch bluteten. Sie waren nach Kriegsende erneut aufgebrochen, als dezidiert ‹patriotisch› gesinnte Emigranten in Amerika und Anwälte der ‹Inneren Emigration› in Deutschland die gleichen nationalistischen Thesen vertraten.

«Dad hat <u>vielen</u> Ärger», schrieb Katia an Klaus. «Es ist ja wirklich abscheulich, daß, kaum ist der Kriegsverschluß vom Vaterland genommen, eine Flut von Gehässigkeiten, ganz im Nazistile, sich über ihn ergießt, teils von Seiten der ‹Inneren Emigration› (Frank Thieß, [Erich] Ebermayer) [...] und teils von wütigen Vogerln in Segers Blättchen [der deutschsprachigen *Neuen Volkszeitung* in New York], die nicht Worte der Verachtung genug finden können, weil der Vater nicht Hals über Kopf nach Deutschland eilt, die heilige Not des Vaterlandes zu teilen, und die ‹Demokratie› – deren Zustandekommen offenbar gesichert ist – aufzubauen. Es könnte einem ja gleich sein, aber leider grämt sich der Beschimpfte unverhältnismäßig darüber, was ihm garnicht zuträglich ist.»

Während die amerikanischen Invektiven gegen Thomas Mann rasch verebbten, beharrten viele Sachwalter der ‹Inneren Emigration›, unterstützt von konservativen Publizisten, bei ihrem Verdikt. Es gab arrogante Abkanzelungen Thomas Manns, der eben doch nur ein ‹Schriftsteller›, aber kein ‹Dichter› sei, und die westdeutsche Presse sparte bei der zweiten Europareise, 1949, nicht mit Anwürfen gegen einen Autor, der es wage, nach luxuriös verbrachter Emigration Goethe sowohl in Frankfurt als auch in der «Zone», in Weimar, zu ehren. Wie anders, uneingeschränkt zustimmend waren demgegenüber die Stimmen in der DDR! West und Ost standen einander schroff gegenüber; von einer Versöhnung zwischen den beiden deutschen Ländern, dem eigentlichen Ziel der Doppelhuldigung für Goethe, konnte keine Rede sein. «In der Nachwirkung erweist sich der Zweck des Goethe-Besuches als völlig verfehlt», schrieb Katia noch am 30. Januar 1950 an Erich Pfeiffer-Belli, «und eine mir schwer verständliche Gehässigkeit dringt unablässig aus dem alten Vaterlande auf uns ein. Das Hauptärgernis war wohl der Besuch in der Ostzone, dessen Sinn bei einigem guten Willen doch ganz gut hätte verstanden werden können.»

Dabei war Frau Thomas Mann keineswegs auf dem linken Auge blind, wie der Brief zeigt, in dem sie ihrer Ältesten den DDR-Empfang ebenso plastisch wie maliziös schilderte: «Irgendwo hinter Plauen kam es [...] zum feierlichen Begrüßungsakt. Was von diesem Augenblick an aufgestellt wurde, spottet jeder Beschreibung. [...] Vom Moment der Einreise bis zur Abfahrt, die diesmal [...] erbarmungslos, in einer Cortège von zehn Wagen, mit reportierenden Radiowagen, mit Blechmusik, Schulkinder Chören, Spruch-

bändern, Bürgermeister-Reden, Girlanden von
Ort zu Ort ging. Besonders die FDJ (Freie Deutsche Jugend), die von Morgen bis Abend ihr Frie-
dens-Horst Wessel Lied grölte und dazwischen
im Chor schrie: ‹Wir grüßen unseren Thomas
Mann› erregte recht fatale Assoziationen.»

Sollte man sich, unter so zwiespältigen Eindrü-
cken, wirklich noch einmal in die Nähe Deutschlands begeben? Bestand nicht die Gefahr, dass
man den Remigranten im Westen zeitlebens als
Kommunisten verleumden und ihn im Osten zum
konsequenten Antiamerikaner stilisieren würde?

Irrige Befürchtungen! Seit den fünfziger Jahren, noch im Kalten Krieg, wurde Thomas Mann
mehr und mehr zum ‹gesamtdeutschen› Autor.
Die Zustimmung auch in Westdeutschland
wuchs, die Auftritte in München so gut wie in
Hamburg und Lübeck verliefen triumphal, der
Applaus wurde herzlich und spontan. Am Ende
war das Ergebnis der «Probereisen» eindeutig:
ein klares Plus für Europa und ein entschiedenes
Minus für Amerika, das Land, in dem Katia und
Thomas Mann nach dem Zerfall von «Deutsch-
Kalifornien» immer einsamer wurden. 1951 hatte
auch Katias Zwilling Klaus, «Kaleschlein», die

Westküste wieder verlassen – fünf Jahre nachdem er, aus seiner japanischen zweiten Heimat vertrieben, mit Sohn Klaus Hubert bei Schwester und Schwager Unterkunft gefunden hatte: «Mein Zwillingsbruder traf ein, nach der 15-jährigen Trennung eigentlich unverändert. Älter sind natürlich alle geworden, äußerlich muß ich sagen, am wenigsten Tommy.»

Klaus Pringsheim war ein geselliger Mann, dem auch der Zauberer zugetan war (beinahe eine Selbstverständlichkeit; schließlich hatte sich der Zwilling vor Jahrzehnten als Ehestifter und Ratgeber bewährt) – «Kaleschlein», ein stets anregender Gefährte, den Katia schmerzlich vermisste, nachdem er zu seinem japanischen Orchester zurückgekehrt war: «Wir sind ja nun eine recht klägliche kleine Familie, und man darf wohl sagen, daß das belebende Element uns sehr fehlt. Keine Zeitungsausschnitte gibt es mehr, keine Anrufe, um auf wichtige Broadcasts hinzuweisen, keine Diskussionen mit der streitsüchtigen Nichte (ich bin ja bekanntlich ein Lamm), und wie nett waren unsere abendlichen Konzertexkursionen. Wie sollte ich da jetzt wohl ohne dich hingelangen?»

Man darf annehmen, dass – neben Heinrichs Beerdigung – auch Klaus Pringsheims Aufbruch aus Kalifornien nicht ohne Einfluss auf den Entschluss des Ehepaars Mann war, die fünfte Nachkriegs-Europareise, 1952, über die gewohnten acht Wochen hinaus auszudehnen, ja vielleicht sogar den Winter in der Schweiz zu verbringen und, falls sich etwas Geeignetes zur Miete fände, ganz drüben zu bleiben. Es war also scheinbar wieder einmal ein Aufbruch ins Ungewisse, als man am 24. Juni den San Remo Drive verließ. Doch Katia wusste diesmal, wohin die Würfel rollen würden: «Ich bin entschieden der Meinung, daß [dem Vater] drüben wohler sein wird.» Natürlich sei er nicht unbeeinflusst von Erikas Drängen, den Kontinent so rasch als möglich zu verlassen, «aber tatsächlich hat er seit vielen Jahren gesagt, er möchte sein Leben in der lieben Schweiz beenden». Also tat sie, wieder einmal, was «Tommy» wünschte, obwohl sie sich über die Schwierigkeiten der späten Heimkehr keine Illusionen machte: «Würzelchen hatten wir [in Kalifornien] doch schon geschlagen, die in so vorgerücktem Alter auszureißen am Ende nicht weise war.»

Sei's drum! Wichtig war nur – in diesem Punkt stimmten Katia und Thomas Mann überein –, dass die Übersiedlung nicht zum Spektakel wurde. Kein dramatischer Bruch mit Amerika, kein von den Medien ausnutzbarer Eklat, sondern, um der möglichst produktiven Gestaltung des Lebensabends willen, ein freundlicher Übergang, den niemand missbilligen konnte.

Europa also. Helvetien, die letzte Station. Aber wohin dort? Ins Tessin – auf Hermann Hesses Spuren? Oder lieber in den Westen, das Welschland? «In Vevey haben wir uns diverses angeschaut und festgestellt, daß sich in dieser Gegend wohl Erschwingliches und Komfortables finden ließe: ein recht herrschaftliches Objekt in Höhenlage von Montreux.» Auf dieser Reise besuchte das Ehepaar auch den alten Bekannten aus kalifornischen Tagen, Charlie Chaplin, dem man die Wiedereinreise in die USA verweigert und der nun einen wunderbaren Besitz in jener Gegend erworben hatte. («Nun – das kann man schon nicht vergleichen, Herr Mann.»)

Katia liebte, im Gegensatz zu ihrem Mann, die Romania in all ihren Facetten. Das mediterrane Ambiente hätte ihr, die wie ihre Mutter das Fran-

zösische glänzend beherrschte, am meisten entsprochen. Schon wenn sie, bei einer Überfahrt, ein
Schiff wie die *Île de France* betrat, erfreute sie sich
an dem «anständig-kultivierten französischen
Atmosphärchen». Groß geworden in der Schule
Maupassants und Flauberts, monierte sie – wie
wir gesehen haben – entschieden, wenn ihren
Kindern bei Geldforderungen oder – schlimmer
noch – in Romanpassagen grammatikalische
Schnitzer unterliefen: «Das muß ich dir doch ver-
setzen», ließ sie Sohn Klaus nach der Lektüre seines Romans *Der Vulkan* wissen, «daß *poulé* für
chicken ein <u>häßlicher</u> (unterstrichen!) Schnitzer ist,
und daß es <u>à bas</u> les boches heißt, worauf sie denn
hoffentlich <u>en bas</u> bleiben.» Katia Mann hat ihre
Schullektionen, aufgefrischt durch Nachhilfe-
stunden für Kinder und Enkel, niemals vergessen:
Griechisch (zu ihrem Bedauern nicht Russisch –
trotz der von Monika erwähnten Lexika auf dem
Boudoir-Tischchen); Französisch ohnehin, Englisch, wie sie Molly Shenstone gegenüber immer
wieder klagte, leider nur passabel; Latein dafür
glänzend: Um ihre Isolation im kalifornischen Paradies auszudrücken, fiel ihr als Erster der ver-
bannte Ovid ein.

Vielleicht hat sie auch bei der Wohnungssuche am Genfer See an den römischen Dichter gedacht? «Ich sage Dir, Kaleschlein, die Küste [hier] hat etwas Ödes mit ihren unzähligen, fast das ganze Jahr leer stehenden Hotelkästen: nichts ist deprimierender als eine aus der Mode gekommene Fremden- und Amüsierküste.»

Aber wohin dann? Am Ende doch wieder zurück nach Kalifornien? Noch einmal Agnes Meyers quälendes Glaubensbekenntnis, Thomas Mann und sie seien <u>gemeinsam</u> zu Ruhm und Größe bestimmt? («As I told you: we will be forced into greatness.») Nein, lieber nicht. «Wir schwanken hin und her in unseren Entschlüssen – denken bald daran, wenn das Haus sich weiter als unverkäuflich erweist, nach den Wahlen, falls diese wunschgemäß ausfallen … zurückzufliegen, bald in Europa zu bleiben.»

Am Ende aber gab es nur eine Wahl: Zürich, der deutsche Sprachraum. Das Wiedersehen mit den alten Bekannten! Das Anknüpfen an die Zeiten der Rettung vor Hitler! Europäische Kultur im Zentrum der vertrauten Alten Welt! – Weiß Gott, Katia hatte genug Koffer gepackt in ihrem Leben, die «armen Greislein» mussten, trotz aller

Bedenken, endlich zur Ruhe kommen, das Zigeu-
nerdasein, über das Thomas Mann zeitlebens ge-
klagt hatte, wenn er sich nirgendwo ‹eingebettet›
fühlte, musste ein Ende finden.

Im Spätherbst 1952 war es so weit: Nach der
«Poschi», deren Verfall Klaus Mann, als Kriegsbe-
richterstatter, so eindringlich beschrieben hatte,
nach der Schiedhaldenstraße, der Stockton Street,
dem Amalfi Drive und dem San Remo Drive nun
die Glärnischstraße in Erlenbach: «Es fand sich
ein recht ansprechendes Haus, freilich by far kein
palatial home, in Erlenbach ob des Zürichsees,
garnicht weit von unserem früheren Küsnachter
Heim, mit schönster Aussicht auf See und Gebirg,
eine Landschaft, die dem Vater ja nun einmal ans
Herz gewachsen ist. Es ist aber unmöbliert.» Katia sorgte – wieder einmal – für ein bewohnbares
Provisorium. Kurz vor Weihnachten zog man ein.
Mietzins 9000 Franken pro anno, beinahe ein
Freundschaftspreis. Die Schlüsselübergabe vollzog sich unter glücklichen Auspizien; nach Monaten des Hin und Her war die Stimmung des
künftigen Hausherrn fast euphorisch: «Bedeutender denkwürdiger Tag in der Epoche meiner Aufzeichnungen seit Arosa 1933. Neunzehn Jahre,

seit wir München verließen, das wir eben wieder festlich besuchten. Vierzehn Jahre Amerika und nun Rückkehr in die Schweiz. [...] Sehe [...] dem Leben nahe [...] Zürich, in bequemen [Räumlichkeiten] und einer meinem Herzen nahen Wald- und Wiesenlandschaft mit Vertrauen, fast jugendlicher Neuigkeitsfreude und selbst einiger Hoffnung auf Produktivität entgegen.»

Aber das Haus enttäuschte seine Mieter. Als die Möbel aus Kalifornien kamen, zeigte sich, dass die Zimmer zu niedrig, der Wohnraum zu eng und das Arbeitsstudio nicht geräumig genug waren, um die alten Bücherschränke und, vor allem, das Sofa aufzustellen. Auch vermisste der Hausherr das eigene Bad. Der erhoffte Arbeitselan stellte sich nicht ein; die Produktion stockte. Der Zauberer schrieb es dem ungeliebten Ambiente zu: «Sehnsucht nach der Zeit, als ich in meiner Sofaecke an dem [*Faustus*-]Roman [...] schrieb. Werde das Haus in Pacific Palisades nie verschmerzen und hasse dieses hier.»

Auf Vortragsreisen hingegen zeigte Thomas Mann keine Ermüdung: Selbst in überfüllten Sälen konnte er «eine volle Stunde lebhaftest sprechen, ohne schlimme Nachwirkungen». Und auch in Deutschland hatte sich «das Blättchen sehr gewendet», Katia begann, Hoffnung zu schöpfen. Der Entschluss, in Europa zu bleiben, war am Ende doch richtig gewesen. «Man hört ja wenig Erfreuliches von drüben. [...] Über die Wahl des Fünfgestirnten [Eisenhower] nebst fürchterlichem Anhang gibt es unter Verständigen ja wohl nur eine Stimme; hier zu Erdteil herrscht schwerste Sorge.»

Sorgen auch im Persönlichen. Erikas zunehmende Unverträglichkeit und oft nicht hinnehmbare Anmaßung waren tagtäglicher Schmerz für die Mutter: «K., gequält, wie so oft, vom Extremismus ihres Hasses, verhehlt kaum den Wunsch nach Trennung.» Dazu kamen Thomas Manns ständige Erkältungen, der neuerliche Gewichtsverlust und schließlich Katias eigene körperliche Molesten: «Die Gesundheit meiner Frau ließ auch zeitweise zu wünschen übrig», berichtete Thomas Mann dem in Kalifornien zurückgebliebenen Freund Feuchtwanger: «Aber sie hält sich rüstig und immer energisch tätig. Am 24. Juli werden wir ihren 70. Geburtstag begehen. Sie will durchaus kein Aufhebens davon gemacht sehen, aber wie sehr verdient sie es doch! Erika sorgt denn auch dafür, die Öffentlichkeit etwas in Bewegung zu setzen.»

Mit Erfolg, wie die vielen Laudationes in großen Zeitungen zeigten: Bruno Walters Ehrung in der ungeliebten *Neuen Zürcher Zeitung* und Lion Feuchtwangers Gratulation im *Aufbau* voran. Auch Erika nahm den Tag zum Anlass, um ein hinreißendes Porträt ihrer Mutter zu entwerfen. Die älteste Tochter besaß – wie die Inszenierung zu Katias Fünfzigstem 1933 in Sanary oder die improvisierten Feiern zeigen, die sie veranstaltete, wenn der Zauberer den Schlussstrich unter ein großes Werk gesetzt hatte – die Begabung, besondere Tage festlich zu arrangieren. Katia selbst stellte nur eine Bedingung für die Feierlichkeiten: Sie wollte den Tag gemeinsam mit ihrem Zwilling verbringen. Den Vorschlag des Bruders jedoch, den «großen Tag» inmitten der verbliebenen Verwandten «im Bayerischen» zu begehen, lehnte sie ab. Wenn schon gefeiert werden musste, dann dort, wo sie sich entschlossen hatte, für den Rest ihres Lebens «zuhause» zu sein: in Zürich. Dort wurde der «Ehrentag» denn auch, wie Ida Herz erfuhr, «schön und festlich» begangen. «Gleich morgens fing es an. Die anwesenden Töchter –

alle drei waren da und Golo dazu – hatten einen prächtigen Aufbau gerüstet, dann gab es einen von unserem Schweizer Freund Richard Schweizer arrangiertes Morgen-Ständchen, wunderhübsch gespielt von Mitgliedern des Symphonie-Orchesters.»

Auch das obligatorische von Erika gedichtete kleine Festspiel habe selbstverständlich nicht gefehlt, ausgeführt von den vier «lieblich gekleideten» Enkeln. (Frido Mann hat in seinem autobiographischen Roman *Professor Parsifal* beschrieben, wie diese Prozedur vor sich ging.) Zum Lunch habe man die beiden Brüder, «den Mit-Jubilar und Heinz nebst Gattinnen und Bibis ja sehr nette Schwiegereltern» bei sich gehabt, und abends hätten die Schweizer Freunde zu einem Festdinner ins Eden au lac eingeladen, «mit schönen Reden, vor allem einer ergreifenden von meinem Mann».

Trotz aller Skepsis hatten die Ehrungen Frau Thomas Mann gut getan, auch wenn sie anschließend befürchten musste, mit den Danksagungen für die «überwältigende Fülle von Briefen, Telegrammen und Blumen – ich wurde <u>viel</u> <u>zu</u> <u>viel</u> geehrt» – niemals fertig zu werden.

Sie wird lange gebraucht haben, bis alle Dank-sagungen geschrieben waren, denn es gab, wie immer, Vordringlicheres: das Haus! Das Haus als Voraussetzung neuer Kreativität. Das Haus, nach dem Katia und Erika von Erlenbach aus uner-müdlich suchten. Ein Haus à la Pacific Palisades – drei Monate lang erträumt und dann tatsächlich gefunden: hoch über dem See, mit dem Blick auf Wasser, Hügel und Gärten, nicht weit von der Stadt, zwischen den Wäldern und der City gele-gen, dazu Wohnort Conrad Ferdinand Meyers. Kilchberg am Zürichsee, Alte Landstraße 39. Am 28. Januar 1954 war der Kauf perfekt. Ein großer Tag! Thomas Mann hielt fest: «Ein Datum ohne Zweifel in diesen Aufzeichnungen seit 1933. Ich glaube, wir tun das Richtige und Vernünftige.»

Am Gründonnerstag des Jahres 1954 gingen Katia und Thomas Mann, von Erika geführt, zum ersten Mal durch ihr letztes Domizil, die Villa in Kilchberg. «Die Kombination meines Arbeitszim-mers mit der Bibliothek ausgezeichnet. [...] Ich habe wieder, wie in Californien, ein eigenes Bade-zimmer. Bewegend, vor und nach Tische, wieder auf meinem Sofa aus P. P. zu sitzen.» Notiert un-mittelbar nach dem Einzug, am 15. April 1954.

Ein Durchbruch? Nun, fürs Erste ließ sich alles gut an; die Arbeit am *Krull*-Roman, nach «alter Art in der Sofaecke geschrieben», ging wieder voran. Das Haus war angenehm, der Ausblick erfreulich, die Ortschaft «civilisierter» als Erlenbach. Katia konnte aufatmen und genoss den Besuch alter Freunde: «Abends Molly und Allan Shenstone», notierte Thomas Mann am 16. Juli 1954 – für Katia ein «dreamlike visit», an den sie gern zurückdachte. In ihrem Dankesbrief versicherte sie der Freundin noch einmal, wie viel ihr die kleinen Andenken an die gemeinsam verbrachte Zeit bedeuteten. «The little silver disk you once gave me in Princeton, is always on my desk, and I'm wearing your shawl every day.»

Ein Jammer, dass wir nur wenig von Katia wissen aus dem letzten Lebensjahr Thomas Manns, als sie mit ansehen musste, wie der Anfangselan ihres Mannes, die «Zu- und Angriffigkeit» und die Lust am Fleiß schon wenige Monate nach dem Einzug ins neue Haus wieder erlahmten: «Komme zu nichts. Fange nicht an mit dem Vortrag.»

Der Vortrag! Die mehr und mehr ausufernde Rede über Schiller, in dessen Zeichen die Ehe zwischen Katia und Thomas Mann anno 1905 begonnen hatte! *Schwere Stunde:* Die Rechenschaft eines Künstlers, der seine Produktivität durch «bürgerliche Verbindung» bedroht sah. Danach, ein halbes Jahrhundert lang, die Widerlegung dieser These an der Seite Katia Pringsheims und am Ende noch einmal die Evokation der Lieblingsgestalt – aber unter welchen Mühen, mit wie vielen Gedankennöten und quälender Angewiesenheit auf die Ratschläge der Ghostwriter und Helfer, zu denen Katia nicht gehörte – Thomas Mann hörte auf Erika und Golo; Katia notierte: «Meine Wenigkeit kann sich nicht trauen, etwas Denkerisches von sich zu geben, sondern ist nur fähig, sehr liebevolle und schmeichlerische Absagebriefe abzufassen.»

«Der Vater» habe sich – so ein Bericht an den Zwillingsbruder – leider nicht die richtige Form gewählt. Statt sich mit dem Essay zu quälen («Der leidige ‹Schiller›! So etwas strengt ihn immer mehr an als alles Erzählerische, mein Gott, wer schafft es ihm denn?»), solle er sich zu seinem Fabuliertalent bekennen und den zweiten *Krull*-Band in Angriff nehmen, nachdem der erste «nahezu einen succès fou in Deutschland» habe.

Ja, Frau Thomas Mann blieb Pragmatikerin und hielt unbeirrt an ihrem alten Grundsatz fest, voraus- und nicht zurückzudenken. Planen! Nachdenken zum Beispiel über die Frage, ob man anno 1955 wirklich *zwei* Jubelfeste im Hause Mann feiern solle: die goldene Hochzeit am 11. Februar und den 80. Geburtstag am 6. Juni. «Eigentlich sollten wir die Goldene gar nicht begehen, weil der größte Lebende – wer wohl wäre es sonst? – sich im Juni vor Ehrungen und Feiern nicht wird retten können.»

Wenn es um Organisationsfragen ging, war Katia immer noch das für sinnvolle Arrangements verantwortliche Familienoberhaupt. Mochte sie auch bei einer Audienz im Vatikan am 27. April 1955 als «Zubehör» in den Hintergrund verbannt sein («K. hatte gewartet»), für die Regie bei den anstehenden Ereignissen war allein sie zuständig. Natürlich spräche es für Z., ließ sie den Bruder wissen, dass er den 11. Februar ebenso wichtig wie den 6. Juni nähme und den Zwilling und Ehestifter am liebsten schon im Winter bei sich sähe, für sie aber ginge die zwiefache Besorgung des «Danksagungswesens», trotz «lächerlich guter Gesundheit», denn doch über die Kräfte.

Und so blieb es denn am Tag der goldenen Hochzeit bei einem Familienfest mit vier Kindern (das Mönle fehlte), die ihre Eltern mit einem liebevoll ausgedachten Geschenk überraschten: dem neuen Niko – einem zweijährigen Pudel, der auf dem Rücken ein Gedicht von Erika trug.

«Schier unmäßig gefeiert» wurde, drei volle Tage lang, nur das Fest der Feste im Juni, zu dem «der Bundespräsident persönlich aus Bern herbeielte und eine wunderschöne Rede hielt, während die eidgenössische Hochschule ein ‹Ehrendoktorat› verlieh; dann die große Feier im Schauspielhaus mit anschließendem Empfang der Bermäuse. Sämtliche Schweizer Zeitungen hatten Festnummern, die Weltpresse konnte sich nicht genug tun, und Knopf kam eigens aus New York angeflogen – es war enorm.»

Die Ereignisse jagten sich – alle von Katia sorgsam notiert: die Schiller-Feiern in Stuttgart und Weimar, die Ehrung des Jubilars durch die «reuige Vaterstadt» Lübeck. Und dann, *post festum*, der Empfang bei der niederländischen Königin («K. wurde der Knix verboten»), triumphale Wiederholung der Schiller-Rede in Amsterdam, Auszeichnungen und Ehrungen. Schließlich erholsame Tage im vertrauten Noordwijk, Besuch von Bruder Peter und Schwägerin Emmeke – und dann, ganz plötzlich, die große Peripetie: das geschwollene linke Bein (warum sah Katia, die während des Krieges in erster Hilfe ausgebildet worden war, die Thrombose erst beim Besuch des Arztes?), der Liegend-Transport auf einer «Bare» (noch einmal, in großer Erregung, die Orthographie Hedwig Pringsheims), der Flug nach Zürich, die Einlieferung ins Kantonsspital, der Ärger über den Chefarzt («kann mich ausgesprochen nicht leiden, würdigt mich nie eines Wortes oder Blickes, was mich wundert, wo ich doch so freundlich und gutartig bin») und schließlich der letzte Tag, Freitag, der 12. August 1955.

Katia, in Stunden der Not immer auch an die Mitleidenden denkend, schilderte das Ende nicht nur in Briefen an Freundin Molly, Zwilling Klaus und Freund Reisiger, sondern auch in einem ausführlichen Bericht an Ida Herz: «Der Patient [war] den ganzen Tag bei Bewusstsein, fühlte sich zwischendurch schlecht, aber sehr gelitten hat er nicht – die ganze Krankheit ist überhaupt ohne Schmerzen verlaufen [...]. Nachmittags [hat er] gelegentlich mit dem Arzt gescherzt und [...]

plötzlich verlangt, ich müsse mit ihm, einem Walliser, doch französisch sprechen. Gegen Abend stellte sich Atemnot ein; er bekam sofort zur Erleichterung Sauerstoff; als sich die Anfälle aber zweimal wiederholten, wussten die Ärzte, dass nichts mehr zu hoffen war: er bekam Morphium, und beruhigte sich sofort, konnte ruhig ohne Sauerstoff atmen. Ehe er einschlief, verlangte er noch nach seiner Brille; dann lag er, friedlich atmend und entspannt, wohl eine Stunde da, und als sein Herz, um acht Uhr abends, still stand, habe ich es, neben seinem Bett sitzend, nicht bemerkt.»

Kapitel 7

Ohne den Zauberer

Am 2. Oktober 1955 erinnerte sich Katia in einem Brief an Molly Shenstone noch einmal der langen Gemeinsamkeit an der Seite Thomas Manns und suchte sich eine Zukunft vorzustellen, die sie, in ihrem Alleinsein, erwarte: «Dearest Molly, I received so many beautiful letters after Tommy's death, but yours certainly moved me more than all the others, and I should have thanked you long ago. But it is so hard for me to write, and you know exactly how I feel. I always knew I would survive Tommy and that I had to, but I never really believed it. The Schiller-tour [...] was [...] so triumphal, a kind of a late harvest, that it must have given him satisfaction, though he has been rather sceptic about success through all his life. In Noordwijk [...] he felt so well and happy as he had not done for years and insisted on my making reservations for next year. [...] He was conscious till to the end and though the shadow of death had always been present to him and goes through all his books, he obviously never thought of it this day. [...] One may call it a blessing for him that he hardly knew any decline, but this so completely unexpected separation after more than fifty years in common I still cannot grasp. I am now here with Medi and the granddaughters for about two weeks in her lovely place, and she does her very best to cheer me up a little. All the children say, they need me, but grown up children can and must live without their mother. The one who really needed me is no longer and I cannot see much sense in my further life.»

Wie hätte eine Frau anders sprechen sollen, deren Leben mit beispielloser Radikalität auf den einen ausgerichtet war? Über die Jahre hinweg hatte Katia alles mit ihrem Mann geteilt: die Triumphe, aber auch die Niederlagen, das Glück und die Verzweiflung, die ihn vor allem dann überfiel, wenn er sich in quälender Gesellschaft befand, wenn «die Herz» ihn bedrängte oder er bei den Meyers den «greatest living» herauskehren musste: «Vati ging der Aufenthalt dermaßen auf die Nerven, daß ich mehrere nächtliche Stunden opfern mußte, um ihn einigermaßen zu beruhigen und einen éclat (der doch unter Umständen recht peinlich wäre) zu vermeiden. Aber ich bin wirklich froh. Daß wir diesem Reichen-Paradies entronnen sind.»

«I cannot see much sense in my further life»? Weil kein Zauberer mehr lebte, dem sie – seines Lachens gewiss – die Geschichte vom Uhrmacher als einen Jokus besonderer Art erzählen konnte? «Mein schrulliger alter Uhrmacher, der mich neulich nach meinem Alter fragte, konnte es garnicht fassen, daß ich noch so jung sei, hatte mich offenbar für hundert gehalten, und die Tatsache, daß ich knapp sechzig sei, machte ihn so sinnlich, daß er mich gleich unterm Kinn kraulen mußte.»

«Not much sense in my further life»? Wirklich nicht? – Unter einer Voraussetzung doch: Der Verstorbene musste präsent bleiben. Seinen Ruhm zu mehren blieb neben der Sorge für Kinder und Enkelkinder auch nach dem 12. August 1955 Katias wichtigste Aufgabe. Von nun an galt es, alles, was in ihren Kräften stand, zur Beförderung jener Nachwirkung zu verwenden, die «der

Dahingegangene» durchaus nicht erwartet habe: «Thomas Mann dachte immer recht skeptisch über solche Möglichkeit. Er wäre (oder, wer weiß, ist) bestimmt überrascht darüber, wie lebendig sein Werk noch ist.»

Viel freilich sei es nicht, was sie, eine hochbetagte, mit der Arbeit des «Wirtschaftshauptes» ohnehin voll beschäftigte Frau noch tun könne: «Es verhält sich doch einmal so, daß die Kinder nebst zahlreichen verehrenden Fachleuten alles in Betracht Kommende sehr wohl in die Wege leiten und betreuen können, wobei ich, soweit es mir möglich ist, mitzuwirken mich gewiß nicht zieren werde.» Also mischte sie sich mit Verve und, nicht selten, Scharfzüngigkeit ein, wenn die Gelehrten ihrer Ansicht nach Irrwege gingen oder wie – immerhin! – Caroline Newton von der Zunft überschätzt wurden: «Ich würde nie sagen, daß die gute Caroline eine bedeutende Frau wäre.» Biographen wie Walter Berendsohn waren angehalten, Katias Korrekturen der ihr vorgelegten Texte zu übernehmen: «Auf gesondertem Blatt teile ich Ihnen meine Einwände mit.» Das Regiment war streng. Nicht nur die kritischen Philologen, sondern auch der Verlag, dem Thomas Mann schließlich seine *opera omnia* anvertraut habe, sah sich bisweilen harsch getadelt: «Ein überexpandierendes Industrie-Unternehmen, alle sind überbürdet und wissen nicht, wo ihnen der Kopf steht, und dabei hört man ständig Tutts [Tutti Bermann Fischers] Organ dazwischen funken.» Wie könnte man unter solchen Umständen jemals einen repräsentativen Briefband «mit endgültiger Auswahl und Einleitung» edieren? («Kann und will ich doch nicht!»)

Viel zu viel Zeit hätten die Fischers vertan und nicht einmal, gleich nach Thomas Manns Tod, einen Aufruf erlassen, um die Korrespondenz zu sammeln. Im Osten sei man da bereits viel weiter, plane eine historisch-kritische Gesamtausgabe und ehre den Verewigten in einer Weise, an die im Westen leider nicht zu denken sei. «Es vergeht kaum ein Tag, wo nicht eine ostdeutsche Stadt mir mitteilt, daß sie eine Straße nach Th. M. benennen wolle, was in der Bundesrepublik noch nicht passiert ist.»

‹Alles für das Ansehen des Zauberers› hieß in Kilchberg so gut wie einst in München, Princeton oder Kalifornien die Devise der Managerin Katia Mann, die zeitlebens ihre Aufgabe darin gesehen hatte, die Arbeit des einen zu fördern, und sich nun allein sah: «Es läßt sich nicht leugnen, daß ein Leben, das man so ausschließlich in den Dienst eines anderen gestellt hat, nach dessen Erlöschen nicht mehr recht sinnvoll erscheint. Selbst ein Schnapps zu sein, war nie meine Sache, und auf meine alten Tage werde ich wohl nie einer werden.»

Nein, ein «Schnapps» war Katia gewiss nicht, wohl aber blieb sie weiterhin das «Wirtschafthaupt» ihrer Familie und hatte, auch nach Thomas Manns Tod, dafür zu sorgen, dass die Kinder nicht zu kurz kamen. Wenn es um Tantiemen ging, schaute sie den Verlegern genau auf die Finger – so, wie sie es immer getan hatte. Der alte Vorwurf blieb in Geltung: Bermann betrügt uns «bekanntlich ständig», zahlt gelegentlich zwar «ein Geld», aber oft nur die Hälfte des dem Autor Zustehenden – und selbst das noch meistens «ohne Abrechnung. Man muß doch auf etwas businesslikerem Gebaren bestehen.»

In der Tat, Frau Thomas Mann beherrschte ihr Metier, rechnete auch kleine Beträge nach, monierte die Zahlen der Verlage und Finanzämter oder überprüfte Bermanns Abrechnungen: «Der europäische Gesamt-Absatz des vierten Joseph-Bandes [...] soll 264 Exemplare betragen haben! Das ist eine solche Unmöglichkeit, daß ich mich wirklich wundern muß, offenbar die Erste zu sein, die daran Anstoß nimmt, und wenn mir schon die niedrigen Verkaufsziffern der letzten Neuerscheinungen nicht einleuchten wollen, so liegt hier offenbar eine bedenkliche Fehlleistung in der Buchführung [...] vor.»

Trotz der zum Teil immer noch sehr hohen Einkünfte kalkulierte Katia nach Thomas Manns Tod eher noch pedantischer als vorher. Ihre Devise hieß: «Les affaires sont les affaires.» Wenn Bruder Klaus, alias Kaleschlein, um einen Zuschuss für seine nächste Europareise bat, verwies sie zunächst einmal energisch auf ihre familiären Verpflichtungen. «Gestern kam Dein Brief, und ich will nicht leugnen, daß er ein kleiner Schock für mich war. Gewiß kann und werde ich das Erwartete veranlassen. Aber eine Leihgabe (?) von dieser Höhe bedrückt mein Gewissen den Kindern gegenüber, denen ich mich als Wirtschaftshaupt nun doch verantwortlich fühle, und so sehr ‹flüssig› bin ich im Augenblick auch nicht, da ich außerordentlich hohe Steuern zu zahlen habe.»

Natürlich schickte Katia (allerdings ohne gleich «mit schäumendem Mund zur Bank» zu eilen) am Ende doch den erbetenen Betrag. Der Bruder war nach dem 12. August 1955 schließlich ihr Nächster. Aber rechnen musste sie, die nun allein die Verantwortung trug und sich dabei mit ihrem «verwirrten Häuptlein» manchmal so hilflos vorkam wie zu Lebzeiten Thomas Manns.

Hilflos? – Eher: ohne rechtes Vertrauen in ihre Fähigkeiten. Es ist bewegend, zu lesen, wie klein sich Frau Thomas Mann nach dem großen Lebenseinschnitt ihren Freunden gegenüber machte. Man möge ihre «nicht sehr erhebliche Existenz» auf keinen Fall überschätzen; wer es gut mit ihr meine, solle zur Kenntnis nehmen, dass sie «ein Mensch wie andere» sei: Diese Formel träfe exakt die Wahrheit und stamme außerdem von Richard Wagner. Man könne Gurnemanz' abschließendes Wort über Titurel im *Parzifal* nachlesen. «Wenn man auf ein so langes Leben zurückblickt, weiß man recht gut, was man hätte besser machen können, und kann nur immer abwehrend murmeln ‹so herrlich bin ich bei weitem nicht›.»

Bisweilen scheint es, als verdunkle der große

Schatten Thomas Manns mehr und mehr das ohnehin schon schwierige Weiterleben seiner Frau:
«Wenn Sie nach Kilchberg kommen, lieber Hermann Kesten, werden Sie sehen, daß ich eine
Dichtersgattin bin, die, allein zurückgelassen,
nicht mehr so recht bestehen kann.» Der Wunsch,
im Alter noch einmal in die Rolle der Katharina
Pringsheim zu schlüpfen, kam niemals auf; Katia
blieb, was sie war: Frau Thomas Mann. Konven-
tionen wurden nicht angetastet; das erste Kilchberger Weihnachtsfest ohne den *pater familias*
verlief, nicht zuletzt dank Erikas und Therese
Giehses Hilfe, beinahe wie immer. Es fehlte nur
die väterliche Intonation der Lieder.

Zuerst das Christfest in Kilchberg, dann der
Skiurlaub in Pontresina und im Sommer familiäre
Ferien auf Medis Landsitz in Forte dei Marmi –
die alten Rituale bewährten sich auch in verän-
derter Form. Dank der Briefe an Molly Shenstone
und, vor allem, den Zwillingsbruder wissen wir
über Katia Manns Leben bis in die frühen siebziger Jahre, die Jugend ihres Greisenalters, sehr genau Bescheid. Welch ein Glück, dass Klaus
Pringsheim den Befehl seiner Schwester, ihre
Schreiben unbedingt zu vernichten («denke an

deinen Nachlaß!»), mit der ihm eigenen Souveränität missachtete.

Nur durch diesen Entschluss sind wir in der
Lage, uns sehr konkret ein Bild von jener alten
Dame zu machen, die immer noch so ungeduldig
und spontan – «häßlich und hastig» – schrieb, wie
sie sprach: einmal chronikalisch-nüchtern, einmal rabiat, hier besonnen, dort ungezügelt – und
immer selbstkritisch: «Viel zu lange Parenthese!»
– «Die Klammer hätte besser geschlossen oder
besser garnicht erst angefangen werden sollen!»
Dabei wechselte sie ihre Ansichten, je nach Stimmung, manchmal geradezu halsbrecherisch: Aus-
brüche gegen die Schweizer Fremdenfurcht und
Ungastlichkeit werden in Preisliedern auf das
«prächtige Land» relativiert, dessen Bürgerin
Frau Thomas Mann am Ende ihres Lebens noch
geworden ist.

Oft ging es, im Miteinander von Persönlichem
und Politischem, mit Hilfe einer immer noch lebhaft arbeitenden Phantasie («deretwegen Tommy
mich oft verhöhnt hat»), holterdipolter: vom ster-
benden Bruder Peter und dem schwerkranken
Bruder Heinz kam die Schreiberin auf «unseren
Erwählten», John F. Kennedy, und dessen Ermor-

dung; vom Streitgespräch («so sagte man in
Deutschland») zwischen dem «widerwärtigen»
Nixon und dem «flachgesichtigen boy [Ken-
nedy]» («Mir fährt der Mann zu zweigleisig») auf
Nehru, der, wolle man Chaplin glauben, zu sehr
in die Breite gegangen, aber immer noch der Beste
sei; vom elenden Macmillan («bleibt womöglich
an der Macht, während der redliche Gaitskell
sterben mußte») auf das «fürchterliche Pärchen
de Gaulle-Adenauer»; von der immer noch nicht
recht geliebten, wenngleich im Ganzen maßvolle-
ren *Neuen Zürcher Zeitung* auf die üblichen
Dienstbotenprobleme: «Meine Magd Gretula
wird leider immer frecher, obgleich oder wohl
eher, weil ich sie auf Händen trage.»

Auf der einen Seite die Meditationen über die
Kennedy-Ermordung («Wenn er schon so jam-
mervoll und sinnlos dahingehen mußte, so hätte
es doch […] durch einen fanatischen Rassisten
geschehen sollen; dann wäre er als Märtyrer gestorben, und das hätte der anderen Seite schwer
geschadet. Nun will es das Unglück, daß jener
Oswald ein Kommunist war.») und auf der anderen Seite die amüsanten Privatissima und
schwesterlichen Ermahnungen – beides mit Klar-

sicht, Phantasie und Lebensklugheit beschrieben: «Nun hör aber einmal, liebes K.lein, man erzählte mir, daß sich dein Herrenleiden wesentlich verstärkt hat. Wenn dein Arzt dir zu einer Operation rät, dann mußt du ihm ja folgen. Es ist gewiß keine Annehmlichkeit, aber ein unglaublich hoher Prozentsatz der Männer in den reiferen Jahren unterzieht sich diesem Eingriff, in meinem Bekanntenkreis geradezu die meisten. So der herzleidende und über achtzigjährige Kuzi (morgen wird er 84), und diese Sache zu verschleppen, ist äußerst bedenklich. Bitte höre auf meinen dringenden Rat.»

Wer wird, vor allem in den sechziger und siebziger Jahren, nicht zur Ordnung gerufen – gelegentlich auch einmal ins Licht gestellt? Katias *laudanda*-Liste war kurz, aber eindrucksvoll («Die Tätigkeiten unseres prächtigen Willy Brandt verfolgst du gewiß auch mit Befriedigung. Wenn es den Schurken nur nicht gelingt, den Verzicht-Politiker und Landesverräter zu Fall zu bringen!»), die *monenda*-Aufzählung dagegen zeigte wahrhaft monströse Ausführlichkeit: Verbrecherische Politiker! Dreiste Anwälte des Vietnamkriegs, den Katia mit Hitlers Feldzügen verglich. Der trickreiche Lyndon B. Johnson zum Beispiel – ein leibhaftiger Schurke, der für die Eskalation der Bombardements verantwortlich sei und selbst Saigon in einen Trümmerhaufen verwandelt habe: «Kriege sind wohl immer scheußlich, aber einen so grauenhaften wie diesen hat es kaum gegeben. Sogar ein maßvoller Ansager des deutschen Fernsehens durfte trotz der abstoßenden Amerika-Hörigkeit der B.D.R. [...] nicht nur von den grauenhaften Umständen in Saigon berichten, das von den Rettern ihrer Freiheit zwecks Bekämpfung des Vietkong vermittels Napalm-Bomben etc. in eine brennende, von Pestilenz, Hungersnot, Wassermangel und Hunderttausenden von Obdachlosen heimgesuchte Hölle verwandelt wird, sondern noch besorgter sprach er von den Amerikanern, die ihren gesamten moralischen Kredit verscherzt und politisch völlig auf den Hund gekommen sind.» (Katias Attacken gegen die martialische Politik der Vereinigten Staaten und ihr Engagement für eine humane Zivilgesellschaft ließen mehr und mehr den Einfluss Elisabeths erkennen, die in Santa Barbara zeitweilig im Rahmen eines Forschungsprojekts «Studies of Democratic Institutions» arbeitete.)

Amerikanische Überheblichkeit war Frau Thomas Mann in tiefster Seele verhasst; aber sie vergaß auch als Schweizer Staatsbürgerin nicht, was sie dem kleinen grünen Büchlein einmal verdankt hatte: Sicherheit im Land des unvergessenen Franklin Delano Roosevelt. Während der Ära des von ihr unter die Schurken und Gauner eingestuften Lyndon B. Johnson jedoch akklamierte sie den Anti-Vietnam-Demonstrationen und stellte, eines Sinns mit William Fulbright und Walter Lippman, die Praktiken der amerikanischen Administration an den Pranger. Vor allem das Gebaren der ohnehin wenig geliebten Finanzämter, die nach ihrer Meinung Steuern eintrieben, um amerikanische Rüstungsgeschäfte zu subventionieren, war ihr suspekt: «Hatte so gräßliche Steuerlästigkeiten um die Ohren. [...] Muß es denn sein, daß ich das wahnwitzige Rüstungsprogramm dorten mitfinanziere? Aber hier bin ich ja offensichtlich unerwünscht, weil einige Herren [es handelte sich um eine DDR-Delegation] am fünften Todestag Kränze niedergelegt haben.»

Dagegen nahm sich das Rencontre mit der Schweizer Polizei, die nicht gewillt war, die ständigen Verkehrsdelikte der mittlerweile Achtzigjährigen schweigend zu tolerieren, eher harmlos aus. Dennoch wurde der Entzug der Fahrerlaubnis zu einer Haupt- und Staatsaktion, in deren Verlauf Frau Thomas Mann mehr und mehr in Rage geriet: «Der hiesige Kantonspolizist, ein gewisser Schmittlin [...] will absolut, daß man mir das Chauffieren untersagt, und hat über mein (schlechtes?) Fahren einen offenbar so lügenhaften Bericht verfaßt, daß ich mich nun einer Reihe von Untersuchungen aussetzen muß, von deren Ergebnis die Belassung meines Führerscheins abhängig wird.» Und alles wegen einer ganz harmlosen Kollision! «Ist doch widerlich!» «Schikanös» sei es, befand Katia, «wie sich die Behörden gegen das arme Greislein benehmen. Eine gerichtsmedizinische, eine psychotechnisch-psychologische und eine neue Fahrerprüfung verlangen sie von mir. Die medizinische Prüfung habe ich mit Glanz und Gloria bestanden, was unter der zweiten zu verstehen ist, weiß ich nicht, und bei der Führerprüfung können böswillige Experten selbst den Gewiegtesten zu Fall bringen.»

Nun, die Kandidatin bestand das Gesamtexamen nicht, die Behörde strich «hunderte von Franken» zur Begleichung der Gebühren ein (worüber sich, so Katia, auch Schweizer scham-voll empörten), Golo stiftete ein Abonnement für einen Autoservice, Katia lehnte ab: Den Weg *in* die Stadt könne sie leicht, wie früher in München, mit öffentlichen Verkehrsmitteln machen; zur Rückfahrt setze sie sich – nach vollzogenen Ein-käufen – in eine Taxe; wozu brauche sie ein Ser-viceabonnement?

Die Beschreibung des Führerscheinentzugs ist ein Glanzstück in Katias Briefen aus den sechzi-ger Jahren. *So* plauderlustig, amüsant und exakt schrieb eine Frau, die zur gleichen Zeit, mit «sau-rer Grämlichkeit» kokettierend, über ihre «Trüb-äugigkeit» klagte und dabei immer wieder ins Shakespearisieren geriet. «Trübäugige Melancho-lie»: Das war ihr aus dem Herzen gesprochen. Denn so witzig sie formulierte – die Alters-schwermut war, trotz aller Betonung physischer Robustheit (nur das «Thrombösli» machte ihr ge-legentlich Sorgen), auf die Dauer nicht zu über-winden.

«Ich bin rüstig und lebe nicht gern»: Die epi-grammatische Aussage, formuliert im Oktober 1960 in einem Brief an den alten Freund Erich von Kahler in Princeton, zog die Quintessenz eines

Lebens, in dem, gemessen an den intensiven Erfahrungen der Vergangenheit, nur noch wenig geschah. Die Depressionen wurden durch den eintönigen Tagesablauf verstärkt: «Von mir gibt es im Grunde nicht viel zu vermelden. Das Leben läuft ab in immer beschleunigterem Tempo und mein Interesse daran ist matt, obzwar ich rüstig und aktiv bin, all zu sehr für meinen Geschmack, das bringt meine Position als Familienoberhaupt und widow of … so mit sich.»

«Widow of …»: das war verpflichtend. Es galt, Verehrer des großen Toten, sofern sie sich als Kenner auswiesen, zum Tee einzuladen, die Korrespondenz auf dem Laufenden zu halten, Fragen zu beantworten, Vollmachten zu erteilen und, in den ersten Jahren nach Thomas Manns Tod, die von Fischer doch noch gesammelten Briefe zu ordnen. «Es sollen ja tausende sein. Mein Gott, was hat der Vater sich zusammengeschrieben! Und teilweise fortlaufend Briefwechsel mit Personen, von denen ich überhaupt nie gehört habe. Daß die Herz 375 besitzt, ist auch über meine Erwartung und eine rechte Schmach.»

Katia sprach gern mit interessanten Gästen, entschieden, oft eigensinnig und gelegentlich

magistral; sie irrte sich selten, ihre Erinnerungs-
kraft war noch im hohen Alter vorzüglich. Oft genügte ein winziger Anstoß, um die Vergangenheit
lebendig zu machen. Als der Zwillingsbruder,
anno 1961, in der *Neuen Zürcher Zeitung* die *Wälsungenblut*-Affäre aus der Distanz eines halben
Jahrhunderts beschrieb, war das Debakel von damals wieder ganz präsent: «Der gute Fay, kommt
ja nicht aufs beste dabei heraus, aber doch auch
wieder recht drollig, wie er seine schöne Wut
nicht unnütz möchte verpuffen lassen, und an
das gräßliche Szenlein mit dem unbeherrschten
Geschrei kann ich mich nur zu gut erinnern.»
Immer wieder kehrten, von Katia in plastischen
Szenen beschrieben, alte Gefährten auf die Bühne
zurück und reihten sich ein unter die Kinder –
Tochter Elisabeth an ihrer Spitze. Das Kindchen –
heute auf einem internationalen Kongress in
Moskau, morgen an einem Buch arbeitend, das
sich ein amerikanischer Verleger von ihr erbeten
hatte, übermorgen mit dem Geländewagen In-
dien durchquerend: «Welch ein Kind!»
  Welch ein Kind! «She is, in some way, really
my best child, the most attached to the poor old
parents», hatte Katia, als Borgese noch lebte, an

Molly Shenstone geschrieben, «and in the same time an excellent little mother, housewife, spouse, only too active, and I have the feeling that her husband, whose secretary, chauffeur and what not she is, enjoys her activities perhaps too much in regard to her health!» Bewunderung für Medi – aber auch, in Erinnerung an allzu große eigene Belastungen in vergangenen Tagen, ein geheimes Selbstporträt.

Welch ein Kind – mit drei kleinen Fehlern allerdings: Medi zeigte sich gelegentlich allzu freigebig, dazu geradezu vernarrt in Tiere und, vor allem, von einem Faible für alte Männer besessen. Warum, zum Teufel, habe sich Elisabeth, nach Borgeses Tod, 1952, zum zweiten Mal einen «so betagten Freund zugelegt», Corrado Tumiati, den sie doch entweder überleben oder als Greis betreuen müsste? Denn «er ist eher über als unter seinen Jahren. Keinesfalls könnte man ihn für meinen Sohn halten.»

Trotzdem, Medis Haus blieb nach dem 12. August 1955 Katias Zuflucht – ein Refugium, in dem sie Jahr für Jahr Kraft für das oft anstrengende Leben in Zürich und, später, für die Betreuung der kranken Erika schöpfte. Forte dei Marmi – eine

Idylle, deren Geist «my best child» bestimmte, im Bund mit dem klugen und charmanten, aber, was das Alter betraf, befremdlichen Herren an ihrer Seite.

Gottlob, dass daheim, in Kilchberg, die Generationsordnung stimmte und Katia einen verlässlichen, im Alter ‹passenden› Sohn hatte: Golo, der trotz seiner beruflichen Verpflichtungen in Münster und, später, Stuttgart sein Zimmer im Elternhaus behielt und seiner Mutter beistand. Selbst von Stimmungsschwankungen geplagt, verstand er sie in all ihrer Widersprüchlichkeit – Golo, herbeigesehnt in der Einsamkeit des Kilchberger Familienhauses, gutmütig, sensibel und nachsichtig, immer ein wenig zerstreut, doch liebenswert in aller «Confusion», wenngleich von einer «schier pathologischen Unentschlossenheit». Der Historiker Golo, eine Koryphäe seiner Zunft, blieb für die Mutter alle Zeit ein unter Sternen wandelnder Gelehrter ohne Gespür für Realitäten. «[Er] nimmt immer viel zu viel auf sich, weil er nicht nein sagen mag.» Dabei bekäme er «ständig die ehrenvollsten Anträge», werde jedoch bestimmt «eine falsche Wahl treffen und dann stöhnen, denn so ist er nun einmal».

Und Briefe beantworte er auch nicht, «der Schlot»: «Habe meine Kinder eben nicht gut erzogen.»

Da wiederholte sich das alte, schon in Pacific Palisades angestimmte Lied: ‹Die Pädagogik gehört nicht gerade zu meinen Stärken› – und in der Tat waren Katias ‹Mißerfolge› nicht zu verkennen: der süchtige Klaus, die von Hass zerfressene Erika, das ‹dumme› Mönle, das es – für die Mutter offenbar ein Ausdruck gravierender Unfähigkeit – im Unterschied zu ihren klügeren Geschwistern nicht einmal zu einem eigenen Haus gebracht hätte («dafür hat sie ein häßliches Feuilleton über ihres Vaters Novellen geschrieben»), und schließlich Michael: zuerst Musiker mittleren Ranges, danach ein Germanist – begabt, aber anmaßend: «Was mich kränkt, ist Bibis mehr als liebloses Verhältnis zur armen Meisterin [gemeint ist Erika]. Kein bischen tut sie ihm leid, hat er wohl mehrfach zu Golo geäußert, und über den neuen Briefband [...] schreibt er nicht nur voll Germanisten-Dünkel, sondern wirklich ungerecht und gehässig.»

Katia, in der Familie immer auf Versöhnung bedacht, fand es skandalös, wie sich Michael ge-

gen seinen Sohn aufführte. «Leider muß ich berichten, daß Dein junger Kollege [Frido, der zu
dieser Zeit wie sein Großonkel die Musikerlauf-
bahn anstrebte] von seinem eigenwilligen und
unkontrollierten Papa, teils, weil er seine Berufs-
wahl mißbilligt, teils, weil er ihn für egoistisch
und hochmütig hält, quasi verstoßen wurde.
Erregt sagt er, er habe ihn abgeschrieben. Ja, mein
Gott, so kann man doch nicht handeln.» – Unmittelbar neben solchen Zurechtweisungen standen jedoch ganz andere, durchaus respektvol-
le Äußerungen über den fleißigen, gelegentlich
aufbrausenden, aber im Grunde seines Herzens gutartigen Sohn. Im Gegensatz zu Erikas
Schwarzweißurteilen hielt Katia ihre Verdam-
mungen nicht für alle Zeit aufrecht, sondern hatte
keine Schwierigkeiten, ihre Meinung zu revidieren. Das galt für die viel geschmähte Ida Herz
nicht anders als für Michael und Enkel Frido, der
nach dem Tod des Zauberers – gemeinsam mit
Bruder Toni – fast zehn Jahre lang bei der Großmutter wohnte und, wenn es Not tat, auch von ihr
unterrichtet wurde. Anfangs als vermeintlich
schlichter Geist eingestuft, zeigte der Enkel plötzlich, was in ihm steckte: «Frido», schrieb Katia im

Mai 1966 an ihren Bruder, «muß doch intelligenter sein, als wir gedacht haben.»

Enkelsohn Fridolin, von Thomas Mann leidenschaftlich geliebt, erschien aus der großmüt-
terlichen Perspektive zunächst als eher schil-
lernde Figur: verschlossen, undurchsichtig, zur
Selbstüberschätzung neigend. Sie könne nicht
glauben, dass er sehr musikalisch sei: «Ich habe es
noch nie erlebt, daß er nach einem Konzert je irgendetwas nachspielt oder auch nur nachsummt,
dass er je [...] einen Ton improvisiert; Klavier
spielt er emsig und schülerhaft, vom Blatt lesen
kann er überhaupt nicht – ich halte es für ausgeschlossen, daß er Dirigent werden kann.»

Doch dann holte dieser «tall boy» plötzlich
auf, sagte der Musik Valet, konvertierte zum Ka-
tholizismus («und soll ganz ‹elated› sein»), glänz-
te auf den Gebieten der Philosophie und Theologie, absolvierte «im neuen Stand» alle Prüfungen
weit vor der Zeit und beeindruckte seine Großmutter durch intensive Bibellektüre und theolo-
gisches Wissen: «Mir sind diese religiösen Fragen,
solche schwierigen und komplizierten Bereiche,
während meines ganzen Lebens sehr weit weg
gewesen», lässt Frido Katia in seiner Autobiogra-

phie sagen. «Mir liegt es nun einmal nicht, mich da hineinzuversetzen. Ich weiß, es gibt viele Menschen, darunter auch uns nahestehende, die es können. Du weißt, Onkel Bruno zum Beispiel lebt ja recht tief in dieser Welt, aber das ist eben nicht jedermanns Sache.» (Onkel Bruno: damit war Bruno Walter gemeint, der in einem ergreifenden, hoch spirituellen Kondolenzbrief nach dem Tode des Zauberers ein Memento über das Wesen der Unsterblichkeit geschrieben hatte.)

Aber nicht nur der Großmutter, sondern auch dem Vater imponierte der Konvertit: Michael versöhnte sich mit seinem Sohn und war bereit, ihm das Studium der Theologie zu ermöglichen. Sogar Tante Monika begrüßte, zu Katias Entsetzen, die Pläne des Neffen. «Moni, die freche Törin, schrieb mir, bestimmt nehme Frido die neue Laufbahn ernst, denn sie habe immer den geborenen Theologen in ihm gesehen!!»

«Freche Törin»! Monika blieb die Ungeliebte, auch wenn sich Katia noch so viel Mühe gab, ihre Animosität gegen das Mönle zu zügeln. «Ich bin fest entschlossen, in meinem Leben kein unfreundliches Wort mehr über sie zu sagen»: geschrieben und vergessen! Katia konnte oder wollte nicht verstehen, dass Monika so viele Freunde in aller Welt hatte, obwohl sie für ihre Mutter immer das «dumme, ihr recht sehr verleidete» Kind blieb, mit dem sie partout nicht zurechtkam. «Wenn sie mit sonderbar flacher, eingerosteter Stimme ab und zu ein schiefes, apodiktisches Urteil abgibt, muß man si tacuisses [o, wenn Du doch geschwiegen hättest] denken. Und dann wieder hat sie eine besonders bedrückende, ostentativ unbeteiligte bis mißbilligende Art zu schweigen, die auch schwer erträglich ist.»

Und ausgerechnet Monika musste es einfallen, eine Autobiographie zu schreiben – mit dem Vater als Protagonisten! «Unaufrichtig, schief und illegitim», das Machwerk einer Dilettantin, die – so das Urteil der Mutter – von Thomas Mann nicht das Geringste wisse: «Von allen sechs Kindern stand sie ihm am fernsten, und was [in diesem Buch] an Tatsächlichem über ihn gesagt ist – viel ist es ja nicht – entspringt ausschließlich ihrer Phantasie.» Und dieses jämmerliche *opusculum* sei sogar noch erfolgreich! («Mein Gott, was hat nicht alles Erfolg!») Ausgerechnet Monika, wegen ihrer Aufsässigkeit und ihrer Verachtung des Familienkonsenses von den Eltern und Geschwistern als Outsider disqualifiziert, hatte es gewagt, über den Vater zu schreiben!

Wenn Katia irgendwann erbost war – und zwar grundsätzlich, nicht nur, wenn es um minder wichtige Fragen wie den Führerscheinentzug ging –, dann in jenem Augenblick, als das Mönle sich herausnahm, nicht irgendein Buch – das mochte noch hingehen («daß [Monis literarische Ambition] irgendeinem der übrigen Mitglieder der amazing family schadet, <u>das</u> glaube ich nicht») – sondern dieses *eine* zu schreiben, das den Zauberer aus einer unmöglichen Perspektive beleuchte und überdies mit Erikas Studie über *Das letzte Jahr* konkurriere. Monikas Erinnerungen *Vergangenes und Gegenwärtiges*, von der Kritik ausführlich gewürdigt und in Doppelrezensionen beschrieben, die Erika mehr oder minder als «kalten hölzernen Franz» hinstellten – unfassbar in Katias Augen! «Daß Erika das ärgerte, ist ja begreiflich. Aber so ist nun einmal der Tiefstand.»

Spätestens nach dem Erscheinen der beiden Bücher schien der Zwist zwischen den Geschwistern schier unüberwindlich. Zwar hatte die Mutter immer wieder versucht, Frieden, vor allem zwischen Erika und Medi, zu stiften, aber ihre Bemühungen blieben auf Jahre hin ohne Erfolg: «Was mir meine alten Tage [...] vergällt, ist das mehr als unfreundliche Verhältnis meiner sämtlichen Kinder zur guten dicken Ältesten [dick konnte auch ein «üsiges» Wort sein: in Wahrheit war Erika spindeldürr], worin sie entschieden zu weit gehen, obgleich einiger Anlaß [...] vorhanden wäre. Auf der anderen Seite ist sie [gemeint ist Erika] maßlos empfindlich und mißtrauisch, hängt dabei in übertriebenem Maß selbst an mir, was mir gar nicht recht ist, da ich beständig Rücksicht auf sie nehmen muß. Wer weiß, ob ich ohne sie nicht längst zu einem Besuch nach Japan gekommen wäre.»

Doch solche verlockenden Reisen waren mittlerweile unmöglich geworden. Nur einer kurzen Visite in Begleitung von Medi und Gret nach Kalifornien stimmte Erika zu. Die Besuche bei Knopf hingegen, der zu seinem 70. Geburtstag nach London eingeladen hatte, oder bei Klaus Pringsheim mussten, kaum hatte Frau Thomas Mann ein halbes Ja gesagt, unverzüglich revoziert werden. «Ach, die vielen Rücksichten!» Solange Erika lebte, wurde die Mutter von ihr beherrscht, musste, durch Telefonanrufe terrorisiert, bei Ärzten und Schwestern um gut Wetter bitten und – in ihrem Alter! – Hilfsmaßnahmen für eine Zukunft erdenken, die ohnehin aussichtslos war. Wie gern wäre sie frei gewesen und zum Wiedersehen mit Molly nach Princeton gereist, «if Erika's conditions were a little bit more satisfactory. [...] But she is more helpless than ever, cannot walk one single step, the doctors don't know what to do, and yet I feel she cannot spend the whole life in hospitals.»

Was sollte Katia in solcher Lage tun? Erika zur Raison bringen und sich auf Medis Seite schlagen, die ihren Unmut über die herrschsüchtige Schwester kaum noch zügeln konnte? Unmöglich. Schließlich war Erika des Zauberers engste Vertraute gewesen. «Es ist ja nicht zu leugnen», schrieb Katia im Januar 1961 an den Zwillingsbruder, «daß sie, von Natur dominierend und eifersüchtig, des Vaters geistiges Erbe zum Zentrum ihres Lebens gemacht hat. [...] Sie stand ihm von allen Kindern am nächsten und hat sich, als die politischen Verhältnisse ihrer Vortragstätigkeit ein Ende gemacht hatten, ausschließlich seinem œuvre, seinen Vorträgen, der Zusammenstellung der Essaybände etc. gewidmet. Medi

und Bibi wissen nicht annähernd so Bescheid wie
sie, leben ihr eigenes Leben [...], hätten niemals
die Zeit gehabt, in Frankfurt die Briefe zu sichten.
[...] Da könnte die bescheidene alte Hauptperson
viel eher sich beklagen, denkt aber nicht daran
vonwegen die Friedfertigkeit.»

In der Tat hatte Katia sich großzügig und sou-
verän gezeigt, als ihre Älteste während des amerikanischen Exils mehr und mehr den Part übernahm, der einmal ihrer Mutter zukam. Kleinlich
und nachtragend ist Frau Thomas Mann niemals
gewesen: Trotz aller Animositäten von Erikas
Seite bewunderte sie die «Meisterin», die, mit
wechselndem Erfolg, selbst unter grausamen
Schmerzen («eine Komplikation nach der anderen tritt auf, und das Ganze ist eine unabsehbare
Heimsuchung»), an ihren Thomas-Mann-Filmen
und der Brief-Edition arbeitete und, von ihrer Sekretärin Anita Naef unterstützt, mit aller Welt
korrespondierte – harsch meistens, und nicht selten provokativ. Nach der heimlichen Lektüre von
Familienbriefen (Kaleschleins Schreiben mussten
oft vernichtet werden, damit Erika sie nicht fand)
antwortete sie nach eigenem Gusto, ja ließ ihre
Mutter von ihr getippte Briefe unterschreiben –

an Hermann Kesten zum Beispiel –, die Katia, in Inhalt und Stil, in Anrede und Schlussfloskel, nie formuliert haben würde. (Kesten durchschaute den Vorgang und antwortete nobel: «Ich habe offenbar einen verfehlten Brief erhalten, der aussieht, als käme er nicht von Ihnen und gälte nicht mir.»)

Ungeachtet solcher demütigenden Betrügereien hat die Mutter, konsequent und umsichtig, ihre Älteste auf allen Stationen der Krankheit begleitet, einerlei, ob es sich um Knochenbrüche, Kreislaufkollapse, Atrophien und Folgen des jahrelangen Drogenmissbrauchs oder, am Ende, die letale Krebserkrankung handelte. «Der völlig unmerkbar sich bildende Tumor war so groß, daß man ihn gar nicht mehr ganz entfernen konnte. Das Gehirn ist unheilbar verletzt, und sie kann in ihrem reduzierten Zustand nicht mehr lange leben.»

Katia half, solange es ihr bei nachlassenden physischen Kräften möglich war; und wenn es gar nicht mehr ging, stand ihr, wie immer, Sohn Golo zur Seite. «Gestern war ich noch einmal bei Erika im Spital», schrieb er an Martin Gregor-Dellin, den treuen Freund der Familie. «[Ich] hatte den Eindruck, daß es nun nicht mehr lange gehen kann. Es wäre auch nicht gut [...], denn Leben ist das nicht mehr, nur dumpfe Qual und, so hoffen wir, nur halb-bewußte Beängstigung. Aber ob's gut oder nicht gut ist, danach fragt die Natur nicht. [...] Nun sage ich mir, wenn es aus ist, werden meine alte Mutter und ich so niedergeschlagen sein, daß wir nicht mehr organisieren können, was doch organisiert werden muß: Die Beerdigung. Glauben Sie, Sie könnten ein paar Worte sprechen? Einer sollte es doch. [...] Ich selber brächte es, glaube ich, nicht hin, da meine Nervenkraft gering und auch ein Bruder in solchen Fällen der Rechte nicht. [...] Irgendwas muß doch sein. [...] Auf jeden Fall muß man's vorbereiten.»

Erika Mann starb am 27. August 1969. Katia, wird berichtet, war gefasst bei der Beerdigung – gefasst, wie im August 1955, wo sie, wie Golo schrieb, nur drinnen im Haus, bevor der Trauerzug sich in Bewegung setzte, geweint habe. Wie Katia Jahre später Michaels Tod aufnahm, ja ob sie überhaupt davon erfuhr, wissen wir nicht. In ihren letzten Lebensjahren soll sie – wunderlich und verwirrt wie nach Alfred Pringsheims Sterben ihre Mutter – manchmal geglaubt haben, dass ihre Söhne Klaus und Michael plötzlich im Wohnzimmer stünden: «Der greisen Mutter haben meine Schwester Elisabeth und ich» – noch einmal Golo Mann – «die Nachricht [von Michaels Tod] nach reiflicher Überlegung nicht kommuniziert. Ahnen mag sie es trotzdem.»

Es begann still zu werden, am Ende der siebziger Jahre, um Katia Mann. Ihr Bruder Peter war nach langem Leiden bereits 1962 gestorben. «Warum konnte er nicht an einer akuten Krankheit, einer Lungenentzündung oder einer Herzkrise dahingehen. Dabei liegt es gar nicht in unserer Familie. Alle Vorfahren, so weit wir sie kennen, sind meinetwegen etwas senil, aber bei geistiger Gesundheit gestorben.»

Auch Bruno Walter, der – wie lang war's her – an Thomas Manns 80. Geburtstag im Zürcher Schauspielhaus Mozarts *Kleine Nachtmusik* dirigiert hatte, lebte nicht mehr. Kuzi, trotz aller Sorgen wegen seiner Liebschaft mit Erika, war Katias letzter alter Freund. Sein Kondolenzbrief blieb unvergessen.

Und dann die beiden Katias spätes Alter am meisten verändernden Todesfälle: Molly Shenstone und Klaus Pringsheim. 1967 starb die Inti

ma. «I must say», schrieb Katia in ihrem Kondolenzbrief an Allen Shenstone, «the older I become
the more I am missing dear Molly. She was the
best, the most thoughtful friend I ever had. I certainly have not to complain about my children,
but it is not the same thing.»

Fünf Jahre später, am 7. Dezember 1972, starb
Klaus Pringsheim, der Zwilling, dem Katia sich
seit frühester Kindheit besonders verbunden
fühlte. Er war Bruder und Freund zugleich gewesen, dazu auch ein Vertrauter «des Vaters»: ein
Linksliberaler in den Spuren seiner Großeltern
Ernst und Hedwig Dohm, der es in Europa niemals zu wirklichem Erfolg brachte. Im Gegensatz
zur DDR, die ihm immerhin das Gewandhaus
öffnete, gab die Bundesrepublik dem Ausgewan-
derten nach 1945 keine Chance.

Keiner wusste im Alter so viel von Katia wie
Bruder «Kaleschlein», der die Ermahnungen seiner Schwester geduldig zur Kenntnis nahm, ohne
sie freilich immer zu beherzigen. Der weibliche
Zwilling, «das anhängliche K'lein», musste gelegentlich deutlich werden: Vom Treffen des Bruders mit Gustaf Gründgens dürfe die Nichte niemals etwas erfahren! «Eine grauenvolle Vorstel-

lung! [Erika] verabscheut ihn in einem Maße, daß sie es sehr froissieren würde. – Frido hatte gerade ein Aufsatz-Thema, soll man allen alles sagen? Natürlich nicht. Und also auch nicht diese Zusammenkunft mit G. G.»

Der Zwilling las es, ignorierte den Befehl, den Brief sofort zu verbrennen, und schnitt stattdessen Zeitungsartikel aus, von denen er annahm, sie könnten seine Schwester interessieren: Hymnen auf Chruschtschow zum Beispiel waren immer willkommen.

Nach Klaus Pringsheims Tod hatte Katia niemanden mehr, mit dem sie ihre Ansichten offen und unbefangen diskutieren konnte. «So viele Freunde verliert man während eines so langen Lebens», hatte sie an Alice von Kahler geschrieben, «und es wird immer einsamer um einen. Kinder, Enkel und Urenkel, so sehr man sich an ihnen freuen mag, können die Generationsgenossen, mit denen man so viele gemeinsame Erfahrungen teilt, doch nicht ersetzen.»

Todesfälle ringsum. Auch Otto Klemperer, ein alter Freund des Zwillingsbruders, war 1973 gestorben. «Klempi» lebte seit 1954 in Zürich und kam mit seiner Tochter Lotte häufig in die Alte

Landstraße. Schwer krank, psychisch und physisch bedroht und immer wieder plötzlich genesen: «Vor wenigen Tagen rief mich zu meiner Überraschung Klemperer an. Wir hatten ihn diesmal wirklich aufgegeben, nachdem in der Presse zu lesen gewesen, daß er seine Konzerte in London habe absagen müssen. Das war aber nur vorübergehend, acht Konzerte mit allen Beethoven-Symphonien hat er dirigiert, und seine Tochter Lotte erzählte mir strahlend, er sei in glänzender Verfassung. Hätte es nie für möglich gehalten, wenn ich denke, wie er bei meinen zahlreichen Besuchen in der Klinik aussah.»

Katia kannte eine Fülle von Klemperer-Anekdoten: Wie er mit Erika in der Hotelhalle saß, sein neues Libretto vorlesen wollte, es aber vergessen hatte; Tochter Lotte musste es holen, kam zurück, Klemperer las, Erika war enthusiasmiert, Klemperer sagte zu, das Opus sehr bald in St. Moritz zu komponieren, und zwar … am Flügel in der Hotelhalle – zur Freude der Gäste.

Ohne Pointe endeten Katias geraffte Erzählungen selten … auch die Geschichten über Freund «Klempi» nicht, der, wenn es die Schwermutsanfälle, die ihn über den Erdball verfolgten, zulie-

ßen, in Katias Gegenwart beinahe so fröhlich
wurde wie bei seinen Erfolgen am Pult. Der große
Dirigent hatte die Pringsheim-Zwillinge gern
und war «Kaleschlein» seit den Tagen gemeinsa-
mer Arbeit am Prager Deutschen Landestheater,
1907/08, verbunden; auch die Freundschaft zwischen Katia und «den Klempis», Vater Otto und
Tochter Lotte, überdauerte Zeiten der Trennung.
Besonders nett und teilnahmsvoll seien Klemperers gewesen, schrieb Katia in den Wochen vor
Erikas Tod. Die Anteilnahme war wechselseitig.
Katia freute sich an den Triumphen des Freundes,
notierte sorgfältig seine Auftritte und litt mit ihm,
wenn das «Psycherl» ihn zum Innehalten zwang.
Der große Dirigent war für sie ein von Ruhm und
äußerster Bedrohung gezeichnetes Genie, gran-
dios und «wunderlich» zugleich – in der Art seines Dirigierens im Alter selbst Bruno Walter weit
voraus. «Schrieb ich wohl schon von dem ungewöhnlich schönen Klemperer-Konzert, das ich in
Luzern mit Bibis […] besuchte? Nachher mußte
ich auf Wunsch von Tochter Lotte noch in das
streng abgesperrte Künstlerzimmer, und da benahm sich der völlig erschöpfte Meister denn
doch recht wunderlich.»

Klemperer war für Katia ein Mann, der ein Höchstmaß von souveräner Exaktheit mit bisweilen verwegenen Extravaganzen verband – übrigens auch mit jenem jüdischen Stolz, der ihr ein wenig befremdlich erschien: «Die Nachrichten vom siegreichen Blitzkrieg [Israels gegen Ägypten 1967] trafen gerade ein, als Klempi in der ausverkauften Tonhalle Mahlers zweite Symphonie aufführte – großartig und mit triumphalem Erfolg. Der Gute war ganz außer sich vor Stolz und Freude über die unerhörten Heldentaten seines Volkes. Er ist übrigens kürzlich zum Glauben der Väter zurückgekehrt, besucht fleißig den Tempel und hält die Riten. Jedesmal, wenn ich ihn sehe, läßt er dich grüßen.»

Auch Tochter Lotte war – wie die mit «Ihre uralte Freundin» und «Mielein» unterzeichneten Briefe zeigen – Katia ans Herz gewachsen. Nach Klemperers Tod schrieb sie der plötzlich vereinsamten jungen Frau einen Brief, der indirekt auch auf ihr eigenes Schicksal verwies: «Was der Verlust für Sie bedeutet, die Sie so viele Jahre Ihres Lebens dem seinen gewidmet haben, kann ich mir nur zu gut vorstellen. Und dennoch! Sie sind jung genug, um sich eine eigene Existenz aufzubauen. [Ich aber] – mein Gott, ich werde ja demnächst neunzig! und nannte mich immer mit Recht Ihres Vaters älteste Freundin (oder vielmehr ihn meinen jüngeren Freund).»

Nur schwarz umrandete Briefe also in immer dichterer Reihenfolge und, lange schon, kein Glücksgefühl mehr nach einem reichen und, trotz aller Schicksalsschläge, gesegneten Leben? Keine «Zu- und Angriffigkeit» mehr nach jenem 12. August, von dem Katia oft gesagt hat, es sei auch *ihr* letzter Tag gewesen? – O doch! Es gab – neben dem Alltagsgeschäft – Familienfeste, Besuche und Reisen: ein letztes Mal Kalifornien zum Beispiel, anno 1967, eine kurze Visite – kein Frank, kein Neumann, kein Feuchtwanger mehr, nur noch Frauen: die Marta, die Eva, die Fritzi, ein Wiedersehen nicht ohne Wehmut.

Und es gab, vier Jahre nach Thomas Manns Tod, die Premiere des *Buddenbrooks*-Films in Lübeck, ein Fest, so richtig nach dem Sinn des Zauberers: «Die Stadt war ganz aus dem Häuschen und konnte sich in der nachträglichen Ehrung ihres großen Sohns gar nicht genugtun mit Flaggenschmuck, Illuminationen, geladenen Ehrengästen, großem Empfang im alten Rathaus, das tatsächlich aussah wie Klingsors Zaubergarten, wobei der Sekt in Strömen floß. Ich wurde auch sehr geehrt und mit dem Filmstar Nadia Tiller photographiert.»

Und später dann, anno 1966, noch einmal ein großes Ereignis: Einundsechzig Jahre nach dem Fest in der Arcisstraße wurde in München – zum zweiten Mal – «Prinzenhochzeit» gefeiert: Enkel Frido heiratete Christine Heisenberg, die Tochter des großen Physikers. Wieder war ein bedeutender Gelehrter Brautvater; wieder stand der Tag im Zeichen der Künste: «Familie Heisenberg ist ungemein zahlreich», schrieb Katia am 29. August 1966 an ihren Bruder, «<u>sieben</u> Kinder, meistens schon verheiratet, ungemein deutsch und dabei sehr sympathisch. Der Polterabend wurde, statt mit den üblichen anzüglichen Scherzen, mit Kammermusik begangen; Heisenberg ist ja nicht nur ein hervorragender Physiker, sondern spielt auch ausgezeichnet Klavier, Schwiegervater Bibi brillierte auf der Bratsche, und zwei Söhne der musikalischen Familie stellten die anderen Streicher. Die erste Geige aber spielte ein Virtuose namens Zigmondi (oder so ähnlich), über den ich ganz kürzlich einen sehr positiven Bericht über seine Tätigkeit in Tokyo gelesen hatte. Natürlich sprach ich ihn darauf an, und er konnte [...] die lebenssprühende Aktivität meines Zwillingsbruders nicht genug rühmen. Am nächsten Tag war dann die überaus langwierige katholische Trauung, bei der sich das hübsche junge Brautpaar aber recht rührend ausnahm. Auch hatte sich Frido eigens eine Art Diplomatenhabit mit Streifhose und Knopflochblume anfertigen lassen. Dann kam das eigentliche Hochzeitsdinner, bei dem es recht hoch herging und Heisenberg eine wirklich besonders hübsche Tischrede hielt.»

Noch einmal der Glanz der Arcisstraße, noch einmal die Vereinigung von Kunst und Wissenschaft! Sympathische Leute ringsum: Fridos Mutter Gret, von Katia zeitlebens besonders geschätzt – obwohl sie eine Neigung gehabt hätte, die Kinder zugunsten des Vaters zu vernachlässigen («das wäre mir doch nie beigekommen») –, im Gespräch mit der Hausherrin (einer «blonden, stattlichen, überaus deutschen Frau»); Katia – stellen wir uns vor – neben Werner Heisenberg sitzend, von Bruder Peter, Nachbar Einstein und den glücklichen Tagen in Princeton erzählend. Ein Jammer nur, dass die beiden «Urgreise», Alfred und Hedwig Pringsheim (der Katia im Alter immer ähnlicher wurde), nicht mehr dabei sein konnten – und der Zauberer natürlich: Ihm vor allem hätte das Fest im Hause Heisenberg, wo er «ehrenvoll plaziert» worden wäre, vortrefflich gefallen.

Nein, arm war Katia Manns Leben während ihres letzten Vierteljahrhunderts nicht, auch wenn es für sie, wie sie oft sagte, nur ein «Nach-Leben» war. Welche Gegensätze galt es zu bestehen: Bewunderung in aller Welt *und* einsame Trauer – drei Kinder starben vor der Mutter: «Es hätte nicht geschehen dürfen.» Mittelpunkt einer großen Familie, Zentrum einer Gemeinde von Verehrern des Einen, *und* das Alleinsein im Kilchberger Haus. Geborgenheit in Forte dei Marmi, wo Frau Thomas Mann, unter Medis Einfluss, umweltbewusst zu denken begann, *und* die «Forderungen des Tages», die trotz großer Disziplin («In den Höchstjahren muss der Mensch etwas für sich tun»), mit zunehmendem Alter immer schwieriger zu bewältigen waren.

«Ich habe in meinem Leben nie tun können, was ich hätte tun wollen», hat die alte Katia Mann in ihren Memoiren gesagt. Aber was ‹wollte› sie? Ihr Leben gibt auf diese selbst gestellte Frage die Antwort: nichts anderes als das, was sie aus freien Stücken, ohne gesellschaftlichen oder ökonomischen Zwang, getan hat. Indem sie ihr ganzes Dasein auf Thomas Mann bezog, dessen Bedeutung ihr in keinem Augenblick zweifelhaft war, und mit ihm eine Familie gründete, ihm ihr Leben, wie es in dem Brief an Lotte Klemperer heißt, widmete (nicht ‹opferte›), fand sie sich selbst.

Hätte man Frau Thomas Mann, als sie schon hoch in den Achtzigern stand, gefragt, ob sie das *punctum puncti*, wie sie gern sagte, den Augenblick der großen Synthese zwischen Fremdbestimmung und Selbstverwirklichung, bezeichnen könnte, würde sie, wie wir glauben, die Tage in Jerusalem genannt haben, die sie, als erstes Unternehmen nach dem Tod des Zauberers, gemeinsam mit dem Zwilling, der in Tel Aviv dirigierte, im Frühjahr 1960 erlebte – von langer Hand geplant und in allen Einzelheiten durchdacht: unruhig und von Erwartungen wie nie zuvor seit dem August 1955 erfüllt. «Bin schon ganz verwirrt und werde garnicht rechtzeitig mit ‹Allem› (weiß selbst nicht, was ‹Alles› ist) fertig werden.» Aber sie sei sicher: Die neuen Eindrücke würden die «anfällige Greisin» gewiss erfreuen.

Und dann der strahlende Empfang für zwei alte Juden, die auf den Spuren eines großen Toten gingen. Noch einmal eine Begrüßung, wie sie ehrenvoller nicht sein konnte. Noch einmal ein opulenter Empfang vonseiten der Botschaft («Ich rufe gleich Gottfrieden an, damit die Herrschaften zu würdigen Vorbereitungen genügend Zeit haben»). Noch einmal eine illustre Festivität: Auszeichnung der Lebenden, Verneigung vor dem Toten. Der Höhepunkt: Ein Gang zum Hain der tausend Bäume, die aus Anlass von Thomas Manns 80. Geburtstag in der Nähe des Kibbuz Hazorea gepflanzt worden waren – dokumentiert in den Ehrenbüchern des Keren Kayemeth Leisrael, wo sich folgender Eintrag findet: «Thomas Mann, the great poet and humanitarian on the occasion of his 80th birthday planted by friends and devoted admirers in Israel.»

Ein bewegender Augenblick für Frau Thomas Mann: Erinnerung an die Unternehmung anno 1930, als es für den Zauberer galt, die Beschreibung des Heiligen Landes, seiner Bewohner und Nachbarn, auf einer den *Joseph*-Büchern geltenden «Kontroll-Reise» zu überprüfen und als krönenden Abschluss auch Jerusalem zu besuchen. Doch Katia, im deutschen Spital liegend, hatte damals keine Gelegenheit gehabt, das Zentrum des alten Palästina zu besichtigen. Nun aber sah sie das neue Israel. «Hier ist in der Tat ein merkwürdiges Land» – so das Resümee in einem langen Brief an den alten Freund Hans Reisiger –, «und was, unter widrigsten Umständen, bei ständiger Bedrohung, in wenigen Jahren geleistet wurde, ist wahrhaft erstaunenswert. [...] Tommy genießt hier, hauptsächlich wegen des Joseph, göttliche Ehren, und ein Abglanz dessen fiel auch auf mich.»

Unter solchen Zeichen war die Reise nach Israel für Katia eine traumgleiche Neuvereinigung mit dem Verstorbenen, an die Thomas Mann, wie die Rede zum 70. Geburtstag seiner Frau beweist, fest geglaubt hat: «Wir werden zusammenbleiben, Hand in Hand, auch im Schattenreich. Wenn irgendein Nachleben mir, der Essenz meines Seins, meinem Werk beschieden ist, so wird sie mit mir leben, mir zur Seite.» Katia Mann, wir sind dessen sicher – auch wenn wir nach vielen Fakten, Anekdoten und Bekenntnissen am Ende nur Mutmaßungen äußern können –, Katia Mann wird die Sätze über die eheliche, in *saecula saeculorum* reichende Gemeinschaft oft bedacht haben. Glaubte sie, das Weltkind, an die Verbundenheit jenseits des Todes? Das bleibt ungewiss. Sicher ist jedoch, dass sie ihre Gründe gehabt hat, einen Text des Zauberers hoch über andere zu stellen: nicht die Beschreibung von Rahels Entbindung, sosehr sie die Schilderung rührte, sondern den träumerischen Disput zwischen Goethe und Charlotte Kestner in der Kutsche, der in den Worten gipfelt: «Welch freundlicher Augenblick wird es sein, wenn wir dereinst wieder zusammen erwachen.» – Mit Hilfe der ihm eigenen, zitathaft überspielten Ergriffenheit legte der Zauberer am Ende des Romans *Lotte in Weimar* dem bewunderten Goethe jene Worte aus dem Schluss der *Wahlverwandtschaften* in den Mund, die er an Katias 70. Geburtstag, unter dem Stichwort «wir werden zusammenbleiben», wiederholen sollte.

Frau Thomas Mann, geborene Katharina Pringsheim, ist dem Einzigen, der sie wahrhaft brauchte, weil er ohne ihren Beistand seine Arbeit nicht hätte tun können, am 25. April 1980 gefolgt.

Übersetzungen
der englischsprachigen Zitate

Kapitel 6

332 *It will be better:* Es wird besser sein, wenn ich mich als die Frau von Eugene Meyer zu erkennen gebe, dem Besitzer und Herausgeber der *Washington Post* und früheren Direktor der amerikanischen Bundesbank.

333 *Our paper is read:* Unsere Zeitung wird jeden Morgen von der gesamten Administration – vom Präsidenten an abwärts – gelesen.

341 *Katia may have been:* Katia war vielleicht schwierig, aber sie war notwendig.

341 *the days of:* die Tage der ungebrochenen Intimität/ der Drachen vor dem Tor.

342 *It is important:* Es muss erwähnt werden, dass Katia niemals dabei war, wenn Herr Mann und ich einander besuchen wollten. Manche seiner männlichen Freunde beschwerten sich, dass Unterhaltungen mit Thomas Mann unmöglich waren, weil sie ihn nie ohne seine Frau treffen durften. Für mich war das nie ein Problem.

358 *One really has:* Man hat wirklich nicht genug Kraft und Energie, etwas Neues anzufangen. – Für die arme Moni war es doch auch ein ziemlicher Schock, ihr geregeltes und von der Familie geschütztes kleines Dasein aufgeben zu müssen (obwohl ich dir zustimme, dass das Leben in der Familie nicht gut für sie ist); sie musste aufs Neue spüren, dass sie eigentlich nirgends hingehört, [...] es gibt tatsächlich nichts, das ihr wirklich angemessen wäre – das ist die Tragödie.

360 *Dearest Molly, I:* Liebste Molly, ich vermisse dich mehr, als ich sagen kann. Denn wenn ich mir alle Freundschaften meines – leider – schon so langen Lebens vor Augen führe, dann muss ich mir eingestehen, dass ich nie eine Freundin hatte, die ich <u>wirklich</u> mochte. Und jetzt, wo mir einmal dieses Glück beschieden ist, müssen die Umstände so ungünstig sein.

360 *Dearest Molly, I am:* Liebste Molly, ich bin eine einsame alte Frau, die nur zu glücklich ist, auf ihre alten Tage noch eine Freundin wie dich gefunden zu haben. Ich hatte nie viele Freunde, und die wenigen, die es gab, sind mir durch die Zeitumstände abhanden gekommen. Ich hatte nicht erwartet, mehr als nur Bekannte zu finden, als wir nach Princeton verpflanzt wurden, und ich muss den Tag preisen, an dem es Mrs. Gauss einfiel, dich zu bitten, mir bei den englischen Briefen zu helfen.

361 *Why did we:* Warum haben <u>wir</u> es nicht gekauft? Wir hätten nie aus Princeton fortgehen sollen.

361 *Dearest Molly, I really:* Liebste Molly, es regt mich wirklich auf, dass unsere Verbindung in diesem Maße unterbrochen ist, und zurzeit scheine ich mehr oder weniger dafür verantwortlich zu sein. Aber ich kann dir versichern, dass sich meine Einstellung zu dir nicht im Geringsten geändert hat und dass ich dieselbe tiefe und warme Zuneigung für dich empfinde, wie ich sie in Princeton hatte. Ich spüre deutlich, dass dies bei dir nicht der Fall ist. Natürlich meine ich nicht, dass du mir gegenüber irgendwelche ablehnenden Gefühle hegtest, sondern dass sich etwas in deinem Leben geändert hat, sodass da kein Platz mehr für jene Freundschaft ist, die du früher für mich empfandest. Vielleicht ist es ja nur der Krieg, der dich so beschäftigt, oder es gibt da andere Irritationen, von denen du mir nicht schreiben magst.

362 *I could write:* Auf Deutsch könnte ich so schöne Briefe schreiben.

363 *Never again we:* So einen bezaubernden Empfang werden wir wohl nie wieder haben.

363 *The man ruined:* Der Mann hat mir auf Monate hinaus die Frisur ruiniert.

364 *We had two:* Wir hatten zwei höchst gesellige Tage mit den reichen Freunden, nicht ganz schlecht, aber recht ermüdend. Der Vortrag war ein großer Erfolg, doch die arme Mrs. Meyer litt schrecklich, weil er politisch so entschieden war, und der «größte Lebende» [i. e. Thomas Mann] sich in gewisser Hinsicht kompromittiert haben mag. Sie bekam einen schönen neuen

Pelzmantel zu Weihnachten, aus so seltenem und teu-
rem Material, dass ich nicht einmal den Namen dafür
kannte, irgendetwas wie Fischer, und ich sah daneben in meinem alten Persianer recht wie eine Bettle-
rin aus.

364 *After the lecture:* Nach dem Vortrag zogen wir hierher
und hatten um Punkt halb neun ein ausgiebiges Frühstück mit der Gastgeberin [Eleanor Roosevelt]. Sie ist
wirklich sehr nett, bemerkenswert einfach und
freundlich, und dazu äußerst intelligent und aktiv.
Morgen früh sollen wir mit dem Präsidenten früh-
stücken.

365 *Of course poor:* Natürlich darf man dem armen Tommy
keinen Vorwurf machen, wo er sich doch so auf die
wirtschaftlichen Fähigkeiten seiner Frau verlässt.
[...] Aber selbst wenn sich keine finanzielle Katastrophe ereignet, kann ich über unsere Entscheidung nicht glücklich sein. Ich habe Princeton wirklich schweren Herzens verlassen und kann nicht
umhin, wieder und wieder zu denken, dass es ein
Fehler war.

366 *are pretentious, untrained:* sind anmaßend, schlecht
ausgebildet und mürrisch, und es ist unangenehm,
ihre deutschen Stimmen zu hören.

367 *Twice I made:* Zweimal bin ich ins schwärzeste Ne-
gerviertel von Los Angeles gefahren, um sie persönlich abzuholen, was die Benzinration für zwei Wochen gekostet hat. Aber nun ist sie hier, wenn sie nicht
freihat, was natürlich den größten Teil der Woche der

Fall ist. Und natürlich muss sie mit größter Zuvor-
kommenheit behandelt werden, <u>mein</u> Radio steht auf
<u>ihrem</u> Nachttisch, ihr Mann ist jederzeit willkom-
men, ich gebe ihr meine letzten Eier, wenn sie nach
Hause geht – aber trotzdem sind wir glücklich, dass
sie da ist; es bedeutet eine große Erleichterung für
mich.

370 *a charming and:* Frido ist ein bezaubernder und lie-
benswerter kleiner Junge, aber manchmal ist er so
ungezogen, dass ich wirklich nicht weiß, wie ich ihn
bändigen soll. Ein Kind in seinem Alter, das einen
nicht versteht, ist nur schwer zur Räson zu bringen,
und mein pädagogisches Talent versagt. Ich kann
mich nicht erinnern, wie ich es mit meinen eigenen
Kindern gemacht habe, aber die Ergebnisse waren ja
in der Tat auch nicht besonders glänzend.

371 *The last English:* Die letzten englischen Luftangriffe
waren wirklich erhebend, besonders für jemanden,
der die Deutschen so hasst wie ich! Du hast ganz
Recht, der Hass ist eine absolute Notwendigkeit in
dieser Zeit. Ich denke immer, dass Menschen, die
nicht fähig sind zu hassen, auch nicht lieben können,
und die hier so oft ausgedrückte Genugtuung über
das völlige Fehlen von Hass macht mich ganz verrückt.

373 *I cannot at least:* Mir tun die Deutschen kein bisschen
Leid. Wenn eine Strafe jemals verdient war, dann
diese. Mr. Churchill hat heute gesagt, dass die deutschen Städte die Vollstreckung eines Gottesurteils er-

leben würden, wie es die Welt noch nicht gesehen habe. Dass sie nun mit genau denselben Mitteln zerstört werden, die sie zur Versklavung der Völker für sich allein reserviert glaubten, ist eine wahre Nemesis. Man möchte meinen, dass die göttliche Ordnung, an der zu verzweifeln wir in den vergangenen Jahren so oft Grund hatten, wiederhergestellt wird.

375 *I lost my mother:* Ich habe meine Mutter verloren. Es war eine Tragödie, dass sie meinen Vater überlebte, ohne dass irgendjemand, den sie liebte, bei ihr war. / Du bist so viel jünger als ich; das Leben hat, in allem, was dich bewegt oder bedrückt, ganz andere Aspekte und Probleme, und ich fühle eine Art Entfremdung.

375 *We are without:* Wir sind jetzt seit Wochen ohne Haushaltshilfe, und das Hotel ist mit Klaus, Golo, Erika und Fridolin voll besetzt; dazu – für die Mahlzeiten – Monika. Erika besorgt das Kochen, Golo ist ein wunderbarer Geschirrspüler und Gärtner; aber für die arme Hausfrau, die noch dazu ganz allein für das Wohlergehen des Babys verantwortlich ist, bleibt immer noch genug Arbeit übrig, und ich komme wirklich kaum durch.

377 *I have never expected:* Ich hatte nie erwartet, einmal drei Kinder in Uniform zu haben, aber das ist natürlich nur normal und so, wie es sein sollte.

378 *I certainly:* Natürlich habe ich nichts dagegen, und ich wehre mich nicht, daß es mir jetzt wie Millionen anderer Frauen geht, die persönlich betroffen sind.

Auch wehre ich mich ganz bestimmt nicht deswegen, weil ich den geringsten Zweifel an der deutschen Niederlage hätte [...] aber auf jeden Fall wird der Preis schrecklich hoch sein – keiner kann sagen, was die Ungeheuer tun werden, bevor sie schließlich vernichtet sind. Und außerdem erscheinen die Probleme <u>nach</u> dem Sieg so kompliziert, fast schon unlösbar, dass es schwer fällt, ein bisschen frohgemut in die Zukunft zu blicken.

387 *I am a little:* Ich habe etwas Heimweh nach dem guten alten Princeton, nicht nach dem unglückseligen Europa, das es nicht mehr gibt. [...] Ich bin zu alt und habe zu viel gesehen, um noch viel hoffnungsvollen Schwung zu haben.

400 *General conditions:* Gesamtzustand des Patienten, der keine Ahnung von der Schwere seines Falls hat, sehr gut.

400 *a lot of futile:* eine Menge unbedeutender kleiner Pflichten.

400 *Greatest man's:* die große Frau an der Seite des größten Mannes.

415 *As I told you:* Wie ich Ihnen sagte: Wir werden zur Größe gezwungen.

422 *dreamlike visit:* traumhafter Besuch.

422 *The little silver disk:* Der kleine Silberteller, den du mir einst in Princeton geschenkt hast, steht immer auf meinem Tisch, und ich trage deinen Schal jeden Tag.

Kapitel 7

428 *Dearest Molly:* Liebste Molly, ich habe so viele schöne
Briefe nach Tommys Tod erhalten, aber deiner hat
mich sicher mehr als alle anderen bewegt, und ich
hätte dir längst dafür danken sollen. Aber es fällt mir
so schwer zu schreiben, und du weißt genau, wie ich
mich fühle. Ich habe immer gewusst, dass ich Tommy
überleben würde und muss, aber ich habe nie wirklich daran geglaubt. Die Schiller-Tournee war so triumphal, eine Art später Ernte, dass sie ihm eine große
Befriedigung bereitet haben muss, obwohl er ja sein
ganzes Leben dem Erfolg gegenüber skeptisch war.
In Noordwijk ging es ihm so gut wie seit Jahren nicht,
und er bestand darauf, dass ich uns fürs kommende
Jahr wieder anmeldete. Er war bis zum Ende bei Bewusstsein, und obwohl ihm der Schatten des Todes
sein Leben lang immer gegenwärtig war und in all
seinen Büchern spürbar ist, hat er an jenem Tag offensichtlich nicht an den Tod gedacht. Man kann es
als Segen bezeichnen, dass er kaum ein Nachlassen
seiner Kräfte verspürte; aber diese so vollkommen
unerwartete Trennung nach mehr als fünfzig gemeinsam verbrachten Jahren kann ich immer noch
nicht fassen. Im Augenblick bin ich für zwei Wochen
bei Medi und den Enkelinnen in ihrem schönen Haus,
und sie tut ihr Bestes, um mich aufzumuntern. Alle
Kinder sagen, dass sie mich brauchen, aber erwach-
sene Kinder können und müssen ohne ihre Mutter

leben. Der eine, der mich wirklich brauchte, ist nicht mehr da. Und ich kann nicht viel Sinn in meinem weiteren Leben erkennen.

445 *She is, in some way:* Auf gewisse Weise ist sie wirklich mein bestes Kind, und das anhänglichste ihrer armen alten Eltern; außerdem eine ausgezeichnete kleine Mutter, Hausfrau und Ehefrau. Nur ist sie zu aktiv, und ich habe das Gefühl, dass ihr Mann, dessen Sekretärin, Chauffeur und was nicht noch alles sie ist, ihre Tätigkeiten vielleicht ein bisschen zu sehr genießt, auf Kosten ihrer Gesundheit.

455 *if Erika's conditions:* Wenn Erikas Zustand etwas besser wäre. Aber sie ist hilfloser denn je, kann keinen Schritt alleine tun, und die Ärzte wissen nicht weiter. Doch ich finde, dass sie nicht ihr ganzes Leben in Spitälern verbringen kann.

460 *I must say:* Ich muss sagen, je älter ich werde, desto mehr vermisse ich die liebe Molly. Sie war die beste, die einfühlsamste Freundin, die ich je hatte. Ich kann mich bestimmt nicht über meine Kinder beklagen, aber das ist doch etwas anderes.

470 *Thomas Mann, the:* Thomas Mann, dem großen Dichter und Humanisten, aus Anlass seines 80. Geburtstags gepflanzt von Freunden und ergebenen Bewunderern in Israel.

Übersetzungen aus dem Englischen: Ernst-Georg Richter

Zitatnachweise

9   *starke und naive:* Golo Mann, *Jugend*, S. 37

9   *logisch-juristischer Intelligenz:* Ebd., S. 37

10 *sie hatte den Jähzorn:* Ebd., S. 48

Kapitel 1

15 *Ich, Katia Pringsheim:* Gesuch um Zulassung zur
Reifeprüfung: Bay HSTA, MK 15032, Akte
5652/8483, Hauptstaatsarchiv München

16 Die Namen der Mitbewerber und die Bewertung
aus: Bay HSTA MK 21473, Akte 31646: Jahresbericht über das K. Wilhelms-Gymnasium in München für das Schuljahr 1900/1901, Abs. III Gymna-
sialschlußprüfung

18 *Nach ihren schriftlichen:* Abiturszeugnis

18 *Der deutsche Aufsatz:* Abiturszeugnis

18 *Themata: Allgemeine Zeitung*, München, 20. 6. 1901

19 *Die Übersetzung:* Abiturszeugnis

20 So steht es in seinem Lebenslauf: *Zauberer*, S. 828

20 *Er war ein:* Constantheodory, Zeitungsausschnitt, Universitätsarchiv München

22 *Der Familienkreis:* Hedwig Pringsheim-Dohm, *Bayreuth einst und jetzt*, in: *Vossische Zeitung*, Unterhaltungsblatt, 16. 8. 1930

25 *damals vergötterten:* Hedwig Pringsheim-Dohm, *Wie ich nach Meiningen kam*, in: *Vossische Zeitung*, Unterhaltungsblatt, 20. 7. 1930

27 *eine wahre Passion:* Ebd.

31 Bruder Heinz: S. Heinz Pringsheim, *Katja*, S. 148

32 *Niemand war da: Memoiren*, S. 9

32 *Kati sagt: Kinderbüchlein*, 10. 11. 1888

32 *das dumme, allem Mädeltum: Kinderbüchlein*, 31. 12. 1887

33 *Käte ist feist: Kinderbüchlein*, 6. 11. 1883

33 *minder bedeutend: Kinderbüchlein*, 12. 8. 1884

34 *als sei er von Busch: Kinderbüchlein*, 15. 4. 1885

34 *Kati ist putzsüchtig: Kinderbüchlein*, 29. 1. 1885

34 *Fay, du siehst: Kinderbüchlein*, 25. 12. 1897

35 *Im Kinderzimmer: Kinderbüchlein*, 14. 3. 1882

35 *Brünhild dadurch: Kinderbüchlein*, 19. 12. 1885

36 *Bei Kaulbach: Kinderbüchlein*, 8. 7. 1888

37 *Ich wollt' sehen: Kinderbüchlein*, 6. 1. 1888

37 *Man muß: Kinderbüchlein*, 3. 8. 1890

38 *Madame nous avons: Kinderbüchlein*, 21. 6. 1886

38 *das französische ‹garcon›: Kinderbüchlein*, 8. 7. 1888

38 *Die Kinder unterhalten sich: Kinderbüchlein*, November 1894

39 *Die Kinder finden:* Kinderbüchlein, 18. 1. 1898

40 *Die Buben beten Kati an:* Kinderbüchlein, 11. 5. 1885

40 *Erik sagte:* Kinderbüchlein, 1. 6. 1885

41 *Bekanntschaft mit dem Leben:* Kinderbüchlein, 14. 4. 1892

41 *An den Storch:* Kinderbüchlein, 23. 3. 1889

41 *auch unverheiratete Leute:* Kinderbüchlein, 14. 4. 1889

42 *höchst flatterhaft:* Kinderbüchlein, 12. 12. 1891

43 *Wir sitzen am Theetisch:* Kinderbüchlein, 30. 12. 1891

44 *wenn sie sich'n:* Kinderbüchlein, 21. 4. 1892

44 *Ich stand bis zuletzt:* Hedwig Pringsheim an Katia, Zürich, 29. 5. 1941

46 *Stell dir vor:* Kinderbüchlein, 24. 7. 1888

46 *Die Kinder sind:* Kinderbüchlein, 26. 9. 1888

46 *ein Jud ist grad:* Kinderbüchlein, 1. 10. 1888

47 *der Väte ein Jud:* Kinderbüchlein, 1. 10. 1888

47 *israelitisch:* Archiv der Ludwig-Maximilians-Universität München, E-II–2732

47 *wegen der drei Kerls:* Kinderbüchlein, 26. 9. 1888

47 *Klaus sagt:* Kinderbüchlein, 17. 4. 1889

48 *Ich sehe Heinz und Klaus:* Kinderbüchlein, 16. 7. 1892

48 *denn da müßte Mütz:* Kinderbüchlein, 22. 3. 1890

48 *lange krumme Nase:* Kinderbüchlein, 22. 3. 1890

49 *Mütz sagt:* Kinderbüchlein, 22. 3. 1890

49 *heillosem Gebrüll:* Kinderbüchlein, 6. 7. 1885

49 *Kein Gedanke an Judenthum:* Thomas Mann an Heinrich, 27. 2. 04; *Briefw.,* S. 50

49 *musterhaft eingerichteten:* Ebers, a.a.O.

50 *Außer dem großen Schlafzimmer:* Ebd.

51 *Ach, die Mutter: Memoiren*, S. 16

52 *scharfen Geist:* Ebers, a. a. O.

52 *furchtbar süßer kleiner Mann:* Hedwig Pringsheim an
Dagny Langen-Sautreau, 7. 9. 1918, Wiedemann,
S. 36

52 *witzige, teils auch witzelnde:* Ebers, a. a. O.

54 *Kann Herr Thoma: Kinderbüchlein*, 3. 6. 1891

54 *Frau Pringsheim hatte:* Ebers, a. a. O.

55 *als zierliche Erscheinung:* Heinz Pringsheim, *Katja*,
S. 150

56 *Lauser:* Ebd., S. 148

56 *Ich heirate nicht: Kinderbüchlein*, 21. 7. 1888

57 *Das geht nicht: Kinderbüchlein*, 21. 7. 1888

57 *Die Zwillinge stehen:* Hedwig Pringsheim an Maximilian Harden, 28. 6. 1901

57 *durchweg wohlbefriedigend:* Abiturszeugnis Klaus
Pringsheim

58 *sämmtliche diesjährigen Abiturienten: Allgemeine Zeitung*, München, 14. 7. 1901

59 *Die Gymnasialabiturientin: Allgemeine Zeitung*, München, 27. 6. 1901

60 *Ich fühlte mich: Memoiren*, S. 25

Kapitel 2

62 *bei Röntgen: Memoiren*, S. 11

63 *fand mich: Memoiren*, S. 11

63 *den Doktorhut: Zauberer*, Bd. 1, S. 905

63 *streitbares Frauenzimmer:* XIII, S. 394; *Gabriele Reuter*

64 Ludwig Bamberger: Hedwig Pringsheim, *Erinne-
    rungen an Ludwig Bamberger,* in: *Vossische Zeitung,*
    Unterhaltungsblatt 11. 12. 1932

64 *Wer sie nur:* Hedwig Pringsheim, *Meine Eltern Ernst
    und Hedwig Dohm,* in: *Vossische Zeitung,* Unterhal-
    tungsblatt, 11. 5. 1930

65 *an das kgl. Rectorat:* Archiv der LMU, Sen. 110
    (1900–1902) (Frauenstudium, Anträge 1900–1902)

66 *Auf die Eingabe:* Archiv der LMU, Sen. 110
    (1900–1902)

66 *mit höchster Genehmigung zugelassene: Allgemeine Zei-
    tung,* München, 22. 6. 1901

67 *Russisch hätte ich immer:* An Klaus, 11. 7. 1948

68 Zur Aufzählung der Vorlesungen s. UAM, Stud-
    BB-166, 176, 186, 196, 206

69 *Vielleicht hätte ich: Memoiren,* S. 11

70 im 7. Semester: Vgl. UAM, Stud-BB-216

70 *vielfältig besuchte: Memoiren,* S. 11

71 *Gratis-Vorstellung:* An Gustav Hillard-Steinböhmer,
    3. 5. 1964

71 *Damals durfte ein junges Mädchen: Memoiren,* S. 19

72 *recht jung und unbedeutend: Memoiren,* S. 17

72 *Dein präsumptiver Schwager:* Hedwig Pringsheim an
    Katia, 9. 1. 1940

73 *Gestatten Sie mir:* Oskar Perron an Katia, 15. 8. 1955

73 *einem Temperamentsausbruch:* Rudolf Fritsch und Da-
    niela Rippl, S. 10f.

74 Mißgeschick in Röntgens Labor: *Memoiren,* S. 11

74 *Wie finden Sie:* Hedwig Pringsheim an Maximilian Harden, 4. 12. 1902, Blatt 18

74 *Affe: Zauberer*, Bd. 1, S. 945

76 *großen Lebensangelegenheit:* TM an Heinrich, 27. 3. 1904, *Briefw.*, S. 52

76 *guten Jungen:* TM an Heinrich, 1. 4. 1901, *Briefw.*, S. 25

77 *unbeschreiblichem, reinen [...] Herzensglück:* TM an Heinrich, 13. 2. 1901, *Briefw.*, S. 19

77 *geradezu draufgängerisch: Memoiren*, S. 25

77 *unglaubliche Initiative:* TM an Heinrich, 27. 3. 04, *Briefw.*, S. 52

78 *Man verletzt den innersten Kern:* Max Bernstein in den *Münchener Neuesten Nachrichten* vom 30. 3. 1887; zitiert nach Joachimsthaler, Teil I, S. 324

79 *Thee, Lustigkeiten:* TB 9. 11. 1919

79 *über die Weltlage:* TB 9. 2. 1919

79 *gute, geschickte und lebhafte:* TB 28. 12. 1919

79 *München leuchtete:* VIII, 197; *Gladius Dei*

79 *Das Ehepaar Thomas Mann:* Ernst Penzoldt, *Frau Elsa*, in: *Causerien*

80 *Ich bin gesellschaftlich:* TM an Heinrich, 27. 2. 1904, *Briefw.*, S. 49

82 *trafen sich in ihrer: Memoiren*, S. 24

82 *Die Sache steht:* TM an Heinrich, 27. 3. 1904, *Briefw.*, S. 52

82 *neue Rolle:* TM an Heinrich, 27. 2. 1904, *Briefw.*, S. 47

83 *ein höchst erfreulicher:* TM an Heinrich, 27. 2. 1904, *Briefw.*, S. 50

83   *Ganz praktisch gedacht:* Ebd, S. 52

83   *kleine Judenmädchen: Zauberer,* S. 944

83   *teerschwarzen Augen/Augen, schwarz wie Teer:* TM,
       Notizbuch 6, Notizbücher 1–6, S. 295; s. auch Kurz-
       ke, S. 159

84   *Ich war eine der ersten Damen:* Hedwig Pringsheim,
       Auf dem Fahrrad durch die weite Welt, in: *Vossische
       Zeitung,* Unterhaltungsblatt, 10. 8. 1930

85   *Ich fuhr immer: Memoiren,* S. 21/22

86   *Eine brennende Frage: Allgemeine Zeitung,* München,
       Morgenblatt, 4. 6. 1901

86   *auf dem Fahrrad:* S. o. Hedwig Pringsheims gleichna-
       miges Feuilleton

87   *schnellen amerikanischen Cleveland-Rad: Memoiren,* S. 24

87   *wunderbar schöne Briefe: Memoiren,* S. 26

87   *ein rechter Pimperling:* Hedwig Pringsheim an Dagny
       Langen-Sautreau, 8. 3. 1907, Wiedemann, S. 26

88   *nach Herkunft und persönlichem:* TM an Katia, Ende
       August 1904, *Br. I,* S. 55

88   *teuflische Freude:* TM an Katia, Ende April 1904, *Br.
       I,* S. 43

88   *Zuweilen, es muß ganz:* TM an Katia, Ende Mai 1904,
       Br. I, S. 44

89   *Entschließungsangst:* TM an Kurt Martens, 14. 7.
       1904, *Br. I,* S. 50

89   *Seien Sie meine Bejahung:* TM an Katia, Anfang Juni
       1904, *Br. I,* S. 46

89   *Wissen Sie, warum:* TM an Katia, Mitte September
       1904, *Br. I,* S. 56

91   *innig zuredete:* Klaus Pringsheim, *Nachtrag zu ›Wäl-*
     sungenblut‹, in: *Neue Zürcher Zeitung,* 16. 12. 1961

91   *Wenn es nach mir ginge:* An Klaus Pringsheim,
     16. 7. 1961

92   *wir kennen uns ja noch gar nicht: Memoiren,* S. 25

92   *Ich liebe nicht, was mir gleich ist:* TM, *Notizbuch 7, No-*
     tizbücher 7–12, S. 112

92   *Es gilt andauernd:* TM an Heinrich, 23.12.1904,
     Briefw., S. 54

93   *Die Verlobung – auch kein Spaß:* TM an Heinrich,
     23. 12. 1904, *Briefw.,* S. 54

94   *quasi vorgeführt: Memoiren,* S. 27

94   *Glashütter Golduhr: Memoiren,* S. 29

94   *ca. 700 M:* Julia Mann an Heinrich, 16. 2. 1905, *Ich*
     spreche, S. 143

94   *nicht genügend einsehen:* Julia Mann an Heinrich,
     4. 1. 1905, *Ich spreche,* S. 135

95   *mit – 2 Wasserclosets:* Julia Mann an Heinrich, 16. 2.
     1905, *Ich spreche,* S. 144

95   *in ihr fürstliches:* Julia Mann an Heinrich, 4. 1. 1905,
     Ich spreche, S. 135

96   *Ich finde, wenn:* Julia Mann an Heinrich, 4. 1. 1905.
     Ich spreche, S. 134

96   *Ach, Heinrich, ich war ja nie:* Julia Mann an Heinrich,
     4. 1. 1905, *Ich spreche,* S. 134 / 136

97   *Lula […] glaubt:* Julia Mann an Heinrich, 4. 1. 1905,
     Ich spreche, S. 136

97   *Katia ist im persönlichen Verkehr:* Julia Mann an Hein-
     rich, 7. 1. 1905, *Ich spreche,* S. 138

98 *Der Junge ist erst 21:* Julia Mann an Heinrich,
7. 1. 1905, *Ich spreche,* S. 138

98 *so durchaus andersartig:* Julia Mann an Heinrich,
16. 2. 1905, *Ich spreche,* S. 146

98 *vom alten Mannschen Silber:* Julia Mann an Heinrich,
16. 2. 1905, *Ich spreche,* S. 143

99 *ein hübsches Braut-Taschentuch:* Julia Mann an Heinrich, 16. 2. 1905, *Ich spreche,* S. 144

99 *bis er zum Standesamt:* Julia Mann an Heinrich,
16. 2. 1905, *Ich spreche,* S. 144

100 *15 Personen, herrlich geschmückte Tafel:* Julia Mann an Heinrich, 16. 2. 1905, *Ich spreche,* S. 145

100 *weiße Crêpe-de-Chine-Toilette:* Julia Mann an Heinrich, 16. 2. 1905, *Ich spreche,* S. 145

100 *Ich saß natürlich:* Julia Mann an Heinrich, 16. 2. 1905, *Ich spreche,* S. 145

101 *herzlich und nett:* Julia Mann an Heinrich,
16. 2. 1905, *Ich spreche,* S. 146

101 *Mumme, Pumme:* Julia Mann an Heinrich,
16. 2. 1905, *Ich spreche,* S. 146

102 *seine aufrichtigen Gesinnungen:* Julia Mann an Heinrich, 16. 2. 1905, *Ich spreche,* S. 146

102 *Um 6 fuhr ihr Zug:* Julia Mann an Heinrich, 16. 2. 1905, *Ich spreche,* S. 146

102 *Ich habe viel verloren:* Hedwig Pringsheim an Maximilian Harden, 15. 2. 1905, Blatt 29/30

105 *absurden Verlobungszeit:* TM an Heinrich, 23. 12. 1904, *Briefw.,* S. 54

Kapitel 3

107 *näheres Verhältnis:* TM an Heinrich, 20. 11. 1905, *Briefw.*, S. 62

108 gut vierzehn Tage: S. *Memoiren*, S. 30

109 *Frau Thomas Mann:* Vgl. Jochen Eigler, *Ärzte*, S. 25

110 *täglich zwei bis drei Stunden:* TM an Ida Boy-Ed, 3. 9. 1905, *Boy-Ed.* S. 157

111 *schreiend unreife Äußerung:* XI, 470; *Little Grandma*

111 *male chauvinist:* Elisabeth Mann-Borgese in einem Interview der *Frankfurter Allgemeinen Sonntagszeitung*, 4. 11. 2001

111 *Es war keine Kleinigkeit:* XI, 470

113 *Lieber Freund, Was soll:* Hedwig Pringsheim an Maximilian Harden, 22. 6. 1905, Bl. 33/34

114 *Foltergräuel:* TM an Heinrich, 20. 11. 1905, *Briefw.*, S. 63

114 *gewaltig durchrüttelt:* TM an Ida Boy-Ed, 11. 11. 1905, *Boy-Ed*, S. 158

115 *ein Mysterium! Eine große Sache:* TM an Ida Boy-Ed, 11. 11. 1905, *Boy-Ed, S.* 158

115 *Bei Tommy's ist:* Hedwig Pringsheim an Maximilian Harden, 23. 1. 1906, Bl. 60

116 *in einigen Zügen und Redewendungen:* Klaus Pringsheim, *Nachtrag zu ‹Wälsungenblut›*, in: *N.Z.Z.*, 16. 12. 1961

116 *eher geschmeichelt als:* Ebd.

117 *über ‹Wälsungenblut› in den letzten:* Hedwig Pringsheim an Maximilian Harden, 12. 3. 1906, Bl. 63

118 *Katias Tommy-Männchen:* Hedwig Pringsheim an Maximilian Harden, 23. 3. 1906, Bl. 64

119 *Tommy durch Lessingerei:* Hedwig Pringsheim, Notizbucheintrag, 22. 5. 1910

120 *sehr schwer und qualvoll:* TM an Heinrich, 1. 4. 1909, *Briefw.*, S. 98

120 *Die guten Eltern!:* Erika Mann, *Der kleine Bruder und der große*, in: *Ozean*, S. 462

121 *Viel mit der Installation:* Hedwig Pringsheim, Notizbucheintrag, 6. 6. 1910

121 *Um 7 telephoniert:* Hedwig Pringsheim, Notizbucheintrag, 7. 6. 1910

122 *Ich werde nie erfaren:* Hedwig Pringsheim an Maximilian Harden, 28. 5. 1909, Bl. 176

122 *der arme Erik natürlich:* An Dagny Langen-Sautreau, 13. 5. 1909, Wiedemann, S. 31

124 *Zehn Zimmer und zwei:* Inseratenbeilage zur *Neuen Rundschau*, H. 7, Juli 1914

124 *Immer, wenn ich ‹Kindheit› denke:* Kind, S. 13

124 *Drunten in der Zeit:* Monika Mann, *Vergangenes*, S. 31

126 *wo sich kaum ein Mensch:* Hansen/Heine, S. 28ff.

128 *Die Freunde der Eltern:* Kind, S. 33/34

130 *wie eine ordentliche:* Hedwig Pringsheim an Dagny Langen-Sautreau, 23. 6. 1908, Wiedemann, S. 29

130 *Ich glaube, das mütterliche:* Hedwig Pringsheim an Dagny Langen-Sautreau, 8. 3. 1907, Wiedemann, S. 26

130 *finde ich ein bischen:* Hedwig Pringsheim an Dagny Langen-Sautreau, 15. 11. 1909, Wiedemann, S. 33

131 *nach eingetretener Blutung:* Hedwig Pringsheim, Notizbucheintrag, 27. 3. 1911

131 *ein kleiner ‹Eingriff› zur Entfernung:* Hedwig Pringsheim, Notizbucheintrag, 15. 3. 1913

132 *Katja sehr elend:* Hedwig Pringsheim, Notizbucheintrag, 22. 8. 1911

133 *an der Lunge nichts:* Hedwig Pringsheim, Notizbucheintrag, 26. 8. 1911

134 *der behauptete, unzweifelhaft:* Hedwig Pringsheim, Notizbucheintrag, 5. 1. 1912

134 *an der allgemeinen Tafel:* Hedwig Pringsheim, Notizbucheintrag, 17. 1. 1912

135 *durch Bronchialkatarrh geschwächt:* Hedwig Pringsheim, Notizbucheintrag, 21. 2. 1912

139 Datenzusammenstellung: *Virchow, Zauberberg*, S. 167

139 *die Geschichte: Memoiren*, S. 78

140 *bei intensivem Studium: Virchow, Zauberberg*, S. 179

140 *Ich war tatsächlich:* An Christian Virchow, 4. 7. 1970

140 *gemäßigt wehmütig:* Hedwig Pringsheim, Notizbucheintrag, 11. 3. 1912

141 *für Wochen kein Unterkommen:* Hedwig Pringsheim, Notizbucheintrag, 12. 3. 1912

142 *Besuch des Professors:* Hedwig Pringsheim, Notizbucheintrag, 14. 3. 1912

142 *kategorisch:* Hedwig Pringsheim, Notizbucheintrag, 18. 3. 1912

143 *in geschlossenem Schlitten/Kurze Begrüßung:* Hedwig Pringsheim, Notizbucheintrag, 22. 3. 1912

143 zu erschließen: S. *Virchow, Zauberberg*, S. 172ff.

144 *Nachrichten, die mich:* Hedwig Pringsheim, Notizbucheintrag, 13. 6. 1912

145 *So sitze ich denn:* Hedwig Pringsheim an Maximilian
Harden, 2. 8. 1912, Blatt 228–230

148 *Komm nur heraus:* III, 14, *Zauberberg*

148 *Tous les deux:* III, 61

149 *ein langes junges Mädchen:* III, 73

149 *Hermine Kleefeld:* III, 74

150 *Heute haben Tommy's:* Hedwig Pringsheim an Maximilian Harden, 18. 10. 1912, Bl. 234

151 *Katja leidlich:* Hedwig Pringsheim, Notizbucheintrag, 5. 10. 1912

151 *Zu Katja, die erkältet:* Hedwig Pringsheim, Notizbucheintrag, 15. 11. 1912

151 *energisch … worüber sie und der:* Hedwig Pringsheim, Notizbucheintrag, 13. 11. 1913

151 *Tommy mit vier Kindern:* Hedwig Pringsheim, Notizbucheintrag, 21. 12. 1913

152 *Um 10 Ur:* Hedwig Pringsheim, Notizbucheintrag,
3. 1. 1914

153 Grundstücke besichtigt: S. Hedwig Pringsheim,
Notizbucheintrag, 23. 11. 1913

153 *ernstlich:* S. Hedwig Pringsheim, Notizbucheintrag,
2. 12. 1912

153 *ein braunäugiges und frisches:* Hallgarten, *Schatten*,
S. 46

154 *ein sehr lieber und zarter: Kind*, S. 35

155 *sehr wirksames, gutes:* Hedwig Pringsheim, Notizbucheintrag, 24. 7. 1914

155 *Man wird bis hart:* Golo Mann, *Jugend*, S. 32

155 *Die Eltern standen:* Klaus Mann, *Kind*, S. 51

156 *telefonierte mit Frau Holzmeier:* Ebd. S. 51

156 *nicht weniger als zwanzig Pfund:* Golo Mann, *Jugend*, S. 32

157 *Eichhörnchen, Raben:* Hedwig Pringsheim an Maximilian Harden, 14. 1. 1918, Bl. 452

157 *Wir trugen Rupfenkleider:* Monika Mann, *Vergangenes*, S. 16f.

158 *der ekle Kerl ebenso krank:* Hedwig Pringsheim an Maximilian Harden, 13. 2. 1918, Bl. 454

158 *Es war im Krieg:* Golo Mann, *Jugend*, S. 35

158 *zu seinem 6. Geburtstag:* Hedwig Pringsheim an Maximilian Harden, 27.3.1915, a. a. O., Bl. 314

159 *der Kampf mit dem Tode:* Hedwig Pringsheim an Maximilian Harden, 12. 6. 1915, Bl. 321

159 *Sorge, Angst, Hoffnung:* Hedwig Pringsheim an Maximilian Harden, 27. 6. 1915, Bl. 323

159 *Nachdem grade vor einer Woche:* Hedwig Pringsheim an Maximilian Harden, 27. 6. 1915, Bl. 323–325

162 *Wo soll man die Stimmung:* Hedwig Pringsheim an Maximilian Harden, 13. 12. 1915, Bl. 344

162 *Katja sagt:* Hedwig Pringsheim an Maximilian Harden, 19. 9. 1915, Bl. 327/328

163 *Vierzehn Jahre waren verlebt:* VIII, 1072/1073, *Gesang vom Kindchen*

164 *Darstellung des Intimsten/Dieses Intimste ist:* TB 10. 1. 1919

164 *Unbehagen zwischen K.:* TB 18. 3. 1919

165 *Als du dem Lichte:* VIII, 1074

165 *Dem Kindchen wurde:* TB 13. 11. 1918

167 *Katja war bei Faltin:* TB 11. 9. 1918

167 *Es wäre fast bedenklicher:* TB 17. 9. 1918

167 *schriftliches Zeugnis:* TB 28. 9. 1918

167 *physisch-moralisches Widerstreben:* TB 30. 9. 1918

167 *Zwischen 5 und 6:* TB 28. 9. 1918

168 *daß die Geburt:* TB 21. 4. 1919

168 *war dann bald:* TB 21. 4. 1919

169 *Große Erleichterung:* TB 21. 4. 1919

169 *für den Knaben bei Weitem:* TB 22. 4. 1919

170 *Zwischen den Mitten:* XI, 144

170 *orba:* S. an Erika, 26. 4. 1926: «es steht fest, daß man eine Frau mit so wenig Kindern, wie ich jetzt habe, füglich als orba bezeichnen kann.»

Kapitel 4

171 *Arme Katja:* Hedwig Pringsheim an Maximilian Harden, 30. 6. 1921, Bl. 519

173 *Man beschloss lediglich:* s. TB 15. 8. 1920

173 *dominierte auf passive Weise:* Monika Mann, *Vergangenes*, S. 53

174 *fühlte ein kleines:* Ebd., S. 30

176 *strenge und dabei:* Klaus Mann, *Kind*, S. 34

177 *sehr raffinierte Art:* Klaus Mann, *Kind*, S. 74

177 *Sie kann phantastisch:* Klaus Mann, *Das Bild der Mutter*, in: *Eltern*, S. 323

178 *wieder auf dem Gymnasium:* An Thomas Mann,
12. 2. 1920

180 *Nun geht Eri also garnicht:* An Thomas Mann,
13. 9. 1920

181 *Du mußt Offi:* An Erika, 26. 9. 1920

182 *Morgens um 7:* An Erika, 26. 9. 1920

183 *Hat Elise entstaubt?:* An Erika, 26. 9. 1920

184 *Verhandlung K.'s mit Stützen:* TB 28. 6. 1921

186 *Die zu Kritikern bestimmten:* S. Thomas Manns
Kritik *Eine Liebhaberaufführung im Hause Mann*, XI,
350/351

187 *Von Streichmusik aus:* Hallgarten, *Schatten*, S. 106

188 *Wir lebten für den Mimikbund:* Kinder-Theater, *Blitze*,
S. 56

189 *Seine Mutter und ich:* Thomas Mann an Paul Geheeb, 20. 5. 1923

191 *verstörte, flackeräugige:* Süddeutsche Zeitung,
23. 7. 1963

191 *begabten Teufelchen:* An Erika und Klaus, 1. 1. 1928

192 *bei der Art von freierem:* An Erika, 4. 7. 1924

193 *mittel-mittel gern/in vieler Hinsicht/Ich denke, ich hätte:*
An Erika, 10. 6. 1922

193 *Liegen triftige Gründe:* An Erika, 10. 6. 1922

194 *Übrigens hatte ich inzwischen:* An Erika, 4. 7. 1924

194 *Die Gründe, derentwegen:* An Erika, 4. 7. 1924

195 *Du solltest, denke ich:* An Erika, 4. 7. 1924

195 *Ich würde sehr glücklich:* An Paul Geheeb, 20. 8. 1922

196 *Mein Sohn hat geglaubt:* Thomas Mann an Paul Geheeb, 4. 5. 1925

198 *eher unter Mittelmaß:* Golo, *Jugend*, S. 25

198 *Golo schreibt beständig:* An Erika, 22. 7. 1922

199 *hatte verstanden:* Jugend, S. 119

199 *Wenn es nicht wegen dir:* Jugend, S. 121

200 *Ich stehe diesem Kinde:* An Erika, 9. 9. 1925

200 *ein Privatinstitütchen/Schülchen/richtigen Schulbänk-chen:* Monika Mann, *Vergangenes*, S. 14

200 *grauen Mauern/Gängen und Treppen/Sälen und Höfen:* Ebd., S. 14/15

200 *eine brillante Schülerin:* Ebd., S. 15

200 *nicht gut:* Ebd., S. 39/40

201 *Bist Du zornig:* An Erika, 5. 10. 1924

202 *Es war Liebe auf den ersten Blick:* VIII, 626

203 *Im Grunde hat er ein Gefühl:* VIII, 625

204 *Recht üsig fand ich es:* An Erika, 10. 5. 1922

205 *Bibi hat gestern zu mir:* An Erika, 8. 2. 1928

206 *Die Hausfrau ist mürbe:* VIII, 622

208 *Wenn ich hier in den Landen:* An Thomas Mann, 31. (!) 6. 1920

208 *Ganz idyllisch und allerliebst:* Hedwig Pringsheim an Maximilian Harden, 6. 7. 1906, Blatt 74

209 *Unseren Hochzeitstag:* An Thomas Mann, 12. 2. 1920

209 *Bin mit Offi:* An Thomas Mann, 23. 2. 1921

210 *In Zürich waren wir ja:* An Thomas Mann, 23. 1. 1921

210 *das Peinliche:* TB 19. 2. 1938

210 *Ich erwarte alle Briefe:* An Thomas Mann, 2. 10. 1920

212 *Die sechs Kinder:* An Thomas Mann, 5. 9. 1920

213 *Bin heimgekehrt:* An Thomas Mann, o. D. (gleich nach der Ankunft im Stillachhaus/Oberstdorf) 1920

213 *Augenblicklich kann ich:* An Thomas Mann,
   31. 6. 1920

214 *Es herrscht ein:* An Thomas Mann, 16. 6. 1920

215 *Die junge Frau Schilling:* An Thomas Mann,
   22. 9. 1920

216 *zu Anfang wohl ein bischen:* An Thomas Mann,
   16. 9. 1929

217 *ursprünglich von ‹putzig›:* Klaus Mann, *Kind,* S. 24

217 *Mir ist das Milieu:* An Erika, 15. 12. 1924

218 in schlechtem Französisch: An Erika, 5. 6. 1926

218 *Ach E., liebes E.!:* An Erika, 6. 5. 1926

220 *Wie ist die Ehe?:* An Erika, 25. 8. 1926

220 *An Silvester:* An Erika, 7. 1. 1926

222 *Vorgestern fuhr ich mit dem Auto:* An Erika, 7. 1. 1926

223 *Der schamlose Sammi:* An Erika, 26. 10. 1925

223 *Ich finde es ja auch:* An Erika, 20. 1. 1925

224 *Was den Hugo:* An Erika, 8. 2. 1928

226 *Könnte man nicht:* Zitiert nach Spangenberg, S. 76

226 *in Gestalt des Dichters:* An Erika und Klaus,
   27. 6. 1922

227 *Kürzlich werfe ich:* An Erika, 17. 1. 1925

227 *Ich muß ja nun:* An Erika, 12. 8. 1924

227 *Das verdammte Preisausschreiben:* An Erika,
   8. 12. 1924

228 *Scheußlichste der Welt:* An Erika, 3. 10. 1927

228 *Ich habe mich nun auch:* An Erika, 21. 3. 1925

228 *Daß mein Schwiegersohn:* Hedwig Pringsheim an
   Dagny Sautreau, 24./26. 12. 1924, Wiedemann,
   S. 47

229 *vor dichtgedrängtem Publikum:* An Erika aus Paris,
10. 5. 1931

229 *mit Blumen und Deputationen:* An Erika aus Rau-
schen, 31. 1. 1929

229 *Ach, wären wir doch:* An Erika, 31. 1. 1929

230 *Ich habe eigentlich schon:* An Erika, 26. 8. 1925

230 *Am Abend waren wir:* An Erika, 31. 8. 1925

231 *Ein abscheulicher Faszist:* An Erika, 22. 8. 1926

231 *Die Nordsee bietet:* An Erika, 31. 1. 1921

232 *ohne viel Prominenzen:* An Erika, 5. 8. 1927

233 *So bilden wir:* An Erika, 22. 8. 1927

234 *ein lieber Knabe/Knubbelnase:* An Erika, 19. 10. 1927

234 *sich allzu jakobhaft:* An Erika, 19. 10. 1927

235 *Der Gedanke meiner ‹letzten Liebe›:* TB 16. 7. 1950

236 *war der Urgrund:* IX, 792/793

237 *Ich bin schon alt:* TM an Klaus und Erika,
19. 10. 1927; *Zauberer,* S. 71/72

238 *Ewig-Menschliche:* X, 206

239 *In einem idyllischen Gedicht:* X, 201

240 *Das Schönste und Rührendste:* TB 20. 2. 1942

241 *Ob die Wirklichkeit/Im Halbschlaf:* TB 6. 3. 1951

242 *bei Weitem den Vogel abgeschossen:* An Erika aus
Stockholm, 13. 12. 1929

242 *Der Charakter meiner Existenz:* An Herrn Kampmann, München, 6. 5. 1930

243 *Ein Sich-Verfehlen in der Stadt:* An Erika, 16. 4. 1925

244 *Mit dem Zauberer rede ich natürlich:* An Erika,
20. 4. 1925

245 *Er darf nur gekochtes Fleisch:* An Ida Herz, 6. 5. 1932

245 *sind die beiweitem ‹Pekuniärsten›:* Hedwig Pringsheim an Dagny Langen-Sautreau, 24./26. 12. 1924,
Wiedemann, S. 47

245 *Das Publikum kein bißchen elegant:* Aus Timmen-
dorf/Ostsee an Erika, 11. 8. 1921

246 *Nach Davos können wir:* An Erika, 25. 3. 1926

246 *Hier ist es schöner:* An Erika, 27. 8. 1929

246 *Die Ankunft in Nidden:* An Erika, 17. 7. 1930

247 *hatte etwas recht Märchenhaftes:* An Erika,
28. 8. 1930

247 *Wenn heute das verfluchte:* Aus Nidden an Erika,
9. 8. 1931

248 *eselhafte Mensch:* Aus Nidden an Erika, 9. 8. 1931

249 *Ich glaube immer, wir bleiben:* An Erika, 22. 8. 1927

249 *elendes Köpfchen:* TB 13. 4. 1919

249 *Hirnchen:* TB 7. 5. 1919

249 *Hündchen:* TB z. B. 7. 10. 1945

250 in guter Gesellschaft: Die Liste wird zitiert nach
Constanze Hallgartens Autobiographie *Als Pazifistin in Deutschland*, S. 10/11.

251 *Bitte Frau Thomas Mann:* Zitiert nach Klaus Mann,
Wendepunkt, S. 291

Kapitel 5

252 *Nichts hat sich hier:* Erika Mann, *Der Dennoch Fasching*, in: *Blitze*, S. 106

252 *Es geht nicht gut:* Klaus Mann, TB 6. 2. 1933

253 *Besonders schön, vielschichtig:* Klaus Mann, TB
10. 2. 1933

253 *Er fuhr auf Besuch:* III, 11

254 *Neunzehn Jahre seit wir:* TB 29. 10. 1952

254 *Radio-Nachrichten:* Klaus Mann, TB 28. 2. 1933

254 *ein Riesenpublikum:* An Erika aus Brüssel, 16. 2. 1933

255 *Der Vortrag im angenehmen:* An Erika aus Brüssel,
16. 2. 1933

256 *ungemein herzlich und ehrerbietig:* An Erika,
24. 2. 1933

257 *Ich hatte schon seit Monaten: Memoiren,* S. 96

257 *quasi im Hafen/solche Reisen sind:* An Erika,
24. 2. 1933

258 *wegen der schlechten Witterung:* Alfred Döblin an
Oskar Loerke, Kreuzlingen, 4. 3. 1933, *Dichter,*
S. 242

258 *Langwierige Liegekuren:* An Erika, 24. 2. 1933

259 *Mord- und Schandgeschichten/wüste Mißhandlungen:*
TB 15. 3. 1933

259 *Nachrichten über die totale:* TB 17. 3. 1933

259 *Ratlosigkeit, Muskelzittern:* TB 18. 3. 1933

259 *daß eine Lebensepoche abgeschlossen:* TB 15. 3. 1933

260 *Die lieben Greise:* Erika an Klaus, 30. 3. 1933

260 *das Reh:* Hedwig Pringsheim an Katia, 24. 3. 1933

261 *mit einem Arzt zu sprechen:* Hedwig Pringsheim an
Katia, 26. 3. 1933

262 *provisorische und ungewisse:* TB 27. 3. 1933

264 *In mehreren Bücherpaketen:* An Ida Herz, Lugano,
27. 4. 1933

265 Grenzstation Lindau: Dazu Jürgen Kolbe, *Heller Zauber*, S. 414– 417 und Golo Mann, *Jugend* S. 522–527

266 *Sie werden daraus:* Golo Mann, *Jugend* S. 523

268 *die Dauer der deutschen Zustände:* TB 8. 4. 1933

268 *vorläufig, bis zum Examen:* An Klaus, 16. 4. 1933

269 *unter Opferung eines Drittels:* TB 14. 4. 1933

269 *denn kommt etwas Illegales:* An Klaus, 16. 4. 1933

270 *hundsföttischen Dokuments/Heftiger Chock/Entschiedene Befestigung:* TB 19. 4. 1933

271 *Ich muß Ihnen schreiben:* Ernst Penzoldt an Katia, München o. D.

271 *Reaktionen von Fays Wagnerherz:* Hedwig Pringsheim an Katia, 19. 4. 1933

272 *Sehr geehrter Herr Kollege:* Abschrift eines Briefes von Alfred Pringsheim; Beilage zum Brief von Hedwig Pringsheim an Katia, 19. 4. 1933

273 *Mädi wird ihre erste:* Hedwig Pringsheim an Katia, 19. 4. 1933

274 Gesprächsstoff: S. TB 21. 4. 1933

276 *Choc und schwerer Depression:* TB 26. 4. 1933, für das Folgende vgl. TB 28. 4. 1933

277 *den Mittelweg:* S. dazu TB 30. 4. 1933

277 *Katia und ich sassen:* TB 30. 4. 1933

278 *Thomas und Katia Mann mit 2 Kindern:* Schickele, *TB* S. 1050

279 *Ich finde in diesem Kulturgebiet:* TB 10. 5. 1933

279 *von allen Seiten befürwortet:* TB 8. 5. 1933

279 *Schreibtisch und Fauteuil:* TB 9. 5. 1933

280 *Wir werden recht zahlreich:* TB 15. 5. 1933

280 *die üblichen Gespräche:* TB 17. 5. 1933

281 *daß K. sich nicht:* TB 31. 5. 1933

281 *fast vollkommene Installierung:* TB 12. 6. 1933

282 *den von der Auto-Bourse angebotenen:* TB 15. 6. 1933

282 *Liebe Kleine, erschrick nicht:* Hedwig Pringsheim an Katia Mann, 21. 6. 1933

283 *Es war mir eine eigene Sensation:* Hedwig Pringsheim an Katia, 6. 7. 1933

283 *Nun ist vermietet:* Hedwig Pringsheim an Katia, 8. 7. 1933

284 *einen netten, höflichen:* Hedwig Pringsheim an Katia, 11. 7. 1933

285 *Als wir gestern von einem Gesetz:* Hedwig Pringsheim an Katia, 21. 7. 1933

285 *schmückten das ganze Haus:* Erika an Klaus, 25. 7. 1933

286 *frisch aus Toulon:* Schickele, TB 4. 8. 1933, S. 1051

287 *Er ganz Senator:* Schickele, TB 4. 8. 1933, S. 1051/1052; vgl. dazu *Memoiren,* S. 106

287 *wie immer redeten:* Schickele, TB 4. 8. 1933, S. 1052

289 *die liebe gute alte Poschi:* Hedwig Pringsheim an Katia, 25. 8. 1933

289 *Das Tollste:* Hedwig Pringsheim an Katia, 25. 8. 1933

290 *der glückliche Grundcharakter:* TB 22. 9. 1933

290 *hartnäckige Villenbesitzer:* Kesten, *Meine Freunde,* S. 51

291 Begrüßungsanruf: Humm, Rabenhaus, S. 40

291 Anmeldung/Toleranzbewilligung: s. Sprecher, *Exil,* S. 24/25

292 *bei euch von sieben Tellern:* Hedwig Pringsheim an Katia, 11. 10. 1933

292 *Daß die anderen alle so reich:* Hedwig Pringsheim an Katia, 18. 12. 1933

293 *40 Kisten mit Hausrat:* TB 30. 10. 1933

293 *eine Welle von ehemaligem Leben:* TB 31. 10. 1933

293 *viel Silber, Kleider:* Ebd.

293 *der Hamburger Empire-Fauteuil:* TB 25. 11.1933

294 *Lies diesen Brief:* Hedwig Pringsheim an Katia, 1. 11. 1933

294 *Als ich heut:* Hedwig Pringsheim an Katia, 14. 11. 1933

295 *Unsere Eltern haben sich:* Erika an Klaus, 9. 10. 1933

295 *Zugehörigkeit zum deutschen:* TB 8. 12. 1933

295 *recht gequälten Gespräch:* TB 8. 12. 1933

296 *den Schnitt bis in die Gewebe:* Schickele, TB 11. 12. 1933, S. 1060

296 *Der Plan einer großen:* An Klaus, 5. 9. 1934

298 *Ich werde es immer beklagen:* An Alfred Neumann, 1. 4. 1935

299 *Ich schreibe Ihnen:* An Alfred Neumann, 1. 4. 1935

301 *Dr. Bermann hat:* Neue Zürcher Zeitung, 18. 1. 1936, XI, 787

302 *Ich habe Zwist mit den:* Erika an Klaus, 28. 9. 1933

304 *Doktor Bermann ist, soviel ich weiß:* Erika an TM, 19. 1. 1936, Zauberer, S. 91–93

305 *stehe auf dem Standpunkt:* Katia an Erika, 21. 1. 1936, Zauberer, S. 93–96, Zitate S. 94 und 96

306 *Sie wissen:* An Liesl Frank, 16. 6. 1936

307 *Dank, Glückwunsch, Segenswunsch:* Erika an TM,
6. 2. 1936, *Zauberer*, S. 109

308 *Das ganze war eine unerfreuliche:* Katia an Klaus,
1. 2. 1936

308 *überaus bewunderungs- und achtungsvolle:* An Alfred
Neumann, 28. 10. 1936

309 *Nach Deutschland scheint das Buch:* An Klaus und
Erika, 29. 10. 1936

309 einen Tag vor der Mitteilung: S. Sprecher, *Exil*,
S. 26

310 *Thomas Mann, Schriftsteller:* Zitiert nach Grossmann,
Emigration, S. 71

311 *streusändlichen événements:* Hedwig Pringsheim an
Katia Mann, 25. 8. 1935

311 *armen, alten, kranken Poschi:* Hedwig Pringsheim an
Katia, 23. 8. 1933

311 *the last roses:* Hedwig Pringsheim an Katia,
16. 9. 1935

311 *in weithin schallender:* Hedwig Pringsheim an Katia,
6. 10. 1937

311 *wir haben einen Blick:* Hedwig Pringsheim an Katia,
5. 2. 1938

312 *Hinausgeworfen hat man uns:* Äußerung Katia Mann
gegenüber Inge Jens, 1960

312 *amazing family:* So der Titel eines Essays des britischen Diplomaten und Schriftstellers Harold Nicol-
son über die «erstaunliche Familie» Mann

313 *Katia muß gleich schicken:* René Schickele an Annette
Kolb, 4. 11. 1936, *Briefe im Exil*, S. 250

313 *Von Katia kamen gestern:* René Schickele an Annette Kolb, 16. 4. 1936, ebd., S. 279

313 *Wir sitzen hier fest, ohne Geld:* René Schickele an Annette Kolb, 14. 9. 1936, ebd., S. 280

313 *Der Schwund der Vorräte:* An Klaus, 24. 3. 1935

314 *Es ist quälend, wenn:* An Klaus, 26. 10. 1937

314 finanzierten schon einmal: S. an Klaus, 24. 3. 1936

314 *Fay glaubt, wir arme:* Hedwig Pringsheim an Katia, 23. 10. 1935

314 *Fay fürchtet, daß er:* Hedwig Pringsheim an Katia, 3. 8. 1934

315 *Tenni, Lion und Therese:* An Klaus, 12. 8. 1937

316 *Die lebenslustige Offi:* An Klaus, 24. 3. 1936

316 *Gestern Abend fand die Soiree:* An Klaus, 12. 8. 1937

317 *Und was geschieht heute nachtisch?:* Hedwig Pringsheim an Katia, 12. 8. 1934

317 … zu verteidigen: s. Hedwig Pringsheim an Katia, 17. 8. 1934

318 *trefflich amüsiert:* Hedwig Pringsheim an Katia, 12. 8. 1934

318 *wo fast in jedem Haus:* Hedwig Pringsheim an Katia, 19. 10. 1937

318 *Gestern grüßt uns:* Hedwig Pringsheim an Katia, 19. 10. 1937

319 *der süße Willi:* Hedwig Pringsheim an Katia, 7. 1. 1938

321 *Das abscheuliche malheur:* An Klaus, 2. 10. 1935

322 *unter welchen Umständen:* An Ida Herz, 3. 8. 1938

322 *Was Mönle betrifft:* An Klaus, 9. 11. 1936

323 suchte Katia: S. TB, 28. und 29. 11. 1936

323 *die Grube hinter dem Ohr:* An Klaus, 28. 5. 1937

324 *Ein wenig regt es mich:* An Klaus, 28. 5. 1937

324 *Mir scheint, es ist ein rechter:* An Klaus, 4. 6. 1937

325 *hat ein neues Buch:* Annette Kolb an René Schickele, 3. 9. 1934, *Briefe im Exil,* S. 337

325 *Dort klingt die Geige:* Annette Kolb an René Schickele, 6. 9. 1934, ebd. S. 338

325 *Au fond c'est:* Im Grunde ist es die sechsköpfige Kinderblase, die in dem Haus den Ton angibt

326 *Liebe Frau Ilse, die beiden:* René Schickele an Ilse Gräfin Seilern, 11. 6. 1936, *Schickele, TB* S. 1236

327 das Auftreten von Katia: Sprecher, *Zürich,* S. 53/ 54

328 *Ihr Haar ist grau:* Erich Ebermayer, *Deutschland,* S. 25, Notiz vom 20. 2. 1936

328 *Bin ja überhaupt:* An Klaus, 17. 12. 1936

329 *nachts um halbelf:* An Klaus, 12. 8. 1937

330 *Liebenswürdig chaotische Fülle:* Monika Mann, *Vergangenes,* S. 12/13

331 *gegen Küsnacht zweifellos:* TB 27. 6. 1938

Kapitel 6

332 *It will be better:* Von Agnes Meyer, 15. 5. 1937, *Vaget,* S. 78

333 *Our paper:* Von Agnes Meyer, 15. 5. 1937, *Vaget,* S. 79

348 *Die Exzesse:* An Hermann Kesten, 7. 8. 1941

350 *Du hattest ans Babüschlein:* Hedwig Pringsheim an Katia Mann, 14. 11. 1939

351 *die jüdische Herkunft:* s. *Jugend,* S. 536

352 *Jetzt weiß ich wirklich nicht:* Hedwig Pringsheim an Katia Mann, 10. 12. 1939

353 *Um 1/2 7 auf:* Hedwig Pringsheim, Notizbucheintrag, 31. 10. 1939

355 *nicht nur Freude:* Hedwig Pringsheim an Katia Mann, 5. 12. 1939

355 *in meinem Hause:* An Agnes Meyer, 25. 10. 1946, *Vaget,* S. 668

356 *Damit trittst du:* Hedwig Pringsheim an Katia Mann, 19. 2. 1940

357 *in den Graus:* An Klaus, 24. 4. 1943, an Moni 24. 9. 1940, und öfter

357 *Moni ist gerettet:* An Klaus, 24. 9. 1940

358 *die arme kleine Witwe:* TB 28. 10. 1940

358 *One really has not:* An Molly, 25. 3. 1941

359 *Movie-Gesindel:* zitiert nach Schnauber, S. 105

359 *Princeton langweilt:* TB 24. 3 . 1940

360 *Dearest Molly, I am missing you:* An Molly, 5. 2. 1941

360 *Dearest Molly, I am a lonely:* An Molly, 31. 7. 1944

361 *Why did we not:* An Molly, 30. 11. 1941

361 *Dearest Molly: I really feel:* An Molly, 27. 10. 1942

362 *I could write:* An Molly, 5. 2. 1941

362 *Mit herzlicher Umarmung:* An Molly, 5. 2. 1941

363 *Brief von Mrs. Shenstone:* TB 2. 3. 1942

363 *Never again we shall have:* An Molly, 15. 10. 1941

363 *The man ruined:* An Molly, 5. 2. 1941

364 *We had two highly:* An Molly, 13. 1. 1941

365 *Unser Wegzug:* An Erich von Kahler, 23. 12. 1941

365 Wie konnten zwei: Im Original englisch; an Molly, 25. 2. 1941: «the fivolous old Mann's ruined themselves»

365 *Of course poor Tommy:* An Molly, 25. 3. 1941

366 *are pretentious:* An Molly, 22. 2. 1942

367 *Twice I made a trip:* An Molly, 26. 1. 1943

367 *was ja hinwiederum:* An Erich von Kahler, 6. 6. 1942

368 *Sicherlich zwei Dutzend: Memoiren,* S. 131/132

368 *Nicht Paris:* Spalek/Strelka, S. 35

368 *Neulich waren wir:* An Klaus, 2. 9. 1943

369 *Camillenthee:* An Erich von Kahler, 23. 12. 1941

370 *a charming and lovable:* An Molly, 25. 6. 1942

370 *Ach, der glücklichste Moment:* An Klaus, 11. 1. 1942

371 *The last English raids:* An Molly, 24. 3. 1942

371 ihre Kinder zum Haß: Annette Kolb an René Schickele, 12. 7. 1934, *Briefe im Exil,* S. 130

372 *Ach, ach! o weh:* Hedwig Pringsheim an Katia Mann, 11. 4. 1940

373 *I cannot at least:* An Molly, 2. 6. 1942

374 *das in Fays Bearbeitung:* Hedwig Pringsheim an Katia Mann, 13. 10. 1940

374 *Mutter Hedel:* Hedwig Pringsheim an Katia Mann, 8. 12. 1941

375 *I lost my mother:* An Molly, undat. Brief, Ende Juli/Anf. August 1942

375 *You are so much younger:* An Molly, 27. 10. 1942

375 *We are without:* An Molly, undat. Brief, Ende
     Juli / Anf. August 1942

376 *Mein Gott, welch Schrecken:* An Klaus, 17. 12. 1942

376 *in den überseeischen:* An Klaus, 24. 4. 1943

376 *Heldensohn:* An Klaus, 3. 3. 1943, 22. 4. 1943 und öfter

376 *Daß es der Traum:* An Klaus, 22. 4. 1943

377 *have never expected:* An Molly, 15. 8. 1943

377 *Ob du jemals:* An Klaus, 21. 3. 1944

378 *Daß ich nun [...] bald:* An Klaus, 12. 4. 1944

378 *I certainly donot object:* An Molly, 22. 4. 1944

379 *Ich war gar nicht:* An Klaus, 2. 9. 1943

379 *Am 13. September:* An Klaus, 2. 9. 1943

380 *ungeeigneten Objekt:* An Klaus, 20. 10. 1948

380 *Ich kann mir:* An Klaus, 29. 8. 1944

381 *Mein Gott, wie:* An Klaus, 6. 11. 1948

381 *er traut sich:* An Klaus, 10. 2. 1945

382 *Die Voraussetzungen:* An Erich von Kahler, 6. 6. 1942

382 *goldener Käfig:* Titel des ersten Kapitels von Frido
     Manns autobiographischem Buch *Professor Parsifal*

383 *Wir hatten ja eine:* An Klaus, 15. 6. 1943

383 *das Stück:* An Klaus, 30. 7. 1944

384 *vertrunkene Hür:* An Klaus, 29. 4. 1942

384 *und wie er mir am Telephon:* An Klaus, 19. 12. 1944

385 *Mitgespielt wird einem:* An Klaus, 19. 12. 1944

385 *wo ich doch:* An Klaus, 19. 12. 1944

385 *Als ich ihm telefonierte:* An Klaus, 24. 8. 1948

386 *Das gute Heinerle:* An Klaus, 1. 6. 1945

386 *Inzwischen scheint die Götterdämmerung:* An Klaus,
     28. 1. 1945

386 *Abends französischer Champagner:* TB 8. 5. 1945

386 *Ist dies nun ein Tag:* TB 7. 5. 1945

387 *absolut hirnverbranntes Volk:* An Klaus, 28. 1. 1945

387 *Ein zerstörender Kontinent:* An Klaus Pringsheim, 26. 3. 1952

387 *I am a little homesick:* An Molly, 31. 10. 1945

387 *elenden, wahlweise:* An Klaus, 19. 5. 1944

388 *Je näher das Ende:* An Klaus, 19. 5. 1944

388 *Er wird uns sehr:* An Klaus, 27. 6. 1945

389 *zu Film-Mammon:* An Klaus, 5. 11. 1945

389 *Wir guten Alten:* An Klaus, 5. 11. 1945

389 *Bin nicht lebens-:* An Klaus, 27. 9. 1947

389 *Die guten Fränkchens:* An Klaus, 25. 7. 1945

389 *allzu sehr verhaftete/Den Dingen allzu verhaftet:* eine häufige Klage Katia Manns, als Floskel offenbar von Jakob Wassermann übernommen: «obgleich ich, wie der selige Wassermann es auszudrükken pflegte, ‹den Dingen verhaftet› bin». An Erich von Kahler, 19. 1. 1952

389 *Keine Butter, keine Eier:* An Klaus, 4. 1. 1946

390 *da das verhaßte:* An Klaus, 4. 1. 1946

390 *Ach, inzwischen ist ja:* An Klaus, 19. 4. 1945

391 *gänzlich unpolitischen Gelehrten:* An Klaus Pringsheim, 12. 3. 1952

391 *schauerliche Verblendung:* An Klaus, 5. 10. 1947

391 *Jubelreise:* An Klaus, 1. 6. 1945

391 *diverse Umstände, die Läufte:* An Klaus, 4. 1. 1946

396 *Es mag wohl sein:* An Klaus, 10. 4. 1946

397 *Selbst wenn Mielein:* Erika an Klaus, undatiert, April
1946

398 *Er weinte, wenn:* X, 531; *Für Alfred Neumann*

398 *Lieber Alfred, ich schreibe:* An Alfred Neumann,
10. 4. 1946

40049 *General conditions:* Undatiertes Kabel an Klaus –
nach Eintreffen in Chicago, unmittelbar vor der
Operation

400 *Garten und Ausblick paradiesisch:* TB 28. 5. 1946

400 *Einige Cigaretten:* TB 28. 5. 1946

400 *a lot of futile:* An Molly, 26. 1. 1943

400 *Greatest man's:* Agnes Meyers Terminologie persi-
flierende Bezeichnung, die Katia gern und häufig
Vertrauten gegenüber benutzte; z. B. im Brief an
Viktor Mann, 27. 11. 1948

401 *Die Enkelknaben:* An Klaus, 11. 7. 1943

401 *Viel Sorgen hat man:* An Klaus, 22. 11. 1948

401 *der Krieg hat Klaus:* An Klaus Pringsheim, 30. 7. 1946

401 *Ich muß viel mit Gott hadern:* An Klaus, 11. 1. 1942

401 *Daß ein solcher Versuch:* An Viktor Mann, 25. 7. 1948

402 *Mein Mitleid innerlich:* TB 22. 5. 1949

403 *Sein Tod kam für uns alle:* An Nelly Mann, 12. 3. 1949

405 *Tommys Ärzte:* An Viktor Mann, 24. 2. 1947

405 *Heinz Pringsheim isst:* TB 24. 7. 1947

405 *Umarmungen:* TB 27. 7. 1947

406 *Beckmann ist von einer:* An Klaus, 3. 9. 1947

406 *zäher, vergeistigter alter Bauer:* An Klaus, 23. 7. 1947

406 *Nicht nur lebt:* An Klaus Pringsheim, 3. 9. 1952

407 *Dad hat vielen Ärger:* An Klaus, 23. 9. 1945

409 *In der Nachwirkung:* An Erich Pfeiffer-Belli, 30. 1. 1950

409 *Irgendwo hinter Plauen:* An Erika, 4. 8. 1949,
Br./Antw., S. 266

411 *Mein Zwillingsbruder:* An Viktor Mann, 24. 11. 1946

411 *Wir sind ja nun:* An Klaus Pringsheim, 19. 11. 1951

412 *Ich bin entschieden der Meinung:* An Klaus Pringsheim, 12. 3. 1952

412 *Würzelchen hatten wir:* An Martin Gumpert,
20. 10. 1953

413 *In Vevey/Nun – das kann man:* An Klaus Pringsheim,
16. 9. 1953

414 *anständig-kultivierten französischen:* An Klaus,
9. 6. 1939

414 *Das muß ich dir doch:* An Klaus, 30. 7. 1939

415 *Ich sage Dir, Kaleschlein:* An Klaus Pringsheim,
26. 11. 1953

415 *As I told you:* TB 26. 3. 1953

415 *Wir schwanken hin und her:* An Klaus Pringsheim,
21. 9. 1952

415 *armen Greislein:* An Klaus Pringsheim, 25. 2. 1964

416 *Es fand sich ein:* An Klaus Pringsheim, 16. 11. 1952

416 *Bedeutender denkwürdiger Tag:* TB 29. 10. 1952

417 *Sehnsucht nach der Zeit:* TB 4. 7. 1953

417 *eine volle Stunde lebhaftest sprechen:* An Ida Herz,
27. 3. 1955

418 *das Blättchen sehr gewendet:* An Klaus Pringsheim,
16. 11. 1952

418 *Man hört ja wenig:* An Klaus Pringsheim,
16. 11. 1952

418 *K., gequält:* TB 24. 12. 1954

418 *Die Gesundheit meiner Frau:* TM an Lion Feuchtwanger, 31. 5. 53, Feuchtwanger, *Briefwechsel mit Freunden,* Bd. 1, S. 150

419 *großen Tag/im Bayerischen:* An Klaus Pringsheim, 15. 6. 1953

419 *Gleich morgens fing es an:* An Ida Herz, 3. 9. 1953

421 *Ein Datum ohne Zweifel:* TB 28. 1. 1954

421 *Die Kombination:* TB 15. 4. 1954

422 *alter Art in der Sofaecke:* TB 15. 4. 1954

422 *Abends Molly und Allan:* TB 16. 7. 1954

422 *dreamlike visit/The little silver disk:* An Molly, 9. 1. 1955

422 *Zu- und Angriffigkeit:* TB 4. 6. 1954

422 *Komme zu nichts:* TB 11. 9. 1954

423 *Meine Wenigkeit:* An Klaus Pringsheim, 6. 12. 1954

423 *Der leidige ‹Schiller›!:* An Klaus Pringsheim, 6. 12. 1954

424 *Eigentlich sollten wir:* An Klaus Pringsheim, 23. 8. 1954

424 *K. hatte gewartet:* TB 1. 5. 1953

424 *Danksagungswesens/lächerlich guter Gesundheit:* An Klaus Pringsheim, 18. 6. 1955

425 *Schier unmäßig gefeiert:* An Klaus Pringsheim, 18. 6. 1955

425 *reuige Vaterstadt:* An Ida Herz, 23. 4. 1955

425 *K. wurde der Knix:* TB 11. 7. 1955

426 *Bare:* An Hans Reisiger, 17. 7. 1955

426 *kann mich ausgesprochen:* An Hans Reisiger, 10. 8. 1955

426 *Der Patient:* An Ida Herz, 26. 8. 1955

Kapitel 7

429 *greatest living:* Agnes Meyers Bewunderung für TM persiflierende, von Katia Mann gegenüber Vertrauten gern und häufig benutzte Wendung, z. B. an Molly, 13. 1. 1941

430 *Vati ging der Aufenthalt:* An Klaus, 17. 10. 1943

430 *Mein schrulliger alter Uhrmacher:* An Klaus, 23. 7. 1943

431 *Thomas Mann dachte immer:* An Bertold Spangenberg, 24. 3. 1975

431 *Wirtschaftshauptes:* Häufige Selbstbezeichnung Katia Manns; s. z. B. an Klaus Pringsheim, 27. 2. 1957

431 *Es verhält sich doch:* An Klaus Pringsheim, 4. 10. 1955

431 *Ich würde nie sagen:* An Walter Berendsohn, 23. 10. 1972

431 *Auf gesondertem Blatt:* An Walter Berendsohn, 16. 12. 1972

432 *Ein überexpandierendes:* An Hans Reisiger, 16. 12. 1958

432 *Es vergeht kaum ein Tag:* An Klaus Pringsheim, 4. 10. 1955

433 *Es läßt sich nicht leugnen:* An Klaus Pringsheim, 11. 9. 1955

433 *bekanntlich ständig:* An Klaus Pringsheim, 20. 9. 1955

433 *Der europäische Gesamt-Absatz:* An G. B. Fischer, 8. 1. 1946, *Verleger*, S. 429

434 *Gestern kam Dein Brief:* An Klaus Pringsheim, 27. 2. 1957

435 *verwirrten Häuptlein:* Häufig benutzte Selbstbezichtigung; z. B. an Klaus Pringsheim, 4. 10. 1955

435 *nicht sehr erhebliche:* An Harry Matter, 25. 6. 1960

435 *Wenn man auf ein so langes:* An Martin Gregor-Dellin, 5. 8. 1964

436 *Wenn Sie nach Kilchberg:* An Hermann Kesten, 3. 1. 1956

436 *denke an deinen:* An Klaus Pringsheim, 5. 8. 1961

437 *häßlich und hastig:* An Klaus Pringsheim, 2. 8. 1960

437 *viel zu lange:* An Klaus Pringsheim, 25. 2. 1964

437 *Die Klammer:* An Klaus Pringsheim, 5. 8. 1961

437 *prächtige Land:* An Klaus Pringsheim, 26. 6. 1960

437 *deretwegen Tommy mich:* An Klaus Pringsheim, 2. 5. 1957

438 *so sagte man in:* An Klaus Pringsheim, 10. 11. 1960

438 *Mir fährt der Mann:* An Klaus Pringsheim, 10. 3. 1961

438 *bleibt womöglich:* An Klaus Pringsheim, 20. 1. 1963

438 *fürchterliche Pärchen:* An Klaus Pringsheim, 1. 9. 1962

438 *Meine Magd:* An Klaus Pringsheim, 12. 1. 1960

438 *Wenn er schon:* An Klaus Pringsheim, 16. 11. 1963

439 *Nun hör aber einmal:* An Klaus Pringsheim, 14. 9. 1960

439 *Die Tätigkeiten:* An Klaus Pringsheim, 11. 12. 1970

440 *Kriege sind wohl immer:* An Klaus Pringsheim, 8. 2. 1968

441 *Hatte so gräßliche:* An Klaus Pringsheim, 11. 6. 1961

442 *Der hiesige Kantonspolizist:* An Klaus Pringsheim, 14. 6. 1962

442 *Schikanös, wie sich:* An Klaus Pringsheim, 25. 3. 1964

443 *saurer Grämlichkeit/Trübäugigkeit:* An Hans Reisiger, 5. 11. 1963

443 *Trübäugige Melancholie:* Bei Shakespeare: «sullen melancholy»

443 *Thrombösli:* An Klaus Pringsheim, 27. 4. 1959 und öfter

443 *Ich bin rüstig:* An Erich von Kahler, 11. 10. 1960

444 *Von mir gibt es:* An Klaus Pringsheim, 22. 12. 1957

444 *Es sollen ja tausende:* An Klaus Pringsheim, 28. 10. 1957

445 Wälsungen-Affäre: *Neue Zürcher Zeitung,* 16. 12. 1961

445 *Der gute Fay:* An Klaus Pringsheim, 17. 12. 1961

445 *Welch ein Kind!:* An Klaus Pringsheim, 2. 10. 1962

445 *She is, in some way:* An Molly, o. D. 1942

446 *so betagten Freund:* An Klaus Pringsheim, 4. 10. 1955

447 *Confusion/schier pathologischen:* An Klaus Pringsheim, 9. 1. 1959

447 *[Er] nimmt immer:* An Klaus Pringsheim, 9. 1. 1959

447 *ständig die ehrenvollsten/Habe meine Kinder:* An Klaus Pringsheim, 24. 7. 1962

448 *dafür hat sie:* An Klaus Pringsheim, 16. 12. 1958

448 *Was mich kränkt:* An Klaus Pringsheim, 25. 1. 1964

449 *Leider muß ich berichten:* An Klaus Pringsheim, 26. 10. 1963

449 *Frido muß:* An Klaus Pringsheim, 11. 5. 1966

450 *Ich habe es noch nie:* An Klaus Pringsheim, 29. 1. 1958

450 *tall boy/und soll ganz:* An Klaus Pringsheim,
25. 10. 1963

450 *Mir sind diese religiösen:* Frido Mann, *Parsifal,* S. 130

451 *Moni, die freche Törin:* An Klaus Pringsheim,
25. 5. 1964

451 *Ich bin fest entschlossen:* An Klaus, 19. 8. 1938

452 *dumme, ihr recht sehr:* An Klaus Pringsheim,
26. 8. 1956

452 *Wenn sie mit sonderbar:* An Klaus Pringsheim,
24. 9. 1961

452 *Unaufrichtig, schief:* An Klaus Pringsheim,
13. 7. 1956

452 *Von allen sechs Kindern:* An Gustav Hillard-Steinböhmer, 25. 11. 1956

453 *daß [Monis literarische ...]:* An Klaus, 24. 1. 1948

453 *kalten hölzernen Franz/Daß Erika:* An Klaus Pringsheim, 13. 7. 1956

454 *Was mir meine alten Tage:* An Klaus Pringsheim,
5. 8. 1961

455 *if Erika's conditions:* An Molly, 19. 10. 1964

455 *Es ist ja nicht zu leugnen:* An Klaus Pringsheim,
12. 1. 1961

456 *Meisterin:* Von Katia in Briefen an ihren Bruder häufig benutzte Bezeichnung für Erika; z. B. an Klaus
Pringsheim, 28. 8. 1964

456 *eine Komplikation nach der anderen:* An Klaus Pringsheim, 28. 8. 1964

457 *Ich habe offenbar:* Von Hermann Kesten, 1. 4. 1959

457 *Der völlig unmerkbar:* An Artur Beul, 25. 5. 1969

457 *Gestern war ich noch einmal:* Golo Mann an Martin Gregor-Dellin, 9. 6. 1969

459 *Der greisen Mutter:* Golo Mann an Martin Gregor-Dellin, 12. 1. 1977

459 *Warum konnte er nicht:* An Klaus Pringsheim, 5. 5. 1962

460 *I must say:* An Allan Shenstone, 16. 3. 1969

460 *das anhängliche K'lein:* An Klaus Pringsheim, 26. 10. 1968

460 *Eine grauenvolle Vorstellung!:* An Klaus Pringsheim, 1. 5. 1956

461 *So viele Freunde:* An Alice von Kahler, 20. 9. 1973

462 *Vor wenigen Tagen:* An Klaus Pringsheim, 13. 12. 1959

463 *Schrieb ich wohl schon:* An Klaus Pringsheim, 29. 9. 1958

464 *Die Nachrichten vom:* An Klaus Pringsheim, 24. 6. 1967

464 *Was der Verlust für Sie:* An Lotte Klemperer, o. D. (Juli 1973)

465 *Zu- und Angriffigkeit:* TB 4. 6. 1954

465 *Die Stadt war:* An Klaus Pringsheim, 13. 12. 1959

466 *Familie Heisenberg ist ungemein:* An Klaus Pringsheim, 19. 8. 1966

467 *das wäre mir doch nie:* An Klaus, 10. 7. 1944

468 *Es hätte nicht:* An Walter Berendson, handschriftlicher Zusatz zur Danksagung, September 1969

468 *In den Höchstjahren:* An Klaus Jonas, 15. 2. 1973

468 *Ich habe in meinem:* Memoiren, S. 162

469 *Bin schon ganz verwirrt:* An Klaus Pringsheim, 24. 2. 1960

470 *anfällige Greisin:* An Klaus Pringsheim, 9. 1. 1959

470 *Ich rufe gleich Gottfrieden:* An Klaus Pringsheim, 18. 2. 1960

470 *Thomas Mann, the great:* Ehrenbücher des Keren Kayemeth Leisrael/Jüdischer Nationalfonds in Jerusalem, No. 1474

471 *Hier ist in der Tat:* An Hans Reisiger, 31. 3. 1950

471 *Wir werden zusammenbleiben:* XI, 526

472 *Welch freundlicher Augenblick:* II, 764, *Lotte in Weimar*

472 jene Worte: «Welch ein freundlicher Augenblick wird es sein, wenn sie dereinst wieder zusammen erwachen.» (Goethe, *Die Wahlverwandtschaften*, Schluss des 18. Kapitels, Teil 2, Schluss des Romans)

Zeittafel

24. Juli 1883 Katia Pringsheim als fünftes Kind, Zwilling und einzige Tochter ihrer Eltern in Feldafing geboren. Vater: der Mathematikprofessor Alfred Pringsheim; Mutter: die Schauspielerin Hedwig, geb. Dohm, Tochter des *Kladderadatsch*-Redakteurs Ernst Dohm und seiner Frau, der Pazifistin und Frauenrechtlerin Hedwig Dohm, geb. Schleh.

Juni 1901 Abitur als externer Prüfling am Münchener Wilhelmsgymnasium.

WS 1901/02–WS 1904/05 Studium der Mathematik und Physik an der Ludwig-Maximilians-Universität, München.

11. Februar 1905 Heirat mit Thomas Mann.

Juni 1905 Verbannung des ältesten Bruders Erik wegen hoher Spiel- und sonstiger Schulden nach Argentinien.

9. November 1905 Geburt des ersten Kindes, Erika.

18. November 1906 Geburt des zweiten Kindes, Klaus.

1907 Bau eines Landhauses in Bad Tölz als Sommerresidenz.

Anfang 1909 Tod des Bruders Erik in Argentinien.

27. März 1909 Geburt des dritten Kindes, Golo.

7. Juni 1910 Geburt des vierten Kindes, Monika.

Oktober 1910 Umzug in eine größere Wohnung in der Mauerkircherstraße.

Mai/Juni 1911 Mit Mann und Schwager Heinrich in Brioni und Venedig. Vorzeitige Abreise wegen einer drohenden Cholera-Epidemie.

2.–18. September 1911 Aufenthalt mit den Eltern im Waldhaus zu Sils-Maria.

18. Januar–7. März 1912 Kuraufenthalt im Sanatorium Ebenhausen bei München.

11. März–25. September 1912 Wegen anhaltender Bronchialerkrankungen nach Davos, ab 22. März im Waldsanatorium Jessen.

15. November–21. Dezember 1913 Kuraufenthalt in Meran.

3. Januar–12. Mai 1914 Sanatoriumsaufenthalt in Arosa.

4. Januar 1914 Einzug der Familie in das neue Haus am Münchener Herzogpark, Poschingerstraße 1.

März bis Juni 1915 Blinddarmepidemie; allen Kindern und der Mutter muss der Blinddarm entfernt werden. Bei Klaus besteht wochenlang Lebensgefahr.

1917 Verkauf des Tölzer Hauses zugunsten von Kriegsanleihen.

24. April 1918 Geburt des fünften Kindes, Elisabeth.

21. April 1919 Geburt des sechsten Kindes, Michael.

27. Mai 1920–23. Juni 1920 Erholungsaufenthalt in Kohlgrub und Oberammergau.

4. September 1920–14. Oktober 1920 Sanatoriumsaufenthalt in Oberstdorf, Stillachhaus.

August/September 1920 Ostseeurlaub mit TM und Elisabeths Patenonkel, dem Literarhistoriker Ernst Bertram, in Timmendorfer Strand, anschließend eine Woche Nordsee-Erholung in Wenningstedt auf Sylt. Anlässlich eines Vortrags von TM auf der Nordischen Woche Besuch in Lübeck, Gast bei Ida Boy-Ed.

März/April 1923 Begleitet TM zu Vorträgen in Wien, Budapest und Prag. Besuche bei Hugo von Hofmannsthal in Rodaun und Heinrich Manns erster Frau, der Schauspielerin Maria Kanova, in Prag.

April/Mai 1923 Spanienreise mit TM auf Einladung der deutschen Schulen in Madrid und Diego de León.

1923 Sohn Golo wechselt vom Wilhelmsgymnasium auf die von Kurt Hahn geleitete Internatsschule Salem, wo er 1927 das Abitur ablegt.

Februar/März 1924 Sechswöchiger Erholungsurlaub im Kurhaus Clavadel bei Davos.

1924 Erika Mann besteht in München das Abitur und beginnt ein Schauspielstudium in Berlin. Sohn Klaus verlässt die Odenwaldschule ohne Abschluss, arbeitet als Literat und Journalist in Berlin und verlobt sich mit Pamela Wedekind. Monika folgt ihrem Bruder Golo nach Salem.

Oktober 1925 Das Ehepaar reist zu einer nachträglichen, durch eine *Fiorenza*-Aufführung im Stadttheater herausgehobenen Geburtstagsfeier nach Lübeck. Weiterfahrt nach Bremen und Berlin. Max Liebermann malt TM.

1925 Pamela Wedekind, Gustaf Gründgens, Erika und Klaus Mann spielen gemeinsam Klaus Manns erstes Theaterstück *Anja und Esther*.

18.–29. Januar 1926 Paris (*Pariser Rechenschaft*).

April–Juni 1926 Nach einer Lungenentzündung Sanatoriumsaufenthalt in Arosa, davon drei Wochen gemeinsam mit TM.

24. Juni 1926 Hochzeit Erikas mit Gustaf Gründgens (Scheidung 1929).

August/September 1927 Sommerurlaub mit den zwei Jüngsten in Kampen auf Sylt. TM begegnet Klaus Heuser.

1927/1928 Klaus und Erika auf Weltreise.

29. Juli–23. August 1929 Auf Betreiben eines Königsberger TM-Verehrers Urlaub mit TM, Elisabeth und Michael in Rauschen/Samland.

1929 Golo beginnt sein Studium an der Universität Heidelberg.

7.–23. Dezember 1929 Reise nach Stockholm zur Nobelpreisverleihung.

11. Februar 1930 Silberne Hochzeit.

Mitte Februar bis Mitte April 1930 Mit TM auf Josephs Spuren nach Ägypten und Palästina. Katia erkrankt an der Ruhr und liegt im Deutschen Hospital zu Jerusalem.

Juli/August 1930 Erstmals Ferien in dem mit Hilfe des

Nobelpreis-Geldes errichteten Sommerhaus in Nidden auf der Kurischen Nehrung. Besuch der Großeltern Pringsheim.

Mai 1931 Begleitet TM nach Paris anlässlich des Erscheinens der französischen Ausgabe des *Zauberberg*.

Mitte Juli–Anfang September 1931 Mit Kindern und wechselnden Gästen in Nidden.

13.–22. März 1932 ‹Goethe›-Reise nach Prag, Wien, Berlin und Weimar.

Mitte Juli bis September 1932 Zum letzten Mal in Nidden.

10. Februar 1933 TMs Vortrag *Leiden und Größe Richard Wagners* im Auditorium maximum der Münchener Universität.

11.–23. Februar 1933 Begleitet TM auf der Vortragsreise nach Amsterdam, Brüssel und Paris. Beginn der Emigration.

24. Februar 1933 Winterurlaub in Arosa; Übersiedlung nach Lenzerheide und Lugano; Entschluss, den Sommer an der französischen Riviera zuzubringen.

10. Mai 1933–11. Juni 1933 Aufenthalt in Bandol. Wohnungssuche.

12. Juni–22. September 1933 Villa La Tranquille in Sanary sur mer.

27. September 1933 Einzug in die Schiedhaldenstraße 33, Küsnacht/Zürich.

Ende Oktober 1933 Abriss des Elternhauses in der Arcisstraße nach der Enteignung durch die Nationalsozialisten.

17. Mai–18. Juni 1934 Erste Reise in die USA auf Einladung des Verlegers Alfred Knopf zum Erscheinen des ersten *Joseph*-Bandes in Amerika.

Januar 1935 Begleitet TM zu Wagner-Vorträgen in Prag, Brünn, Budapest und Wien.

Mai 1935 Ferienreise nach Nizza; Besuch René Schickeles und Heinrich Manns.

9. Juni–13. Juli 1935 Zweite Reise in die USA. TM erhält zusammen mit Albert Einstein die Ehrendoktorwürde der Universität Harvard.

30. Juni 1935 Dinner bei den Roosevelts im Weißen Haus.

1. Oktober 1936 Katia und Thomas Mann erhalten zusammen mit Golo, Monika, Elisabeth und Michael die tschechoslowakische Staatsbürgerschaft.

2. Dezember 1936 Verlust der deutschen Staatsbürgerschaft.

12. Januar 1937 Gemeinsam mit TM und Golo Dankesbesuch in Proseč, der Gemeinde, in der die Manns das Bürgerrecht erhielten.

April/Mai 1937 Dritte USA-Reise auf Einladung der New School for Social Research. Anlässlich eines Dinners zur Feier der Gründung der Deutschen Akademie in New York erstes Zusammentreffen mit Mr. and Mrs. Meyer und der Psychoanalytikerin Caroline Newton.

Ende Dezember 1937 Besorgnis erregende Erkrankung Michaels an Meningitis und einer Augenentzündung.

15. Februar–Anfang Juli 1938 Vierte Reise in die USA zu einer Vortragtournee durch 15 amerikanische Städte,

in denen TM seinen von Agnes Meyer in Auftrag gegebenen und übersetzten Vortrag *The Coming Victory of Democracy* hält. Erika, die inzwischen vorwiegend in den USA lebt, begleitet die Eltern, die ihre Tournee mit einem Erholungsurlaub im Landhaus von Caroline Newton beschließen. TM nimmt das Angebot der Princeton University für eine Professur an. Katia sucht und findet ein geeignetes Haus: Stockton Street 65.

Juni/Juli 1938 Klaus und Erika als Presseberichterstatter über den Bürgerkrieg in Spanien.

September 1938 Auflösung und Verschiffung des Küsnachter Haushaltes.

28. September 1938 Princeton, 65, Stockton Street.

Oktober 1938 Katia lernt Molly Shenstone kennen.

6. März 1939 Trauung von Michael Mann und Gret Moser in New York.

März 1939 Hochzeit Monika Manns mit dem ungarischen Kunsthistoriker Jenö Lányi in London.

Juni–Mitte September 1939 Europareise gemeinsam mit TM und Erika. Erholung des Ehepaars in Noordwijk. Die Absicht, drei Wochen später nach Zürich weiterzureisen, muss, um die geplante Ausreise der Eltern Pringsheim in die Schweiz nicht zu gefährden, immer wieder hinausgeschoben werden.

7. August 1939 Aufbruch nach Zürich, wo Katia die Eltern jedoch noch nicht antrifft.

18. August 1939 Weiterreise von Zürich nach London, zu Monika und ihrem Mann; drei Tage später Flug nach Stockholm zum PEN-Kongress, der jedoch wegen des

drohenden Kriegsausbruchs abgesagt wird. Übereil-
ter Rückflug nach London. Erika gelingt es, für den
9. September Schiffsplätze zu erlangen.

18. September 1939 Ankunft in New York und Weiterreise nach Princeton.

31. Oktober 1939 Ankunft der Eltern Pringsheim in Zürich – einen Tag vor der endgültigen Schließung der
Grenzen.

23. November 1939 Elisabeth Mann heiratet in Princeton
den italienischen Historiker Giuseppe Antonio Borgese, mit dem sie nach Chicago übersiedelt.

Februar 1940 Katia begleitet TM auf einer vierwöchigen
«lecture tour» durch den Mittleren Westen und
Süden der USA.

5. Juli–6. Oktober 1940 Sommeraufenthalt in Brentwood bei Los Angeles.

31. Juli 1940 Der erste Enkel, Michael und Gret Manns
Sohn Fridolin, wird in Carmel, nahe San Francisco geboren. Michael ist als Bratschist Mitglied des San Francisco Symphony Orchestra.

23. September 1940 Das Flüchtlingsschiff *City of Benares*,
das Monika und Jenö Lányi in die USA bringen soll,
wird von deutschen U-Booten versenkt. Monika überlebt, ihr Mann ertrinkt.

Ende September 1940 Thomas und Katia Mann erwerben ein Grundstück am San Remo Drive in Pacific Palisades und beschließen, endgültig an die Westküste
zu übersiedeln.

28. Oktober 1940 Monika kehrt, von der Mutter am Pier

in New York empfangen, als Witwe ins Elternhaus zurück.

30. November 1940 Geburt der Enkelin Angelica Borgese in Chicago.

14./15. Januar 1941 Thomas und Katia Mann sind Gäste von Präsident Roosevelt im Weißen Haus zu Washington.

Mitte März–Mitte April 1941 Katia begleitet, nach der Auflösung des Princetoner Haushalts, Thomas Mann auf seiner «lecture tour» in den Westen der USA. Am 8. April 1941 bezieht das Ehepaar ein Haus am Amalfi Drive in Pacific Palisades. Katia überwacht den Bau des neuen Hauses am San Remo Drive.

25. Juni 1941 Alfred Pringsheim stirbt in Zürich.

14. Oktober–Ende November 1941 Begleitet Thomas Mann auf einer «lecture tour» und kann während eines ca. vierzehntägigen Aufenthaltes in New York ihre Freundin Molly Shenstone wiedersehen.

Ende 1941 Klaus, dessen Zeitschrift *Decision* nach zwei Jahren ihr Erscheinen einstellen muss, meldet sich freiwillig zur Armee.

Anfang Februar 1942 Umzug in das Haus am San Remo Drive in dem Augenblick, da alle Kinder bis auf Monika das Elternhaus verlassen haben und nur noch gelegentlich heimkehren.

20. Juli 1942 Geburt des zweiten Enkels, Michaels Sohn Anthony.

27. Juli 1942 Tod von Hedwig Pringsheim in Zürich.

8. November–Mitte Dezember 1942 Begleitet TM auf

einer Reise über Chicago und Washington nach New York und Princeton; erneutes Treffen mit Molly Shenstone; Rückkehr mit einem Abstecher nach San Francisco zum Besuch der Michael-Familie.

Dezember 1942 Die Familie Borgese übersiedelt für ca. drei Monate in das neue Haus am San Remo Drive. Klaus wird von der US Army akzeptiert.

Juli 1943 Erika als Korrespondentin in Kairo.

9. Oktober–8. Dezember 1943 Begleitet TM auf einer «lecture tour», die über Washington an die Ostküste, nach New York und nach Kanada (Montreal) führt. Wiedersehen mit Molly Shenstone.

5. Januar 1944 Einbürgerungsprüfung und Zuerkennung der amerikanischen Staatsbürgerschaft für Katia und Thomas Mann.

6. März 1944 Das vierte Enkelkind, Domenica Borgese, in Chicago geboren.

August 1944 Besuch der Michael-Familie mit den beiden Buben und Bruder Peter Pringsheim.

Oktober 1944 Erika als Berichterstatterin in den befreiten Gebieten des europäischen Kontinents.

22. Dezember 1944 Taufe der drei jüngsten Enkelkinder in der Unitarian Church, Los Angeles. Weihnachten hat Katia ihre vier Enkel und deren Eltern um sich. Seit langer Zeit wieder ein Familienweihnachten.

Januar/Februar 1945 Heinrich Mann lebt, nach dem Suizid seiner Frau Nelly im Dezember 1944, einige Wochen bei Bruder und Schwägerin.

Februar 1945 Klaus arbeitet für die amerikanische Soldatenzeitung *Stars and Stripes*, in deren Auftrag er unmittelbar nach dem Einmarsch der US-Truppen aus Deutschland – im Mai 1945 – über den Zustand des Herzogparkhauses in München berichtet.

12. April 1945 Tod Franklin D. Roosevelts, mit dessen Politik sich Katia und Thomas Mann weitgehend identifiziert hatten.

24. Mai–4. Juli 1945 Begleitet ihren Mann auf einer von ihr später als «Jubelreise» apostrophierten Tournee, auf der sich Vortragsverpflichtungen mit Feiern zu TMs 70. Geburtstag im Kreis der alten Ostküstenfreunde verbinden lassen.

Weihnachten 1945 Die Michael-Familie kommt. Erika ist in Deutschland als Berichterstatterin über die Nürnberger Kriegsverbrecherprozesse; Klaus, aus der Armee entlassen, versucht, in Rom Filmprojekte zu realisieren; Golo bemüht sich von Bad Nauheim aus um den Aufbau eines deutschen Nachrichten- und Informationswesens.

März 1946 Rezidivierende Grippe-Erkrankung TMs. Der deutsche Arzt Dr. Rosenthal diagnostiziert «einen Schatten» in der Lunge.

Anfang April 1946 Nach Beratung mit dem Arzt und Familienfreund Martin Gumpert beschließt Katia, zur Bronchoskopie und einer eventuell notwendig werdenden anschließenden Operation mit ihrem Mann das Billings Hospital in Chicago zu konsultieren.

24. April 1946 Die Entfernung eines «hilusnahen Plat-

tenepithel-Carzinoms» gelingt. Die Genesung des Patienten macht über Erwarten gute Fortschritte.

28. Mai 1946   Heimkehr nach Pacific Palisades.

1. November 1946   Zwillingsbruder Klaus Pringsheim trifft mit seinem Sohn Klaus Hubert aus Japan am San Remo Drive ein.

November 1946   Golo übernimmt eine Geschichtsprofessur am Pomona College, Monika übersiedelt nach Europa.

24. Dezember 1946   Kinderloses Weihnachtsfest. Nur Golo tröstet die alten Eltern.

22. April–14. September 1947   Reise über Chicago und Washington nach New York. Dort Einschiffung zur ersten Nachkriegs-Europareise mit TM und Erika.

16.–24. Mai 1947   Aufenthalt in London. Wiedersehen mit Katias Cousinen Käthe Rosenberg und Ilse Dernburg sowie mit Ida Herz.

24. Mai–21. Juni 1947   Zürich. Wiedersehen mit den in Deutschland gebliebenen Verwandten Viktor Mann und Heinz Pringsheim nebst Frauen.

10. August 1947   Weiterflug nach Holland. Zehn Tage im altvertrauten Noordwijk.

14. September 1947   Wieder am San Remo Drive.

21. April 1949   Viktor Mann stirbt in München. Katia hält den Kontakt zu Schwägerin Nelly aufrecht.

Mai 1949   Über Washington und New York nach London zum zweiten Nachkriegs-Europaaufenthalt. Weiterflug nach Schweden und Dänemark. In Stockholm am 21. Mai die Nachricht von Klaus' Suizid in Cannes.

Katia fährt nicht zur Beerdigung, sondern begleitet ihren Mann bei seinen skandinavischen Vortragsverpflichtungen und fliegt am 1. Juni mit ihm nach Zürich. Am 23. Juli, nach sechzehn Jahren, betreten Katia und TM wieder deutschen Boden. Goethe-Huldigung in der Frankfurter Paulskirche am 25. Juli.

26. Juli 1949 Weiterreise nach München. Wiedersehen mit den Verwandten.

30. Juli 1949 Reise nach Weimar, Goethe-Ehrung im Nationaltheater.

5. August 1949 Einschiffung in Le Havre zur Überfahrt nach New York.

19. August 1949 Wieder in Pacific Palisades.

31. Oktober 1949 Begleitet ihren Mann nach San Francisco zu einem Zusammentreffen mit Pandit Nehru.

12. März 1950 Heinrich Mann stirbt und wird auf dem Friedhof von Santa Monica beerdigt.

Mitte April 1950 Über Chicago und Washington, wo TM den in der Library of Congress wie alljährlich zu haltenden Vortrag wegen seiner Weimar-Reise nicht halten darf, nach New York.

Mai–August 1950 Dritte Nachkriegs-Europareise: Stockholm, Paris, Zürich.

Nach TMs 75. Geburtstag am 6. Juni unterzieht sich Katia in der Klinik Hirslanden einer gynäkologischen Operation. Im Anschluss daran übersiedelt das Ehepaar ins Grandhotel Dolder, wo TM seiner letzten großen Liebe, dem Kellner Franzl Westermayer, begegnet.

20. August 1950   Rückflug nach New Haven, wo die Yale University Library eine große Thomas-Mann-Ausstellung zusammengestellt und Interesse an dem Nachlass signalisiert hat.

29. August 1950   Wieder in Pacific Palisades.

Juli–Oktober 1951   Vierte Nachkriegs-Europareise. Hauptsächlicher Aufenthaltsort: Zürich; «Kuraufenthalte»: Wolfgangsee, Salzburg, Bad Gastein, Lugano.

9. Oktober 1951   Wieder in Pacific Palisades.

24. Juni 1952   Aufbruch zur fünften und letzten Europareise. Endgültige Heimkehr in die Schweiz.

29. Oktober 1952   Unterzeichnung des Mietvertrags für eine Wohnung in der Glärnischstraße 12 in Erlenbach bei Zürich.

4. Dezember 1952   Tod von Giuseppe Antonio Borgese. Katia fährt sofort nach Fiesole; TM bleibt in Zürich.

24. Dezember 1952   Nach den monatelangen Hotelaufenthalten Übersiedlung in das gemietete Haus in Erlenbach.

20.–30. April 1953   Begleitet TM zu einer Tagung der Academia dei Lincei nach Rom, wo er vom Papst in einer Privataudienz empfangen wird, während Katia «wartet».

3.–8. Juni 1953   Flug nach London, Weiterfahrt nach Cambridge. Ehrenpromotion TMs gemeinsam mit Pandit Nehru.

11. Juni 1953   Besuch in Lübeck und Travemünde.

24. Juli 1953   Feier des 70. Geburtstages der Pringsheim-Zwillinge im Eden au Lac, Zürich.

10.–14. September 1953 Fahrt an den Genfer See auf Wohnungssuche. Besuch bei Chaplin in Vevey.

28. Januar 1954 Nach langem Suchen Kauf des Kilchberg-Hauses.

15. April 1954 Einzug in das neue Haus, Alte Landstraße 39, Kilchberg am Zürichsee.

Ende August 1954 Vortragsreise TMs ins Rheinland. Wiedersehen mit Ernst Bertram in Köln und der Familie Heuser in Düsseldorf.

18. Januar–5. Februar 1955 Arosa. TM erkrankt an einer schweren Virusinfektion und wird nach einem Kreislaufkollaps ins Kantonsspital Chur eingeliefert. Am 5. Februar kehren Katia und TM nach Kilchberg zurück.

7. Mai 1955 Aufbruch mit TM und Erika nach Stuttgart zur Schillerfeier mit Bundespräsident Theodor Heuss am 8. Mai im großem Haus des damaligen Landestheaters. Am nächsten Tage Besichtigungen im Schiller-National-Museum Marbach am Neckar.

13. Mai 1955 Weimar. Wiederholung des Schillervortrags im Nationaltheater, eingeführt vom Kulturminister der DDR, Johannes R. Becher.

16.–21. Mai 1955 Lübeck. Ehrenbürgerwürde für TM.

4.–6. Juni 1955 In Kilchberg und Zürich Feiern aus Anlass des 80. Geburtstages von TM.

2. Juli 1955 Überreichung des Kommandeur-Kreuzes des Ordens von Oranje-Nassau an TM.

5.–23. Juli 1955 Erholungsaufenthalt in Noordwijk.

8. Juli 1955 Niederländische Premiere des Films *Königliche Hoheit* in Amsterdam.

11. Juli 1955 Audienz bei der niederländischen Königin auf dem Sommersitz Schloss Soestdijk.

20. Juli 1955 TM spürt Schmerzen im geschwollenen linken Bein.

23. Juli 1955 «Liegend-Transport» nach Zürich ins Kantonshospital. Langsame Besserung bis zum Schwächeanfall am 11. August 1955.

12. August 1955 TMs schwerer Kollaps. Transfusionen, Infusionen und Injektionen bleiben erfolglos. Tod am 12. August 1955 abends acht Uhr.

16. August 1955 Beisetzung auf dem Kilchberger Friedhof, Aussegnung durch den Ortspfarrer, Gedächtnisrede auf Wunsch der Familie von Richard Schweizer.

September 1955 Katia bei Medi in Forte dei Marmi.

Weihnachten 1955 Familienfest in Kilchberg.

Januar 1956 Winterurlaub in Pontresina mit Kindern und Freunden. Nach dem Tod TMs werden vierwöchige Frühjahrsbesuche bei Medi in Forte dei Marmi sowie ein vierzehntägiger Winterurlaub mit wechselnder Kinder- und Enkel-«Besetzung» in den Bergen – zunächst in Pontresina – zu einer stehenden Einrichtung.

In Kilchberg wohnen die Enkelbuben bei der Großmutter, während Vater Michael zunächst als Mitglied des Pittsburgh Symphony Orchestra, dann als Germanist nach Amerika zurückkehrt.

Weitere, allerdings nicht ständig anwesende Mitbe

wohner des Hauses sind Erika, die den Nachlass des Vaters verwaltet und die Edition der Briefe betreibt, und, seit 1965, Golo.

Frühjahr 1958 Beim Treppensturz im Kilchberger Haus zieht Erika sich einen komplizierten Bruch des linken Mittelfußknochens zu, der nicht heilen will.

Frühjahr 1959 Zur Premiere des Buddenbrooks-Films nach Lübeck.

September 1960 Ein Oberschenkelhalsbruch verschlimmert Erikas Leiden: Muskel-, Knochen-, Magen- und Bronchialerkrankungen lösen einander ab, ohne dass eine der vielen Krankenhaus- oder Sanatoriumsbehandlungen, die Operationen in Oxford und St. Gallen sowie die Kuren in Wien oder Bad Ragaz, in Leukerbad oder in der Zürcher Hirslanden-Klinik Erfolg zeigen.

Katia betreut ihre Älteste im Kilchberger Haus, aber auch in den Spitälern.

Frühjahr 1960 Mit Zwillingsbruder Klaus für eine Woche nach Israel. Besuch des Thomas-Mann-Ehrenhaines in der Nähe des Kibbuz Hazorea.

1963 Heirat Angelica Borgeses.

1964 Geburt des ersten Urenkels, Michael, Sohn Angelicas.

1965 Zur Erholung von den Strapazen der ständigen Betreuung Erikas mit Golo vier Wochen in Wildbad Kreuth.

16. August 1966 Hochzeit von Enkel Frido mit Christine Heisenberg.

April 1967   Tod der Freundin Molly Shenstone.

Oktober 1967   Auf Einladung von Gret und Michael und mit Einwilligung Erikas Reise der Vierundachtzigjährigen nach Kalifornien. Hinflug in Begleitung Medis. Aufenthalt in Santa Barbara, wo die Tochter am Center for the Study of Democratic Institutions arbeitet; dann in Pacific Palisades, Wiedersehen mit Marta Feuchtwanger, Fritzi Massary und Eva Herrmann. Nach einem Besuch bei Michael und Gret Mann nebst Adoptivtochter Raju in Orinda bei Berkeley Rückflug mit Gret über New York, wo Katia eine Virusinfektion auskurieren muss.

27. August 1969   Erika Mann stirbt im Zürcher Kantonsspital an den Folgen einer Gehirntumor-Operation.

7. Dezember 1972   Tod des Zwillings Klaus Pringsheim.

1. Januar 1977   In der Neujahrsnacht stirbt Michael Mann nach dem Konsum von Alkohol und Barbituraten. Elisabeth und Golo kommen überein, der vierundneunzigjährigen Mutter den Tod ihres dritten Kindes nicht mitzuteilen.

25. April 1980   Katia Mann stirbt in ihrem Haus und wird am 30. April auf dem Kilchberger Friedhof an der Seite Thomas Manns beigesetzt.

Nicht aufgeführt sind in vorstehender Tabelle die in den zwanziger Jahren regelmäßig – sommers und winters – mit den beiden Kleinen, Elisabeth und Michael, unternommenen Ferienreisen. Katias «dienstliche» Begleitung TMs konzentrierte sich zu dieser Zeit auf den europäischen Südosten, Wien, Budapest, Prag, und, natürlich, Paris, wo sie dank ihrer perfekten Beherrschung des Französischen unentbehrlich war.

Reisen in der Emigrationszeit, vor allem die «lecture tours» in den Vereinigten Staaten, bei denen Frau Thomas Mann nahezu den ganzen Kontinent kennen lernte, wurden, ebenso wie die Besuche der alten Dame bei ihrer schwer kranken Tochter Erika, nur exemplarisch und gerafft aufgeführt.

Alles in allem zeigt die obige Zusammenstellung, dass den vielen Attributen, die Katia Mann zugeschrieben werden, eines hinzuzufügen ist: Sie war in extremem Maße «weit gereist» – auch wenn es durch Erikas Krankheit (danach war es zu spät) nicht mehr zu der lang geplanten Japanreise auf Einladung des Zwillingsbruders gekommen ist.

Benutzte Literatur

Asper, Helmut G., «*Etwas Besseres als den Tod ...*» *Filmexil in Hollywood*. Marburg 2002

Baum, Vicky, *Es war alles ganz anders*. Berlin – Frankfurt 1962

Böhm, Karl Werner, *Zwischen Selbstzucht und Verlangen. Thomas Mann und das Stigma der Homosexualität*. Würzburg 1991 (Studien zur Literatur- und Kulturgeschichte, Band 2)

Brandt, Heike, *Die Menschenrechte haben kein Geschlecht. Die Lebensgeschichte der Hedwig Dohm*. Weinheim – Basel 1989

Breloer, Heinrich, *Unterwegs zur Familie Mann*. Frankfurt 2001

Csokor, Franz Theodor, *Zeuge einer Zeit. Briefe aus dem Exil 1933–1950*. München – Wien 1964

Detering, Heinrich, *Das offene Geheimnis. Zur literarischen Produktivität eines Tabus*. Göttingen 1994

Döblin, Alfred, *Briefe*. Olten – Freiburg/Br. 1970

Döblin, Alfred, *Autobiographische Schriften und letzte Aufzeichnungen*. Olten 1978

Ebermayer, Erich, *... denn heute gehört uns Deutschland*. Hamburg – Wien 1959

Ebermayer, Erich, *... und morgen die ganze Welt*. Hamburg – Wien 1966

Ebers, Hermann, *Lebenserinnerungen*. Unveröffentlichtes Manuskript

Eigler, Jochen, *Thomas Mann – Ärzte der Familie und die Medizin in München – Spuren in Leben und Werk (1884–1925)*, in: *Krankheit und Literatur des fin de siècle (1890–1914)*, Die Davoser Literaturtage 2000, Frankfurt 2002), S. 13 ff. (zitiert als *Ärzte*)

Feuchtwanger, Lion, *Briefwechsel mit Freunden, 1933–1958*. Berlin – Weimar 1991

Feuchtwanger, Marta, *Nur eine Frau*. München 1983

Fritsch, Rudolf, und Daniela Rippl, *Alfred Pringsheim*. München 2001 (= Schriften der sudetendeutschen Akademie der Wissenschaften und Künste, Bd. 22, Forschungsbeiträge zur Naturwissenschaftlichen Klasse), S. 1–12

Fry, Varian, *Auslieferung auf Verlangen*. München 1986

Giehse, Therese, *«Ich hab nichts zum Sagen»*. München – Wien 1973

Grossmann, Kurt R., *Emigration. Die Geschichte der Hitler-Flüchtlinge 1933–1945*, Frankfurt/M 1969

Habe, Hans, *Ich stelle mich*. München 1986

Häntzschel, Hiltrud, *«Pazifistische Friedenshyänen»? Die Friedensbewegung von Münchner Frauen in der Weima-*

544   Benutzte Literatur

rer Republik und die Familie Mann, in: *Jahrbuch der deut-schen Schillergesellschaft*, 36. Jg. 1992, S. 307–332

Hallgarten, Constanze, *Als Pazifistin in Deutschland*. Stuttgart 1956

Hallgarten, George W., *Als die Schatten fielen. Memoiren 1900–1968*. Frankfurt – Berlin 1969

Hansen, Volkmar, und Gert Heine, *Interviews mit Thomas Mann, 1909–1955*. Hamburg 1983

Harpprecht, Klaus, *Thomas Mann. Eine Biographie*. Reinbek bei Hamburg 1995

Herzog, Wilhelm, *Menschen, denen ich begegnete*. Bern – München 1959

Hesse, Hermann – Mann, Thomas, *Briefwechsel*. Erw. Aufl. Frankfurt 1975

Hillard-Steinböhmer, Gustav, *Thomas Mann im Blick seiner Töchter*, in: *Merkur*, Stuttgart/Köln, Jg. 10, No. 10, Oktober 1956, S. 1024 ff.

Hillard(-Steinböhmer), Gustav, *Späte Begegnung mit Thomas Mann*, in: *Der Wagen*, Lübeck, Jg. 1957, S. 146–152

Holzer, Kerstin, *Elisabeth Mann Borgese*. Berlin 2001

Humm, R. J., *Bei uns im Rabenhaus*. Zürich 1963

Ittner, Jutta, *Augenzeuge im Dienst der Wahrheit: Leben und literarisches Werk Martin Gumperts (1897–1955)*. Bielefeld 1998

Jens, Inge, *Dichter zwischen rechts und links*. 2. erw. u. verb. Aufl. Leipzig 1994 (zitiert als *Dichter*)

Joachimsthaler, Jürgen, *Max Bernstein, Kritiker, Schriftsteller, Rechtsanwalt (1854–1925)*. Frankfurt – Berlin u. a. 1995 (= Regensburger Beiträge zur Deutschen Sprach- und Literaturwissenschaft, Reihe B, Bd. 58)

Kantorowicz, Alfred, *Exil in Frankreich.* Bremen 1961

Kesten, Hermann (Hg.), *Deutsche Literatur im Exil*, Frankfurt 1973

Kesten, Hermann, *Meine Freunde, die Poeten.* Frankfurt u. a. 1980

Kieser, Rolf, *Erzwungene Symbiose. Thomas Mann, Robert Musil, Georg Kaiser und Bertolt Brecht im Schweizer Exil.* Kap. I, *Thomas Mann und die bürgerliche Schweiz*, Bern – Stuttgart 1984

Kolb, Annette/Schickele, René, *Briefe im Exil. 1933–1940.* In Zusammenarbeit mit Heidemarie Gruppe hg. von Hans Bender, Mainz 1987

Kolbe, Jürgen, *Heller Zauber. Thomas Mann in München 1894–1933.* Berlin 1987

Kreis, Gabriele, *Frauen im Exil.* Düsseldorf 1984

Kröll, Friedhelm, *Die Archivarin des Zauberers.* Cadolzburg 2001

Kroll, Frederic, et al., *Klaus-Mann-Schriftenreihe.* Band 1, 2, 3, 4/I, 5 und 6, Wiesbaden 1976ff.

Krüll, Marianne, *Im Netz der Zauberer. Eine andere Geschichte der Familie Mann.* Zürich 1991

Kruft, Hanno-Walter, *Alfred Pringsheim, Hans Thoma, Thomas Mann. Eine Münchner Konstellation.* München 1993 (= Bayerische Akademie der Wissenschaften, philos.-hist. Klasse, Abhandlungen, N.F.H. 107, S. 18ff.)

Kurzke, Hermann, *Thomas Mann. Das Leben als Kunstwerk.* München 1999

Lehnert, Herbert, *Thomas Mann in Princeton*, in: *The Germanic Review*, vol. XXXIV, 1964, S. 15–32

Litten, Freddy, *Oskar Perron – ein Beispiel für Zivilcourage im Dritten Reich*, erw. Fassung in: *Frankenthal einst und jetzt*, No 1/2, 1995, S. 26–28

Lothar, Ernst, *Wunder des Überlebens*. Wien o. J.

Ludwig, Carl, *Die Flüchtlingspolitik in der Schweiz 1933–1945*. Bern o. J.

Lühe, Irmela von der, *Erika Mann. Eine Biographie*. Frankfurt – New York 1993

Mann, Erika, *Das letzte Jahr. Bericht über meinen Vater*. Frankfurt 1957

Mann, Erika, *Briefe und Antworten*. Hg. von Anna Zanco Prestel, 2 Bände, München 1984/85 (zitiert als *Br./Antw.*)

Mann, Erika, *Mein Vater, der Zauberer*. Hg. von Irmela von der Lühe und Uwe Naumann, Reinbek bei Hamburg 1996 (zitiert als *Zauberer*)

Mann, Erika, *Blitze überm Ozean*. Aufsätze, Reden, Reportagen. Hg. von Irmela von der Lühe und Uwe Naumann, Reinbek bei Hamburg 2000 (zitiert als *Ozean*)

Mann, Frido, *Professor Parsifal*. München 1989

Mann, Golo, *Erinnerungen und Gedanken. Eine Jugend in Deutschland*. Frankfurt 1986 (zitiert als *Jugend*)

Mann, Golo, *Erinnerungen und Gedanken. Lehrjahre in Frankreich*. Frankfurt 1999

Mann, Julia, *Ich spreche so gern mit meinen Kindern. Erinnerungen, Skizzen, Briefwechsel mit Heinrich Mann*, Berlin – Weimar 1991 (zitiert als *Ich spreche*)

Mann, Katia, *Meine ungeschriebenen Memoiren*. Frankfurt

1974 (zitiert wird nach der Ausgabe in der Fischer Bibliothek, 1983, als *Memoiren*)

Mann, Klaus, *Der Wendepunkt, Ein Lebensbericht.* Frankfurt 1952 (zitiert als *Wendepunkt*)

Mann, Klaus, *Kind dieser Zeit.* Reinbek bei Hamburg 1967 (zitiert als *Kind*)

Mann, Klaus, *Briefe und Antworten 1922–1949.* Hg. von Martin Gregor-Dellin, München 1987

Mann, Klaus, *Tagebücher 1931–1949.* 6 Bde., hg. von Joachim Heimannsberg, Peter Laemmle und Wilfried F. Schoeller, München 1989–1991 (zitiert als *Klaus Mann, TB*)

Mann, Klaus, *Die neuen Eltern. Aufsätze, Reden, Kritiken 1924–1933.* Hg. von Uwe Naumann und Michael Töteberg. Reinbek bei Hamburg 1992 (zitiert als *Eltern)*

Mann, Michael, *Fragmente eines Lebens.* Hg. von Frederic C. und Sally P. Tubach, München 1983

Mann, Monika, *Vergangenes und Gegenwärtiges.* München 1956, Neuausg. Reinbek 2001 (zitiert als *Vergangenes*)

Mann, Monika, *Wunder der Kindheit.* Köln 1965

Mann, Thomas, *Thomas Mann an Ernst Bertram.* Pfullingen 1960

Mann, Thomas, *Briefe* (3 Bd.). Hg. von Erika Mann. Frankfurt 1961, 1963, 1965 (Bd. 1, 1889–1936 zitiert als *Br. I*)

Mann, Thomas, *Briefwechsel mit seinem Verleger Gottfried Bermann Fischer 1932–1955.* Hg. von Peter de Mendelssohn, Frankfurt 1973 (zitiert als *Verleger*)

Mann, Thomas, *Gesammelte Werke in 13 Bänden.* Frankfurt 1974 (zitiert mit römischer Bandzahl und Seitenzahl)

Mann, Thomas, *Briefe an Otto Grautoff 1894–1901 und Ida Boy-Ed 1903–1928*. Frankfurt 1975 (zitiert als *Boy-Ed*)

Mann, Thomas, *Tagebücher 1918–1921, 1933–1955*. 10 Bände, Frankfurt 1977–1995 (zitiert als *TB*)

Mann, Thomas – Mann, Heinrich, *Briefwechsel 1900–1949*. Hg. von Hans Wysling, erw. Neuausgabe Frankfurt 1984 (zitiert als *Briefw.*)

Mann, Thomas – Meyer, Agnes E., *Briefwechsel 1937–1955*. Hg. von Hans Rudolf Vaget, Frankfurt 1992 (zitiert als *Vaget*)

Mann, Thomas, *Notizbücher*. 2 Bände. Hg. von Hans Wysling und Yvonne Schmidlin. Frankfurt 1992

Mann, Viktor, *Wir waren fünf. Bildnis der Familie Mann*. Konstanz 1949

Martin, Ariane, *Schwiegersohn und Schriftsteller, Thomas Mann in den Briefen Hedwig Pringsheims an Maximilian Harden*, in: *Thomas Mann Jahrbuch*, Bd. 11, 1998, S. 127ff.

Mendelssohn, Peter de, *Der Zauberer. Das Leben des deutschen Schriftstellers Thomas Mann*. Erw. und überarb. Neuausgabe in 3 Bänden, Frankfurt 1992 (zitiert als *Zauberer*)

Naumann, Uwe, *Klaus Mann*. Reinbek bei Hamburg 1984

Naumann, Uwe (Hg.), *«Ruhe gibt es nicht, bis zum Schluß». Klaus Mann (1906–1949). Bilder und Dokumente*. Reinbek bei Hamburg 1999

Pauli, Hertha, *Ein Riß geht durch die Zeit*. Hamburg – Wien 1970

Penzoldt, Ernst, *Frau Elsa*, in: *Causerien. Die schönsten Erzählungen*, 5. Band. Frankfurt 1981, 178ff.

Perron, Oskar, *Alfred Pringsheim*, in: *Jahresbericht der Deutschen Mathematiker-Vereinigung*, No. 56, 1952/53, S. 1–6

Pringsheim, Hedwig, *Kinderbüchlein*. Handschriftlich im Nachlass von Golo Mann, Schweizerisches Literaturarchiv, Bern

Pringsheim, Heinz, *Katja*, in: *Die schöne Münchnerin*, Hg. von Hans Arens, München 1969, S. 148–160 (zitiert als *Katja*)

Pringsheim, Klaus jr. (mit Boesen, Victor), *Wer zum Teufel sind Sie? Lebenserinnerungen*. Bonn 1995

Riess, Curt, *Gustaf Gründgens*. Hamburg 1965

Sahl, Hans, *Das Exil im Exil, Memoiren eines Sozialisten II*, Hamburg – Zürich 1991

Schickele, René, *Tagebücher*, in: René Schickele, *Werke in drei Bänden*. Hg. von Hermann Kesten unter Mitarbeit von Anna Schickele. Köln – Berlin 1959, Band 3 (zitiert als *Schickele, TB*)

Schirnding, Albert von, *Thomas Mann, seine Schwiegereltern Pringsheim und Richard Wagner*, in: *Themengewebe*, Publikationen des Thomas-Mann-Förderkreises München e. V., No. 1, München 2001

Schnauber, Cornelius, *Spaziergänge durch das Hollywood der Emigranten*, Zürich 1992 (zitiert als Schnauber)

Schwerin, Christoph Graf, *Als sei nichts gewesen. Erinnerungen*. Berlin 1997

Selbmann, Rolf, *Vom Jesuitenkolleg zum humanistischen Gymnasium*. Frankfurt/M. – Berlin – New York 1996

Spalek, John M., und Joseph Strelka, *Deutsche Exilliteratur seit 1933. 1. Kalifornien*. Bern – München 1976

Spangenberg, Eberhard, *Mephisto, Karriere eines Romans*. München 1982

Sprecher, Thomas, *Thomas Mann im Schweizer Exil*, in: *Blätter der Thomas Mann-Gesellschaft* No 23, Zürich 1989/90 (zitiert als *Exil*)

Sprecher, Thomas, *Thomas Mann in Zürich*. Zürich – München 1992 (zitiert als *Zürich*)

Sprecher, Thomas, *Ehe als Erlösung?*, in: *Vom ‹Zauberberg› zum ‹Doktor Faustus›*. Die Davoser Literaturtage 1998, Frankfurt 2000, S. 185ff.

Sprecher, Thomas, und Fritz Gutbrodt (Hg.), *Die Familie Mann in Kilchberg*, Zürich 2000

Stahlberger, Peter, *Der Zürcher Verleger Emil Oprecht und die deutsche politische Emigration, 1933–1945*. Zürich 1970

Strohmeyr, Armin, *Klaus und Erika Mann. Les enfant terribles*. Berlin 2000

Taylor, John Russell, *Fremde im Paradies. Emigranten in Hollywood 1933–1940*. Berlin 1985

Virchow, Chr. sen., A. P. Naef, H. E. Schaefer und J. Chr. Virchow jun., *Thomas Mann und die Pneumonologie. Zur Indikation des thoraxchirurgischen Eingriffs im April 1946*, in: *Deutsche medizinische Wochenschrift* Jg. 122, 1997, S. 1432–1437

Virchow, Christian, *Katia Mann in Davos*, in: *Davoser Revue*, 71. Jg. No. 2, 1996, S. 51ff.

Virchow, Christian, *Katia Mann und der ‹Zauberberg›*, in:

Auf dem Weg zum Zauberberg. Die Davoser Literaturtage 1996, Frankfurt 1998, S. 165–185 (zitiert als *Virchow, Zauberberg*)

Virchow, Christian, *Thomas Mann and the most elegant operation*, in: *Vom ‹Zauberberg› zum ‹Doktor Faustus›.* Die Davoser Literaturtage 1998, Frankfurt 2000, S. 47ff.

Walter, Bruno, *Thema und Variationen.* Stockholm 1947

Walter, Hans-Albert, *Deutsche Exilliteratur 1933–1950.* Band 2: *Asylpraxis und Lebensbedingungen in Europa.* Darmstadt – Neuwied 1972. Band 2 [Neue Folge]: *Europäisches Appeasement und überseeische Exilpraxis.* Stuttgart 1984. Band 3: *Internierung, Flucht und Lebensbedingungen im Zweiten Weltkrieg.* Stuttgart 1988

Weissensteiner, Friedrich, *Die Frauen der Genies.* Berlin 2001

Wiedemann, Hans-Rudolf (Hg.), *Thomas Manns Schwiegermutter erzählt.* Lübeck 1985

Wißkirchen, Hans, *Die Familie Mann.* Reinbek bei Hamburg 1999

Wysling, Hans, und Yvonne Schmidlin, *Thomas Mann. Ein Leben in Bildern.* Zürich 1994

Zoff, Otto, *Tagebücher aus der Emigration (1939–1944).* Heidelberg 1968

Zuckmayer, Carl, *Als wär's ein Stück von mir.* Wien 1967

Konsultierte Archive

Bundesarchiv, Koblenz (Briefe Hedwig Pringsheim an Maximilian Harden)

Department of Rare Books and Special Collections der Princeton University, Manuscript Division (Briefe Katia Mann an Molly Shenstone)

Deutsche Bibliothek Frankfurt/M., Deutsches Exilarchiv 1933–1945 (Korrespondenz Katia Mann in Sachen Flüchtlingshilfe; American Guild for German Cultural Freedom)

Deutsches Literaturarchiv, Marbach (Briefe von Katia Mann an Erich Ebermayer, Martin Gregor-Dellin, Gustav Hillard-Steinböhmer, Nils Kampmann, Annette Kolb, Erich Pfeiffer Belli, René Schickele, Ernst Schnabel; Briefe von Hedwig Pringsheim an Dagny Sautreau)

Hauptstaatsarchiv München (Archivalien das Gymnasial-Absolutorium betreffend, Jahresbericht des Wilhelmsgymnasiums, Immatrikulations-Gesuch)

Jüdischer Nationalfonds, Jerusalem (Eintrag den Thomas Mann-Ehrenhain betreffend)

McMaster University, Mills Memorial Library, the William Ready Division of Archives and Research Collections, Hamilton, Ontario, Canada (die Briefe Katia Manns an Klaus Pringsheim sowie einige Briefe Peter Pringsheims an seinen Bruder in Japan)

Münchener Stadtbibliothek, Monacensia (die Briefe Katia Manns an ihren Sohn Klaus; Korrespondenz mit der Odenwaldschule, Briefe an Liesl Frank, an Hermann Kesten sowie an Alfred und Kitty Neumann; die Korrespondenz zwischen Erika und Klaus Mann)

Rowohlt Verlag, Reinbek (Korrespondenzen Martin Gregor-Dellins aus dem Verlagsarchiv Spangenberg)

Schweizerisches Literaturarchiv, Bern (das *Kinderbüchlein* der Hedwig Pringsheim im Nachlass von Golo Mann)

Stiftung Archiv der Akademie der Künste zu Berlin (Korrespondenz Katia Mann – Martin Gumpert, Briefe von Katia Mann an Viktor Mann und seine Frau Nelly)

Thomas Mann-Förderkreis München (Nachlass Anita Naef)

Thomas-Mann-Archiv, Zürich (Briefe von Katia Mann an Erika, Leonhard Frank, Ida Herz, Erich von Kahler, Alice von Kahler, Lotte Klemperer, Hans Reisiger; Kondolenzen zum Tod Thomas Manns von Oskar Perron und Bruno Walter; die Briefe von Hedwig Pringsheim an ihre Tochter; die Notizbücher der Hedwig Pringsheim)

Danksagung

Die vorliegende Biographie beruht auf einer mehr als vierjährigen Recherche. Ohne das Entgegenkommen vieler Archive wäre sie niemals zustande gekommen. Unsere Suche begann im Zürcher Thomas-Mann-Archiv, auf vertrautem Boden, wo Thomas Sprecher Einsicht in die Briefe von Katia an Thomas und Erika Mann und an etwa hundert weitere Empfänger, darunter Ida Herz, Alice und Erich von Kahler, Hans Reisiger, Leonhard Frank sowie Otto und Lotte Klemperer gewährte. Auch die teilweise ergreifenden Kondolenzbriefe, die Katia Mann nach dem 12. August 1955 erhielt, konnten wir lesen. Cornelia Bernini erinnerte sich bei einer unserer vielen Unterhaltungen an die kleinen, schwer lesbaren Notizbücher der Hedwig Pringsheim, die bislang noch niemand beachtet hatte; Katrin Bedenig half auch bei der x-ten Nachfrage kompetent und liebenswürdig, und Ivo Rüttimann gelang es mit viel Vorsicht und Geduld, kaum repoduzierbare Schreiben in lesbare Dokumente zu verwandeln.

Nicht minder ertragreich ließ sich die Suche in der Münchener Handschriftensammlung Monacensia an, wo Elisabeth Tworek, Ursula Hummel und Gabriele Weber weiterhalfen und neben der Korrespondenz zwischen Klaus und seiner Mutter auch den Briefwechsel zwischen Klaus und Erika, Briefe von Katia an Alfred und Kitty Neumann, Liesl Frank und Hermann Kesten sowie den Schriftwechsel mit Paul Geheeb und der Odenwaldschule zugänglich machten. Darüber hinaus begaben sich die Archivarinnen auf die Suche nach dem zunächst unauffindbaren *Kinderbüchlein* der Hedwig Pringsheim, von dem sie jedenfalls die Exzerpte, die sich Peter de Mendelssohn gemacht hatte, auffanden. Die gemeinsame Fahndung nach den Aufzeichnungen, die Katia Mann als junge Mutter über ihre Kinder machte, blieb freilich trotz umfänglicher, stets kooperativ durchgeführter Suchaktionen vergeblich.

Dagegen gelang es den Autoren dank der tätigen Mithilfe von Oberarchivrat Dr. Malisch im Bayerischen Hauptstaatsarchiv in München, die Unterlagen für das Abitursexamen Katharina Pringsheims (Gesuche und Bescheide sowie den abschließenden Jahresbericht der Schule) aufzuspüren, die *ex post* für die Rekonstruktion des Werdegangs von Katharina Pringsheim nahezu so unentbehrlich sind wie das *Kinderbüchlein* der Hedwig Pringsheim, das sich durch den persönlichen Einsatz von Thomas Feitkecht, dem Leiter des Schweizerischen Literaturarchivs in Bern, schließlich doch noch fand: Nach langem, durch den Umzug des Gesamtarchivs nicht unerheblich erschwerten Suchen wurden wir – in einer Ecke des Lesesaal-Provisoriums hockend – fündig.

Schnell und präzis wie immer war die Hilfe der Exil-Abteilung der Deutschen Bibliothek in Frankfurt/M., genauer: die Unterstützung von Mechthild Hahner und Sylvia Asmus. Sie schickten uns die Fotokopien aus dem Archiv der American Guild nach Tübingen und ermöglichten es so, die Bemühungen von Katia Mann um die Rettung der in Europa bedrohten Schriftsteller genauer zu rekonstruieren.

Weitere Informationen zu diesem Komplex erhofften wir uns von Dokumenten aus Princeton. Vielleicht gab es Hinweise auf die Zusammenarbeit mit Molly Shenstone, die Thomas Mann in seinem Tagebuch so oft als unentbehrliche Hilfskraft erwähnte? Eine Anfrage beim Department of Rare Books and Special Collections der Princeton University, speziell der Manuscript Division, war erfolgreich: ca. 140 Briefe wurden uns als Mikrofilm übersandt. Schon die Lektüre am Bildschirm erwies sich als aufregend: Wenn auch kein Wort über die Zusammenarbeit in Sachen Flüchtlingshilfe zu finden war, so hatten wir doch unvermutet Zeugnisse vor Augen, die eine bewegende und für die nahezu sechzigjährige Katia Mann emotional sehr bedeutsame Freundschaft spiegeln.

Die zweite große Überraschung war der Umfang einer Korrespondenz, von der wir uns interessante Aufschlüsse über eine Zeit erhofften, für die wir sonst nur wenige wirklich erhellende Dokumente gefunden hat-

ten: die späten Briefe an den Zwillingsbruder Klaus
Pringsheim, der seit 1951 wieder in Japan lebte. Aufgrund einer jahrelangen, zum Teil recht persönlichen
Korrespondenz der Autorin mit dem in Kanada lebenden Pringsheim-Sohn Klaus-Hubert wussten wir von
dem Pringsheim'schen Familienarchiv, das Klaus junior
mittels der zahlreichen Dokumente, die offenbar unversehrt, wenn auch ungeordnet den Wechsel der Kontinente überstanden hatten, aufbauen wollte. Der Tod vor
zwei Jahren hat ihn daran gehindert. Aber er hat noch
während seiner Krankheit den Nachlass der McMaster
University, Mills Memorial Library, the William Ready
Division of Archives and Research Collections, Hamilton, Ontario, Canada, anvertraut. Nach Einsicht in den
Briefwechsel, den die Autorin mit Klaus-Hubert Pringsheim in Sachen einer Katia-Mann-Biographie geführt
hat, war der verantwortliche Leiter, Carlo Spadoni, bereit, uns die relevanten Dokumente zugänglich zu machen.

Großes Verständnis für die manchmal recht abwegig
anmutenden Bitten fanden wir in Sachen der späten Je-
rusalemreise von Frau Thomas Mann: Die israelische
Botschaft vermittelte die nötigen Kontaktadressen, und
dann halfen uns die *grande dame* der deutschsprachigen
Presse in Israel, Alice Schwarz-Gardos von den *Israel-
Nachrichten*, sowie Jana Marcus vom Jüdischen Nationalfonds in Jerusalem weiter.

Zurück nach Deutschland. Bei der Stiftung Archiv
der Akademie der Künste zu Berlin fanden wir vor allem

Briefe an Martin Gumpert, aber auch auch an Alfred und Kitty Neumann und – als Teil der ehemaligen Ost-Bestände – Korrespondenzen zwischen Heinrich Mann und seiner Schwägerin sowie einen Briefwechsel Katias mit Viktor und Nelly Mann aus den Nachkriegsjahren – Materialien, die uns, auch wenn wir unangemeldet kamen, schnell, freundlich und unbürokratisch zur Verfügung gestellt wurden.

Darüber hinaus erwies sich das im Rowohlt Verlag, Reinbek liegende Verlagsarchiv Spangenberg, zu dem Korrespondenzen Martin Gregor-Dellins gehören, als hilfreich und nützlich.

Schließlich und endlich: das Bundesarchiv in Koblenz, wo wir – einem Hinweis von Ariane Martin folgend – in Gregor Pickro einen verständigen Partner hatten, der uns die Briefe Hedwig Pringsheims an Maximilian Harden mit Hilfe von Microfichen zugänglich machte: 152 Dokumente, die für die Veranschaulichung des Milieus, in dem sich Katia Mann bewegte, nahezu unentbehrlich sind.

Diese Übersicht zeigt: Was wären wir ohne die Unterstützung durch die Archive und Archivare in aller Welt! Deshalb sei es erlaubt, ihnen an dieser Stelle noch einmal *expressis verbis* und für alle Leser nachvollziehbar sehr herzlich für die keineswegs selbstverständliche und kompetente Hilfe zu danken.

Doch nicht nur in Institutionen, sondern auch im privaten Bereich trafen wir auf großzügiges Entgegenkommen und neugieriges Interesse, das bekanntlich ein Vorhaben wie das unsere beflügelt. Albert von Schirnding, Kenner der Münchener Kulturgeschichte wie kaum ein Zweiter, gab den entscheidenden Hinweis auf die Briefe der Hedwig Pringsheim an ihre emigrierte Tochter, Schriftstücke, die – wider Erwarten – ein Kernstück unseres Buches wurden. Ein wichtiges Geschenk machte Rolf Selbmann, Literarhistoriker an der Universität Bamberg und Verfasser einer Monographie über das Münchener Wilhelmsgymnasium, mit den Abiturszeugnissen der Pringsheim-Zwillinge. Nach der Lektüre seines Buches kennen wir Katharina Pringsheim als Abiturientin der gleichen Schule, die auch Lion Feuchtwanger, Wilhelm Furtwängler und Johannes R. Becher besuchten.

Überraschende Details vermittelte uns der Reutlinger Antiquar Ulrich Kocher; Klaus und Ilsedore Jonas, die sich seit Jahrzehnten um die Thomas-Mann-Forschung verdient gemacht haben, gewährten Einsicht in die Briefe, die Katia Mann ihnen regelmäßig schrieb. Erich W. Hartmann, der Autorin durch viele gemeinsame Tagungen der Thomas-Mann-Gesellschaft verbunden, erfreute uns durch ein Konvolut mit bewegenden Briefen an Artur Beuel, einen in Cannes lebenden Deutschen, der sich des Grabes von Klaus Mann angenommen hatte; Karin Ebers-Schultz schließlich kopierte uns Auszüge aus den Erinnerungen ihres Großonkels Hermann Ebers.

Ihnen allen gilt es, am Ende unserer Arbeit noch einmal zu danken.

Dank schließlich auch denen, die uns auf Fragen brieflich antworteten und mit Literaturhinweisen weiterhalfen: Bernhard Ebneth (Neue Deutsche Biographie, München), Jochen Eigler (München), Deborah Vietor-Engländer (Mainz), Dirk Heisserer (München), Yurika Pringsheim (Passau), Horst Reday-Pringsheim (München), Thomas Sprecher (Zürich) und Christian Virchow sen. (Davos).

Der letzte Dank, der wichtigste, gilt unserem Lektor Uwe Naumann. Durch seinen Zuspruch, über die Jahre hinweg, und seine nimmermüde Ermutigung, das Sisyphos-Geschäft weiterzuführen, hat er uns mehr als einmal vor dem Aufgeben bewahrt: Wie hätten wir den behutsamen und zielstrebigen Mann enttäuschen können? Kapitel für Kapitel hat er den Text kritisch mitgelesen und die Autoren hier mit einem «Weiter so» und dort mit einem «Hätte ich gern noch etwas ausführlicher» oder «Beachtung der Zeitenfolge, bitte!» begleitet. Wissbegierig, wie er zumal auf seinem ureigenen Gebiet, der Forschung über die Familie Mann, ist, fragend und anspornend, zweifelnd und «Heureka» rufend, forderte er Antworten ein.

«Er hat es uns abverlangt»: Dafür sei Uwe Naumann Dank.

Tübingen, 20. Oktober 2002   I. J.

Namenregister

Bildquellen

Thomas-Mann-Förderkreis München e. V., Sammlung
    Anita Naef: 1, 13, 14
Bildarchiv Preußischer Kulturbesitz, Berlin: 2, 3
KEYSTONE/Thomas-Mann-Archiv der Eidgenössi-
    schen Technischen Hochschule, Zürich: 4, 5, 8, 9, 10,
    11, 25, 31, 32, 36, 51, 58
Sammlung Uwe Naumann, Hamburg: 6, 33
Privatsammlung: 7, 57
Stadtarchiv München: 12, 21
Literaturarchiv der Monacensia, München: 15, 19, 20,
    22, 23, 27, 29, 34, 38, 40, 44, 46, 47, 48, 49, 54
Sammlung Günther Schwarberg, Hamburg: 16, 17
Deutsches Theatermuseum, München: 18
ullstein bild, Berlin: 24, 30
Sammlung Annemarie Süskind, Münsing: 26, 28
Princeton University Library: 35
Yale Collection of German Literature, Beinecke Rare
    Book and Manuscript Library, Yale University: 37
Sammlung Frido Mann, Göttingen: 39, 41, 42, 45, 52, 55,
    56
Weidle Verlag, Bonn: 43
Kurt Schraudenbach, München: 50
Aus: Thomas Sprecher und Fritz Gutbrodt (Hg.), *Die
    Familie Mann in Kilchberg*, Zürich 2000: 53

Nachtrag

Hiltrud Häntzschel und Hadumod Bußmann machten uns darauf aufmerksam, dass Katharina Pringsheim auch nach ihrer Hochzeit im Februar 1905 als ordentliche Studierende Kollegs hörte. In der Tat weisen die Belegbögen der Ludwig-Maximilians-Universität unter dem Namen Katia Mann bis einschließlich Wintersemester 1907/08 den Besuch von Vorlesungen nach.

Allerdings wäre es falsch, anzunehmen, dass Frau Thomas Mann auch während der nach ihrer Eheschließung (vorwiegend bei ihrem Vater) absolvierten vier Fachsemester jemals einen Studienabschluss angestrebt hat. Die Belegbögen zeigen den Verzicht auf physikalische Kollegs und Praktika zugunsten einer ausschließlichen Beschäftigung mit mathematischen Problemen:

Sommersemester 1905

Pringsheim	Integral-Rechnung	5-stündig	frei
Lindemann	Fouriersche Reihen	4-stündig	frei
Pringsheim	Ergänzung zur Differential-Rechnung	2-stündig	frei

Wintersemester 1905/1906
Pringsheim   Elliptische Funktionen   4-stündig   frei

Sommersemester 1906
Pringsheim   Bestimmte Integrale   4-stündig   frei

Wintersemester 1906/1907
Voss   Algebra   4-stündig   frei

Nach vier Semestern, im Sommer 1907, wechselte Katia
Mann in die philologisch-philosophische Sektion der damals in München noch beide Bereiche, die Naturwissenschaften und die Philologien, umfassenden Fakultät und
hörte Logik bei Theodor Lipps. Im Wintersemester
1907/1908 wird sie zum ersten Mal als (gebührenpflich-
tige) Kandidatin der Philologie geführt: Die Belegbögen
bezeugen den Besuch einer 4-stündigen Vorlesung «En-
cyclopädie der Alterswissenschaften» sowie einer –
gleichfalls 4-stündigen – «Einführung in das Studium
Platons» bei den klassischen Philologen Crusius und
Rehm.

rororo großdruck

Fesselnde Lebensgeschichten und Unterhaltung mit Niveau: lesefreundlich in großer Schrift

Maria Frisé
Eine schlesische Kindheit
3-499-33187-X

Hans Gruhl
Liebe auf krummen Beinen
Roman 3-499-33195-0

Elke Heidenreich
Also … Die besten Kolumnen aus «Brigitte»
3-499-33144-6

James Herriot
Der Doktor und das liebe Vieh
Roman 3-499-33185-3

P. D. James
Eine Seele von Mörder
Roman 3-499-33183-7

Ulla Lachauer
Paradiesstraße
Die Lebenserinnerungen der ost-preußischen Bäuerin Lena Grigoleit 3-499-33143-8

Familie Mann. Ein Lesebuch
Ausgewählt von Barbara Hoffmeister 3-499-33193–4

Petra Oelker
Das Bild der alten Dame
Roman 3-499-33189-6

Rosamunde Pilcher
Sommergeschichten
3-499-33163-2

3-499-33172-1